〔明〕方以智 撰
张敏杰 点校整理

易余

校理本

图书在版编目（CIP）数据

易余：校理本 /（明）方以智撰；张敏杰点校整理. -- 北京：九州出版社，2023.4
　　ISBN 978-7-5225-1753-7

Ⅰ. ①易… Ⅱ. ①方… ②张… Ⅲ. ①《周易》—研究 Ⅳ. ①B221.5

中国国家版本馆CIP数据核字（2023）第062094号

易余（校理本）

作　　者	〔明〕方以智　撰
	张敏杰　点校整理
责任编辑	黄瑞丽
出版发行	九州出版社
地　　址	北京市西城区阜外大街甲35号（100037）
发行电话	（010）68992190/3/5/6
网　　址	www.jiuzhoupress.com
印　　刷	三河市东方印刷有限公司
开　　本	880毫米×1230毫米　32开
印　　张	13.375
字　　数	240千字
版　　次	2024年7月第1版
印　　次	2024年7月第1次印刷
书　　号	ISBN 978-7-5225-1753-7
定　　价	78.00元

★版权所有　侵权必究★

易餘卷之上

密之先生筆　　六世孫寶仁錄

知言發凡

何生曰欲療敎而平人心必先平言言至今日膠萬極矣何以知之當士三歎三已而發凡曰無分別之天任分別之天為政此固有開必先之雷雨出雲也七萬年間幾明道者門庭所傳尊其鱻羊浮心耳食習貌粉本以言適者販賣其言柯爛者沉死水曓扶者墮無事非錮鬼窟即驕獸窟露布汗方奉為秘

扬餘卷之下

密之先生筆　　　六世孫寶仁錄

薪火

何生曰九死之骨欲平療教者之心心苦矣然無上專門目為文字而理學專門不目為異學則目為象數道高而門卑矣特關此場何以令人入之乎何不隨具顛倒以緇為素耶當士曰避妄避哉寫此有即無之文字天地則圖書經學傳心光之寂器轉聲氣之風輪也剝爛復反親見心主任思為官蒸滑而茹

易餘小引

三時以冬為餘冬即以三時為餘矣天一以天地為餘天以地為餘然天分地以立體而天自為餘以用之即大一之自為餘自用之矣角徵羽者商之餘商者宮之餘五音為五聲之餘無聲發聲發聲不及無聲十之一也無聲者且與之用餘矣法者道之餘法立而道轉為餘以神其用矣死者生之餘之餘以生知死以死治生無生死為餘餘以生死如是死視無生死又為餘矣人適所用以無是生死如是死視無生死又為餘矣人適所用以無

目　录

导言：方以智《易余》再引 / 1

易余小引 / 1

三子记 / 10

易余目录 / 16

卷之上

知言发凡 / 1

善巧 / 4

三冒五衍 / 14

资格 / 42

中告 / 48

如之何 / 60

太极不落有无说 / 71

一有无 / 78

生死故 / 85

反对六象十错综 / 92

时义 / 98

必余 / 111

知由 / 122

充类 / 129

权衡经纬 / 137

绝待并待贯待 / 146

法能生道 / 157

二虚一实 / 160

体为用本　用为体本 / 162

继善 / 167

正身 / 176

卷之下

薪火 / 182

礼乐 / 190

孝觉 / 196

知人 / 212

世出世 / 237

约药 / 248

中正寂场劝 / 267

旷洗 / 281

通塞 / 284

无心 / 287

性命质 / 291

大常 / 301

非喻可喻 / 305

附 录 / 309

跋语 / 310

导言:方以智《易余》再引

《易余》一书,分上下两卷,为明末清初思想家方以智(1611—1671)所撰。是书卷首,依次列《易余小引》《三子记》《易余目录》;上卷收文二十一篇,下卷十三篇;终篇有附录,为两则简短的结语。全书约十万余字。

新近出版的《方以智全书》收录方以智的存世著作有36种[1],再算上《周易时论合编》(集方家易学之大成)中属于方

---

[1] 黄德宽、诸伟奇主编的《方以智全书》,凡十册,黄山书社2019年6月出版。是书属于正编,不包括方以智参编的著作,比如《周易时论》《青原志略》等,把《五位纲宗》附于《冬灰录》,把《图象几表》合于《周易时论》并置为外编,如此在名目上为35种。《易余》收录在是书第一册,第1—234页。本导言所引方以智文字,凡来自是书,只示诗文题名,不再出注。

以智的内容，整体能代表方以智易学思想的专著，无疑是这部深邃博辩的《易余》。

方以智，字密之，号曼公，桐城（今属安徽）人。方以智年少为贵公子，风流倜傥，"明敏多艺"，① 参加复社，与陈贞慧、冒襄、侯方域合称"明季四公子"。崇祯十一年（1638），在南京参与驱逐阉党阮大铖的活动；中崇祯庚辰（1640）科进士，列第二甲第五十四名，授翰林院检讨，先后充任定王朱慈炯、永王朱慈焕的讲官。

据方以智自言，《易余》大概是在年过不惑之后成书的。方以智在京师亲历甲申之难，遭拘囚达二十日，后乘间得脱，出崇文门，一路行乞至南都，后又辗转流落岭南一带。② 四十岁时，即南明永历四年（1650），因清兵南下搜寻逼索而在广西仙回落发披缁，出世为僧，改名大智，字无可，别号弘智、药地等。这样的弃缙绅而归空门，显然是情非得已，"去而学佛，始自粤西遭乱弃官，白刃交颈，有托而逃者也"。③ 北返后，依然

---

① 〔明〕黄宗羲：《思旧录》，《黄宗羲全集》第1册，浙江古籍出版社，2012，第332页。
② 陈维崧《方素伯诗集序》有："先生（谓方以智）既间关宵遁，素伯（谓方以智少子方中履，字素伯）亦襁褓南奔。亡命蛮邦，避仇岭表。"参见〔清〕陈维崧：《陈维崧集·陈迦陵俪体文集》卷六，上海古籍出版社，2010，第329页。
③ 施闰章：《无可大师六十序》，《施愚山集·施愚山文集》卷九，黄山书社，1992，第166页。

导言：方以智《易余》再引

拒绝与新朝合作，亦儒亦僧，行迹隐匿，志节坚贞。有清一代，文网严密，法令苛峻，独特的遗民身份以及颇具影响力的盛名使得方以智的《易余》等诸多著述未能刊行问世。① 它们以钞本家藏的形式流传下来，世人或闻其名，却极少得见。

《易余》见录于清初的《经义考》，在是书"存""佚""阙""未见"四门体例中列为"未见"。② 也就是说，撰者朱彝尊（1629—1709）未能亲见其书。《千顷堂书目》"易类"著录曰："方以智《易余》二卷。"③ 是书的撰者黄虞稷（1629—1691），字俞邰，

---

① 张英《方母潘夫人七十寿序》："今海内宗密之先生盖五十余年矣！先生为才人、为学人、为忠臣、为孝子，博闻大雅，高风亮节，为近代士人之冠。"潘夫人，指方以智的妻子潘氏。张、方两家有姻亲，且为祝寿之文，是篇所言不免有应酬之意，但对方以智（已去世近十年）的评述依然可参。康熙《安庆府桐城县志》将方以智列入"理学"，且有"既没之后，海内闻者莫不悼惜，服公志节学识，洵一代伟人云"的论定。参见〔清〕张英：《笃素堂文集》卷六，收入《清代诗文集汇编》编纂委员会编：《清代诗文集汇编》第150册，上海古籍出版社，2010，第403页；任道斌：《方以智年谱（修订本）》"附录二"，浙江古籍出版社，2021，第334页。
② 书引陆元辅语，对作者有简介："字密之，桐城人。崇祯庚辰进士，官翰林院检讨，后入山为僧。""后入山为僧"五字在文津阁四库本中有"脱漏"。参见〔清〕朱彝尊撰，林庆彰等主编：《经义考新校》卷六十四，上海古籍出版社，2010，第1197页。所谓的"脱漏"，当是为避当时之讳而主动抹去。由此可见方以智及其著作在清代之处境。
③ 〔清〕黄虞稷撰，瞿凤起、潘景郑整理：《千顷堂书目》卷一，上海古籍出版社，2001，第12页。

福建晋江人，寓居南京时曾于顺治十年（1653）问学于方以智。①两人接谈甚契，有师生之谊。黄氏对《易余》一书或当过目。时至二十世纪五十年代，方以智十一世孙方鸿寿将世代秘藏的钞本捐献给安徽省博物馆收藏。《易余》再次问世，日益焕发出刚健笃实、辉光日新的思想活力。

《易余》的整理校释工作成就斐然，令人感佩。②现重新校理，以期补缀一二。随文所出的注释，主要围绕校订、识读和句读展开，力求简明扼要。

一、形式：是诗偈，亦是爻辞

《易余小引》一文居《易余》卷首，且为开篇，独具导论性质，重要性自不待言。这篇文章同时收录在《浮山文集后编》的第

---

① 方中通《黄俞邰就学竹关老父以通雅相托》一诗有："扣关谈一日，魂梦便相亲……石室名山托，惟君爱隐沦。"参见〔明〕方中通：《陪集·陪诗》卷一，收入《清代诗文集汇编》编纂委员会编：《清代诗文集汇编》第133册，上海古籍出版社，2010，第71页。方以智《答黄俞邰》一诗有"从今埋笔空山易，求汝藏书半壁难"。参见〔明〕方以智著，张永义校注：《浮山文集后编·建初集》卷四，华夏出版社，2017。

② 张昭炜整理：《易余（外一种）》，上海古籍出版社，2018；张昭炜整理：《象环寤记·易余·一贯问答：方以智著作选》，九州出版社，2015；张永堂整理：《易余》，列入〔明〕方以智撰，黄德宽、诸伟奇主编：《方以智全书》第一册，黄山书社，2019。

一卷,题名作《易余引》①,因曾随刊刻的集子流布,当产生过一定的影响。尤其引人注目的,是文章结尾处有这样的署名:

> 筮余之繇曰:爰有一人,合观乌兔。在旁之中,不圜何住? 无人相似,矢口有自。因树无别,与天无二。章统十千,重光大渊。皇览以降,过不惑年。

这样的落款是一段"收场诗",或一个"颂或偈"。兴作之人在拟定时,想必寄寓有深意微意,只不过"弄得似通非通,若明若暗,如疯如癫,亦庄亦谐"而已。这个如神谶一般的"玩意儿"已有释读和揭示,藏在葫芦里的药,哑谜的底,可谓大体已明。②

落款玄微,语辞幽深,大概是因为方以智在撰写此文时,落脚的地方已在清廷治下,生存环境和政治语境很严峻,不得不如此。越是如此,对全书的理解和把握而言,作为引论的署名越是——其微当显,其幽当阐。

整体而言,落款十二句话,再加上居首的一句引语,凡

---

① 参见《清代诗文集汇编》编纂委员会编:《清代诗文集汇编》第35册,上海古籍出版社,2010,第616—617页。湖北省图书馆藏清初此藏轩刻本《浮山文集后编》,凡两卷,每卷名下皆题曰"药地愚者智随笔"。
② 〔明〕方以智著,庞朴注释:《东西均注释·序言》,中华书局,2001,第2—5页。

十三句，撰述者在以隐语的方式自报姓名，或许还有家门；表明所奉的正朔，与清廷和南明政权皆无关；暗示撰述的时间，很可能还有地点。其中的关键语词和意象如"因树""与天"以及"不惑"等，已超乎对身份信息、撰著情况的暗示和传达，而是关乎方氏思想方向和精神品质的自我认定，有必要再考辨，再探究。

下面，拟对《易余小引》的落款再作疏解，并略作引申。

筮余之䌈。此句总领以下十二句四言占辞。筮，用蓍草占卦；余，撰者自指；䌈，通"籀"，谓卦兆的占词。撰者为自己卜筮，而得到以下文辞。

"筮""䌈"两字似在提点——接下来的十二句，应作卦爻之辞来理解，或更恰如其分。十二句两两一组，共六组，即为一卦六爻的六个爻辞。两句一组，从前到后，分别对应六画卦内从内到外、从下到上的六个爻位。"六爻相杂，唯其时物也"（《周易·系辞下》），六爻错杂相处，爻位各有不同，而每个爻位代表不同的"时物"——这里可以理解为不同发展阶段、不同精神状态的方以智的所思所想、所作所为，即其言其事。也就是说，十二句分为六组，不但要从字句文辞的层面来理解，还要时刻留意它们所在的爻位，关注爻位自身的义涵，即整体上按卦爻辞进行释读。

《周易》的精魂在彰往察来，而诉诸文辞则是"其旨远，其辞文，其言曲而中，其事肆而隐"（《周易·系辞下》）。方以智承三世家传易学，又以《易余》说易理，示训诂。我们无妨紧盯他在小引结尾处的小小设定，循着其人其事，顺着其言其语，依着字里行间的辞意文气，探索其中的主旨和意趣。一个落款和具名，看似在游戏文字，其实有独到的"旨"和"辞"，有明确的"言"和事"。所有这些都是撰者精心刻意要传达给我们的，只不过"远""文""曲""隐"了些。一句话，尽可能像撰者一样去理解他的修辞和文法。

爰有一人。"一"字叠加上"人"，"大"也。

合观乌兔。乌，谓三足乌。古人认为日中有三足乌，故以"乌"代指太阳；月中有玉兔，故以"兔"代表月亮。乌和兔合在一起来看，明也。

以上两句相合，射"大明"二字。明人自称其朝代为"大明"。大明，无疑指向都城在北方的那个已消亡的故国旧朝。易代之际，新朝之下，仍以明人自居，不认清廷，不仕新朝。这是撰者在标榜自己前朝遗民的政治身份。这一层意思从"字面"解读而来，看似隐匿，实则显白。

下面，按"句意"把这两句重新梳理一下。

有一个人，他在干什么？观。观什么？乌兔。乌兔即日月，而日月在天，观亦即仰观。合观乌兔，犹仰观天象。《周易·系辞上》："仰以观于天文，俯以察于地理，是故知幽明之故。"合观乌兔,乃类似于古圣作《易》之举。

《周易·贲》之《彖》有:"观乎天文,以察时变。"明清之际最大的时变,无疑是改朝换代。鼎革以来,朝廷多故,政局巨变,有一人观天文,察时变。又,乌兔日月,两者合观,则为一个"易"字。①《易余》的撰者忧心忡忡,此正合《周易·系辞下》所言的"作《易》者,其有忧患乎"。

"爰有一人,合观乌兔",无妨视为一卦之初爻。自爻位言,初在最下,意谓潜而不彰,古圣人诫之曰"勿用"。藉此,可大致推知合观乌兔之人,所在的时局是"小人道盛",当下的处境是"唯宜潜藏,勿可施用";进而言之,此人在时变之下撰述此文此书,大概的情形正是"寡不敌众,弱不胜强,祸害斯及"。②

在旁之中。在"旁"——异体作"旁"③——的中间,方也。

不圜何住。圜,同"圆"。不是圆的,那还能是什么呢?方也。

这两句各自射一个"方"字。两"方"并列,即为重复言之,

---

① 《周易时论合编》开卷即有方以智的按语:"易即阳字……易从日月,而一自统二。日自统月,且一之声即易之声,则易阳通声明矣。"参见〔明〕方孔炤、〔明〕方以智撰,郑万耕点校:《周易时论合编》,中华书局,2019,第402页。

② 参见〔三国魏〕王弼注,〔唐〕孔颖达疏,卢光明、李申整理:《周易正义》卷一,北京大学出版社,2000,第2页。

③ 清初此藏轩刻本《浮山文集后编·易余引》中用的即是"旁"字。参见《清代诗文集汇编》编纂委员会编:《清代诗文集汇编》第35册,上海古籍出版社,2010,第617页。

着重言之。《庄子·天下》篇有言,"以重言为真"。莫非这样的形式设定,亦是此中有真意?

方氏有家传易学,曾祖方学渐著有《易蠡》,祖父方大镇有《易意》(叔祖方鲲有《易荡》),父亲方孔炤有《周易时论》,至方以智则有《易余》等。方以智的易学编著撰述活动,皆在家学之中而不在其外:"老人(谓方以智)承四世之易,淬血焦鼎,极深研几,不惮垢衣蓬首,假别路而会通之。"① 所谓的别路,谓禅宗和老庄哲学。方以智身在佛门,以会通烹炮的精神重构

---

① 刘砥:《浮山别集跋》,参见〔明〕方以智著,张永义校注:《浮山文集·附录三》,华夏出版社,2017,第564页。这里的"四世"似当为"三世"。说"四世",当是把方以智亦算了进来。方以智亦有类似的表述,例如在《致青原笑和上》中有"墓下数年,重烹教乘,反复外祖观我(谓吴应宾)之旨,自合四世之易"。参见〔明〕方以智编,张永义校注:《青原志略》卷八,华夏出版社,2012,第187页。方中通《答费厚蕃》:"独是先高祖明善先生(方学渐,门人私谥明善先生)著有《易蠡》,先曾祖文孝先生(方大镇,门人私谥文孝先生)著有《易意》,先祖贞述先生(方孔炤,门人私谥贞述先生)著有《周易时论》,先君文忠先生(方以智,门人私谥文忠先生)庐墓合山,重编《时论》以行。先君更有《易余》一书。易固屡世家学,非授之于陈先生仁锡也。"参见〔明〕方中通:《续陪》卷四,收入《清代诗文集汇编》编纂委员会编:《清代诗文集汇编》第133册,上海古籍出版社,2010,第227页。陈仁锡,字明卿,明天启进士,授翰林院编修,官至南京国子监祭酒,曾为方以智《稽古堂初集》撰写序言。方以智有《答陈明卿太史》一诗,其中有"命槕越江湖,幸登夫子堂。矢志在千里,经史为周行。探微受河洛,学诗慕河梁"云云。他人误会方以智的易学师承陈仁锡,故方中通在此予以指正。

世代为儒的家传易学,因陈出新。这是方以智不同于父祖的地方。"《易余》名义上虽是方以智所作,但其中却凝聚着方家几代人的心血"。① 这里需要特别留意一下其父方孔炤。

明崇祯时,方孔炤和黄道周先后入狱,"大人(谓父亲方孔炤)与黄石斋(黄道周,门人称石斋先生)圜中讲易,而不肖子(方以智自谓)不能入此,犹然悲歌慷慨,妄谈时事,开邠要津"(《灵前哀告文》)。圜,这里指牢狱。方以智入省狱中探望父亲,悲痛凄楚,但此时未能走进父辈的易学世界,更遑言领悟发扬。② 直到方以智离世,其子方中通还在感慨此事:"圜中讲易痛追随,墓下重编有雪知。"③ 重编,谓方以智在父丧守墓期间重新编著《周易时论》。

"爰有一人,合观乌兔"谓有一人在观象玩易,顺此意脉,这里的"在旁之中,非圜何住",似在叙写自己的学易历程。

"在旁之中"的"旁",即"边"。这个世界必定是——有中有旁。若无中无旁,无分界,那即是"迷中"。"迷中"与中统旁、

---

① 〔明〕方以智著,张永义、邢益海校点:《药地炮庄(修订版)·校点说明》,华夏出版社,2016,第3页。
② 方以智自言曾"入省圜中"(《激楚·小序》)。方以智《周易时论后跋》:"余小子少受河洛于王虚舟先生(王宣),符我家学,尤恨为词章所废,周章好博,且日谨守父师之说,以晚学易,梼昧而文过耳。"此文撰写于崇祯癸未(1643)冬日。
③ 〔明〕方中通:《陪集·陪诗》卷四,收入《清代诗文集汇编》编纂委员会编:《清代诗文集汇编》第133册,上海古籍出版社,2010,第106页。

旁奉中的"宜中"相对。(《易余·世出世》)如此来看,"在旁之中"首先区分"旁"和"中",有"旁"有"中"。接下来,"中"该当"统"这个"旁","旁"亦当"奉"这个"中"。那么,谁是"旁"?谁又是"中"呢?以方孔炤为代表的父祖辈是"中",而撰者本人则是"旁"。

即"非圜何住"一句,我们再来看方和圆的关系。方孔炤有诗《名儿以智、其义》,专门叙写其两子名字的来由:"大儿方以智,天下藏于密。二儿方其义,所以用乾直……两儿念此名,根本在学易。"《周易·系辞上》有"蓍之德圆而神,卦之德方以知"的经典表述。《东西均·疑信》认为:"方本于圆,而成形立法则寓圆于方。"从蓍到卦,从圆到方,从神到知,确实有一个逻辑上的先后,需要时间上的过渡。也就是说,"不圜何住"的方,乃是将来之方,而前一句"在旁之中"的方,则属于已在之方。两个"方"既是二而一的,又是前后相续的。如此,无妨以父子关系看待这两个"方"字。

若以爻位言,二在下卦之中,有德施周普的特点,即《周易·乾·文言》所谓的"德博而化"。以此反观两"方",他们同具高尚的德行,居中不偏,谐美无间。家传的赓续与融通,非但博施不匮,而且已入化境。二位居中,意谓能行中和之道。远离五位的君王之尊,相较四位的"多惧",二位有"多誉"的特质。在一部易学专著的引论末尾,撰者对自己的姓氏反复言说，即在表达一份自得之情。在感性上，在理智上，皆有称美之意。这或许是两句的真意。

无人相似。"似"字没有了"人"，"以"也。

矢口有自。先写"矢"，再写"口"，最后加一个"自"字，智也。①

两句相合，射"以智"二字。

以上六句三组，谜底基本上解开：大明方以智。

"无人相似"顺承前四句，极言自家易学的独特价值，《易余》一书的无可替代。方中通下面的话瓷实些，倒是更能说明"无人相似"的内涵："老父穷尽一切，而一征之于河洛，破千年之天荒，传三圣之心法，准不乱而亨神无方，必有事而归行无事，天然秩序，寂历同时，以无我为备我，以差等为平等，午会全彰，诚非虚语。"②

下面来看"矢口有自"一句。扬雄《法言·五百》："圣人矢口而成言，肆笔而成书。"③矢口，犹开口成言，操笔成书，这里指自己的易学撰述。有自，渊源有自，谓方氏家学。方以

---

① 《说文》之"智"作"𥎿"，从白（音 zì，"自"的古字），从于，从知。
② 〔明〕方中通：《哀述·小序》，《陪集·陪诗》卷四，收入《清代诗文集汇编》编纂委员会编：《清代诗文集汇编》第 133 册，上海古籍出版社，2010，第 105 页。
③ "矢口肆笔犹云正口直笔，言不假思索也。"参见汪荣宝撰，陈仲夫点校：《法言义疏》卷十一，中华书局，1996，第 267—268 页。

智曾自惭自愧说,"家有数千年正决之学",而自己却不能振奋木铎以告万民,宣扬圣人的教诲。(《灵前哀告文》)这样的愧疚和谦退,须当成一个清醒者的自我诫勉。藉此亦可看出,家学在方以智心目中地位极高。

方,为家族的姓;以智,是个人的名。请注意,射"以智"的两句,恰好在一卦六爻的第三位,而"三多凶"(《周易·系辞下》)。撰者似以此暗示"以智"此人处境凶险多多,同时必定终日乾乾,以竭力免其咎祸。①

以上六句,是诗句,是偈语,更是爻辞,属内卦或曰下卦。接下来分析后六句诗偈,亦即外卦,或曰上卦。

二、深意:是忠臣,更是孝子

"因树无别,与天无二"两句着实费解。庞朴先生针对前句释曰"不详",后句则认为是"人"字,又打了个问号,表尚有疑问。或解前句射一个"药"字,后句为"地",合为"药地",

---

① 方中通《哀述·小序》:"独是生于忧患,别路藏身,甘人所不能甘之苦,忍人所不能忍之行,瓢笠天涯,晚遭风影。"参见〔明〕方中通:《陪集·陪诗》卷四,收入《清代诗文集汇编》编纂委员会编:《清代诗文集汇编》第133册,上海古籍出版社,2010,第105页。

而这恰是方以智常见的别号之一。①

无妨先从爻位的角度,来审视这两句话。《周易·系辞下》有"二与四同功而异位","二多誉,四多惧"。一卦六爻,二与四在功能上相同,却因位置有别而特性不同:二多有赞誉,四多有戒惧。之所以如此,主要是因为四为臣子位,相对靠近"五"这个君王之位,动辄得咎。这个框架性的爻位意涵虽然简略,但对释读"因树""与天"却有相当程度的坐标意义,不至于让我们离题太远。详后。

下面,再来看"章统十干,重光大渊"两句。

"章统十干"之"章",同"彰"。彰,明也。统,纪也,统纪,统绪。十干,则为万。明代帝系中有"万"字的,似指万历皇帝。

"重光大渊"句,以太岁纪年。《尔雅·释天》有"(太岁)在辛曰重光","在亥曰大渊献"。合而言之,谓辛亥年。以上两句连读,当谓万历辛亥(1611),而这一年正是方以智的出生之年。

《周易·系辞下》:"三多凶,五多功,贵贱之等也。"三位

---

① 张昭炜整理:《象环寤记·易余·一贯问答:方以智著作选·引言》,九州出版社,2015,第11—12页。张永堂:《易余·整理说明》,收入〔明〕方以智撰,黄德宽、诸伟奇主编:《方以智全书》第一册,黄山书社,2022,第3页。顺治九年(1652)冬,方以智因作画而得"药地"图章,因以为号。参见任道斌:《方以智年谱》卷五,浙江古籍出版社,2021,第199页。

的"无人相似,矢口有自"射"以智"两字。这个人可谓上不在天、下不在田;不得安其尊,未可宁其居,而是一个夕惕若厉的君子。五位在上居中,为尊,当属上治之人,具体所指,又是谁呢?[1] 爻位中的二和五存在一个有应或无应的关系,二位的"在旁之中,非圜何住"与这里的"章统十千,重光大渊",具体又是怎样的关系呢?

先来看"十千"。《诗经·小雅·甫田》有"倬彼甫田,岁取十千"。此处的"十千",极言其多,意涵不难理解,亦较常见。《诗经·周颂·噫嘻》:"亦服尔耕,十千维耦。"两句意谓从事耕作,必须抓紧些,众人肩并肩,一齐来犁地。五位因尊贵而"多功",而《噫嘻》诗中所谓的"万人耦耕",在情理上与"多功"不相乖违。

"章统十千"之"十千",射"十千维耦"之"维耦"。维耦,犹对耦而耕。[2] 二位上有两"方"并置,而五位则有二耜为耦。二和五,一下一上,成呼应之势。如果说"在旁之中,非圜何住"所射的两个"方",似在言说方家,不单指撰者一

---

[1] "'飞龙在天',上治也。"孔颖达疏曰:"言圣人居上位而治理也。"参见〔三国魏〕王弼注,〔唐〕孔颖达疏,卢光明、李申整理:《周易正义》,北京大学出版社,2000,第22—23页。

[2] 孔颖达疏:"'耜广五寸,二耜为耦',《冬官·匠人》文也。此一川之间有万夫,故为万人对耦而耕。"参见〔西汉〕毛亨传,〔西汉〕郑玄笺,〔唐〕孔颖达疏,龚抗云等整理:《毛诗正义》卷十九,北京大学出版社,1999,第1552页。

人，还包括其父祖，那么这里的"十千""维耦"，亦当有此意涵。

再来看"章统"。何为"统"？最显著的，自然是帝王世系，但对一篇易学引论文章而言，落款出现一个"统"字，归结为对儒家典籍的论断似更近情理。当然，这个论断得是全局性的、结构性的：

《诗》《书》《礼》《乐》，雅符也；《易》《春秋》，阴阳之合符也；《易》以统之，《春秋》以终之，六舳之公准成矣。（《东西均·公符》）

统，简而言之，即儒家六经之统，谓《周易》。藉此，"章统"即谓彰明易理，阐扬易学。

下面通观"章统十千"。《周易》作为我国最古老的典籍之一，以广大悉备著称。诗人以"十千"叙写劳作盛况，方氏在这里借以称美《周易》研究成果的深厚丰多，不但贴切，而且亲切。家有世传易学，这是方以智最为引重的。"我"之《易余》和父祖的易学论著前后辉映，在弘扬易学的大视野中确有对耦犁地、并肩耕耘的意味。顺着这个阐释方向，再来看"重光大渊"。

重光，谓日，谓日月，亦寓"明"意。① 渊，回水也，深潭，深水。坎为水，为陷，为险，方位为北。按《尚书·尧典》，北为朔方，为幽都。《易余》撰述时，作者当已北返，包括京师在内的北方早已陷落。"重光"若用作动词，"重光大渊"即意味着照明幽暗，光复故都，疆理天下。

总结来看，"章统十千，重光大渊"即是撰者在表达心志意向：发扬家传易学，致力拯世济时，匡乱反正。这该当是《易余》一书的深衷远旨。五位有其尊，唯有这样的飞龙之志，方配得上《周易·乾》九五爻辞中的"利见大人"。大人，无妨理解为撰者的父祖辈。唯有"章统""重光"，方无愧于自己的出生。②

"皇览以降"中的"皇览""以降"，皆本自《楚辞·离骚》：

> 摄提贞于孟陬兮，惟庚寅吾以降。皇览揆余初度兮，肇锡余以嘉名。

---

① 陆机《〈演连珠〉之二三》有"重光发藻，寻虚捕景"，李善注曰："重光，日也。《尚书·五行传》曰：明王践位，则日俪其精，重光以见吉祥。"陆云《大将军宴会被命作诗一首》诗有"辰晷重光，协风应律"，注曰："《汉书》，倪宽云：宣重光。张晏曰：重光，谓日月也。"参见〔南朝梁〕萧统编，〔唐〕李善注：《文选》卷五十五、二十，上海古籍出版社，1986，第2391、2392、951页。

② 方以智《周易时论后跋》："家君子（谓父亲方孔炤）自辛未（1631）庐墓白鹿三年，广先曾王父（方学渐）《易蠡》、先王父（方大镇）《易意》而阐之，名曰《时论》。以六虚归环中者，时也。"除了家学，方孔炤还曾与黄道周在狱中朝夕讲易，故《周易时论》又折衷诸家。

皇,"皇考"的省称。皇,美也,有光大之意;考,对亡父的敬称。览,观也。"皇览揆余初度兮,肇锡余以嘉名"意谓父亲观察"我"初生时的气度,赐给"我"美好的名字。"惟庚寅吾以降",是屈原说自己在庚寅这一天降生。① 皇览以降,意谓撰者本人的出生。

"过不惑年"句,相对易解,大概是说《易余》撰写在年过不惑之后,即1650年之后。

从诗学的角度看,"皇览以降,过不惑年"两句属收结,该当篇终接混茫,意思滋味不至于这么寡淡。方以智《丁卯冬作》诗有:"少承父母训,嗜学戒放逸。名余曰以智,字余取藏密。"是诗作于天启七年(1627),诗人时年十七。② 与《离骚》简单对读,可知"皇览"中分明暗含着一个父亲的形象。③ 只不过屈原结撰《离骚》时称"朕皇考",父亲已不在,而《易余》成书、《易余小引》成文时,方父仍健在。清初桐城人姚文燮谓方以智特重家学,"言必称先,以志家学之有本也。即寻常闻见,得诸

---

① "庚寅,日也。"参见〔宋〕洪兴祖撰,黄灵庚点校:《楚辞补注》卷一,上海古籍出版社,2015,第5页。
② 参见任道斌:《方以智年谱》卷首"传略",浙江古籍出版社,2021,第5—8页。
③ 方孔炤(1591—1655),字潜夫,号仁植。《诗经·小雅·正月》有"鱼在于沼,亦匪克乐;潜虽伏矣,亦孔之炤"。朱熹集传曰:"炤,明,易见也。"孔炤,即炤然易见,甚为明晰。换言之,意会之,则是另一种明、大明。"乌兔""重光"明说的是前朝故国,其实隐约还有老父的身影在。

师友者,亦不肯昧其所自"。① 在自己论易的专著中,在引论文章的落款处,以微言彰显孝思,对方以智而言非但不唐突,反而恰在情理中。

南明永历四年(1650)春,清军南下,永历帝遣使入平西山,敕命方以智入朝辅政。因为要重用,故而在敕谕中多有评定之语,有的相当平实中肯,比如"卿天人实学,忠孝世传,识备古今,才堪四应"云云(《七辞疏》)。"天人实学"说的是方氏的学术根柢,这很容易和"与天无二"对上,详后。"忠孝世传"强调方氏对国家的忠和对尊亲的孝。政治上的忠和人伦上的孝,须联系起来看,均衡对待,不可偏颇。

方以智有三子,"皆孝思逾常人"。② 这是方家世传之风,方孔炤、方以智父子更是如此。清人方苞引时人之论,称自己的这位叔祖为"四真子",即真孝子、真忠臣、真才子和真佛祖。

---

① 姚文燮为《通雅》撰写《凡例》六则,此为第三则。参见〔明〕方以智撰,姚文燮校订:《通雅》卷首,清康熙五年姚氏浮山此藏轩刊本。方中履《时术堂遗诗跋》:"因思自高祖明善公(方学渐)、曾祖廷尉公(方大镇)、大父中丞公(方孔炤)以来,无不有集,四世家学之书凡近千卷,可不谓多欤?"参见〔清〕方昌翰:《桐城方氏七代遗书·汗青阁文集》卷上,黄山书社,2019,第588页。
② 参见《方以智晚节考(增订版)》,生活·读书·新知三联书店,2004,第4页。

孝子列在忠臣前而居首，如此的认定排序，更恰如其分。① 在方以智这里，"孝"具超越义，主要地转化为对家学的发扬，"孝者，学也，教也，觉也，一也"（《易余·孝觉》）。顺治十二年（1655）秋方孔炤去世，冬安葬合明山。方以智身披黑袈裟，破关奔丧，在墓前结庐守灵。念及父亲的遗言，《周易时论》的合编工作亦在此时开始着手。听闻友人徐芳筑起三层藏书楼，方以智"以先人晚径之《易》赠之"，且有寄望："深几研极而旁搜游衍，使子弟后进编考，而坐其中删葺之，包罗正决，不为一切所惑，以遗后世，岂非千古之盛事乎！"不但"我"来深研编删，而且邀约四方合力共图。"章统十千"的意涵早已轶出一家一姓的范围，行进在更广阔的学术空间中。

屈原"惟庚寅吾以降"的庚寅，纪的是日，而方以智用"以降"所射之庚寅，纪的当为年。庚寅（1650）为南明永历四年、大清顺治七年，正为方以智的不惑之年。这对下一句"过不惑年"，恰好是一个补足说明。

"以降"隐射的庚寅，"不惑年"指涉的1650年，一隐一显，同样在反复言之。方以智似以此强调这个年份的重要，进言之，

---

① 时人谓方以智为才人、孝子、忠臣，方中通意有不满。才人或才子，不足以称父亲在学术思想领域的巨大成就，且"忠孝所以成其才，才所以济其学"，单提"才人"在前，不妥。参见〔明〕方中通：《哀述·小序》，《陪集·陪诗》卷四，收入《清代诗文集汇编》编纂委员会编：《清代诗文集汇编》第133册，上海古籍出版社，2010，第105页。

不惑之年的不惑，对《易余》一书的撰写极其重要，当是一把钥匙。

从卦爻的相应关系看，第三爻的"以智"和第六爻的"降生""不惑"，恰在文意上形成对应。从卦爻的位置来看，收尾的两句在极处，位最高，属亢龙而有其悔：

> 亢之为言也，知进而不知退，知存而不知亡，知得而不知丧。其唯圣人乎！知进退存亡，而不失其正者，其唯圣人乎！（《周易·乾·文言》）

庚寅年，不惑年，乃方以智一生中最为特殊的年份。是进，还是退；是存在，还是灭亡，这的确是一个问题。方以智必须做出抉择，他能否像圣人一样，做到"不失其正"呢？

三、字谜：此人乃是木人石心也

"因树无别，与天无二"两句，真可谓云里雾里，真意难觅。既然是谜面难解，即意味着多义与含混。我们无妨多角度透视，分层次探究，最后再归结汇总。

先来看后一句"与天无二"。若拆字以解谜，"天"去掉"二"，射一个"人"字。此解直接明了，最有说服力。最大的难题是前一句如何拆解，打出一个谜底能讲得清，再配合着"人"字能说得通。

下面来解"因树无别"。按《说文解字》:"樹（树），生植之总名，从木，尌（shù）声。"因，就也，依靠，凭借。依凭"尌"（古同"樹"），而又与树无差别，当射一个"木"字。前后两句相合则为"木人"，如此署名，是何用意？单看这一个语词，的确让人不明所以。与"木人"相关的历史典故倒是不少，但都很难与著书立说有实质性的关联。

方以智流落南海时，曾变姓名为"吴石公"，还在诗中感慨"昨日姓吴今日石"（《刘客生吴监在自汀州奔粤遇于苍梧》）。若把"木人""石公"结合起来，这里所谓的"木人"或当典出《晋书·夏统传》。夏统，字仲御，会稽永兴人。幼孤贫，以孝友闻。雅善谈论，隐居不仕。母病笃，往洛阳买药，三月上巳，与太尉贾充相遇，深得赏识，欲使之仕，不应。贾充使妓女盛服，绕夏统所乘之船三匝，"（夏）统危坐如故，若无所闻。充等各散曰：'此吴儿是木人石心也。'"。[①] 方以智以"吴"为姓，以"石公"为名，大概亦取自夏统之事。

木人，犹方以智自言——此人乃是木人石心也。"木人石心"极言坚贞，不为外物所动。

[①] 〔唐〕房玄龄:《晋书》卷九十四，中华书局，1974，第2430页。方以智在明崇祯年间曾撰《即事而隐说》一文，其中有"仲御（夏统）之振足，何如子骥之（刘驎之）条桑"，论及两人言行的高下。夏统和刘驎之皆为晋代隐士，事迹同载《晋书·隐逸》卷九十四。

方以智以"木人"自居，即是在宣示自己的政治抉择。按《晋书·夏统传》，夏家宗族劝夏统出仕："卿清亮质直，可作郡纲纪，与府朝接，自当显至，如何甘辛苦于山林，毕性命于海滨也！"夏统勃然作色道："诸君待我乃至此乎！使统（夏统自称）属太平之时，当与元凯（谓杜预）评议出处，遇浊代，念与屈生（谓屈原）同污共泥；若污隆之间，自当耦耕沮溺（谓春秋时期的隐者长沮、桀溺），岂有辱身曲意于郡府之间乎！"[①]世道有盛衰，朝代有兴替。若处易代之际，那就像长沮、桀溺一样把锄躬耕，而不在郡守官署那里曲意逢迎。

木人石心，亦可简称曰"木石"。它既是历史典故，又是当下意象，蕴含的意旨明确而坚定。方以智多次自称"木石"，例如在《答吴年伯》的书信中有：

> 小侄自木石海滨，怨愤入骨，沉病一年，有感即发。近日呕血之后，益觉虚仆，目昏气逆，头大如箕，顾影残生，无复人理。

吴炳，字可先，常州府宜兴人，在南明永历朝出任兵部右侍郎兼东阁大学士，且与方孔炤同为万历年间进士。故这里尊称曰年伯，方以智则以"小侄"自指。南明永历元年（1647），方以

---

① 〔唐〕房玄龄：《晋书》卷九十四，中华书局，1974，第2428页。

智随从永历帝至梧州，此时已决意不仕，惟愿退隐著书。永历帝有拜方以智为内阁大学士的敕命，吴炳特致书信劝方以智出山辅政。方以智在这封答书中谢绝提挈之美意，自认为流落闽粤一带，与木头石块为伴，寄情山水之间，早已和时局政事隔绝。这里所谓的"怨愤"，大概针对的是方以智曾被弘光当权者诬陷为"从逆罪"。

甲申国变后，方以智南下抵留都，阮大铖等人罗织罪名，把方以智列入"第五等应徒拟赎"。① 在父亲方孔炤的叮嘱和挚友陈子龙的建议下，方以智变姓易名，经浙江、福建远游南海，流寓两广，辗转隐居在广西平乐和湖南武冈等地。继起的隆武政权（1645—1646）曾为方以智昭雪复职，但方以智称病不赴任。1646年秋，清兵克汀州（今福建长汀），隆武帝死难。冬十月，瞿式耜等人拥立桂王朱由榔监国于肇庆，十一月称尊，是为永历帝。方以智因代言议政有功，被擢升为少詹。然而权宦当位，朝政不明，且与当事者不合，方以智不入班行，后又弃官至梧州，坚卧不起。1647年秋，养病沅州（今湖南黔阳）天雷山，与苗民杂处，"曲肱茅屋鸡同宿，举火荒村鬼作邻"（《流离草·天雷苗夜病中作》）。待清兵入沅州，极力追索之，方以智只身逃入大山深处，辗转湘黔腹地，"一年三变姓，十字九椎心"（《独往》）。"数年之间，国统三绝，行在五迁"（《寄张尔

---

① 参见〔清〕谈迁：《国榷·思宗崇祯十七年》卷一百二，上海古籍出版社，2008，第6136页。

公书》)。方以智对南明小朝廷自有苦衷,甘愿屡辞敕命。自言心如木石,不过是表明自己对南明政权不再有任何欲念。

新政权偏居一隅,人身在其中,要想不出仕,实现"欲少毕其著作"的目标(《夫夷山寄诸朝贵书》),方以智认为唯有像两汉之际的刘宣、郭宪一样,进行一场激烈的抗争。[①] 于是,方以智开启了别样的生存方式:"弃妻子,变姓名,孤身远遁,入草不顾。"(《鉴在变诗序》)这是特殊历史语境下的命运抉择,也是哲学沉思的自然延展。拒斥永历朝政,远离人世是非,个体生命的存在即凝结为一个意象——木石。比如,在写给何腾蛟(字云从,贵州黎平人,永历朝为武英殿大学士,正督师湘鄂军务与清军作战)的书信中,方以智称美其"功高南岳",自谦道:"木石如智,素所服膺。"(《寄阁部云从何公》)你们是山岳,而我只是木石。又比如,方以智有言:"若弟之荼毒万端,仅存斗血,林央木石,椎胸何语?"我就是平凡平庸的"林央木石",你们在朝当权,是尊长,乃"功在社稷,日月临之"(《与杨峒若》)。还是在《答吴年伯书》中,方以智甚至自比庄子笔下的"樗材",不堪大用。

[①] 刘宣,东汉南阳安众人,安众侯刘崇从弟,不仕新莽,乃变名姓,抱经书隐避丛林草泽间,至东汉光武帝建武初时方出。郭宪,东汉汝南宋人,字子横。王莽篡位,拜郎中,赐以衣服,郭宪受衣而焚之,逃于东海之滨。光武时仕至光禄勋。方以智推扬刘、郭两人,且立意仿效之。方以智对南明永历皇帝虽有拥立之功,却将其类比为新莽,内心其实并不认可这一政权。

南明永历四年（1650），方以智年届不惑，依然隐遁在平西山，曾请求瞿式耜（时以文渊阁大学士兼兵部尚书留守桂林）可否分派幕下一开敏之士协助自己从事著述，不得。方以智推想说："以此观之，知必无此不事事之一木石人矣。"既然不能"求一人同读书而乐其所乐"，那就借书，"惟望架上之书，分其十之三四予之"（《与留守相公借书》）。瞿式耜寄望方以智的是入朝辅佐自己治理政事，"为君置酒兼成颂，须及銮舆早出关"。①方以智则以一个意象、一个隐喻向瞿式耜申明告白，自己就是那无所事事的木石之人，不再出关，惟愿读书。

永历朝廷屡次征召，多方遣使，方以智均坚辞不赴，前后有辞疏十通。也是在这一年（1650年），方以智有《十辞疏》，也是最后一疏。方以智以在野臣子的身份向君王分条陈述意见，恳切且郑重。通观全文，对朝廷之命的逃和避是主轴，理由多多，比如"臣本诗酒狂生，遭乱颓惫""臣之家学，以淡泊恬退为主""臣于患难无所不尝，膏肓之症，增发无次"，等等。其中有："臣木石残喘，尾琐无家，自出苗峒，避兵入粤，依臣父执，滞桂一春，嗣后在平西山一年余矣。"（《十辞疏》）此段文字所陈，

---

① 瞿式耜：《庚寅八月，方密之相国四十初度，敬赋二律申颂，促其入朝，以慰圣眷》，收入江苏师范学院历史系、苏州地方史研究室整理：《瞿式耜集》卷二，上海古籍出版社，1980，第232页。按方以智生于十月，瞿式耜这里的诗题当为误记。参见任道斌：《方以智年谱（修订本）》卷四，浙江古籍出版社，2021，第183页。

朝廷派出的使臣们大都有目睹，可以对证，当属实情，方以智不必亦不敢妄言。如实奉告，只想表明自己退隐山林，已形同木石，无意为官辅政，但又绝非在享清闲，仅苟延残喘而已。

《易余小引》撰写时，方以智人已北返，身在清廷治下。即便出家天界寺，闭关高座寺，前来游说的旧交（比如吴伟业）、探望的老友（比如周亮工等），并不在少数。他们皆已仕清，为新朝权贵。方以智在此际自称木人，自比木石，自言木人石心，同样是在谦卑自牧。这是一种生存策略，更是一种政治抉择。

在易代的乱局中南奔北返，方以智逐渐对现实政治坚决拒斥，直至完全抽身。这非但关系一生名节，而且涉及家学传承。所谓的"无别""无二"，既是呼应人在岭南的那段过去，更是当下的自我警省：大明方以智在新朝将依然故我——如木人石心，坚贞不移，不为外物所动。"因树无别，与天无二"作为自我身份和立场的宣告，依然是鲜明的政治话语，只是"藏"得深了些。

"因树无别"中的"因树"可打一"木"字，"无别"可打一"同"字，相合则为"桐"；"与天无二"还可打一"人"字。如此，"因树无别,与天无二"射"桐人"二字。① 桐人,犹桐城人。方以智在引论《易余》时,以射覆的方式自报姓名,又提及乡邦,虽是婉曲隐约,也算是告明了本籍。这一"谜底"放回到《易余小引》的落款体式中,无疑意脉贯串,文气畅达。

如果说"木人"表达的是落荒海滨流寓岭南时的志节,那么"桐人"则指向对家绪家学接续振举的心愿。撰述《易余》及引言时,父亲方孔炤仍隐居在皖江桐城这片故土。方以智以桐人自居,不经意间再次强调《易余》与方家易学间的血脉相连。

四、或跃在渊:事典语典的寓意与象征

以字谜的方式来解"因树无别,与天无二"的寓意,主要是顺承前六句的这个特点("不圜何住"除外)。可能存在的问题是:前六句三组,可为内卦,而接下来的六句三组,则是外卦。内是内,外是外,各有自己的特点。下面从用典的角度,再来分析这两句话。

因树,典出《后汉书·申屠蟠传》。

以汝南名士范滂为代表的京师游士,议论朝政,指摘朝廷,

---

① 此解由首都师范大学文学院同事桂枭老师提出。本导言的部分内容曾提交至2024年6月在北京召开的"文学书写与历史记忆:中华文化精神探源国际学术研讨会"并在会上宣读。桂枭老师,皖人也,学深慧颖,一道参会,一眼勘破同乡先哲的谜面,随即相告;评议人朱雯老师,嘉言洋洋,惠我良多,一并致谢。

自公卿以下的官吏无不屈尊礼遇之。学人无不仰慕，认为有学问的儒生和有品格的处士将要兴起复用。唯有申屠蟠（字子龙，东汉陈留郡外黄人）保持着独有的清醒，他叹息说：昔日，战国的处士们横加议论，列国君主甚至为他们手执扫帚清扫道路以示敬意，但最后却发生了焚书坑儒的祸事，"今之谓矣"。于是隐名埋姓，栖居在梁、砀一带：

因树为屋，自同佣人。①

过了两年，范滂等人因党锢之祸而或死或受刑，申屠蟠则全然避开了这场祸难。申屠蟠鉴往以知来，表现出超乎寻常的洞察力和决断力。

"因树"即因树为屋，其作为事典多次出现在方以智的诗歌作品中，并主要集中在流寓岭南这一时期（1645—1650）。例如"织帘久已叹烟尘，因树依岩拂葛巾"（《七星岩遇徐巢友分韵》，作于 1646 年），"敢云因树违王命，翻愧残秦对使星"（《诏使龚大行在歧入平西书此赠之》，作于 1649 年），"因树依岩又一年,当空举首向烽烟"（《庚寅元旦平西山中作》,作于 1650 年）

---

① 按李贤等人的注，因树为屋，即"谢承书曰'居蓬莱之室，依桑树为栋'也"。参见〔宋〕范晔：《后汉书》卷五十三，中华书局，1965，第1752—1753 页。

等。"因树"和"依岩"意脉联属,谓艰苦的遁居生活。

早在崇祯十三年(1640)冬,方以智即对申屠蟠一类的隐士评论道:"木榻五十年(管宁),因树为屋(申屠蟠),超然知几,犹谓其藏拙乎?"(《书晋贤传后》)士子若真能淡泊名利,立身行事无论是旷达还是廉谨,并不相悖。像管宁、申屠蟠这样的肥遁自适,并不是在藏匿自己的拙劣,而是清醒者的高明之举。

"因树"既是诗歌意象,更是历史情境,方以智以之沟通历史与当下,与古圣贤对话,表达心志。因树(依岩)是方以智本人流离生活的真实写照。在写给金堡(字道隐,崇祯十三年进士,时任永历朝礼科给事中)的答书中有"荒落之人,草衣木食,苟全逾年"(《答金道隐》)。这里的草衣木食,即在言说遁隐山林的艰难,岩居穴处的拮据。方以智自比申屠蟠,不仅在大节上,在细处亦相映照,绝非孟浪之言,"僦居敝庐,上漏下湿,鸡豕杂处,槁等山农。旧疾时发,举室颠连"(《十辞疏》)。

"因树"与"织帘""残秦""当空举首"在修辞上对应贯通,在意义上激荡生发。历史叙事让当下表达更丰厚,更有层次感。例如,"织帘"典出南朝宋齐时期的沈驎士。《南史·沈驎士传》:"沈驎士,字云祯,吴兴武康人也……及长,博通经史,有高尚之心。亲亡,居丧尽礼。服阕,忌日辄流泪弥旬。居贫织帘诵书,口手不息,乡里号为织帘先生。"这位隐逸之士屡征不就,不与当世人物交接相通,"无所营求,以笃学为务,恒凭素几鼓素琴,不为新声。负薪汲水，并日而食。守操终老，读书不倦"。① 诗人方以智借"织帘""因树"之典，来表达荒乱年代中隐逸者的坚守和艰贞。

时至康熙六年（1667），魏禧将藏身西粤时的方以智比作申屠蟠：

> 师（谓方以智）之抱恨于甲申也，识者律以文山之不死。及独身窜西粤，避马（士英）、阮（大铖）之难，识者比之申屠子龙。其后捐妻子，弃庐墓，托迹缁衣，识者拟于逊国之雪庵。②

文山，谓文天祥（号文山）。雪庵，谓明洪武时监察御史叶希贤，"靖难"后隐姓埋名，削发为僧，号雪庵和尚，有孤忠之节。之所以有这样的比附，魏禧在四言组诗《读史杂咏呈药地大师》中有进一步的说明："祸来无所，独身棲树。二女异心，不可同处。"这组诗歌吟咏的对象，从周公到鲁朱家，排列不依年代先后，凡十家。其中申屠蟠位列周公、文天祥之后，居第三。如此排序，显然有针对性。我们甚至可以认为魏禧对申屠蟠的歌

---

① 〔唐〕李延寿：《南史》卷七十六，中华书局，1975，第1890、1892页。
② 〔清〕魏禧：《与木大师书》，《魏叔子文集·魏叔子文集外篇》卷五，中华书局，2003，第256页。

咏，即是在写曾经的方以智。①前两句强调申屠蟠有远见，为避祸远害采取遁居独处的策略；后两句取自《周易·睽》之《象》"火动而上，泽动而下。二女（离为中女，兑为少女）同居，其志不同行"，意在说明申屠蟠为何如此抉择：既然有异心，志不同道不合，那就洁身自好，远离是非与祸端。

"自同佣人"一句，亦不容忽视。方以智为富贵公子，有雅好，却无纨绔习气。甲申之难，方以智在逃出京城时，装扮成卖菜的佣人方得成行（《纪难》诗有"充作卖菜佣,幸有鬼神庇"）；流落至广州城时，曾"卖药市中"；②逃难到楚地深山期间，曾靠占卜谋生糊口（《谢吴公饷墨》诗有"休算佣书来，聊收卜卦钱"，《虞山后集》卷首诗作有"还乡折竹同占梦，翻痛年来卖卜身"）。③陈子龙抗清不屈而死，方以智得知死讯（时为1648年春），感慨好友死得其所，同时念及自己在苗地委屈求活，感叹说"一死泰山于汝毕,再生苗地为人佣"（《哭陈卧子·小序》）。

---

① 魏禧《与彭躬庵》有："久欲作诗酬木大师（谓方以智），泛言之则不尽，切则难为言，将托古依类，杂见风指，又当于十六字中得古人要害。"参见〔清〕魏禧：《魏叔子文集·魏叔子文集外篇》卷七，中华书局，2003，第304页。

② 钱澄之《方太史夫人潘太君七十初度序》："当甲申之变，万死南还，为仇者所媒孽，乃变姓名，由闽入粤，卖药市中。"参见〔清〕钱澄之：《钱澄之全集·田间文集》卷十九，黄山书社，1998，第379页。

③ 经同门友人汪冬贺先生指点，《虞山后集》本不存在，整体上当归属在《流离草》内。

"自同"二字很关键,表达的是要抛开身份,放下身段,主动干粗活,且心无芥蒂。南明永历六年(1652)七月,方以智居住在梧州云盖寺内自建的蜗居中,像炊爨饮食、搭床休息之类的活计早能熟练上手。① 顺治十五年(1658)访好友徐芳(字仲光,号愚山子)于荷叶山,不值,遂避匿此地,寄居草庵中,"凡三阅月,寒铛破灶,晚汲晨刍,皆手操之"。② 自甲申之变后南游,到出家为头陀,再到北返出家闭关,方以智亲身践行申屠蟠的"因树为屋,自同佣人"。无论身在何处,南北皆然,藉此可言"无别"。

下面来看"与天无别"。"因树""与天"分属上下句,存在对仗关系。树生地上,扎根向下,枝叶扶疏四布,开花结果,育养群生。因树,以求生存,只为活下去,意象属于近取,具体而微。《国语·越语下》记载范蠡之言曰:"持盈者与天,定倾者与人,节事者与地。"与天,即法天,效法天道。③ 天道幽且远,事理相对抽象。

与天无二,大概典出西汉董仲舒的《春秋繁露》。

---

① 方以智有题为《在梧州冰舍作粥饭主二年彭孔哲具文放回时何叔鉴在孔幕效力拈此示之》诗,其中有"此去厨床随地设,不将经典语辽东"之句。
② 〔清〕徐芳:《愚者大师传》,《悬榻编》卷三,清康熙刊本,收入《四库禁毁书丛刊·集部》第86册,北京出版社,1997,第100页。
③ 韦昭注:"与天,法天也。天道盈而不溢,盛而不骄。"参见徐元诰:《国语集解》,中华书局,2002,第575页。《管子·形势》篇作"持满者与天"。"满"当作"盈","与天"即"法象天道"之意。参见黎翔凤:《管子校注》卷一,中华书局,2004,第48页。

与天无二，本可射一"人"字。全句四字，再加上一个"人"字，整体呈现出通天人、观古今的思想意味。既然无二，那么天道首先应该是一，而不是二。《春秋繁露·天道无二》有言："天之常道，相反之物也，不得两起，故谓之一。一而不二者，天之行也。"① 与天无二，意谓效法天道，进而与天为一，亦即天人合一。这正是易道、易理的精义所在。而明代学者郝敬所说的"天人合而易无余蕴"，则更加直接显白。②

董仲舒有言："圣人法天而立道"③，王者"与天同者大治，与天异者大乱"④。方以智有"法天者不乱，从圣者不愚"的说法⑤。方以智对董仲舒或明引，或暗用，并不在少。两人在天人关系的思想表达上，可谓气脉贯通。

董仲舒推明阴阳，为儒者宗，为群儒首，其人本身即极具象征意义。在方以智认定的学脉中，董仲舒的地位更是特殊：

古无书，即以天地身物为现成律袭之秘本，而神明在

---

① 参见苏舆：《春秋繁露义证·天道无二》卷十二，中华书局，2002，第337页。
② 〔明〕郝敬：《周易正解·说卦》卷二十，中华书局，2023，第705页。
③ 〔西汉〕班固：《汉书·董仲舒传》卷五十六，中华书局，1962，第2515页。
④ 苏舆：《春秋繁露义证·阴阳义》卷十二，中华书局，2002，第334页。
⑤ 〔明〕方中通：《续陪·陪语》卷三，收入《清代诗文集汇编》编纂委员会编：《清代诗文集汇编》第133册，上海古籍出版社，2010，第209页。

其中。尧舜三代以此相授,汉来董、贾、郑、蔡辈皆明历律,邵子玩图河数十年,朱子从蔡西山讲求。后人偷懒,而以虚言冒之,云不屑耳。①

"天之为天也,神不可知,而神于可知之人"(《采石文昌三台阁碑记》),董仲舒就属于这样的"可知之人"。探究天地宇宙奥秘的学问——从天体运行直至人身运气,最初都不诉诸文字,不编纂成册,而是存在一个秘传系统,即"秘本"。有人——我们文化记忆中的神明和圣哲——能做到知人所不知,见人所不见。② 从尧、舜到夏、商、周再到两汉,贯穿着这样一个秘而不宣的学人统绪。古老的传说,可存而不论。西汉的董仲舒,东汉的贾逵、郑玄和蔡邕,无疑是早期的代表,然后才是两宋的邵雍和蔡元定、朱熹等人。藉此可知,董仲舒的天人哲学有多重要。

再者,从能文的角度来看,董仲舒在西汉的博学儒士中间同样特出:"汉儒雅躅生,贾、晁、董相,邹、枚、长卿,以迄更生父子(刘向、刘歆)、子云之伦,格王正事,罔非经义,摹

---

① 〔明〕方以智编,张永义校注:《青原志略·书院》卷三"仁树楼别录",华夏出版社,2012,第87页。
② 《等切声原序》提出同样的问题:"古神圣无师可受,无书可考,何其通天人、识物性若是?"方以智接下来的解释要通达些,"自穷其统理气之理,自尽其无有无之性",故可"通而明之"。

据温文,各烂如也。"(方以智《文论》)方以智引述董仲舒言论,片言只语的,一般称之曰"董生"(《货殖论》),或"董子"(《鲁禘说》)。这里以"董相"相称,《东西均·开章》称之曰"董江都",颇值得玩味。突出董仲舒江都相的身份,想必是为了强调董仲舒的儒宗精神,即文能经世治事。

《东西均·开章》论述"均"的大义,首先引述董仲舒的说法,又在《易余小引》篇末点出"天人"构想,《易余》《东西均》真无愧"两朵哲学姊妹花"。[①] 易代世变,方以智为宗门中人,"虽已毁衣出世,仍刻刻与众生同休戚也"。[②] 正是故国遗老的身份,儒家经世的精神,让通天人、观古今成为这两部哲学著作的内在结构。

董仲舒的天的哲学,究而言之,"是为支持他的政治思想而建立的"。[③] 方以智这里的"与天无二",何尝不是如此!若把《易余》视为一部以"易"为基点展开论述的政治哲学著作,那么,"天"无疑既是全书思想的基石——"不知天而求知人,是算沙也"(《易余·知人》),又是穹顶——"人必希天,至于天而天无其天,则天又希人矣……即人是天,谓之无天人矣"(《易余·一有无》)。

[①] 参见庞朴:《东西均注释》的《开章》篇和《序言》,中华书局,2001,第1、5页。
[②] 陈垣:《清初僧诤记》卷二,中华书局,1962,第49页。
[③] 徐复观:《两汉思想史》第二册,九州出版社,2014,第385页。

"因树无别，与天无二"在一卦之第四爻位，《周易·乾》之九四爻辞曰："或跃在渊。"或，表疑而未定，可行则为之；跃，跳跃而起，但尚未至飞的状态。方以智在新朝为遗民，在佛门为逃禅，以易理为基石，正类引而不发的态势。与天无二，有哲理思辨的必然，亦是主体德性的自足和自信："易所以明道，穷神则无易矣……穷神知化，与天为一，岂有我所能勉哉？乃德盛自致尔。"[①] 如此，与天无二，与天为一，更具政治实践的可能，无妨归为"或跃"。

末世乱政，人难免进退无常。方以智像申屠蟠一样遁居自守，"中覩大难，濒死十九"（《易余·三子记》）。数年间隐居岩洞，窜身草莽，即便北返故地，一如既往地洁身自好，高尚其事，不与永历朝廷的当权者共处同事，更不出仕新朝，与清廷权贵为伍。不问时政，不与政事，即是"因树"，亦是"在渊"。

五、不惑：从梧州冰舍到南京竹关

《易余》是岁月中"过不惑年"的作品，又是空间下"堪伤

---

① 参见〔宋〕张载著，章锡琛点校：《张载集·横渠易说·系辞下》，中华书局，1978，第218页。按王夫之之见，张载这一段疏解即所谓的"作圣希天之实学"，与方以智的天人实学相契合。参见〔清〕王夫之：《张子正蒙注》卷二，《船山全书》单行本之十一，岳麓书社，2011，第88页。

南北"的果实。①前者涉及《易余》一书撰述结成的时间，后者则关乎地点。

庚寅（1650），永历四年，顺治七年，时年四十的方以智流离岭南已有六七年之久，一家老小正困居舟船之上，漂泊广西平乐一带，在蛮烟瘴雨中艰难过活。

是年冬十月二十六，方以智的四十寿辰在舟上度过。②十一月，清兵攻陷桂林，平乐失守，方以智随即避入仙回山，隐匿南洞，藏身友人严玮（字伯玉）家中。严玮遭人告发，入狱备受拷掠。闰十一月，方以智乃剃发变僧服出，以免严玮。③方以智被絷不屈，押至法场，以刀刃相逼，又有袍帽相诱。第二年春，清帅马蛟腾劝降不成，反愈加器重，听任方以智出家，"乃供养

---

① 方中通《陪古·药地老人语录跋》有"老人南北两遍熜火，舍身不二"；《陪诗·哀述》有"堪伤南北忘身后，欲令东西正学传"，自注曰："北都矢死，南海重生，其所以鸟道孤行而不自已者，既开圆三宗一之全眼，欲救两家拘放之病，有功末世，岂浅鲜哉？"参见《清代诗文集汇编》编纂委员会编：《清代诗文集汇编》第133册，上海古籍出版社，2010，第26、106页。
② 钱澄之《方太史夫人潘太君七十初度》："吾犹记太史（翰林院负修史之责，方以智曾为翰林院检讨，故称）四十之辰，予以同事诸子称觞于平乐舟中。"参见〔清〕钱澄之：《钱澄之全集·田间文集》卷十九，黄山书社，1998，第380页。
③ 方以智《庚寅闰十一月自南洞絷出》诗有"国恩三世重，觉路一身轻。大笑西风里，何方非化城"，《示严伯玉》诗有"北都矢死惟存骨，西土无生岂累人。蛮地何缘求复壁，楚囚犹欲结华巾"。

于梧州之云盖寺"(《辛卯梧州自祭文又诗一首》)。这一人生方向的突转,方中通在诗作中描述道:"一自法场归世外,竟披鸦衲到如今。"[1] 法场,行刑之场,乃杀戮之所,方以智遗荣遁世,左躲右藏,最后还是走到这里。世外,尘世之外,谓出世为僧。方以智为孝子,为忠臣,终也抛家眷,弃儒冠,入了佛门。

这一年的正月初一,方以智曾赋诗一首,题曰《庚寅元旦平西山中作》:

> 因树依岩又一年,当空举首向烽烟。
> 梦能缩地难寻杖,学得占星亦听天。
> 樽柣只求归梓里,蓬蒿相聚若桑田。
> 举头即是天边日,空说长安在日边。

因树依岩,说的是遁居山野,不愿出仕,亦即"垂死青岩隐"(《赠诏使大行方五峰》);又一年,说明这样的生活已经持续了一段时间。烽烟,谓战争。此时南明的武装力量正与南下的清兵对峙作战,而方以智并非当政者,只能当空遥望。全诗叙写家国情怀,对时局既失望,又无奈。

诗人热望的是返回故乡,那里有年迈的父亲,是牵挂,要

---

[1] 〔明〕方中通:《陪诗·哀述》,收入《清代诗文集汇编》编纂委员会编:《清代诗文集汇编》第133册,上海古籍出版社,2010,第106页。

奉养,"独眷眷者,白发望之久矣,尚未得一伏膝下"(《辛卯梧州自祭文又诗一首》)①。诗中所言的"归梓里",还故土,另有深意:

> 嗟乎!若天许我还故乡,抱少伯之漆书,毕朱虚之木榻。欲求寻常书册,盈尺皆难,况其异乎?嗟乎!生平雅志在经史,而不自我先如此!从刀箭之隙,伏穷谷之中,偷朝不及夕之阴,以誓一旦之鼎镬,随笔杂记,作挂一漏万之小说家言,岂不悲哉!②

少伯,谓范蠡(字少伯),功成身退,泛舟五湖;漆书,古有漆书古文《尚书》,这里代指儒家经典。朱虚,地名,这里代指管宁(字幼安,三国魏北海朱虚人)。管宁素以行事端正著称,屡

---

① 方孔炤在崇祯末年督大名、广平军务,京师陷落后南奔,见南明弘光朝政昏乱,遂归隐家乡不出。方以智《忆亲》诗有"老亲过六十,游子隔苗中"。《丁亥除夕》诗有"送腊惟吾弟,烧灯伴老亲",而其弟方其义在己丑年(1649)九月因病去世。方以智得知讯息后,返乡之愿更切。周亮工对方其义之死有叙述:"其兄(方以智)又去而游方外。君郁郁居乡里,多饮酒,与妇人近,遂以瘵卒。"参见〔清〕周亮工:《印人传》卷一,第38页,《周亮工全集》第5册,凤凰出版社,2008。周氏以为方孔炤去世早于方其义,有误。
② 方以智这篇《书通雅缀集后》,收录在《岭外稿上》。请留意篇末的署名:"愚道人今年三十六矣,读书固有命。"愚道人,方以智较常用的雅号;标明年岁,惜叹岁月荒废。"读书固有命"五字初看似蛇足,实为深痛的领悟,有点睛之妙。若与《易余》的落款对读,可知两者有交光互影之妙。

辞征命，五十余年间常坐一木榻，未尝箕股，而榻上当膝处皆穿。方以智一心退居故土，为潜心研读经典；以管宁为典则，表明心曲，愿毕其一生为孤臣，敦节义，立廉耻。方以智前后十辞永历朝廷的入阁之命，在群山百嶂中匿迹隐形，甚至托死来障人耳目。宁可野死在外，也不愿再入局。方以智念兹在兹的是——可以与志同道合的学友一起"重著书""共挥毫"：[①] "平生读数行书，欲少毕其著作，然后暴骨原野，此其至愿也。"（《夫夷山寄诸朝贵书》）

经年遁居山野，孤苦贫病，让方以智的身体状况堪忧，"病骨支离，毫无资藉"（《九辞疏》）。深山穷谷可以藏冰，却少有人筑室储书，著述的环境太过窘迫，方以智只得"随野老问草木、方言"（《又寄尔公书》）。这样的小说家言，不是方以智的治学理想。生死已置之度外，撰写出与日月争光、传天地之心的诗文，"或著书以垂教，或发声以言志"（《屈子论》），乃方以智余生所愿。《易余》一书即在"垂教""导世"之列，实属撰者发愤著书，有为而作："今道人（谓方以智）既出世矣，然犹不肯废书。独其所著书，好作禅语，而会通以《庄》《易》之旨。学者骤读

---

① 方以智《刘客生吴鉴在自汀州奔粤遇于苍梧》诗有"堪怜乱中老，白首向谁道？与君采稆重著书，一壶一篇君何如"，《戊子冬来桂林依鉴在时幼光自闽奔端州以书与鉴在见讯信笔写此》诗有"五岳顶上放声哭，哭我残生哭死友……可怜怀中书、囊中笔，崩山倒海不曾失。灵田出纸共挥毫，悲歌且纪天涯日"。

之，多不可解，而道人直欲以之导世。"①

梧州城东云盖寺，冰井泉旁也，方以智在此处扶起三椽，搭建成简陋的房舍，名之曰"冰舍"。时局不稳，方以智困居在此，命若悬丝，不敢贸然与人有言语交流。② 顺治九年（1652）夏，施闰章奉使粤西，过梧州访得方以智。在施闰章的倡议下，方以智作《和陶饮酒》诗，凡二十首。创作的地点，诗的自注中有明确的交待：梧州冰舍。诗题中有"饮酒"二字，而诗作却是在未饮酒而倘然若醉的状态下创作的。无酒助兴，并不妨碍与好饮酒的陶渊明相亲相近。诗人有诗兴，作品有诗情，更有冷静的清醒。《和陶饮酒》其十八有：

忽忽四十余，努力何所得？
读书好山水，此中颇不惑。

年岁已过不惑，生发不惑之想，于是在诗中歌咏沉吟。这是哲人的史诗，是诗，亦是史。诗意与哲思如影随形，在同一气脉中流行。

---

① 〔清〕钱澄之:《通雅序》，收入〔明〕方以智撰，姚文燮校订:《通雅》卷首，清康熙五年姚氏浮山此藏轩刊本。
② 方以智《和陶饮酒（其五）》有:"十年避乱走，畏闻人语喧……所以蜗牛庐，十问无一言。"

诗人扪心自问：人过半生而弃缙绅，绝世俗，得到的是什么？读书，是诵读昔日经典，更是意味着要述先哲之诰，开示后世，立言以不朽。山水，山林水泽；喜好之，表达的是归隐之愿，不与政事，更不仕新朝。读书著书和寄情山水，这两者在清初社会政治语境中不可割裂，"避世仍凭三寸笔，渡人尝送半江风"（《在梧州冰舍作粥饭主二年彭孔皙具文放回时何叔鉴在孔幕效力拈此示之》）。那么，这其中的"不惑"，又意味着什么？

夫子有言，智者不惑。智者明于事理，故能不惑乱。四十之不惑，朱熹强调的是——无所疑。四十正值盛年，博闻强志，学识丰厚，物理有所穷究，事业有所成就，惟其如此，方能不疑惑，不惑乱。方以智对"不惑"的认知更加深邃，推论更进一层：

> 撄以畸士之巧变而不动者，真不惑也。不惑则定，定则诚明泯矣，泯于圣人之中道者也。泯则可以忘言，乃可以言。（《两端之中》）

此文撰写时，方以智尚在京师任职（1640—1644），年岁未至不惑，但对"不惑"的认识和体悟，却贯穿了其后半生。不惑，即不动与贞定，触外物而不被扰动。它不是死寂，而是自我至真至诚心性、至美至善德性的消泯。诚明的消泯，并非无序离散，更非消亡虚空，而是价值和意义的再积聚。在哪里泯然，就在哪里特出。若在圣人中道处消失，那就在这里日新；心领其意，忘其所言，遂可随物赋形，尽情言说。有如此的不惑，必有如此的著书立言。这是"不惑"的思想逻辑。

在顺治九年（1652）的秋七月，由同乡彭煠（字孔皙，时任苍梧兵宪）出具担保，方以智得以放还北返，并在年尾岁初至桐城，得见老父。第二年春，因地方官逼迫出仕，方以智遂至南京天界寺，师事曹洞宗觉浪禅师（法名道盛，号杖人），受具足戒。随后方以智受命闭关高座寺看竹轩三载，"以避喧"。[①]避喧，谓远离喧嚣和尘世，这是委婉含蓄的说法；在政治角力场中经历生死危难，才是实情。[②]

看竹轩，又名竹关。方以智对高座寺并不陌生，此前曾有游历和寓居，且不止一次："前有古寺对秋山，夹道青苍松与柏。高座讲经何处存，松柏千年百余尺。上枝盘舒拂云烟，下枝连捲禅关前"（《寓高座作》），"萧疏古柏蔽禅房，乘兴登台望故乡"（《秋前一日高座寺作》）。诗句描绘出高座寺的自然环境，

---

① 〔清〕徐芳：《愚者大师传》，《悬榻编》卷三，清康熙刊本，收入《四库禁毁书丛刊·集部》第86册，北京出版社，1997，第100页。
② 觉浪道盛《破蓝茎草颂》："予今年倚仗天界，无可智公从生死危难中来皈命于予，受大法戒，乃掩关高座。"参见〔明〕觉浪道盛：《禅宗全书·天界觉浪盛禅师全录》第59册卷十二，北京图书馆出版社，2004，第493页。

其中最突出的是苍松与古柏。也就是说，高座寺内外有——树。之所以苛求诗歌意象背后的实物，只是想说在高座寺，在看竹轩，同样有"树"可因。竹关在雨花台，著名的木末亭就在近处，同样有"木"可言。①统而言之，方以智此前在岭南，如今在高座寺，"因树"而无所差别，遁隐之情亦是一样："面前木末钟山在，当作匡庐绝壁看。"(《涉江阮仙诸公送住高座竹轩闭关》)

方以智人在竹关，数年间造访的亲朋故旧络绎不绝，其中不乏劝说之人。比如吴伟业（顺治十年九月应诏北上，屈节仕清），方以智以"惟祝东篱甘露满，没弦琴上足生涯"示不出仕之志（《吴骏公詹尹见访高座寺口占走答》）。其实，即便闭关修行，方以智的禅居生活并不平静，甚至是杀机四伏。其有诗曰："时山中多不靖，当事者恐有藉口，欲除之以杜患。"②方以智安之若素，毫无惧色。方以智曾把梧州云盖寺的冰舍视为"杀场"。③何谓杀场？大而言之是战场，小而言之是刑场。对哲人方以智而言，杀场即意味着——思想意识的革故鼎新，精神品格的磨

---

① 方以智《黄皱庵见访再和》诗有小注："竹关与木末、正学祠对面。"
② 〔清〕张怡：《玉光剑气集》卷二十六"玄释"，中华书局，2006，第933页。
③ 方以智《五老约·十四歌》一诗有："识与归宗碑记合，骨从冰舍杀场磨。"诗人在此有自注："时在苍梧冰舍，历年方得回此。"回此，谓回到庐山之归宗寺。方以智自南返北时，曾有匡庐之游。

砺淬炼。冰舍和竹关，皆为杀场，并无不同。①

时人评价方以智："三十岁前极备繁华，甲乙后薙发受具，耽嗜枯寂，粗衣粝食，有贫士所不能堪者。"②自南而北，从冰舍到竹关，我们更可以窥见方以智的风骨和心识。其中的思想实践主线，即是他对家传易学的全新领悟，对易理的再认知：

> 小子半生虚过，中年历诸患难，淬砺刀头，乃始悟三世之易，虚舟子之河洛，宗一公之疑信。（《冬灰录·双选社传语》）

虚过半生，当指三十岁前；中年，则谓四十岁前后的弃家孤隐和出家为僧。三世之易，说的是家学。虚舟子，谓业师王宣（字化卿，号虚舟，方以智塾师），最精河洛之学，这是师学。宗一公，谓外祖吴应宾（字尚之，号观我，别号三一老人，门人私谥宗一先生），主张会通儒释道三教，宗一圆三，对方以智的烹炮百家、别路会通有深远影响。祖父方大镇、业师王宣、外祖

---

① 方文（字尔止，方以智族叔）《寄怀无可道人》："当年流寓石城阴，正学荒祠日日寻。谁料金川门又启，可怜高座寺重临。闭关人似猿栖穴，炼性诗如鹤叫林。闻说润州钲鼓动，且将钗钏试禅心。"方以智在高座寺看竹轩历经时代语境下的诸多考验。参见〔清〕方文：《方嵞山诗集·嵞山集》卷九，黄山书社，2010，第331页。
② 〔清〕周亮工：《读画录》卷二，第77页，收入《周亮工全集》第5册，凤凰出版社，2008。

吴应宾三人分别对应《易余》中的平公、当士和何生。

方以智作为隐士,结茅岭表山中,"乃悟图书秘,三一消离微"(《斋戒》);①作为禅士,掩关看竹轩内,则"久看图书如贝叶,却从刀箭出莲花"(《吴骏公詹尹见访高座口占走答》)。图书,《河图》《洛书》,谓河洛理数、象数易学。三一,指儒释道三教会通。吴应宾学通儒释,贯天人,"圆三宗一,代错弥纶,集大成,破群疑,其功大矣"(《冬灰录·全谷葬吴观我太史公致香语》)。贝叶,贝多罗树的树叶,古代印度人将佛经书写其上,这里代指佛经。竹关苦修,方以智不问家园之事,竭尽心力以著书立说。1654年春,方中通、方中履兄弟省亲竹关,"木末亭前路,年年风雨过……老亲多著述,纸笔敢蹉跎"②。同年秋,同乡好友钱澄之过访,"霜刀新剃头嫌冷,冻砚频呵手未闲。拥被夜深谈易理,与君耐可老青山"。③历经磨难劫后余生,各家思想已融会,各路学术已贯通,明圆中、正中、时中而中(《易余·中告》),深究易理,再措诸笔端,可以说《易余》是精进

---

① 是诗有小序:"以此斋戒,洗心退藏,《易传》之所叮咛也……丁亥(1647),转侧天雷苗,设三世位,烧三一老人香,以此自遁。"
② 〔明〕方中通:《甲午春同三弟省亲竹关》,《陪集·陪诗》卷一,收入《清代诗文集汇编》编纂委员会编:《清代诗文集汇编》第133册,上海古籍出版社,2010,第72页。
③ 〔清〕钱澄之:《白门过无可师竹关》,《钱澄之全集·田间诗集》卷五,黄山书社,1998,第42页。

会通的产物。同时，它又是持续会通的思想资源。正如方以智在《炮庄引》中所言："重翻三一斋稿，会通《易余》，其为药症也犁然矣。"

《易余》一书既有"南游既久"的酝酿（《易余·三子记》），更有竹关这里仰天命笔，唯恐蹉跎的呼之欲出。[①] 这皆可归为"不惑"的思想成果。

六、余味：哪家的树？何方的天？

"诗禅同橐籥，古今为赍粮"（《与客论正变》），诗家兴象和禅门顿悟在本源上相同，古往今来的一切事和物都是材料。《易余小引》落款的意旨，关键语句的余味，从"玄言"释读的角度言，还须多加烹炼，反复推敲，细细按之。[②]

若与《东西均记》的落款——"谇（相当于"乱"）曰：魂

---

① 方叔文《方以智先生年谱》："（癸巳年）公著《易余》二卷。《经义考》所著。《鼎薪》《易筹》《烹雪录》《易学宗纲》亦已成书。"此谱所言，未示所据。参见方叔文：《方以智先生年谱》，安徽师范大学出版社，2018，第 178 页。

② 方以智撰有《药树堂碑铭》，"铭文亦大可注意。其中'倒插生根，枯而复蘖，不萌枝上，硕果暗结'数语，表面观之，自是愚山（施闰章）《记》（《青原毗卢阁记》）中所记'七祖倒插荆，孤根独茂，今其旁骈生新枝'之事。然细按之，密之晚年志节盖亦寓乎其中矣"。方以智和施闰章所言，可能大旨不殊，但表达形式有差异，前者是"玄言"，后者为"质言"。参见《方以智晚节考（增订版）》，生活·读书·新知三联书店，2004，第 15、51 页。

魄相望（射"明"），夜半瞻天（射"人"），旁死中生（射"方"），不必其圆（射"方"）。似者何人（射"以"），无师自然（寓"以"），于此自知，古白（音 zì，"自"的古字）相传（射"智"）。岁阳玄黓，执除支连（寓"壬辰"），嗃嗃子识（示别号），五老峰颠（明地点）"①——对读，方以智在《易余小引》中的措辞更具表意性。特别是"因树无别，与天无二"两句，不当拘限在别号问题上。名号再雅致，再具深意，于引论一书而言亦无关紧要。方以智一生名号甚多，除了文人雅趣，还与其所处的险恶处境有关。先是朋党构陷，政敌谗害，后来则是南下清兵的逼索，不得不多次变换姓名，以求自全。退而言之，立言不朽，姓名可"藏"起来说，若是别号，即已匿避，在落款中则更当明示，比如《东西均》一书中的"嗃嗃子"。方以智有诗家本领，托于兴象，四言两句即寓意深微：像诗歌一样在言志，如爻象在呈现兆数。②这样的表达不是冲口而出的痛快直白，而是在追求味外之味的含蓄，属于"久而不浮，远而不尽"的蕴藉（《书司空图诗后》）。

---

① 庞朴：《东西均注释·东西均记》，中华书局，2001，第 24—25 页。
② 方以智《通雅·诗说》卷首三有："诗者，志之所之也，反复之，引触之，比兴而已矣。"《周易·系辞下》："爻象动乎内，吉凶见乎外，功业见乎变，圣人之情见乎辞。"注曰："兆数见于卦也"，"失得验于事也"，"功业由变以兴，故见乎变也"。兆数，犹言卜筮的征兆。参见〔三国魏〕王弼注，〔唐〕孔颖达疏，卢光明、李申整理：《周易正义》，北京大学出版社，2000，第 349 页。

下面，无妨再次品读其中的余味。

易代之际，大明政权倾覆，可谓辰倾岳圮，暂且不论南明小朝廷的苟延残喘，连孝陵所在的钟山已然无"树"可依。方以智在甲申年的五月十日至南京拜谒孝陵，"刀锋行乞三千里，得伏高皇陵庙前"（《告哀诗》）。此时的林木，想必郁郁葱葱。时至顺治年间，方以智人在竹关，与友人面对昔日南都的山川，只能是"当窗共指荒山色"（《黄舣庵见访再和》），还要安慰后生"树倒莫惊须发在"（《答黄俞邰》）。[①]陵墓上故国的大树已毁，而故园的树还在。方家有连理亭，家学实有"树"可因可依。[②]

方以智的不惑之年是一个关键节点。比如，此前的"因树"

[①] 觉浪道盛《山游次更生韵示竹关无可》诗有"神烈山前剩几松，冰霜有路护茅蓬"。参见〔明〕觉浪道盛：《禅宗全书·天界觉浪盛禅师全录》第59册卷十八，北京图书馆出版社，2004，第560页。魏禧《登雨花台》诗有"谁使山河全破碎，可堪穷伐到园陵"，《题药地大师雨花台望钟山图赠赵少尹》诗有"忆昔登台遥望拜，空山紫气尚葱葱"，自注曰"时陵树穷伐已尽"。参见〔清〕魏禧：《魏叔子文集·魏叔子诗集》卷七，中华书局，2003，第1356、1362页。钱澄之《白门过无可师竹关》诗有"松径已经兵后毁，竹房疑向梦中还"，《金陵口号》诗有"如今树尽三门毁，独对钟山看夕阳"，"万松无复一松遗，来往人询正学祠"。参见〔清〕钱澄之：《钱澄之全集·田间诗集》卷五，黄山书社，第42、100页。

[②] 按方以智《慕述》诗记载，曾祖方学渐建连理亭于桐城白沙岭，为祖父方大镇的早年居住处。因在此处植枫树、杞树，"成连理之祥"，故称连理。方中通《归过枞阳莲池扫先高祖明善先生墓》诗有："传心惟泗水，讲学自桐川。连理亭前树，而今理尚连。"参见〔明〕方中通：《陪集·陪诗》卷一，收入《清代诗文集汇编》编纂委员会编：《清代诗文集汇编》第133册，上海古籍出版社，2010，第73页。方以智早年有印章，即以之为名。

可从山林岩穴的诗家意象来理解,可从高士传记的史家叙事来把握,但此后的则要叠加佛家的经典象喻。顺治九年(1652)冬,方中悳、方中通奉祖父之命前往庐山迎候回乡的父亲。方中通感慨的是:"帝京死别到如今,万里生还祇树林。"①崇祯十七年(1644)四月,方以智诀别妻小,逃出京师,中经十年黑夜荆棘,而自岭南返乡再次相见,父亲却已托身在祇树林中。祇树林,全称"祇树给孤独园",略称"祇树""祇园",乃祇陀太子给孤独长者的园地。园林在古印度舍卫国,佛陀常在那里讲经说法,后世常以之借称佛寺。例如杜甫《赠蜀僧闾丘师兄》一诗有"我住锦官城,兄居祇树园"。祇树园,与世间的锦官城相对而在。多年以后,魏禧与友人一起造访方以智,在所呈的诗中同样用到这一意象:"夜半闻乌鹊,孤飞祇树林。"②身披僧人的鹑衲,脚穿简朴的芒鞋,方以智已为僧人,皈依佛门,所"因"之树似当为祇树。

方以智回到故土,最初希求的,按《壬辰除夕归省白鹿度

---

① 〔明〕方中通:《壬辰冬老父以世外度岭北还大父遣中通与伯兄迎至匡山》,收入《清代诗文集汇编》编纂委员会编:《清代诗文集汇编》第133册,上海古籍出版社,2010,第68页。按此诗的自注,方以智的夫人和第三子方中履尚滞留在岭南。

② 〔清〕魏禧:《同友人之资圣寺访木大师留宿赋呈》,《魏叔子文集·魏叔子诗集》卷六,中华书局,2003,第1335页。是诗作于顺治十八年(1661)夏。

岁于海门江口》一诗所言，乃是"窃比遗民入社缘""得依膝下即西天"。① 据此诗自注，遗民特指刘驎之，其人追随高僧慧远事佛，入白莲社，同时奉养其父。自比为刘遗民，大概以此为范式来调适佛门清规与儒家忠孝间的冲突。第二年（顺治十年）春因发生逼诱出仕事，方以智投奔天界寺，圆具后又入高座寺闭关，在家得依膝下已无可能。方中通哀痛的是："吁嗟乎，天有无！何令我父薙发除髭须。只此一腔忠臣孝子血，倒作僧人不作儒！"② 方以智本人倒能泰然处之，非但亦僧亦儒，因觉浪禅师之托，对《庄子》的支鼎烹炮亦在进行中。③

出家之人，读自家的经，编自家的书，说自家的话，倒也无妨。撰述《易余》，编著《周易时论》，那份来自佛门的精神压力并非不存在，只不过师徒共同以超拔的姿态和境界克除了而已。正如钱澄之在《寄药地无可师五十》一诗中所言："闻翁

---

① 此诗撰写于顺治九年（1652）除夕，方以智北返至海门江口，尚未到家。入社，谓加入白莲社。晋高僧慧远在庐山东林寺与慧永、慧持及名儒刘遗民、雷次宗等共结白莲社，立弥陀像，精修念佛三昧，誓愿往生西方净土。因在寺院池中栽植白莲，故称白莲社。

② 〔明〕方中通：《癸巳春省亲竹关》，收入《清代诗文集汇编》编纂委员会编：《清代诗文集汇编》第133册，上海古籍出版社，2010，第70页。

③ 陈大中《庄子䚻正跋语》："杖人（谓觉浪道盛）癸巳（1653）又全标《庄子》以付竹关，奄忽十年，无可大师乃成《药地炮庄》。解拘救荡，因风吹风云尔。"参见〔明〕觉浪道盛：《禅宗全书·天界觉浪盛禅师全录》第59册卷三十，北京图书馆出版社，2004，第744页。

在药地,终日只读书。此事佛所禁,翁意那得舒?佛法制凡夫,岂为我设与!"①既然不是凡夫,那思想的藩篱可以冲破,部分的宗教禁戒可以不守。父亲去世,方以智破关奔丧,庐墓三年,此间还在孜孜不倦地读书编书著书。

在时人眼中,出家之人方以智,乃是一名儒者,非僧也,"卒以僧老,其于儒言儒行,无须臾忘也"。②僧和儒所因之"树",自有不同。在《论语》中,孔子曾对"唐棣之华"起首的四句逸诗有过评论。禅宗公案中,有庭前柏树子之说。有僧问达摩祖师西来之意,赵州和尚直指当下眼前,示以庭中柏树。故在方以智的思想表述中,唐棣代表儒家,庭柏代表佛家。这是两种思想之树,但自"法身"言却是无别的,"庭柏之法身,犹唐

---

① 〔清〕钱澄之:《钱澄之全集·田间诗集》卷七,黄山书社,1998,第149页。刘余谟《传洞上正宗三十三世摄山栖霞觉浪大禅师塔铭并序》:"窃观唐宋以来,举扬宗风,代不乏人,其间儒佛兼总者,惟明教嵩、觉范洪,然犹不无二岐。若师(谓觉浪道盛)则易象诗书,乃至老庄诸子百家并世谛文字,偶一拈提,言言妙谛。"参见〔明〕觉浪道盛:《禅宗全书·天界觉浪盛禅师全录》第59册卷十七,北京图书馆出版社,2004,第545页。曾灿《石濂上人诗序》:"往予与无可大师游,得参天界浪杖人。杖人主持象教者四十余年,而听其绪论,无一不归之忠孝。故其门下士半皆文章节义魁奇磊落之人,或至有托而逃焉者。"参见〔清〕曾灿:《六松堂诗集》卷十二,收入《清代诗文集汇编》编纂委员会编:《清代诗文集汇编》第98册,上海古籍出版社,2010,第286页。
② 施闰章为方以智撰写的六十寿序中,开篇第一句即为:"无可大师,儒者也。"参见〔清〕施闰章:《无可大师六十序》,《施愚山集》,黄山书社,1992,第166、95页。

棣之法身也"。进言之:

> 画藐姑于尧孔之胎,则莲花之法身显矣;画药王于须弥之顶,则杏树之法身显,而报化之形知所以践矣。(《东西均·全偏》)

佛有三身:法身(又作自性身),报身(亦作受用身),应身(亦作变化身)。法身,不生不灭,无形而随处现形,亦称佛身,可理解为最根本的道理。庭柏和唐棣,儒家和佛家,究竟言之,并无差别。藐姑,即《庄子·逍遥游》中的藐姑射之山,这里代指道家;尧孔,尧帝和孔子,谓儒家;莲花,代指佛家。药王,神农氏,谓道家;须弥,须弥山,谓佛家;杏树,谓孔子讲学之杏坛,这里代指儒家。

方以智的主张很明确,不但要儒家和佛家相融,还要道家和儒家相融,道家和佛家相融。唯有这样的两两交融,才能彰显出另一家的真相。儒道释三家都是真理的不同显现,实则为一:"佛生西,孔生东,老生东而游西,而三姓为一人。"(《象环寤记》)明白这一道理,无论身在哪一家,都会知道如何践行自己的道路。[①] 因树无别,细论之,不仅是古今人我、南天北地的"因树"无差别,而且所因之"树"在学理上亦无不同。

---

① 参见庞朴:《东西均注释·全偏》,中华书局,2001,第145—146页。

这意味着方以智在思想上消泯了佛儒分界，化解了作儒作僧的紧张关系。

方以智在《易余小引》有言："自为药树，乃能勿药。"这两句话，须与觉浪禅师专为方以智说法的话头结合起来看。觉浪道盛为一代禅师，他在《为无可智公圆具小参》中有："舍身药树，即全其天。"① 草木可治病，而佛菩萨为拔除众生苦难，而在六道中化为药树王身。这里的"药树"代指佛门佛法。"自为药树"和"舍身药树"，两者角度稍有不同，但基本意涵一致，即主动地皈依佛门，奋不顾身地追求佛法。方以智认为，唯有自为药树，乃能勿须药疗而疾痊病愈。觉浪禅师开示的是既已悬崖撒手，在绝境下义无反顾，身心皆归附佛教，顺其自然而保全天性。顺着师徒二人的理路和语境来看，正因"因树无别"，而有"与天无二"，全其天性。如此，"因树无别，与天无二"，亦可视为机锋禅语。

下面，无妨再从庄子哲学的视角，来辨析"因树无别，与天无二"的意味。

因树，若望文生义，可简单理解为与木相处。与木相处，又是怎样的生存处境？怎样的精神状态？

---

① 参见〔明〕觉浪道盛：《禅宗全书·天界觉浪盛禅师全录》第 59 册卷六，北京图书馆出版社，2004，第 112 页。

> 民湿寝则腰疾偏死，鳅然乎哉？木处则惴栗恂惧，猿猴然乎哉？（《庄子·齐物论》）

人睡在潮湿处，腰会生病，甚至半身不遂，但泥鳅（鳅）却不会。人处木枝，则生恐惧，战栗失色，而猿猴则不然。"因树无别"之"无别"，即谓自己的状态与木处之人的"惴栗恂惧"无差别。这和第四爻位的"多惧"，亦深相契合。

再来看"与天无二"。无二，可理解为"为一"。《庄子·达生》："形全精复，与天为一。"抛弃世事，人的形体就不再劳累；忘却俗务，精神就不再损耗。形体得以保全，精神得以凝聚，即可与天地自然融为一体。如此来看，"与天无二"似在说此人已通达生命的本质，是一个形体健全，且精神充足之人。

"因树无别""与天无二"相合，意谓这个人虽然内心戒惧，却也是个达生之人：不务求分外之物，不受俗事牵累。方以智思想视野极为开阔，认定易理通乎佛氏，又通乎老庄。在《易余小引》落款处攀扯上庄子，似不为大过。

顺治十七年（1660），方以智年五十，在江西抚州新城县主持重修县北十五里的金峰寺。友人黄宗羲有匡庐之游，于是年的十月抵玉门川，特寄诗相勉，"若遇无公烦寄语，故交犹未染红尘"。① 身在人世间,而俗尘不侵心地。这让他们的思想凝定为高贵品格,所因所依之"树"究竟落在哪边似已不那么重要。

下面探究一下"与天无二"中的"天"。

易以象数为端几,反映的正是宇宙天地、自然万物的规律。"与天无二"中的"天",在方以智这里已有西学的影子投射其间。"与天"的前提是科学地探究之,然后才是主动地效法之。

作为治学之士,方以智在明末即开始取用新旧材料,研求古今问题,旁及舶来之西学,不但站在时代学术新潮流的浪尖,而且在思想实践上还超前了,属"得预此潮流者"。② 受父亲方孔炤影响,方以智自幼接触西学,阅读到西洋书籍,例如刊刻于崇祯元年(1628)的利玛窦的《天学初函》(天学,谓天教,即天主教)。二十六岁在南京结识意大利传教士毕方济(字今梁),向其求教请益,"我厌南方苦,相从好问天"(《赠毕今梁》)。③二十八岁借鉴法国传教士金尼阁的《西儒耳目资》,证明自己的音韵学研究成果。按方中通《与西洋汤道未先生论历法》一诗的自注,德国传教士汤若望(字道未)与方以智相交最善,"家

---

① 黄宗羲自注:"密之,改名无可。"参见〔明〕黄宗羲撰,吴光主编:《黄宗羲全集·南雷诗历》卷一,浙江古籍出版社,2012,第814页。
② 陈寅恪:《陈垣燉煌劫馀录序》,《陈寅恪集·金明馆丛稿二编》,生活·读书·新知三联书店,2001,第266页。
③ 方以智《膝寓信笔》有:"顷南中有今梁毕公(谓毕方济),诣之,问历算、奇器,不肯详言。问天事,则喜。"

君(方以智)亦精天学(天主教),出世后绝口不谈"。①这是说自出家为僧后,穷物理,究天学,已不是方以智治学的重心。那时的西学,方以智要在它的前面加一个"远"字,"万历年间,远西学入"(《物理小识·自序》)。方以智的"天",主体还是中土的。不过,西洋虽遥远,西学虽异样,的确已经介入进来。方以智以"坐集千古之智,折中其间"的博大胸怀,愿师事之:"征河洛之通符,借远西为郯子,申禹周之矩积。"(《物理总论》)郯子,春秋时期郯国的国君。鲁昭公十七年(前525)朝鲁,与叔孙昭子论少皞氏以鸟名官的缘由。二十七岁的孔子听闻后,拜见求教:"既而告人曰:'吾闻之,'天子失官,官学在四夷',犹信。'"②或许,在方以智的精神世界中,"郯"仍然为远方小国,"远西"还是鄙野之地,但在彼时能有"借远西为郯子"的表述,无疑是开明的先进的,积极的超前的。正因为对"天"有全新的认知,再回到对天人之际、古今之变的探究,征实求真的新面貌、新精神即贯穿在包括《易余》在内的一系列思想著述中。

皖江桐城方以智,在明末清初皆名重一时,却一再逃名,又逃禅。盛名难居,直至晚年习静青原山,这位禅师都"未免

---

① 〔明〕方中通:《陪集·陪诗》卷二,收入《清代诗文集汇编》编纂委员会编:《清代诗文集汇编》第133册,上海古籍出版社,2010,第83页。
② 杨伯峻:《春秋左传注》,中华书局,1990,第1389页。

谣诼"。① 虽因树为屋，却不是"挂鞋曳杖，灭影深山"，而是接纳愈广，干谒愈多，辞受取与愈加宽泛。② 康熙十年（1671），方以智因"粤案"被捕，而自沉于江西万安惶恐滩。"密之披剃垂二十年，且于佛家思想亦深有所悟契。然统观其晚年行迹，与夫最终之抉择，则密之终不失为明末一遗民，而非仅清初一禅师"。③ 余先生对方以智晚年身份的这一精当恰切的论定，若前推至《易余》的落款这里，回复"树"和"天"的基本面，即是"因树"而不能，终究让位给"与天"。唐王维有诗云："天长云树微。"因树依岩，毕竟是权宜，而法天立道，忠孝传家，才是方以智一生的大经大本。

以上，透过对"因树""与天"以及"不惑"等关键性语词的考释，希冀能从不同维度校准并确认《易余》的大概语境。在三教合一的大时代背景下，方以智的运思与行文有自身的逻辑和面貌。比如《易余》上、下两卷的结构安排，不可简单比

---

① 〔清〕魏世傚：《书木公册子后》，《魏昭士文集》卷四，收入《清代诗文集汇编》编纂委员会编：《清代诗文集汇编》第196册，上海古籍出版社，2010，第388页。陈维崧《方田伯诗集序》："方氏既为皖桐望族，貂蝉簪组，掩映天下……一旦陵谷变迁，方氏一门为世所忌讳，几类怪物。"方中悳，字田伯，为方以智长子。参见〔清〕陈维崧：《陈维崧集·陈迦陵散体文集》卷一，上海古籍出版社，2010，第22页。

② 〔清〕魏禧：《与木大师书》，《魏叔子文集·魏叔子文集外篇》卷五，中华书局，2003，第256—257页。

③ 参见《方以智晚节考（增订版）》，生活·读书·新知三联书店，2014，第153页。

拟为《周易》之上经、下经，当更有深意。《周易》六十四卦的卦序起讫，皆有深义：上经始天地（谓《乾》《坤》两卦），下经始夫妇（谓《咸》《恒》两卦）。《易余》上卷自"知言"始，若从方氏家学——"先生（谓方孔炤）之学易也，以统有无之中为极，以河洛为端几，而要归于时用"，"一有天地，无非象数也。大无外，细无间，以此为征，不者洸洋矣"，"易本以象数为端几，而神明其中，道器费隐不相离也……老父（谓方以智）会通之，曰：虚空皆象数，象数即虚空。神无方，准不乱。一多相贯，随处天然，公因反因。真发千古所未发，而决宇宙之大疑者也"[1]——来看，"易余"之"余"，即是相对河图洛书、先天端几、易理象数而言的"言"。它无疑是最重大最关键的"余"，因为事关疗治教化、平复人心。如此来看，《易余》之上卷是撰者在承前，既有以父亲方孔炤为主的家传易学，又涵括师学王宣、父执黄道周、外祖吴应宾等人的思想，最终归结为时用且实用的"正身"；下卷以"薪火"为始——父亲方孔炤自言"衰病之余，供薪举火，合编往哲之语，以为蓍龟"[2]，这显然有薪尽火传，又用光得薪之意，属方以智的接着说。开先启后，

---

[1] 余飏《方潜夫先生时论序》、方以智《时论后跋》、方中通《周易时论跋》，分别参见〔明〕方孔炤、〔明〕方以智撰，郑万耕点校：《周易时论合编》卷首，中华书局，2019，第7、8、17、13、14页。

[2] 方孔炤《周易时论合编凡例》，参见〔明〕方孔炤、〔明〕方以智撰，郑万耕点校：《周易时论合编》卷首，中华书局，2019，第25页。

并落脚到言说道体的"喻"上。既然是"易余",论说即整体上从"言"到"喻"形成一个小循环,周而复始。

按《易余·三子记》自言:"谨石笥其上篇,而响榻其下篇,以俟知者。"石笥,犹言秘藏之典册、通神之玉牒当封存。这说的是上卷。下卷则要响榻,即响搨、响拓,古人复制名家书法范本,以纸或绢覆在墨迹之上,以游丝笔就光明双钩,然后填墨。这里有可复刻翻印、能广泛流播之意。《易余》上卷以家学为主,分量大,秘而不宣,更珍重;而下卷篇章字数少,强调施用,更具开放性。这不同于《周易》之上经三十卦、下经三十四卦,亦有别于上经、下经在卦爻数上的均衡(去"覆"留"变",上下经各十八卦)。若从方家易学的内在理路以及方以智本人的"忠孝""天人"观来审视《易余》这样的结构安排,大略可以看得更清楚些。

本次校理以方宝仁所录之抄本为底本,参照张昭炜整理的《象环寤记·易余·一贯问答:方以智著作选》(九州出版社,2015年)和《易余(外一种)》(上海古籍出版社,2018年),张永堂整理的列为"方以智全书之一"的《易余》(黄山书社,2019年)。这次校理的句读及注释,力求让文本自身更加透亮。与《周易》相关的文辞多有侧重,尽量注明阐清,以知其所以。

方氏的运思和行文,以艰深难读著称。通篇群言发华,有思理，有逻辑，文本已定而语脉萦绕动进，表意左回右转，如如然也，难以把捉。意群的分与合，段落的大和小，只是揣度后的一种尝试。一句之内竟时有字词属前属后皆可的中间态，存在多种释读的可能，暂且据上下文以意逆志，姑定于一端。这里有必要重申方家之见："密之文字不易通读，故断句不能必保无误，但期少误而已。读者若加引用，尚须仔细斟酌也。"[1]

引文引语，尽量一一标出，明示起止；随文所出注文，主要为方便对读，比较异同。书中拟写的人物形象，其言其语，当作正文，不再标出。原本有双行小字，为作者自注。现调适字体和字号，改为单行排列。

明崇祯五年（1632），二十出头的方以智出游东南，九月抵云间，向友人展示自己在机械制作方面的才华和技艺。陈子龙有《送密之归皖桐》一诗，其中有"衍余图马在，机及木牛来"两句。诗人在此有小注："密之衍《易》解，作木牛。"[2] 也就是说，方以智做出了传说中的木牛流马。王夫之读到陈子龙的集子后亦好奇，想专程到江西青原山去问问，"不克，而密翁（谓方以智）逝矣"。王夫之在意的是"牛马"及其造法，感慨已死之人

---

[1] 参见《方以智晚节考（增订版）·自序》，生活·读书·新知三联书店，2004，第1页。
[2] 参见〔明〕陈子龙撰，王英志辑校：《陈子龙全集》上，人民文学出版社，2011，第388页。

不可再生,"无与问其详也"。① 技术进步日新月异,今天看昔日的木牛流马已算不得什么,但好奇心还在。诸葛亮只是留下大概的尺度,并没有给出具体造法——这是彼时不能说的秘密。而年纪轻轻的方以智应该是通过推衍易理,而得出技术方案的。十七世纪中叶,一个青年才俊因"衍余"而让人侧目,今天若从"易余"中有所思,有所得,该当有"共采芙蓉薄暮回"的弘雅和适意。②

时隔二十七年,至顺治十六年(1659),方以智游江西宁都,与易堂诸子(魏禧、林时益、李腾蛟、丘维屏等)晤谈论学,在游赤面石时,"衍《易》"而作画作诗。③ 其中诗曰:

---

① 〔清〕王夫之:《搔首问》,《船山全书》单行本之十一,岳麓书社,2011,第632页。此处有小注,当为船山学社本加的笺语,无妨参考一二:"按当时木牛流马之制,或止于此。至近日机械之术日精,则腾空潜水,突过前人矣。"
② 陈子龙《寄答密之于金陵》诗有:"昨夜云中锦字开,月明应在凤凰台。……何时携手思公子,共采芙蓉薄暮回?"参见〔明〕陈子龙撰,王英志辑校:《陈子龙全集》上,人民文学出版社,2011,第539—540页。
③ 方以智《游梅川赤面易堂记》有:"经一线天,至赤面峰下……愚者(方以智自谓)蹋南北而登易堂,幸有三世之《易》,应留此津逮之窟矣。因用宋笔,写此数图,而记其后云。"第381页。丘维屏《木立师六十寿卷跋》亦记载有:"师(谓方以智)置黑白子,分合论图书易数……盖师始去宁都前还廪山,特为予论易数原委,其言洋洋洒洒,尽纸幅六七尺而罢。"参见〔清〕丘维屏:《丘邦士先生遗集》卷十二,收入《清代诗文集汇编》编纂委员会编:《清代诗文集汇编》第46册,上海古籍出版社,2010,第147页。

>龙马成龟化鸟翔，百原大衍碎鸿荒。
>寤知夏至皆冬至，医泻南方补北方。
>一塞两间何处避，四旋三折此中藏。
>风轮只听雷声起，柴火新烧古道场。①

这是一首典型的玄言诗，诗人以奇崛语句论说对易理的体悟。都是"衍《易》"，青年时代在造作器物，过不惑年将知天命之际，则转化为金口木舌，时时宣扬古圣作《易》之大义。如此来看，《易余》一书亦在薪柴之列。

"风轮只听雷声起"一句说的是风起雷震，云兴雨作，种子开裂，草木开始萌芽。这无妨理解为天地之解。② 点着了大的薪、小而散的柴，薪尽火传，多所熏染，让古老的典籍焕发新意，让其中的思想生机勃勃。是为"柴火新烧古道场"所表达的鼎新之意，亦即古典之解。方氏家学在五行中尊火，而方以智自言要以愚公移山的精神来鼓舞薪火，使之相传不尽，熏染世道

---

① 参见汪冬贺：《方以智集外诗文辑补》，《古籍研究（总第77辑）》，凤凰出版社，2023，第198页。吴孟复：《勉堂诗话》卷四，《吴山萝诗存》"附录"，黄山书社，2015，第288页。

② 《周易·解》之《彖》："天地解而雷雨作，雷雨作而百果草木皆甲坼。"《解》卦下坎上震，而震坎有雷雨之象。孔颖达疏："天地解缓，雷雨乃作。雷雨既作，百果草木皆孚甲开坼，莫不解散也。"参见〔三国魏〕王弼注，〔唐〕孔颖达疏，卢光明、李申整理：《周易正义》卷四，北京大学出版社，2000，第197页。

人心。《周易·鼎》之《象》曰："木上有火，鼎。君子以正位凝命。"把《易余》一类的经典著作点燃点亮，做到不偏倚，不散漫，严整有序，正是吾辈的使命。

"十载真亡命，刀头悟化城"[①]，《易余》的哲学沉思以及特有的文辞表达，是天崩地解大时代的精神凝结，更是个体生命苦难的思想升华。书中有撰者不为一切所惑的志节，有龙渊浇淬三番两折的往事，更有炼药开炉以遗后世的功业。是书已有撰者本人的"小引"，这里趁势浅述，姑为再引。

张叔杰

2024 年 7 月 10 日

---

① 顺治十年（1653），同为前朝遗民的同年友人姜垓（字如须）去世，方以智作《哭姜如须》诗四首以悼念。所谓的"十年"，即从 1644 年的甲申之难至 1653 年圆具天界寺，闭关看竹轩。化城，谓佛寺。

易余小引[*]

三时以冬为余，冬即以三时为余矣。大一以天地为余，天以地为余。然天分地以立体，而天自为余以用之，即大一之自为余、自用之矣。角徵羽者，商之余；商者，宫之余。五音为无声[①]之余。无声发声，发声不及无声十之一也。无声者且与之用余矣。法者道之余，法立而道转为余，以神其用矣。死者生之余，生者死之余。以生知死，以死治生。无生死者，视生

---

[*] 本文收录在方以智《浮山文集后编》（每卷下皆题名曰"药地愚者智随笔"）卷之一，篇名作"易余引"。参见《清代诗文集汇编》编纂委员会编：《清代诗文集汇编》第35册，上海古籍出版社，2010，第616—617页。另参见〔明〕方以智著，张永义校注：《浮山文集·浮山文集后编》，华夏出版社，2017，第371—375页。

① 无声，方以智六世孙方宝仁抄录本（以下简称"原本"）作"五声"，《浮山文集后编·易余引》作"无声"，今据改。

死为余。生如是生，死如是死，视无生死又为余矣。

人适所用，以无用者为余。知无用之用，则有用者为余矣。不以有用之用废无用之余，岂以无用之用废有用之余耶？《易》无体而前用者①，善用余也，即余而一其体用者也。知因二、围三、旋四、中五之为大余乎？知三十六、四十八之尽其小余乎？幽明万变②，缕于指掌；天道人事，措之飞跃③。贞夫一，则余皆一也；谓之无一可也，一皆余也。舍日无岁，舍余安有《易》乎？几其画后之有余，必深其画前之无体。几深其后即前，则神其无前后矣。逆数顺理，三立三与④，则用余无余，而有无之见冰消矣。或徇余，或避余，或并余与无余而弃之，皆非知《易》者也。

役物刻迹，是宋人之守株也；厌歧求齐，是断凫而续鹤也。

---

① 《周易·系辞上》："故神无方，而易无体"，"是以明于天之道，而察于民之故，是兴神物以前民用"。孔颖达疏"是兴神物以前民用"曰："易道兴起神理事物，豫为法象，以示于人，以前民之所用。"参见〔三国魏〕王弼注，〔唐〕孔颖达疏，卢光明、李申整理：《周易正义》，北京大学出版社，2000，第339页。

② 《周易·系辞上》："仰以观于天文，俯以察于地理，是故知幽明之故。"韩康伯注："幽明者，有形无形之象。"参见〔三国魏〕王弼注，〔唐〕孔颖达疏，卢光明、李申整理：《周易正义》，北京大学出版社，2000，第313页。

③ 《周易·乾》之九五爻辞有"飞龙在天"，九四爻辞有"或跃在渊"。"飞跃"与"指掌"成对文；又卦之五爻属天，四爻属人，故此处言"天道人事"。

④ 《周易·说卦》："八卦相错，数往者顺，知来者逆，是故《易》逆数也。""昔者圣人之作《易》也，将以顺性命之理，是以立天之道曰阴与阳，立地之道曰柔与刚，立人之道曰仁与义。"

两不立而踞其最巅，仍是涓蜀梁之影，而不免于黎丘之杀其子也。大义既著，乃可微言。物物不物于物者视之，何义不大？何言不微？然善世宜民，藏通于质，贵学其切方近譬者耳①。苦为尘封情锢，如涂涂附；未能烂反颠决②，不荥则胶，故别路旁通之。置之死地而后生，盖习坎困蒙之存乎疢疾也③。惟其病病，是以不病。厌学而侈绝学之极，则是养痈也。故以志学为砥石，不被外转，纶之经之，始能立本。自为药树，乃能勿药。知而从之，从其志矣。

---

① 学，《浮山文集后编·易余引》作"举"。其，指画前画后之易学。易有"引而伸之，触类而长之"（《周易·系辞上》）的特质，即此处所言之切方近譬。方以智《藏智于物说》一文有："圣人不恶赜动，藏智于物，故《图》《书》象数，举其端几，而衍《易》以前民用，损益盈虚，推行变化在其中矣。"既然强调"善世宜民""前民用""损益盈虚，推行变化"，就不单是"举"，而是当"学"当"衍"。"学"字于义稍胜。

② 《周易·杂卦》云"剥，烂也。复，反也"，"大过，颠也"，"夬，决也"。"剥""复"意谓盛衰消长。《大过》之《彖》："大过，大者之过也。"是卦之《象》云："泽灭木，大过。君子以独立不惧，遁世无闷。"《夬》之《彖》曰："夬，决也，刚决柔也。"故《杂卦》曰："君子道长，小人道忧。"

③ 《周易·坎》之卦辞曰："习坎：有孚，维心亨，行有尚。"是卦之《彖》以"重险"解"习坎"之义。王弼注："坎以险为用，故特名曰'重险'。"《周易·困》之六四爻辞："困蒙，吝。"孔颖达疏："六四在两阴之中，去九二既远，无人发去其童蒙，故曰困于蒙昧而有鄙吝。"参见〔三国魏〕王弼注，〔唐〕孔颖达疏，卢光明、李申整理：《周易正义》，北京大学出版社，2000，第153、48页。

大成之苑，何往而非天游乎？其曰"是吾忧也"，是其乐以忘忧也。①自愤以愤万世，是其随缘放旷也。精义成事，即绝义事。知其起处，即与俦侣。天下衢室，自有适得其②当，岂在长抱屠剿无民之酷案，贪溺谿髁纵脱之羽旋，藏身电激，以专门裨③贩黄叶乎？诡随旁睨，肆其残逞，篲挞天地，鞭笞帝王，遂令风竿相沿，悍然不顾，以善为讳，以恶为荣，毋乃假平泯以率兽食人乎哉？无不以畏学护其短，无不以鄙夫柴其怀，而或以圣贤庄其色，或以至人逃其迹，其弊一也。以圣贤庄其色者，人犹得而责之；以至人逃其迹者，人谁得而纠之？此其流弊之分数，主教者不可不辨也。大泯不泯，至平不平，辨学者不可不知也。散木高乎？狂酲藏拙耳。枯木难乎？橛株受惑耳。能行异类，彼其人哉？风吹不入，固听之矣。

---

① 《论语·述而》："子曰：'德之不修，学之不讲，闻义不能徙，不善不能改，是吾忧也。'""叶公问孔子于子路，子路不对。子曰：'女奚不曰，其为人也，发愤忘食，乐以忘忧，不知老之将至云尔。'"
② 其，《浮山文集后编·易余引》作"之"。"之"字于义更妥。
③ 裨，原本作"神"。《浮山文集后编·易余引》作"裨"。"裨贩"犹"稗贩"，即小贩。

抱涉川之全材而敦其高尚以治蛊者①，真羽仪乎②？时乘其达天行地之龙马，而舍身作明伦继善之蓍龟者，真球图乎③？明珠辟尘，非扫尘也；广居喜雨，非逃雨也。寥廓之谈，利于阊拓；鬼神幽暗，表于魂魄。变化之中，何奇非庸？然埙篪善于牖民，圭景在乎正告。圣人以无咎素其险易，以似是矩其毫厘，以好学烧其薪火，以因应还其兰艾。而惟容乃公之崒④，常古自覆，听代错矣。

孟子之于诸方也，先擘之而后蚓之，既塞之而乃辟之，两不由而时任其双风。盖深于学易者乎？不能反复于一在二中，

---

① 《周易·蛊》之卦辞有"元亨，利涉大川"，是卦之《彖》有"元亨而天下治也"。王弼注："有为而大亨，非天下治而何也？"参见〔三国魏〕王弼注，〔唐〕孔颖达疏，卢光明、李申整理：《周易正义》，北京大学出版社，2000，第108—109页。《蛊》之上九爻辞："不事王侯，高尚其事。"

② 《周易·渐》之上九爻辞有"其羽可用为仪"。王弼注："进处高洁，不累于位，无物可以屈其心而乱其志。峨峨清远，仪可贵也。"参见〔三国魏〕王弼注，〔唐〕孔颖达疏，卢光明、李申整理：《周易正义》，北京大学出版社，2000，第257页。

③ 《尚书·顾命》："大玉、夷玉、天球、河图，在东序。"孔颖达疏："天球，雍州所贡之玉，色如天者。"参见〔汉〕孔安国传，〔唐〕孔颖达疏，廖名春、陈明整理：《尚书正义》，北京大学出版社，2000，第596页。河图，八卦，或谓地图。球图，这里谓镇国之宝器。

④ 《老子·第十六章》："知常容，容乃公，公乃王，王乃天，天乃道，道乃久。"王弼注："无所不包通，则乃至于荡然公平也。"参见〔三国魏〕王弼注，楼宇烈校释：《老子道德经注校释》，中华书局，2008，第36页。

而酬酢以用余，则动赜①者执外，限夤者执内。徒炫画前而遗落画后者，乃执一而废百也。徒守后即前之倏忽，漫汗无漏而忌讳治漏，不问通志成务者，尤执一而废百也。外也，异也，百中之一耳，况其遁邪生害乎？知其蟊贼，收为蛭蟧，祭猫劝耕，大地皆药。养其成用，容彼遁矣；勤食其力，自无害矣。

不知不能者，即与知与能者也；与知与能者，即不知不能者也。②然全与、全不之并包中不碍乎有知有不知、有能有不能之类辨也。③知即不知，能即不能之合嗛中不碍乎知而自以为不知，不知而望其致知；能而自以为不能，不能而望其成能也。

---

① 赜，当作"颐"。《颐》之内卦为震，为雷；外卦为艮，为山；是卦之《彖》曰"山下有雷"，内（下）动而外（上）止。孔颖达疏："山止于上，雷动于下。颐之为用，下动上止。"《周易·艮》之九三爻辞有"艮其限，列其夤"。列，同"裂"。王弼注："限，身之中也。三当两象之中，故曰'艮其限'。夤，当中脊之肉也。止加其身，中体而分，故'列其夤'而忧危薰心也。'艮'之为义，各止于其所，上下不相与，至中则列矣。列加其夤，危莫甚焉。"因此，这里所谓的执外和执内，皆意味着失宜悖理。参见〔三国魏〕王弼注，〔唐〕孔颖达疏，卢光明、李申整理：《周易正义》，北京大学出版社，2000，第252页。
② 《礼记·中庸》："夫妇之愚，可以与知焉。及其至也，虽圣人亦有所不知焉。夫妇之不肖，可以能行焉。及其至也，虽圣人亦有所不能焉。"
③ 《周易·同人》之《象》曰："君子以类族辨物。"孔颖达疏："族，聚也。言君子法此同人，以类而聚也。'辨物'谓分辨事物，各同其党，使自相同，不间杂也。"参见〔三国魏〕王弼注，〔唐〕孔颖达疏，卢光明、李申整理：《周易正义》，北京大学出版社，2000，第87页。

八千岁之大椿既不足塞蟪蛄之耳①，岂畏饥噫食得之鸡豕，诟厉旷代之麟凤耶？悲夫②！已矣。

厌常喜新，亦风力也，不因之不足以鼓舞。分艺成材，皆臣职也。知有天王，尽咸若矣。地之大也，人忘之。太华、瞿塘，惊奇峭矣，然奇峭皆地所载也。天之高也，人忘之。奔雷、陨星，斯有骇者，然奔陨皆天所覆也。遂有大其地而罪人之分九州、辨风土者矣，遂有高其天而罪人之历星辰、列干支者矣。源之当穷也，岂谓侨守甘朵、缅番乃为知江河之源乎？流之当穷也，岂谓桴处沃焦、归墟乃为尽流于海者乎？汴漕者汴漕③，江汉者江汉耳。道不远人④，不知即远。习俗将牢，直告谁信？苟非以不耻衣食自鞭其温饱，不忘沟壑自激其天渊，墙高基下，舆瓢必裂矣。灵草护门，尚恐不胜。招苴降渠，复何望乎？声郅云梯，埂垣蚁穴。为渊驱鱼，宜其三星在罶矣。

---

① 既，原本作"即"，《浮山文集后编·易余引》作"既"，今据改。《庄子·逍遥游》："朝菌不知晦朔，蟪蛄不知春秋，此小年也。楚之南有冥灵者，以五百岁为春，五百岁为秋；上古有大椿者，以八千岁为春，八千岁为秋。"
② 夫，《浮山文集后编·易余引》作"矣"。
③ 漕，原本作"曹"，《浮山文集后编·易余引》作"漕"，今据改。
④ 《礼记·中庸》："子曰：'道不远人。'"孔颖达疏："中庸之道不远离于人身，但人能行之于己，则中庸也。"方氏在这里强调的是"知"。

神武其斋戒，神明其几深。①贵知因济，与民同患。②不因不济，何用《易》耶？责人不暇，言自责也。直道澌灭，膜视不仁，辨而不辨，岂得已哉？古之人有显肩者，有默挽者；有兼山者，有洊至者；③有伏下宫，经煴火者，苦心卫道，宁望人知？知我罪我，万世犹旦暮也。万死一生，封刃淬海，饿有瓢饮，乐得随流。多劫此业缘也，不如缘其畴人之世业。万方此一路也，何所免于道人之孟春？④三且不收，一唯自信⑤，果有余乎？有知《易余》之言先者乎？可以余消余矣。

偶闻何生、当士、平公之问答而录之。或有问答，或无问答。如问问答、无问答之故，十二世后自有答者。

筮余之繇曰：爰有一人，合观乌兔。在旁之中，不圜何住？

---

① 《周易·系辞上》："夫易，圣人之所以极深而研几也。唯深也，故能通天下之志。唯几也，故能成天下之务。唯神也，故不疾而速，不行而至……古之聪明睿知神武而不杀者夫！是以明于天之道，而察于民之故，是兴神物以前民用。圣人以此齐戒，以神明其德夫。"齐，通"斋"。韩康伯注："洗心曰齐，防患曰戒。""极未形之理则曰深，适动微之会则曰几。"参见〔三国魏〕王弼注，〔唐〕孔颖达疏，卢光明、李申整理：《周易正义》，北京大学出版社，2000，第339页。

② 《周易·系辞上》："圣人以此洗心，退藏于密，吉凶与民同患。"

③ 《周易·艮》之《象》："兼山，艮，君子以思不出其位。"《坎》之《象》："水洊至，习坎，君子以常德行，习教事。"

④ 《尚书·胤征》："每岁孟春，遒人以木铎徇于路。"遒人，宣令之官；木铎，金玲木舌，宣政令，振文教。参见〔汉〕孔安国传，〔唐〕孔颖达疏，廖名春、陈明整理：《尚书正义》，北京大学出版社，2000，第217页。

⑤ 《论语·里仁》："子曰：'参乎！吾道一以贯之。'曾子曰：'唯。'"

无人相似,矢口有自。因树无别,与天无二。章统十千,重光大渊。皇览以降,过不惑年。

三子记

　　角丱鼓箧，即好旷览而湛思之。长博学治文辞，已，好考究；已，好物理；已，乃读《易》。九闳八埏，无不极也，非知《易》也。中觏大难，濒死十九，忽以嗒然，遂傥然矣。虽知鬼窟兽窟之非乎，乐其无事，盖不免也。

　　南游既久，过一中原帘卜者，号曰当士。玄①帩席帽，黄通裁，广袼缊，组算縢，韐衺有绚。与语，异之，随至其寓。几惟一方圆器，浑天三轮以尺勾股可以推移，阴阳之变无不毕具。余故不解。

　　士曰："吾惜夫学者之汗漫其天地耳。"

　　余曰："可以占乎？"

---

① 玄，原本作"元"。因避康熙皇帝名"玄烨"之讳，改作"元"。

为端策,嶷然曰:"颠阿不阿,咽乃以歌。天不屑游,如形影何?维元之午,降吾作汝。后死托孤,钟鼓磬舞!"余复不解。

士曰:"吾有二友,为汝声之。"

其北牖一人,曰何生。倚劝半裾,缁假钟而赤其足。阁上一翁,曰平公。被苍发,毳羽襜褕,蹑藨屦,手笙挎越①以下。半揖,杂坐。平公吹笙,何生促筝,当士歌《海鹤》《三山》之曲,击尺于几以节之。

笙具有埙篪箫管之声,筝具有离洒《房中》之声,节歌有钟鼓金玉桎楬相雅之声。笙入筝而中歌之节,抗坠贯珠,累累若一。已激齿长啸而罢,风雨响至,毛骨皆凉。余尤异之,将踞鬼乘之坛而贯无上之帘者乎?非也。将资大凑之执而守康圭之墙者乎?非也。将执汰沃之一而贪呿②喙之天者乎?非也。

因留就宿。三子自语,或叹或诟,或庄或谐,或深或浅,如是者七旬。余请记之。

士曰:"声之可以节人间之乐者,汝信之,天下即信之矣。

---

① 《仪礼注疏·乡饮酒礼》郑玄注:"挎,持也。""越,瑟下孔也。"挎越,指左手持瑟。
② 呿,原本作"吱",当改。呿喙,蛇鸟等动物张嘴吞噬。

声声之节天上之乐者，汝欲记之，无由也。与汝期乎'洪漾乃槿'①之颠阿，汝庶可传。"

临别握手，赠之以诗。诗曰：

> 无上无下，无右无左。
> 汝潜而飞，吾因风堕。
> 道即不闻，死无不可。
> 烹天瀹日，善续其火。

归而记之，忘其四分之三；其不可解者，无容记矣。世多以为蝮蜟，又以为宛寙。浅者以为摘触，深者以为激扬，岂得而相之乎？

无所不知而无知，无所不能而无能，千丝万丝而无一丝者，三实一也。然欲世之信此，固不易言矣。两间日新日故，故又生新。其本无新故者，即日新而无已者也。积石之河，岂如阔阔？茂汶之江，岂如金沙？火鸟满加之图，岂不大胜乎甘石两

---

① 洪漾乃槿，即后文所言之"禹篆"。按《升庵集》卷四十七《禹碑》一文所记："淳化阁帖首有禹篆十二字。《舆地志》：江西庐山紫霄峰下有石室，室中有禹刻篆文。有好事者绹入，模之，凡七十余字。止有'鸿荒漾余乃槿'六字可辨，馀叵识。后复追寻之，已迷其处矣。"参见〔明〕杨慎：《升庵集》，上海古籍出版社，1993，第374页。

戒乎？① 聿斯②之论命，青囊之卜兆，木棉番纸，镂板搨扇，皆前代所未有，犹之汙尊而牺象，芔衣而锦绣也。时至事起，圣人开其端，以待后人之穷之而节之，节之而适之。

各有方言，各有风气。凡人习其方言风气而不知其所以为方言为风气者，则沾沾世事，固鼠粘矣。玄士钩其所以，而反不知方言风气之时宜，则所谓所以者，乃雉首矣。或执流，或执源，或执流即源，而不知源中之流、流中之源自有条分缕合奇正错综。方以其道争市，而巧以其法为佣，又岂知道不变而法可变，正法不必变而奇法可变，变尽当反，是谓时变不变之

---

① 传统的宇宙天地观，讲求星土分野，天地对应。战国时期的齐人甘公与魏人石申，皆擅天文之学，故合称"甘石"。唐宋时辑有《甘石星经》。唐代天文学家僧人一行提出"山河两戒"之说："一行以为天下山河之象存乎两戒。北戒自三危、积石，负终南地络之阴，东及太华，逾河，并雷首、厎柱、王屋、太行，北抵常山之右，乃东循塞垣，至濊貊、朝鲜，是谓北纪，所以限戎狄也；南戒自岷山、嶓冢，负地络之阳，东及太华，连商山、熊耳、外方、桐柏，自上洛南逾江、汉，携武当、荆山，至于衡阳，乃东循岭徼，达东瓯、闽中，是谓南纪，所以限蛮夷也。"（《新唐书》卷三十一《天文志》）又，方以智《通雅》卷十一："星土分野，隋、唐之志为详。然自西法图成，则'两戒'之说荒唐矣。"
② 聿斯，即《都利聿斯经》，为占星家言，以星象占人贵贱吉凶之术。按《新唐书》卷五十九《艺文志》"子部·历算类"载有《都利聿斯经》二卷，"贞元中，都利术士李弥乾传自西天竺，有璩公者译其文"；另有陈辅《聿斯四门经》一卷。《晋书·郭璞传》："有郭公者，客居河东，精于卜筮，璞从之受业。公以青囊中书九卷与之，由是遂洞五行、天文、卜筮之术。"聿斯，这里代指占星术；青囊，谓占筮方术。

故乎？羲和、洛下以至一行、守敬，岁差非不密也，今又差矣。准诸除四除一损益体用之《易》①，安得而不重变千年之变也耶？

影病形之拘，形病影之佚。有者曰："不佚亦不拘。"有者曰："不佚不拘，仍是佚耳。"尽变者曰："无拘何佚，不变之本也；藏佚于拘，变变之门也；拘与佚错，即以并化，变变之用也。时乎拘而不可谓之拘，时乎佚而不可谓之佚，时乎不拘不佚而宁有不拘不佚之可执乎？斯则全拘全佚而当拘当佚，形影皆许之矣。"

何木非火？妄钻不发，不钻不发。无絮苫以承之，犹妄钻也；无薪膏以续之，犹不钻也。云自从龙，岂可谓云中之皆龙？龙能致云，岂能令其不托云以飞乎？不容厌倦，无可厌倦；厌亦不厌，倦亦不倦。此之无所逃于记也，无所逃于变其变矣，无所逃于文词义路之见屑矣。彼徒以市井亡俚歇后险诨附闻道之

---

① 除，犹去。四，谓四正，即乾坤坎离。邵雍《观物外篇》："四正者，乾坤坎离也。观其象无反复之变，所以为正。"参见〔宋〕邵雍著，郭彧整理：《邵雍集》，中华书局，2010，第128页。《周易·系辞上》："大衍之数五十，其四十有九。"除一，即"其一不用"之一。体用，指天地之体用，且爻属天而卦属地，损益特借此而言。《周易时论合编》卷二："乾先生天圆，一周径也。径一而围三，重之则六，故爻属天。乾之命坤，后分地方，两勾股也。径一而围四，重之则八，故卦属地。蓍圆而神，故揲之则用四十八爻；卦方以知，除四正，则用六十卦。故蓍去一而卦去四，天地之体用也。"参见〔明〕方孔炤、〔明〕方以智撰，郑万耕点校：《周易时论合编》，中华书局，2019，第71页。

貌，雕刻一叶，捭阖禁方，驰诳世之旛者，孰与分艺律历之力人职哉？诚知六幕直生之为亲验宝符也，伦物经传之为太极政府也。藏心用官，治教传化，生理薪火，随寓如然，庶几信吾笙筝歌节之常乐矣。

形影，病乎？无形影者，非病乎？三子者何谓非病病，病复何病乎？过后张弓，一状领过。归欤归欤，勿失吾期。蹈海飓发，垂索自若，漂乎孤岛，遇商舶而返。果有瀑壁之山，野老相传禹篆藏焉。山怒水，水怒山。此山水之相忘于山水也。吾处此山水之中而无山水矣。禹篆何有哉？是竹林寺之影也。

卧石而梦当士至，不见二子。

当士曰：即身是也。独不闻鹅笼书生之吞吐乎？黄帝吐一广成子，广成子吐一中黄公。既而广成子与黄帝吞中黄公，而黄帝复吞广成子。黄帝，一鹅笼也。尧吐一康衢之童，又吐一击壤之老，既而并吞之。尧，一鹅笼也。子思子绘乃祖之像，赞曰："装潢于此，侨寓曾玩之乎？绘天地之形为一覆帱持载之身，又绘天地之影为一无声无臭之身，又收一笔之圆光为一於穆不已之身。其卷舒也，於穆吞形影而为形影所吞，影亦吞形而为形吞。藏不睹不闻于睹闻，止有一天地而已矣。"是孔子世家之鹅笼也。无知子蘧然觉曰："一吞一吐，本无吞吐。是颠阿也，是风堕也，是掌中推移之器也。"

谨石笥其上篇，而响楬其下篇，以俟知者。

易余目录

　　圣人之道大矣！使天地听夫妇，使鬼神听卦爻，使阴阳守蓍龟，使岁时供制度；贤者殉其宫墙，高者穷其蟠极，智者斟其机输，才者乐其分艺，隐者索其幽奥，放者芘其无垠，小人感其掷著，无忌巧为借口，皆食于圣人之天。即有故憾圣人之天而驾圣人之天者，早已为圣人之天所宥，而彼则知宥肆骩者也。

　　世好迅利，曾知中和唯诺为不可见之第一迅利乎？世好直捷，曾知安勤食力为不可测之第一直捷乎？世好寥廓，曾知日用卑迩为不可思议之无边寥廓乎？亦有言造化者，曾知不厌不倦者之造其造，化其化乎？天之变物也渐，而化物也顿；人之造变也顿，而造化也渐。因渐而顿，因变而化。造顿者，顿其渐者也；造渐者，渐其顿者也。顿而张之，渐而弛之；张以变之，弛以化之。可见之张弛，皆渐也；不可见之张弛，皆顿也。造造化者，无顿无渐，而顿激渐、渐藏顿者也。圣人知全张即全弛之变化，布一张而一弛之范围，节其张以张三弛一之正规，节其弛以张一弛三之余地，而本无张弛之於穆万古自不已矣。

万物共一万古，而物物其一万古者也。人自有一万古，偕来偕往，日新如故，不营谋而足，不扃鐍而固，刀杖不能毁，水火不能伤，百姓懵懵而圣人使善用之。物其物，则其则，时其时，事其事，莫非无体之体、因体寓体者也。不见太极之自丧其躯，自磨其髓，以现卦爻与人直曰乎？无贵贱聚分，而贵贱聚分历然，则无贵贱聚分者，何用哓哓耶？健顺于常习明照①，思患辨物而已矣②。

人泥于二，不能见一。故掩画后之对待，以耸画前之绝待。借设蜃楼，夺人俗见耳。一用于二，即二是一，宁舍画后而有画前之洸洋可执哉？自圣人经法之身言之，则感通之易也，帝

---

① 《周易·乾》之《象》有"天行健"，《坤》之《象》有"地势坤"。《周易函书》曰："地势坤之坤，止取顺义，与健字对言耳。"参见〔清〕胡煦著，程琳点校：《周易函书》，中华书局，2008，第516页。坤作顺，详参尚秉和：《周易尚氏学》，中华书局，1980，第33—34页。《周易·坎》之《象》："水洊至，习坎。君子以常德行，习教事。"《离》之《象》："明两作，离。大人以继明照于四方。"

② 《周易·既济》之《象》："水在火上，既济。君子以思患而豫防之。"《未济》之《象》："火在水上，未济。君子以慎辨物居方。"《坎》《离》和《既济》《未济》分别为《周易》上经、下经之最后两卦。

王钟鼓而兆民舞蹈者也；自圣人退藏之身言之，则寂然之易也，尘滓不入声臭俱冥者也；自圣人无可无不可之身言之，则神贯深几、道一阴阳之易也。①闇闇者不闇，章章者不章。②先天地而生，后天地而不老，行乎日月之外，而通乎淖澼之下者也。状其内秘外应，有而不与，无闷无息，无入不得，何谓不可以羲、黄之掀揭蹴鞠投壶，昙、柱之逸风解巾③折山乎？以实案之，依然此曲肱饮水、歌瑟编韦之首趾耳。

造造化化之手，特厘剔而丹青之，以醒诸佔毕优孟之场；又推井而炉灶之，以消诸傀儡推杖之妄。不则数墨寻行，以辞害志；或且惑影为真，窟成魍魉。一者根本不立，流为诶騃；一者纵而任之，遑其猿狄。诗讴之讽咏也，言者无罪而闻者足以戒。高流之放言也，亦曰言者无罪，而岂知闻者之荡风坏教乎哉？故曰：知之易，勿言难。正谓有不必言者，罕言可也。言其雅言，皆罕言之所寓也。《易》所以才三图五、前民立经而范围变化无所不备，隐言反言皆此征归矣。

---

① 《周易·系辞上》："易无思也，无为也，寂然不动，感而遂通天下之故，非天下之至神，其孰能与于此？""夫易，圣人之所以极深而研几也。唯深也，故能通天下之志。""一阴一阳之谓道。"
② 《礼记·中庸》："君子之道，闇然而日章。"
③ "巾"，或作"角"。

邵子一元观人起巳，尧当巳会之末，《周礼》当午会之初。①今当午会之中，乾离继明，人法全彰。②有开必先，宜此《易余》之微显阐幽，合古今常变而正示之欤？正示旁通，即全藏之矣。后此百二十年，道大明于此土。再历午未之三千六百年，交未会之万八百，则八荒皆明矣。过此，智力巧持，名法刻密，民生日促，乱与之终，从而再坏再元，而於穆原不坏也。易乎，余乎？既许鸢鱼吞吐鹍鹏，且令刍狗自烧鹜翅。华阁任其金碧，行窝嚼破镂丸。即参三十年，未许梦见毫端也，故为一指其目。

易余小引

三子记

忧世道之责，当士舍身命，当之矣！何生不知何谓世，何谓道，何暇忧乎？平公为太翁，享见成之福，而碎其体以与之

---

① 元、会、运、世是邵雍用以计算宇宙历史年代的时间单位。按《皇极经世书·观物篇》："日经天之元，月经天之会，星经天之运，辰经天之世。"一元为十二会，一会为三十运，一运为十二世，一世为三十年。即此而言，一元为十二万九千六百年。每个一元，同时意味着具体世界的一次生灭。这里的"巳"，原本作"已"，当改。十二会与十二地支相配。巳、午、未三会南方火。参见〔宋〕邵雍：《邵雍集》第十篇《观物内篇》，中华书局，2010，第35—39页。
② 乾为天，为日，为大明；离为火，为电，亦为日；象皆有明义，由此而言"继明"。其明相继，故这里言"全彰"。

同处者也。

知言发凡

言即无言。此檃括其用即体耳。拘荡相争，人情乐便，日趋倍谲，正路榛芜，不能明其所当，知其所遁，则巧窃谩诞之害可以鳌瓮戏论，毁知言之柄乎？自造化专言，理学专言，禅橛专言，玄教专言，养生专言，象数专言，伎术专言，文章专言，遂事专言而充类倒仓，一概屠剿，实则私不容针，而官通车马矣。此一大黄叶之醍醐毒药，判在毫厘。

创发此凡，以通称谓。微言大义，本一贯而不碍互相显藏者也。尽变知化，深造自得，何义不大？何言不微？精义即绝义事，雅言俱是罕言。六合七尺，俱无隐也；河洛卦爻，俱棘蓬也。圣人以善世为切用，故教不厌详。

乐业安生，在海洗海。时宜通变，鼓舞尽神。其曰"在圣不增，在凡不减"[①]者，岂忧缺断而哓哓揠苗哉？止为溺于安乐，胶于训诂，故破巢奇兵以醒之耳。得意忘筌，平怀谵快，而矫枉斗狠，掠虚卖高[②]，偏弊更甚，将灰遵王而荒实业矣。故申明

---

① 《五灯会元·六祖慧能大鉴禅师》卷一："明与无明，其性无二。无二之性，即是实性。实性者，处凡愚而不减，在贤圣而不增。"参见〔宋〕普济著，苏渊雷点校：《五灯会元》，中华书局，1984，第54页。

② 卖高，疑当作"贡高"。贡高，佛教语，自以为高人一等；与"掠虚（窃取虚名）"成对文，于义相协。

薪水,使不悖善世之正经。辨之,即以容之;集之,即以化之。此天地之所以大也。

善巧

利用也,立准也,救弊也。教分标胜,格致离微,杀活同时,流为急口险诨矣。故分质论与通论,分表诠与遮诠。一语爱语,侧语倒语,任其尽变而必以正告为准也。[①]然胶柱正告而不知尽变,则反受惑矣,安能化邪使降服乎?

心也,易也,天地也,同此准也。不能分析,儱侗误人。当知有太极之包准,有建极之统准,有无所不用其极之细准,有一在二中之交轮准,有高卑费隐之翻车准,有不定之准,有时变之准,有变即不变之准,有变即不变中知几成事挽回善后之准。不可不纶而弥之,弥而纶之。达士图自受用,泯随而已。不讲是忧,发愤则乐,君子安得辞肩?

---

① "一语""爱语"均为佛门正语。方以智《冬灰录·室寮正训》卷一:"佛有一语三昧、正语三昧、爱语三昧。学者先从正语入,将世味道味,劈作两开。"爱语,又分为两种:"一者,随意爱语;二者,随其爱法为说。"参见龙树菩萨著,〔后秦〕鸠摩罗什译,弘学校勘:《大智度论校勘》卷六十六"释闻持品第地四十五之上",社会科学文献出版社,2014,第849页。侧语和倒语,为权变之语。方以智《药地炮庄》卷九:"正语之理,久为迂士胶鼓,陈陈相因,腐气令人哕呕。高士肤之,才士厌之,因而为转语、隐语、反语、侧语。机锋所起,亦不得已,故达者不妨随机接人。"

三冒五衍

大一分为大二,而参两以用中五。从此万千皆参伍也,皆一贯也。三教百家,造化人事,毕于此矣。处处是河洛图,处处是○∴卍,行习而不著察耳。不悟空空即皆备之我,安能随其会通,不为文字所障乎?然徒执具足即本无之我,一味颠顶,不知全围用半,千劈百折,又岂能分合自由开物成务乎?以畏难瞌便之情,睨卤莽诃学之傲,掩陋于泥龟水牯以蜗高,而饾饤其石牛木马之狐唾,比于工技佣书,食力效用,其皮血为何如耶?河洛卦策,与人舞蹈,时时勘验,不得飞诡。以此画后即是画前,一瞭一眣,无容逃矣。

资格

可名可象,皆资格也。即资格中有未始资格者,皆神明也。切己笃论,所以培基;超劫谈天,易于牖窾。相反相济,出楔善因;不无方便,涉于权巧。以此核之,毫非强设。尺生于黍,还以尺正黍。准之弥纶,道自为之,相资而相格也。故可以范世围天,即所以拣邪辨异。开眼之人,偏此虚空,无非象数,无非表法,无非义理,无非鸢鱼,即无非纲宗矣。建考质俟[①],风力心光,于此乎征焉。世累扰扰,中有委化者,果然高矣,可以

[①] 建考,疑当作"考建"。

作清凉之药矣。然君子病其废世而梗教也,曾知全有即全无乎?时义之条条理理,皆自本自根之天然也。可但粪土学问,扫事扫理,以鹞过新罗荒忽之哉?既悟自己,须明大法。好胜护痛,画少自矜,匿此荒忽高竿,终身口强不反矣。浪死虚生,一人身牛而反以牛身笑人,悲夫!

中告

不及者恋情欲,庸而不中;过者立意见,中而不庸。立意见以纵情欲,则巧消忌惮,以媚万世之小人,秘张鲁之符、炼北宫黝之狠者也。君子以毋自欺而好学为铎,则一不住一,以学问操履为见地之茶饭者也。明无过不及之正中,以享无中边之圆中,而时中适得而几矣。但中影事,双扫犹非,况执总杀即总赦之空拳,窃穿佛魔之杖,而横口本空不受教魔率兽者哉①?反不如糟魄者、死浸者之不坏治教矣。果是本空不受之人,必不如此横口也。除病不除法,岂以知方圆而废规矩乎?一际平等,舍存无泯,贵贱亲疏,乃本不待泯者也。谓之曰非内非外非中而合外内之中,犹不爽然乎?谓之曰非费非隐非无费隐,而即费即隐之中,犹不爽然乎?宁有刻意悍悖即费即隐之法,而自名其即费即隐之中,以独尊骊食者乎?

---

① 横口,犹言信口开河。本空,意谓诸法本来性空。不受,意谓心意解脱,而不取受一切法。

如之何

言格物践形也，交格无格，交践无践矣。真疑真悟，志砺初刚；专直入深，用师十倍。两不得中，逼冲绝待。虚空座侧，三堕纵横。根本豁然，穷尽差别。依然旧时薪水，岂有厌乎？罔殆两免，愤卓参衡；攻木继声，自有孙业。要且问：寝食俱捐之无益，一回曾历过否？

太极不落有无说

河洛中五为证，则太极不落四边，四边无非太极，明矣。不能一口道破，总别无碍，犹属晓烟楼阁也。

一有无

执有无者，执不落有无者，皆执一也。知大一贞一之故，立宰用余，余忘其宰，如手足之于头目，则有无之见谢矣。然不能缕折交芦[①]，格践必不亲切，岂会古人言先之旨？程子以阴

---

① 交芦，亦作"束芦"，三干之芦交叉而立，喻互为因果之法。

阳为道,截上下也;①朱子亦言,时固未始有一。②《观物》以一具六,六用五,五藏一,"一役二以生三,又役三,而三役二也"。③无体之一,即大一也,有无之极也,以其不落有无,在有无中也。曰大一者,非数也。千圣不传,千圣不然,然哉!

生死故

所以者何?则故而已矣。知所以生,知所以死。随其生死,有何生死?正谓有不负天地者,方不虚生浪死耳。不忘沟壑,生于忧患,习坎困亨④,惟日切切砺此斋戒神武之剑可也。新建

---

① 《河南程氏遗书》卷十一:"(《系辞》)又曰:'一阴一阳之谓道。'阴阳亦形而下者也,而曰道者,惟此语截得上下最分明。"参见〔宋〕程颢、〔宋〕程颐著,王孝鱼点校:《二程集》,中华书局,2004,第118页。

② 朱熹:《周易本义序》:"时固未始有一,而卦未始有定象;事固未始有穷,而爻亦未始有定位。"参见〔宋〕朱熹撰,廖名春点校:《周易本义》,中华书局,2009,第1页。

③ 观物,这里指《观物外篇》。邵雍《观物外篇》:"一役二以生三,三去其一则二也……故一役三,三复役二也。"参见〔宋〕邵雍:《邵雍集》,中华书局,2010,第68页。

④ 《周易·坎》之卦辞:"习坎:有孚,维心亨,行有尚。"是卦之《彖》曰:"水流而不盈,行险而不失其信。维心亨,乃以刚中也。行有尚,往有功也。"《周易·困》之卦辞有:"困,亨。贞大人吉,无咎。"是卦之《彖》曰:"险以说,困而不失其所亨。其唯君子乎?"习坎困亨,意谓历重重险阻,克除重重困难,最终转向亨通。

曰："戒慎恐惧是本体，不睹不闻是工夫。"① 情封倍锢，难彻本源；不服麻黄，何能出汗？

反对

一在二中，皆相反相因者也。此明《易》之五种反对，因立六象同时之说、十错十综之说，而万法甚深，皆可幂积钩釽矣。

时义

道不外于时宜，知其宜而善理之，此无适无莫之与比也。② 超出二途，栖心无寄，尚曰暗痴。③ 况执空劫而拂令时之义乎？

---

① 新建，指王守仁。王守仁，字伯安，尝筑室故乡阳明洞中，世称"阳明先生"，封新建伯。《传习录下》："问：'"不睹不闻"是说本体，"戒慎恐惧"是说功夫否？'先生曰：'此处须信得本体原是不睹不闻的，亦原是戒慎恐惧的。戒慎恐惧，不曾在不睹不闻上加得些子。见得真时，便谓戒慎恐惧是本体，不睹不闻是功夫，亦得。'"参见吴光等编校：《王阳明全集》，上海古籍出版社，1992，第105页。

② 《论语·里仁》："子曰：'君子之于天下也，无适也，无莫也，义之与比。'"适，可也；莫，不可也；比，亲也。义之与比，谓"但有义者则与相亲也"。参见〔魏〕何晏集解，〔宋〕邢昺疏：《论语注疏》，北京大学出版社，2000，第54页。

③ 此三句，亦见《冬灰录》之卷首二之"墨历崖切问"、卷首三之"龙湖不二社茶话"，以及《青原愚者智禅师语录》卷二之"小参·晚参（其二）"。

是庄子所谓"别墨""死人"也。①

必余

计报之人情,即天道也。《易》以吉凶与民同患,而不测之神在其中矣。因果犹形影也,体用也,往来也,魂魄也,卦变也,一也。权归见在,善生即善死。不计福,亦不避福也。不落因果,为因果依,岂矫诬之比?

知由

不知分合而云知至者,纱縠也。何故使由不使知乎?何故不使知而又使知之乎?②最忌赊谈极则,鬼语撩天。第一作得主宰,不被物转。知生于畏,畏生于知,故以知耻责志为门。果然死心曝天,一切收放自由,则飞跃即戒慎也。妙门祸门,岂容我慢?听以断截知解作大黄汤,何非望梅止渴耶?偏枯之物

---

① 《庄子·天下》:"相里勤之弟子五侯之徒,南方之墨者苦获、己齿、邓陵子之属,俱诵《墨经》,而倍谲不同,相谓别墨。""慎到之道,非生人之行而至死人之理,适得怪焉。"

② 《论语·泰伯》:"子曰:'民可使由之,不可使知之。'"何晏集解:"由,用也。可使用而不可使知者,百姓能日用而不能知。"参见〔魏〕何晏集解,〔宋〕邢昺疏:《论语注疏》,北京大学出版社,2000,第115页。《礼记·中庸》:"子曰:'好学近乎知,力行近乎仁,知耻近乎勇。知斯三者,则知所以修身。知所以修身,则知所以治人。知所以治人,则知所以治天下国家矣。'"

亦有偏枯之用。古人不尽说坏，留以为药也。

充类

以充类致知，不以充类病法，此乃充类致尽之尽而又尽者也。灯下弄影，示小儿乎？伸在缩中，运之掌矣。严鐥剧诛，则暗痴死浸；解脱放禁，则潢泆瀑流，然后知穷尽而返，因事适节。思患预防者，乃合万古善享现成范围之福者也。然又如皮厚而瞎庸何？君子知其不免，而又知其利弊之分数，故不以彼易此。

经纬权衡

权因于衡，经妙于纬。权者，因物作则而无我者也；经者，贯余成用而错综者也。不知中五之无中无边，岂能纵横自在乎？不知无中无边之皇极帝则，又岂能使万世自在乎？

绝待

掩对待之二，所以巧于逼见至体之一也。究竟绝待在对待中，即用是体，岂有离二之一乎？所谓绝者，因世俗之相待而进一层耳。绝之与待也，亦相对也。中统边，边皆中，即曰无中边而已矣。故以贯待并待醒之，不须弃足下之土石，乘千里马，寻远山之青又青也。

法能生道

法非道，而法即道也。知主用宰，则於穆即在暗天明日之中矣。① 天性二句，归责末句，以全赖教也。② 天岂忧增损乎？

二虚一实

至理本然，妙用因之，究归资生治世之合相一乘而已。然不如此专缀，形容不出。

体用

体为用之本，用又为体之本。枝叶与根柢并生，全树与核仁变化。邵子曰："体用之间，有变存焉，昊天生万物之谓也"；"心迹之间，有权存焉，圣人生万民之物也"。③ 可以知本无体用之

---

① 《诗经·周颂·维天之命》："维天之命，於穆不已。"郑玄笺："天之道，於乎美哉！动而不止，行而不已。"参见〔汉〕毛亨传，〔汉〕郑玄笺，〔唐〕孔颖达疏，龚抗云等整理：《毛诗正义》，北京大学出版社，1999，第1509页。《礼记·中庸》："《诗》云：'维天之命，於穆不已。'盖曰天之所以为天也。"於，音 wū，叹辞；穆，肃敬。於穆，这里代指天命天道。
② 天性二句，指《礼记·中庸》之"天命之谓性，率性之谓道。"教，即"修道之谓教"之"教"。
③ 邵雍《观物内篇》："体用之间有变存焉者，圣人之业也。""夫变也者，昊天生万物之谓也。""用也者，心也。体也者，迹也。心迹之间有权存焉者，圣人之事也。""权也者，圣人生万民之谓也。"参见〔宋〕邵雍：《邵雍集》，中华书局，2010，第16、13页。

故矣。尽古今是用，尽古今是体，更何分合？何妨分合？

继善

善与恶相错，而以无善恶之名象者综而泯之，善之至矣。又以有善恶与无善恶相错，而以一善综而统之。强以无体谓之至体，而至体实在大用中。此无子午而必明子午之夜气，无卯酉而必用卯酉之平旦也，层楼而一屋也。故曰：无者泯善恶，善者统有无。泯以化执，统以贯用。善统恶之无善恶，犹首统足之无首足也。

希夷曰"恶者善之余"[①]，恶岂敢对善哉？天无此名，圣人不得不名之以示民，称本体而善，犹称本色为素也。称天性之德，不以人间之纯美称之，而何称乎？是锢天矣。天地之政在日，君民之纲赖法，此才三之主宰，即不二之本也。以至善、一善、

---

① 希夷，即陈抟，字图南，自号扶摇子，宋太宗太平兴国中两至京师，为帝所重，赐号"希夷先生"。《正易心法·第二十六章》有"反对正如，甲子乙丑。有本有余，气序自然"，陈抟注曰："大凡一物，其气象必有本有余。余气者，所以为阴也。本，其阳也……《乾》而后《坤》，《屯》而后《蒙》，《需》而后《讼》，《师》而后《比》，虽故有其义，然其所以相次者，皆其余气也，自然之理耳。学者不悟，谓圣人固以次之，是未知反对关键之键也，失之远矣。"参见〔宋〕麻衣道人著，〔宋〕陈抟注：《正易心法》，中华书局，1985，第9页。方以智《东西均·公符》："希夷曰：阴者阳之余。凡贞悔卦皆曰：《坤》者《乾》之余，《蒙》者《屯》之余，以此知恶者善之余也。"《东西均·颠倒》篇进而又有申论："阴者，阳之臣，阳之余，阳之用也；恶者，善之臣，善之余，善之用也。"

择善为成德成法之定宗，则民志画一，万古相续，而治心治世不作首鼠矣。二老以坎离之中继易①，圣人以君子之学继天。文字道理，无回避处。宁让专科之激呵，而语必不离此规矩。规矩适中乎民用，而所以为规矩者，与善用之无穷者，皆洋洋优优于其中，而岂必擂鼓单提哉？恕也，诚也，皆皆备也；修也，率也，无非天也。②继善成性，所以一其阴阳之道也，三不须臾离也。③

---

① 乾、坤为父母卦，故言"二老"，这里谓天地。坎（☵）离（☲）之中，谓阳在阴中，阴在阳中。《周易时论合编》卷二："震巽得初画，坎离得中画，艮兑得究画。父母包之，伦序森然，此浑天纳甲也。""六子以坎离为中气，且坎离双交，其分又最均，故言以之继易。"参见〔明〕方孔炤、〔明〕方以智撰，郑万耕点校：《周易时论合编》，中华书局，2019，第90、82页。
② 《孟子·尽心章下》："万物皆备于我矣。反身而诚，乐莫大焉。强恕而行，求仁莫近焉。"《礼记·中庸》："天命之谓性，率性之谓道，修道之谓教。"
③ 《周易·系辞上》："一阴一阳之谓道，继之者善也，成之者性也。"《礼记·中庸》："道也者，不可须臾离也；可离，非道也。"《周易·系辞上》："与天地相似，故不违。知周乎万物，而道济天下，故不过。旁行而不流，乐天知命，故不忧。"据上，"不违""不过""不忧"，或即这里的"三不须臾离也"。

君子曰"方生于圆,而规生于矩"①,用半即全围矣,明主则化余矣。天而无地,是死天也。故知方即是圆,废方以求圆者,盲圆耳。果是造造化化之人,不妨随其立论。

正身

以心治身,即以身治心。为身累而言舍身,即所以重其载道表化之身者也。圣人不狥身,亦不恶身。人情偏溺,故用雪上加霜之沤泡语耳。

薪火

火附于薪,道游于艺。即博是约,一多相贯。知起为侣,识崇无灾。转得文字,岂为文字转乎?稗贩诡随,要为糊口而已。圣人各予以碗灶,自然食力安生。才能道德,总见薪火,各费其智,以隐其智。图书经传,乃格古今之风轮寂器也。圣人之文字道理,即未有天地前之文字道理也。安心为天地圣人之葛藤所障,是真无障。棘手鸹舌,畏落数家,故作鄙俚,藏其狡

---

① 《周易时论合编》卷一:"《阳符》曰:方生于圆,而规生于矩。智故谓:方法之方,出于方圆之方,始知方即是圆,则乾、坤之永贞,为统常变之大常矣。"参见〔明〕方孔炤、〔明〕方以智撰,郑万耕点校:《周易时论合编》,中华书局,2019,第454页。方以智《冬灰录·五位纲宗(青原)》卷一:"方生于圆而规成于矩,则偶何尝不藏奇乎?"清康熙年间《桐城县志·方以智传》卷四中录有《阳符》一书,则这里的"君子",或即方以智本人。

狝，以希闻道之声，其于杜撰粉蕢，一也。因何如才人之襟怀洒落，学者之考究古今耶？况开全眼、续慧命者乎？要非悬崖鸟道，击石烧空，自难知镜肖谷应云行雨施之妙。

礼乐

无处非天地之表法，无处非大一之洋溢。礼乐明备，天地官矣。此乾离显仁之君臣道合也。[①] 生死鬼神，圣人皆以礼乐藏之。知其故，玉帛钟鼓皆本也；不知其故，则忠信庄悫皆末也。

孝觉

肢官奉心，草木反根。孝之为教，学也，以天觉也。天其亲者，孝其心，即孝其天矣。故曰：孝无终始，通于鬼神。

知人

情识之世，谗嫉蔽护而已。许有巧谗、巧嫉、巧蔽、巧护，

---

① 《周易·系辞上》："显诸仁，藏诸用。"孔颖达疏："'显诸仁'者，言道之为体，显见仁功，衣被万物。"方以智《东西均·开章》有"观象会心，则显仁藏密而知大始矣"。又，下乾上离为《大有》，是卦之《彖》曰："柔得尊位大中，而上下应之，曰'大有'。"王弼注："上下应之，靡所不纳，大有之义也。"下离上乾为《同人》，是卦之《彖》曰："柔得位得中而应乎乾，曰'同人'。"二、五有应，上、下相合，故言君臣之道相合。参见〔三国魏〕王弼注，〔唐〕孔颖达疏，卢光明、李申整理：《周易正义》，北京大学出版社，2000，第318、91、86页。

以自命知人者,而知人之衡愈乱矣。圣人因民之好恶,以明天之是非。所谓"奉三无私以劳天下"①者,即神一于二者也。"志在《春秋》,行在《孝经》"②,知此者可许无我,无无我。

世出世

入世重在立一切法,以通德类情,正用二中之一也,而日用不知者多矣。出世重在泯一切法,以飇扫古今,乃离二之一也,所谓偏真但空者也。超越世出世间,止有世即出世之一真法界,而余皆呼碌砖为古镜者矣。不知藏正因于了因缘因者,执向上一位,乃死法身也。或借鬼旛以禅愚,而润无上之游戏耳。归大成薪水者,乃乘时主法也。珉玉并出,而天不能贱玉;万古一日,而不能废日之午;天下一家,而不能使家为中堂也。帱覆代错,原自不相坏矣。沸镬恩深,逼冲六气之表。碎空洒血,别寓冥权,祷祝掖烬,塞乎天地,并不望青蝇而解胡蝶也,岂世出世人之所知哉?

---

① 《礼记·孔子闲居》:"子夏曰:'敢问何谓三无私?'孔子曰:'天无私覆,地无私载,日月无私照。奉三斯者,以劳天下,此之谓三无私。'"
② 《礼记·中庸》郑玄注"仲尼祖述尧舜,宪章文武,上律天时,下袭水土"云:"此以《春秋》之义说孔子之德。孔子曰:'吾志在《春秋》,行在《孝经》。'二经固足以明之,孔子所述尧、舜之道而制《春秋》,而断以文王、武王之法度。"参见〔汉〕郑玄注,〔唐〕孔颖达疏,龚抗云整理:《礼记正义》,北京大学出版社,2000,第1703—1704页。

约药

全能用偏,惟此尊亲。洋溢邪严,似是说法,必归正人。道同法异,各别溪山。理学宗教,激扬攻玉。阙里职分,自有宰天鼓舞之权,何必刻叶引啼,自荒经义,以泥附淖,共凿狂泉,将守於穆而废日星耶?耕凿受享,黎明子夜,何劳升殿?黄屋存其廓落,要在政府用人。君师之责,安顿三根。刍狗青黄,无非神化。当前碧落,一乡约所也。讲各安生理之生即无生,则佛魔掩泥砥属矣,贵图天下太平。

中正寂场劝

廉纤之病,有药可调;莽荡之病,祸不可救。偏炫峻峭,恶水擅场,訾学诃修,必至恣情灭理。黠者窃逞以惑乱天下,不尽变虫鸟为獀獝,不止矣。古德云"大事已明,如丧考妣",识法者惧,须尽今时。[①] 将听祸世之寂场耶?当安善世之寂场耶?

---

① 《五灯会元·青峰传楚禅师》卷六:"问:'大事已明,为甚么亦如丧考妣?'师曰:'不得春风花不开,及至花开又吹落。'"参见〔宋〕普济著,苏渊雷点校:《五灯会元》,中华书局,1984,第342页。识法者惧,为佛门常语。方以智《冬灰录·墨历崖警示》卷二:"聪明人闻道易,入道难。阶下看七层塔、说轮相,岂不明白,却不曾身入塔中。何况大事已明,如丧考妣。识法者惧,须尽今时。说着厌听,厌听是何心耶?真参偏参,誓愿不退,岂但尽却今时耶?"

旷洗

华茬钩锁,烦苛卖酤,故当洗之。此急流之受用直门也。果是吹光割水之人,则莫慎于旷,莫旷于慎。如或未尔,听其比较髑髅。

通塞

消息变化,一通塞之间耳。总此实无而成之蕴蒸,专气专柔①,何志而不就乎?蜣生螟白,葭管飞灰,圣人以此洗精神,不以此画鬼魅也。邵子曰:"弥理天地,出入造化,进退古今,表理时事",莫非其乡,万世为土,谁知之乎?② 彼以化微尘为电拂者,权浇一杓冰水耳,非真知者也。《肇论》曰用"无所得"

---

① 《老子·第十章》:"专气致柔,能如婴儿乎?"王弼注:"专,任也。致,极也。言任自然之气,致至柔之和。"参见〔魏〕王弼注,楼宇烈校释:《老子道德经注校释》,中华书局,2008,第23页。

② 邵雍《观物内篇》:"又谓其能以弥纶天地,出入造化,进退古今,表里人物者焉。""人谓仲尼惜乎无土,吾独以为不然。匹夫以百亩为土,大夫以百里为土,诸侯以四境为土,天子以四海为土,仲尼以万世为土。"参见〔宋〕邵雍:《邵雍集》,中华书局,2010,第8、23页。

而入空入有之方便,将执此以鸣得道耶?[1]

无心

无心即是直心,安心即是无心。功成不处,混宇呕吟,云物太虚,风吹不动,则心自本无之天酒,原普饮也。

性命质

泥于质言,故当通之。真通至言,依然用质。从天地未分前,穿万元会而自质之,必不免于世,言善世而可矣;必不免于心,言安心而可矣。推论所以始,以一卵苍苍为太极壳,充虚贯实,皆气也。所以为气者,不得已而呼之。因其为造化之原,非强造者,而曰自然;因为天地人物之公心,而呼之为心;因其生之所本,呼之为性。无所不禀,呼之为命;无所不主,呼之为天。共由,曰道。谓与事别而可密察,曰理。若据质论,则有公性独性习性、大心缘心、至理宰理之分。此分合合分,分即是合者也。

---

[1] 《肇论·涅槃无名论·玄得第十九》:"答曰:无所得故为得也。是故得无所得也。无所得谓之得者,谁独不然耶?然则玄道在于绝域,故不得以得之。妙智存乎物外,故不知以知之。大象隐于无形,故不见以见之。大音匿于希声,故不闻以闻之。故能囊括终古,导达群方。亭毒苍生,疏而不漏。汪哉洋哉,何莫由之哉!"参见〔东晋〕僧肇著,张春波校释:《肇论校释》,中华书局,2010,第232—233页。又,《东西均·象数》:"曰'无所得'者,至矣,然'无所得'亦一方便也。"

圣人曰："泝源节流，由我安名。"铎世诚明，岂落云雾？生死鬼神，皆此心也。安心无心，尚何有哉？权在各安生理之直下，而尽心乃能知之。其生死之魂魄，鬼神之情状，以形知影，皆可实征。圣人以深言，则民惑而废事，故不暇言耳。明《孟子》之两不谓，《中庸》之三谓，而《庄》之有谓无谓藏之矣。① 太酷太放，反成暴弃。依然穷尽，归于平常。但曰知即无知，犹急口也。标宗乃是因俗转风之巧诱，护宗遂有隐劣显胜之权奇，究竟不为善世宜民，何故饶舌？今合而质之曰：不二不一之存泯同时，固万世之日用饮食也。

大常

诸家辨难，不出常变、无常变之说。圣人以民视为天视②，诚常为其所当为乎？谓之曰"为即无为之统常变"可矣！三际

---

① 《孟子·尽心下》："口之于味也，目之于色也，耳之于声也，鼻之于臭也，四肢之于安佚也，性也。有命焉，君子不谓性也。仁之于父子也，义之于君臣也，礼之于宾主也，知之于贤者也，圣人之于天道也，命也。有性焉，君子不谓命也。"《礼记·中庸》："天命之谓性，率性之谓道，修道之谓教。"《庄子·齐物论》："圣人不从事于务，不就利，不违害，不喜求，不缘道，无谓有谓，有谓无谓，而游乎尘垢之外。"有谓无谓，即有言而欲无言。刘武："上文'大辩不言'，又《知北游》：'狂屈曰："唉！予知之，将语若，中欲言而忘其所欲言。"'均'有谓无谓'也。"因欲无言，忘欲言，故而言"藏"。

② 《尚书·泰誓》："天视自我民视，天听自我民听。"

俱断，形容诚体，非以一倏解免作蜉蝣戏论也。然法法皆收，而无一法。溲浡可以荡瑕，粪壤可以肥稼，则解免蜉蝣何尝不可以化人之渑澧乎？

非喻可喻

言者得其似而已，非愤竭深造，不自得也。① 苟非善悟其言先言后，岂能善用其无言之言下耶？天何言哉？时行物生；逝者如斯，何远之有？②

易余目录终

---

① 《孟子·离娄下》："君子深造之以道，欲其自得之也。"孙奭疏："君子所以深造至其道奥之妙者，是欲其如己之所自有之也。"参见〔汉〕赵岐注，〔宋〕孙奭疏，廖名春、刘佑平整理：《孟子注疏》，北京大学出版社，2000，第261页。
② 《论语·阳货》："子曰：'予欲无言。'子贡曰：'子如不言，则小子何述焉？'子曰：'天何言哉？四时行焉，百物生焉，天何言哉？'"《论语·子罕》："子在川上曰：'逝者如斯夫，不舍昼夜！'""'唐棣之华，偏其反而。岂不尔思，室是远而。'子曰：'未之思也，夫何远之有。'"

卷之上 密之先生笔 六世孙宝仁录

知言发凡

何生曰：欲疗教而平人心，必先平言。言至今日，胶葛极矣，何以知之？

当士三叹三已，已而发凡曰：无分别之天，任分别之天为政，此固有开必先之雷雨出云也。七万年间，几明道者？门庭所传，尊其饩羊，浮心耳食，习貌粉本。以言遁者，贩贾其言。柯烂者，沉死水；曝杖者，堕无事。非锢鬼窟，即骄兽窟。露布汗方，奉为秘要。有昊万口，反不相信。或执谗谗，或执墨墨，或执不说说，或执无所得。浅之深之，自狃已耳。

天交地而人受中，先交后而无先后。教学者，交心以传者也。

《说命》曰"敩学半"①,知逊志于半者中乎？果何以不暴弃于天地乎？知所以受中交传者可以不待而兴，即可以守待矣。谁其反闻虚受直荷无为而为之薪，烬空无息，疏明万法，攻木继声者乎？语格语践，则曰："吾方扫古今而何有是尘尘者？"语精语入，则曰："吾方粪道理而何有是蕤蕤者？"一问碧落，叩革囊，则芒然无以应。君何不断手足、割耳目以独处？既已不能，则盈天地间皆尘尘也、蕤蕤也。必欲避之，安往可避？赤子乎？大人乎？口能一日避乳乎？身能一日避绷乎？暖赤子，大人之绷；吸赤子，大人之乳，又何求哉？天下国家，常绷也；诗书礼乐，常乳也。既已不避，常明其洁领垂袖之公道寂场，以普安其知味知足之太平薪火。岂徒高张其辞，聊自解免而已哉？

《鲁论》三知，终于知言。②言，固格人我、格古今之橐籥也。言为心苗，志以帅气。或演一音，或在听语。贯者何往不贯，专者不禁其专。寻源者，随流者，通达者，守理者，开成者，考究者，分艺者，训诂者，言人人殊，在海洗海，特不听胶柱

---

① 《尚书·说命下》："惟敩学半，念终始典于学，厥德修罔觉。"孔传："敩，教也。教然后知所困，是学之半。"参见〔汉〕孔安国传，〔唐〕孔颖达疏，廖名春、陈明整理：《尚书正义》，北京大学出版社，2000，第301页。

② 鲁论，即《鲁论语》，汉时《论语》三种传本之一（另两种为《齐论》和《古论》），凡二十篇，为鲁人所传，故称"鲁论"。《论语·尧曰》："子曰：'不知命，无以为君子也；不知礼，无以立也；不知言，无以知人也。'"

者鼓瑟，而又不欲儱侗者废世也。

大成之帱大矣。物之，皆物也；心之，皆心也；道之，皆道也。从而理之，皆理也；事之，皆事也；性之，皆性也。夫之妇之，皆夫妇也；鸢之鱼之，皆鸢鱼也；鬼之神之，皆鬼神也；卦之爻之，皆卦爻也；文之字之，皆文字也。无称谓中，由我称谓之耳。物物无物，心心无心，道道无道。交格交践，即无格践。

可以如此，何以如此，即知所以如此。而三"如此"，即三未始如此，三不得不如此。知此则知彼，即彼即此，即无彼此。真无彼此，即随其彼彼而此此矣。然圣人必物其道以物其心，必理其事以理其性者，节用人官之能，收役物曲之利，总不厌别，约不厌详。何故绎骚万世乃尔乎？正以儱侗之弊，甚于胶柱，而容其过矫，原无可逃，适可逼人折中耳。切而会之，反复尽之。不通称谓，讵可语乎？

戴履矣，直生矣，俨然入①于万国之中土，适逢一元之午会。无子午者用于子午，而子用于午。此一元之午，即万万元之午也。岂可执方便敌心之杓水，而荒忽时中之嘉合乎？生当此时，即统前后，代错变化，以正收余。诸所翻译皆此土之方言也，何所忌而不集之，顾自隘其大成之帱哉？随隐其犀角蛇黄之天地，随费其牛耕蚕丝之天地，别传一吞龙乾海之天地。无息者，皆

---

① 入，原本作"人"，据文意改。

容其遁而转之；无隐者，皆因其几而应之，要无忝于时行物生之天地而已矣。

曾凡之乎？捣穴奇兵，手握飞影；专伏蔽暴，号咷用师[①]；守其土块，如灰覆火；家亲作祟，识不为灾。曾凡之乎？台谏宪章，必争是非，犹之法也；宰相则是非燎然，而休容大体，犹之德也；大君垂拱无为，而藏其不测，犹之天道也。曾凡之乎？然君亦藉宰相台谏以自治，而天下之视宰相台谏皆君也，则体天乘时者，贵矣。曾凡之乎？噫！苟非塞天塞地，自会言先，讵可以通称谓而称之谓之乎？不如依凭天地之准，且为发凡。

平公逌尔曰：士当[②]发凡，吾独笑其不凡。

善巧

何生曰：何不实言而必以巧说耶？

当士曰：天地巧以圣人为口，圣人巧以天地为手。因利生而有前用之言，因前用而有立准之言，因立准而有救弊之言。至于救弊，则有不可直言，言愈不信。

智譬则巧，故善巧出焉。有实法，有巧法。有生成之实法，有生成之巧法。有方便之实法，有方便之巧法。天地既分，大

[①] 蔽，疑当作"猒"。猒（厌）暴，犹横暴、强暴。《周易·同人》之九五爻辞曰："同人先号咷，而后笑，大师克相遇。"

[②] 士当，揆诸全篇，当为"当士"。

实寓于大巧。巧易不善，支巧必归善巧。周鼎铸垂，使衔其指；俎以巧极，不疑锄色。此与雕刻众形而不为巧者，毫厘千里之介哉！故有显权之善巧，有冥权之善巧；有巧之巧，有巧巧之巧。至于巧巧之巧，而言愈支，实愈不知所归矣。

或阐诿，或藏诿；或费约，或隐断；或连称，或孤举；或正或反，或平或激：此是非之所以交网，而各便其喙之所以淆讹也。故以例凡之，曰宗，曰说，曰质，如山是山，水是水。曰通，所以为山即所以为水。曰遮，如曰不是心，不是物，不是佛。曰表，如曰即心是佛；《肇论》曰无所得为方便。有出格之颠倒遮表，有当前之对核质通。或以表为遮，或以遮为表。表即隐遮，即隐双遮；遮即隐表，即隐双表。大要明体则暗用，明用则暗体。双明即双暗，遂有三表三遮。别行总摄，全夺全予，声下旁通。有时露布，亦电逝也；有时葛藟，亦洞喝也。

人生世间，逐逐碌碌，先为习事所蔽，已为习理所缚，已为无事无理所疚，贸贸何之？故先正告，正告不入，乃侧示之。至于愤使之疑，误使之迷，献鹄祝蛉，陷虎脱兔，不过使自得之，使自化之。过荆棘林，依旧坦道，翔步而已。

望羊之视，上绥归平，莫良于眸，天开其目。肉者，俗之也；醯者，三之也。必矅其肉而迸其醯，又矅其醯而还其故，乃名大良，乃名天燎。此瞳不重，青白自医，鲜不为文字所帐幔，而又为遮表所谩迤。故老宿不能自解免，黠者乃匿影以为得计。

将谓知言,言何容易?

何生曰:问蜜,曰甜;问甜,曰不知也。无舌人闻之,愈不知也,而听此以言蜜,后之言者相承以为实然,而实皆不知以相欺也。①好言不可言之学,好言无理之理,何以异耶?往往匿形以备变,设械以待敌,有急则推随溟洋不可知之中②,如是而已矣。张鲁以符水教病人,曰:"饮此则愈,不得言不愈。若言不愈,则终身病矣。"③今教听溟洋之言而不许其致辨也,即

---

① 苏轼《跋赤溪山主颂》:"达与不达者语,譬如与无舌人说味。问蜜何如,可云蜜甜。问甜何如,甜不可说。我说蜜甜,而无舌人终身不晓。为其不可晓,以为达者语应皆如是,问东说西,指空画地,如心疾,如睡语,听者耻不知,从而和之,更相欺谩。"又,苏轼《胜相院经藏记》:"我观大宝藏,如以蜜说甜。众生未谕故,复以甜说蜜。甜蜜更相说,千劫无穷尽。"参见〔宋〕苏轼著,张志烈等主编:《苏轼全集校注》,河北人民出版社,2010,第7484、1225页。《药地炮庄·总论中》:"东坡云:问蜜曰甜,问甜曰不知也。无舌人闻之,愈不知也,而听此以言蜜。后之言者,相承以为实然,而实皆不知以相欺也。"

② 随,当作"堕"。苏轼《中和胜相院记》:"治其荒唐之说,摄衣升坐,问答自若,谓之长老。吾尝究其语矣,大抵务为不可知。设械以应敌,匿形以备败,窘则推堕溟漾中,不可捕捉。"参见〔宋〕苏轼著,张志烈等主编:《苏轼全集校注》,河北人民出版社,2010,第1212页。

③ 《后汉书·刘焉传》李贤注引《典略》有:"光和中,东方有张角……角为太平道……太平道师持九节杖,为符祝,教病人叩头思过,因以符水饮之。病或自愈者,则云此人通道,其或不愈,则云不通道。"又,苏轼《跋赤溪山主颂》:"昔张鲁以五斗米治病,戒病者相语不得云'未差也',若云尔者,终身不差也。故当时以张鲁为神。"参见〔宋〕苏轼著,张志烈等主编:《苏轼全集校注》,河北人民出版社,2010,第7384页。

此法也。坡老摹言禅之弊，可谓切中矣。

然天下正不碍有此一弊法也。有病目者，赤肿昏眵，见日如刺，哭而躁。药以散之，火上炎，则躁益甚。医者百，不能治。一人入，诊之曰："治目易耳。察脉中，旬日当左足上生疽，疽发必危，有性命之忧。"其人恇惧，伏祈再三。诊者曰："有一禁方，能听我乎？"欿然曰："唯。"曰："静坐，盂水置左手[①]其上，注目视之，如此一月，救矣。"其人从之而目愈。诊者笑曰："足何尝有疽哉？"婴儿逾户切而踣于地，不胜其咺。父责之，不止；谕之以理，号益甚。其母以箠箠地，诟之曰："汝何以摔吾儿？"儿泣乃辍。何母之箠善而父之理不善耶？宋文挚怒登床而齐主瘥，皇子告敖叙泽鬼而桓公霸：即以错救错之巧也。

当士曰：由此观之，凡世所为泼杓灭烛，虓吼反擿，颠倒以激之，多方以误之者，已生已成，已具生成之法矣。因循顽钝，习觑其颜，欲以出格度刃，别路引锥，捷行其生成之法耳。吹毛矫枉，何有轨则？故曰：无实法也。

必有实法之质，乃可以运无实法之斤；善藏无实法之刀，总以中实法之理。输扁之斫不传，子春受琴于海，此其水县国工操见顾然之候欤？后乃市鬻不传之斫，肆标弹海之指，遂坏日星之轮盖，推龙门之琴徽。独以脂毂专门，临岳高价，其为

[①] 手，据上下文意，或当作"足"。《东西均·容通》篇亦载有此段文字，文字略有不同，"手"作"足"。

画墁之恶巧，难以免矣。行生何言之经，非时乘六龙之图乎？龙与睛皆备矣，习久不察，而点睛者擅奇坛焉。专欲擅点睛之奇，而以毁壁掣肘、禁革三停为谋，则天下画龙者，皆空手涂泥乱贴而已。故发善世之愿者，必明生成当当之实法，而无实法之法寓之。鹣鹣比目，不异鸢鱼；金翅饭龙，待人而许。原不许伱德荒学之人借口无实法，以生心害政也。故必明尽止止剥剥缚刍针虎诸无实法之法，而后能容之制之，服之用之，使后世不受其所惑而化邪归正。三停点睛之笔，有不托此云天者乎？

生成之方便，所以为善巧方便之都方便也。非方不法，非法不便。万物游乎方，而即用其圆；卦以其方，而神蓍之圆。近取之方，即无方之方。今而知方即是圆，为第一方；善即是巧，为第一巧矣。

何生曰：多言数穷[①]，止其所不知已矣。

当士曰：此一端之说也。圣人以平旦之象魏即夜气之紫微，学者不知明善之正告即露布之无心，而自欲以至言擅高，已又欲以不言匿陋，圣人岂许之哉？道之不明，犹可言也。以不明苟安而又立一苟安之意见以废天下，不可言矣，甚矣！

夫明善之人之难遇也，言之惑众如此矣，皆借太甚之奇秘，

[①] 《老子·第五章》："多言数穷，不如守中。"王弼注："愈为之则愈失之矣。"参见〔魏〕王弼注，楼宇烈校释：《老子道德经注校释》，中华书局，2008，第14页。

以便其苟安之意见耳。至言忽而为恒言，恒言变而为巧言矣。巧言者以谲圆而任诞，不言者以藏拙而掩人。巧言固巧，不言尤巧。巧言既侮圣人之言，而不言者亦侮圣人之言。不知圣人之详约言先而洸洋露布者，既侮圣人之言；不明圣人之圆三超四而误注胶引者，亦侮圣人之言。故曰：不明，则至言恒言、巧言不言皆非；苟明也，则至言恒言、巧言不言皆善。乌乎知之？于善巧而知之，于明道明善明法而知之：有显道，有密道，有大道；有择善，有一善，有至善；有因法，有逼法，有统法。

惟正乃能用奇，惟全乃能用偏。拱而摛礉，不如独臂之远；雕察秋毫，不如斜睨之审。辕驶旁疾，飚力侧受。全而偏者，锋其专，利其几，激以为救，过而合中也。《上、下二经》，以"二过"收水火[1]，与"养孚"[2]对。《大过》送死，独立不惧[3]，所以养生

---

[1] 《周易》六十四卦，分为上经、下经，故言"二经"。上经，《乾》《坤》至《坎》《离》，共三十卦；下经，《咸》《恒》至《既济》《未济》，共三十四卦。上经有《大过》，下经有《小过》，故言"二《过》"。坎为水，离为火。上经之《坎》为坎下坎上，《离》为离下离上，《大过》位于《坎》《离》之前；下经之《既济》为离下坎上，《未济》为坎下离上，《小过》位于《既济》《未济》之前，故言《大过》《小过》之"收"水火。

[2] 养，谓《颐》。《周易·序卦》："颐者，养也。"孚，谓《中孚》。《大过》与《颐》互为错卦，《小过》和《中孚》互为错卦，故言"对"。

[3] 《大过》之二、三、四、五为阳爻，四阳爻为初、上两阴爻所梱，失其用，故古人常谓《大过》为死卦。《大过》之《象》："泽灭木，大过。君子以独立不惧，遁世无闷。"

也;《小过》宜下,过恭过哀过俭①,所以《中孚》上达也②。颠决以《大过》为权③,《咸》《恒》以《小过》为权。人生过偏于此,则过偏于彼以救之。《离》继《坎》而《未》续《既》,则交用矣。以平求平,乌能平乎?是故救弊之言必知其人,知其时,知其事。证之以天地,觥之以造次,历之以常变,大常而无逃矣。

吾所望天下士者,好毋欺之学也。不知是知也,不欺矣;不以不知为不知自诿,乃真能不欺者矣。④刖目充耳,邴邴乎守一影事以足胜人者,此不能明善明法,而乐于受别径之欺者也。无所得者消其私耳,乃嘻嘻然矜此为霁淞;不可执者豁其泥耳,乃推推然恀此为飚飀。借口无奈何、大不必,以甘放其狙愚,自高其陋智,竟崩天地勤学好问之风,改从颓败诡越之论。此不能明善明法而巧于雄欺世之诿者也。

---

① 《小过》之卦辞有"飞鸟遗之音,不宜上,宜下,大吉"。上谓六五,下谓六二。六二居正承阳,六五失位乘阳,故一顺一逆,宜下不宜上。《小过》之《象》:"山上有雷,小过。君子以行过乎恭,丧过乎哀,用过乎俭。"

② 《中孚》六爻若每两爻为一组,则成一大离(☲)。离为雉,为鸟;是卦之上九爻辞亦有"翰音登于天"之象,故这里言"上达"。

③ 《周易·杂卦》:"大过,颠也。"韩康伯注:"本末弱也。"《杂卦》以《夬》收结,其文曰:"夬,决也,刚决柔也,君子道长,小人道忧也。"参见〔三国魏〕王弼注,〔唐〕孔颖达疏,卢光明、李申整理:《周易正义》,北京大学出版社,2000,第401页。

④ 《论语·为政》:"子曰:'由!诲女知之乎?知之为知之,不知为不知,是知也。'"

惟琉璃瓶能贮狮乳，载道之器岂徒瓦注云尔乎？既登峰顶，必历岣岵。差别不明，可言道乎？椎锻①宝镜，镕而自铸，倾销之后，听其鉴用。然何忌白旄玄锡乎？风本不动，在空烧空；心自本无，非碍用心。彼讳学者，何其蔽乎？以凝德凝命之人握经纬权衡之法，巧必善巧矣。宁工乱德之恶巧卓鸷鹄滑，以竞射君之策耶？通乎变化，措其时宜，酬酢佑神，类情转物。故明法而不倚于委琐以自矜，明道而不倚于大定以自荡，明善而不倚于绳尺以自画。因口而粒之，因耳而铿之。善因非倚，善随非依。大彻者之脱体无依，即至诚之固达无倚也。藏嗒然于秩然，舍身命以善万世，岂回避一切，回避当当，而衒无上之旛哉？

工词章，函雅故，小家也。即单提向上，亦专门小家也。吹影击石之法语，与穴纸雕虫同迷于耕织，何异乎？必禁耕织，又非道矣。圣人教人，初贵乎专，继贵乎通。专乃所以通之，大通乃成大专。伦人而物性同尽，非倚乎扫古今而后媮快其一际襟怀之断也？洗内廓外，有何内外？非倚绪余治世，而徒私计玄牝之啬也。②使夫妇刻尊亲于③胚胎，君子掌辟邪之骨印，集古今之专门通门，容天下之各专各通。《云门》既奏，率兽来

---

① 椎，原本作"推"，当改。椎锻，犹锻炼、打造。
② 《老子·第五十九章》："治人事天，莫若啬。"
③ 于，原本作"于于"，据文意删。

仪，渔唱樵歌，皆哺壤矣。

有致真知、致周知者乎？知之，次也；知而好乐也，皆无知之知也。①《宁澹语》曰："言物，则人物一也；言良知，则人贵于禽兽矣；言致良知，则圣人所以异于凡民也。"②表一致而乳万世于立法穷理矣，表一良而寂万世于尊德尽性矣，表一知而养万世于至命统天矣。知忘其知，又何言乎？固达而无倚者，知此本知、本良、本致，而必灌灌此格践者，正恐侈谈从心之拔宅飞升，而误志学之始基卜筑也。尽古今是体，尽古今是用。

---

① 《论语·雍也》："子曰：'知之者不如好之者，好之者不如乐之者。'"邢昺疏："言学问，知之者不如好之者笃厚也，好之者又不如悦乐之者深也。"参见〔魏〕何晏集解，〔宋〕邢昺疏：《论语注疏》，北京大学出版社，2000，第86页。《论语集注》卷三："知之者，知有此道也。好之者，好而未得也。乐之者，有所得而乐之也。"参见〔宋〕朱熹：《四书章句集注》，中华书局，2012，第89页。方氏一反"笃厚""深"及"有得""未得"，以"无知之知"阐释。

② 以上引文，不见诸方以智祖父方大镇所著之《宁澹语》。方大镇论圣凡之异同，如《宁澹语》卷下有"圣人不能无所嗜好者，情也，与凡夫同；而圣人所以为真嗜好者，学也，与凡夫异"，可参。参见沈乃文主编：《明别集丛刊》第四辑第68册，黄山书社，2016，第124页。方学渐《东游纪》卷三有《经正堂会言》："天下古今圣凡之所同也……知我之性善与尧舜同，不得视己太卑……吾人不尽心为善，故不免贼其性，为天下之凡民……"又，方学渐《性善绎》有："阳明提一'知'字，已开八目之橐钥；一'良'字，已标至善真宗；一'致'字，已该明善之工夫。"参见方昌翰辑，彭君华校点：《桐城方氏七代遗书》，黄山书社，2019，第105、106、63页。方以智称引"宁澹语"，或当为撮举家学之言之论。

圣人随天下科分其学，缕析其修，不论高卑深浅，皆尊亲愤竭之用也，皆洋溢弥纶之体也。毋自欺而好学，则不问其善巧不巧矣。故为天下发明善之大凡，即天下之大凡，乃可与言发中未发之凡。①

何生曰：发凡亦善巧矣，其如蚩蚩者可愚而不可告何？讻讻者口强而不可化何？

当士曰：正惟可愚，而愚之者太甚，因有决藩之太甚者。卤莽之报，每变益甚。太甚之益甚，崩角擿齿，其可言乎？吾惟以天地之凡告夫妇，以卦爻之凡告梦寐，彼受愚者朗然于善不善之凡，则造愚术者渐骇人而不动，势必归吾天地卦爻之凡矣。即使骇者善托，既已托善，则愈于向之明托不善者，岂可同年语耶？正信之士，畜其无妄之日新②，省为狐涎所汨，得以专力于天地卦爻之凡，即使卑之为律历、为医工，不犹灭于画

---

① 《礼记·中庸》："喜怒哀乐之未发谓之中，发而皆中节谓之和。"朱熹注曰："喜、怒、哀、乐，情也。其未发，则性也，无所偏倚，故谓之中。发皆中节，情之正也，无所乖戾，故谓之和。"参见〔宋〕朱熹：《四书章句集注》，中华书局，2012，第18页。
② 畜，取意自《周易》之《大畜》。《周易·大畜》之《彖》："大畜，刚健笃实，辉光日新其德。"无妄，这里谓真实不虚，天理天命之本然。《无妄》震下乾上，震为动，乾为健，九五刚而有应。《周易·无妄》之《彖》有"大亨以正，天之命也"。孔颖达疏："威刚方正，私欲不行，何可以妄？此天之教命也。"参见〔三国魏〕王弼注，〔唐〕孔颖达疏，卢光明、李申整理：《周易正义》，北京大学出版社，2000，第136页。

鬼魅者诳入上坐之厚颜哉？① 彼此有口，口安必其不强，独以不能强天地、强夫妇耳。强而顾其清凉，强而安其钼钁，斯亦幸矣！留此已甚之芒硝，而不为已甚之蔬糈②，愈知味焉。自食其力，则各安生理；实学相勉，而世赖其用。四圣人所以发天地卦爻之凡者，不过此尊亲有别之凡也。以此安生，以此无生。坎离既正，则三十六盘，惟其善巧矣。曾子见饴，可以养老；穿窬见饴，可沃户枢。生即无生之饴，可令中下者群见而攫之乎？何如各安生理之无生足加飡耶？

大一曰：我以天地卦爻为我，久舍身以充周之。世有谈道而言行不合吾天地卦爻之凡者，顾乃高榜于天地卦爻之外，妄曰知我，我岂受之？

平公曰：本不必知，亦不必受。

三冒五衍冒即古"帽"，覆首而露目也，因以"目"转声。

何生举《易》赞曰：三五全围，旋四用二，无非大一，建中如是，何为乎先言数也？

当士曰：不睹闻而睹闻，睹闻中皆不睹闻者，谁信之乎？

---

① "灭（滅）"，此处有销去、灭断之意。前文有"即使""卑"，此句有"厚颜"，揆诸上下文，"灭（滅）"字似优于"减"。《东西均·三征》："不执泥，则断灭。"《东西均·生死格》："膏以明自灭（销）。"
② 糈，疑当作"粝（糲）"。蔬粝，野菜与糙米，意谓粗食。

示人者，必以睹闻表不睹闻，而约言其要则不一不二之一二云云已矣。举一举二，不谓之数，将安避乎？一奇为乾，二偶为坤，不谓之象，将安避乎？乾为天，坤为地，不谓之器，将安避乎？自此而五伦六艺万物庶事，皆可睹闻之数象器也。

　　器生于象，象生于数。数何生乎？神气动用，无始无息，不得不然，即其本然。谓有自生乎？不能状也；谓无自生乎？亦不能状也。姑谓之生，可矣。虚无不塞，实无不充者，气也，而神贯之。神用无体，风之济虚也，孰为之耶？故邈其生成无体之体曰性，此不可睹闻者也。程子曰"'人生而静'以上不容说，才说性时，便已不是性矣"[1]，此犹别真心于缘心外，剔法身于色身外也。究竟色身即法身，缘心即真心，则'人生而静'以上之性，少不得在人生以后之性中，明矣。理气终不可分，而不得不分之，以明统治之宰。其以总不分为大统者，太上皇不与政事者也。气，篆从􀀀，用􀀀而动，象之也。神，言不测；申，言其用，故谐声也。体者，骨理也。邵子以天为用，地为

---

[1] 《河南程氏遗书》卷一："盖谓'生之谓性''人生而静'以上不容说，才说性时，便已不是性也。"参见〔宋〕程颢、〔宋〕程颐著，王孝鱼点校：《二程集》，中华书局，2004，第10页。

体。①体生于用,体亦生用。故《易》无体,因谓之无体之体耳。②总之即用是体,而逼人亲见至体之方便,原不可少。统睹闻与不可睹闻者,不落有无矣。周之,遍之,咸之,无外无间,无古无今,无不冒也,谓之太极。有从彡,用先右而月具有无也。无从三、巛象之。后人借蕃森之无,取茂密耳。欲核称其於穆不已之所以然,与人陈之,将口呿而舌桥乎?不得已而命之曰至理。身其天地而亲之,则命之曰大心。推论寥廓心量,表法也。沂源穷流,充类致尽,设教鼓词,由我安名已耳。因其生之所本曰性,无所不禀曰命,无所不主曰天,共由曰道,自得曰德,与事别而示民以密察之故曰理,亲切醒人则呼之曰心。据质核之,则有大心、缘心、治心之别,有至理、物理、宰理之别,有公性、独性、习性之别,有凝质之气、虚空之气、浩然之气。若通论之,随立一名,皆可遍推,皆可同际。圣人开口,总为善世,则因各土各时已称已谓之称谓而告之已矣。以实言之:太极大心之至理,岂离六者之中乎?性、神、气之三者,岂离数、象、器之三者乎?象数以器表神,性以气表极,理以心表心也。《易》也,天地也,一也。一不可示,故不得不准也。

---

① 邵雍《观物外篇》:"天主用,地主体。"参见〔宋〕邵雍:《邵雍集》,中华书局,2010,第161页。

② 邵雍《观物外篇》:"'神无方而易无体',滞于一方则不能变化,非神也;有定体则不能变通,非易也。易虽有体,体者象也,假象以见体,而本无体也。"参见〔宋〕邵雍:《邵雍集》,中华书局,2010,第160页。

生此一元之午会，当偏讹巧窃之纷纭，欲明即感是寂、开物成务之《易》，可但借口曰：委化也而听之哉！不能离，不当离，而曰不可离者，正谓可离以理之，乃合以道之。拔其中而耸诸外，消其外而汁此中；然后一不住于一，二不岐于二，而离合合离之不可离，始能前用耳。遂事即无所事，顺理即忘其理，真不可思议者也。执事者固矣，执理者不能充类格致，至于无类可充，返而适用，则理犹纱縠也。执玄者痛厌槎枒，凡遇名字，一切芟夷，以自媮快，则匿于伪默而已矣。帘窥影事者，则匿于电拂而已矣。故无理无事之病，较执理执事者之病悍格更甚，即吞一昆仑之如如太极，乃髑髅耳。岂惟无用？将使天下后世不敢以正论折生心害政之诐遁，且曰不作世谛①，正以疑人。彼畏学好高之人情，乐得互相怂恿以自为地，而元元本本之实学既为放旷者所鄙，又为守礼之拘科所麋。岂知精义入神之何思

---

① 不作世谛，为禅宗话头。例如大慧普觉禅师宗杲《示方机宜》："德山何故见僧入门便棒？临济何故见僧入门便喝？若识二大老用处，则于日用触境逢缘处，不作世谛流布，亦不作佛法理论。既不著此二边，须知自有一条活路。"参见潘桂明释译：《大慧普觉禅师语录》，（高雄）佛光文化事业有限公司，1997，第259页。

何虑①，即时行物生之天何言哉？世俗之士沿习其常事肤理，谁能死心研极，以剥烂复反者乎？②

必语温清，始以为孝弟；必语良知，始以为理学；必语经史，始以为学问；必语韩、苏，始以为文章；必语药性，始以为物理；必语属纩，始以为死生；必语龙虎，始以为玄门；必语趺③坐，始以为止观；必语作怪，始以为鬼神；必语石牛木马，始以为禅。何讶乎必以一二三四五为象数哉？

学者茌苒质论，不能开窹通论，忽遇邪异旁窃之通论，必张皇而为所惑矣。颖者巧取通论，遂尔鄙屑质论。及举天地本然之质论，反矜茫而欲逃之矣。于是乎，贯混沌开辟之至理，宰天地人物之道德法，遂无能知其偏全分合者。愚忽以三冒五衍尽三教百家，宜其不信也。

平公曰：果自信乎？奚问人信？

---

① 《周易·系辞下》："天下何思何虑？天下同归而殊涂，一致而百虑，天下何思何虑？……精义入神，以致用也。"王弼注："精义，物理之微者也。神寂然不动，感而遂通，故能乘天下之微，会而通其用也。"参见〔三国魏〕王弼注，〔唐〕孔颖达疏，卢光明、李申整理：《周易正义》，北京大学出版社，2000，第358页。

② 《周易·系辞上》："夫易，圣人之所以极深而研几也。"《周易·杂卦》："剥，烂也。复，反也。"《周易尚氏学》卷七："盖阴消阳，柔变刚，皆以渐而及，非猝然为之，有似于树木老皮之剥落。""烂自《姤》始，至《剥》而极。《复》则阳反。"尚秉和：《周易尚氏学》，中华书局，1980，第119、336页。

③ 趺，原本作"跌"，据文意改。

卷之上　三冒五衍

何生曰：三冒，何冒也？

曰：圣人以天视，视虚空皆象数，象数即虚空。信如斯耶，斯可语矣。无名字而名字，则名而未始名，字而未始字。以故辨当名字随其名字。民视犹天视也，理何嫌于理？数何嫌于数？何嫌理数之合？又何嫌理数之分乎？信如斯耶？斯可语矣。

孔子善巧而名字之曰："易有太极，是生两仪。"①《礼运》善巧，而理数之曰："礼本于大一，分而为天地。"② 天地之数，止有一二而毕矣。三仍位一，四仍位二，五仍位一，六仍位二。自三以下，至乎姟秭正载，皆一奇一偶也。奇一而偶二，已成参矣。无奇无偶，为不落四边洋溢四边之太极，而姑以一奇示之。万奇万偶，为交轮太极摩荡万象之两仪，而姑以一偶示之。《礼运》之大一，分天地而转为阴阳，变为四时，列为五行，伦之艺之，动之植之，皆大二也。犹两仪而八，以至六十四，而藏其十五、三十六、四十九，皆所谓太仪也。四圣韦编，《河》《洛》全图，皆大二、太仪之约本印版也。逆见天地未分前，如斯也；顺推天地已分后，如斯也。逆泝人之未分前，如斯也；顺用人之已生后，如斯也。未画前，如斯也；已画后，如斯也。画后即画

---

① 《周易·系辞上》："是故易有太极，是生两仪，两仪生四象，四象生八卦，八卦定吉凶，吉凶生大业。"

② 《礼记·礼运》："是故夫礼必本于大一，分而为天地，转而为阴阳，变而为四时，列而为鬼神。"

前,则人生后即未生前,天地之分后即未分前也。冒天下之道者,大二即大一而已矣。

世学欋推碗脱[①],左枝右梧,脊脊名称,孰何故事?知画前之《易》者,难乎哉?然不知画后即画前,则所谓画前者虀瓮耳。然不能错综其三冒五衍,中理旁通,引触皆是,则所谓画后即画前犹冪䍥耳。大一分为大二,而一以参之,如弄丸然,如播鼗然。一参乎两之中,而两旋为四,犹二至旋二分,南北旋东西也。春夏秋冬之于岁也,东西南北之于中也,皇极之五表之矣。上下直立,而前后左右环之。此六合之矩,即五方之三轮也。拱架其子午,腰转其卯酉,水臬其平盘;三轮八觚而中五弥纶,驭四幕六;阳藏其一,使阴足十支以二六奉乾之二五,而八卦、十二宫、七十二候、三百六十之旁罗具矣。

痹而列之,割而钉之,立而绳之,平而衡之,规而围之,矩而曲之,狭而擸之,半而桥之,象而限之,品而推之,衍而长之,褾而褙之,枝而丛之,丝而棼之,桔槔而漏刻之,蜂午而冲旋之,经络而营卫之,水米而曲蘖之,无非一在二中之三五交轮也。

交液虚实,则无虚实;轮衔首尾,则无首尾。动静之间,几在中焉。详则言五,约则言参;质则举两,盘则举四。四用其半,

---

① 欋,原本作"瞿",当改。"欋推"和"碗脱",皆言甚多以至于滥。如《资治通鉴·唐纪》:"补阙连车载,拾遗平斗量;欋推侍御史,碗脱校书郎。"

三用全围。故一不可言,言则言参两耳。此岂执栾栾之脉望与马毛龟甲之算器乎?会心之十,全举固然;双举亦然,偏举亦然,不举亦然,此一滴一瞵一切皆然者也,何堪与白骏谈梦哉?

一生二,二生三,非老子之教父乎?[①]印[②]度之伊帝目胸表一卍五叶,或纲六相,或立三玄三要,或立五位君臣,或指首罗而扫之。虽非实法,然何所逃于大一之分天地,天地之为大一乎?彼衒专门,重在遮二显一,逌遮一而使自得之耳。子华曰:"天地大数,出三入一。一之谓专,二之谓偶,三之谓化,才也,乾也,神也。凡精气以三成,羲轩[③]之柄也。出于一,立于两,成于三:《连山》《归藏》《大易》。"[④]愚所谓一天用二地者也。言不顿彰,非三不显。显如斯者,安得不冒?冒安得而不三乎?兼三为六,各三为九。四分用三,以三用一,以一用三,十二用

---

① 《老子·第四十二章》:"道生一,一生二,二生三,三生万物。万物负阴而抱阳,冲气以为和。人之所恶,唯孤寡不谷,而王公以为称。故物,或损之而益,或益之而损。人之所教,我亦教之。强梁者不得其死,吾将以为教父。"
② 印,原本作"即",当改。
③ 羲,原本作"義(义)",当改。羲轩,谓伏羲氏和轩辕氏(黄帝)。
④ 《子华子·执中》卷下:"天之精气,其大数常出三而入一。其在人,呼则出也,吸则入也。是故一之谓专,二之谓耦,三之谓化。专者才也,耦者干也,化者神也。凡精气以三成三者,成数矣。宓牺、轩辕,所柄以计者也,赫胥、大庭,惝怳而有所遗者也。故曰出于一,立于两,成于三。《连山》以之而呈形,《归藏》以之而御气,《大易》以之而立数也。"参见〔晋〕程本:《子华子》,中华书局,1985,第20页。

九,六十四用四十八：皆所以藏无体之一,即用无体之一也。

《易》之示也,随处可股较而掌指矣。费中自具三冒,隐中亦具三冒。费法详明,以费知隐。本无费隐而有费隐,隐汁乎费,有何费隐？然非先分费隐,辨其结角,则遮表含胶,易于巧窃,安能解数千年之惑,开转此时之风,申明天地,托《易》之思,以宜民正路各安生理耶？

直下是一开辟之费天地,标后天妙有之极,人所共睹闻者也,命曰显冒。因推一混沌之隐天地,标先天妙无之极,人所不可睹闻者也,命曰密冒。因剔出一贯混辟、无混辟之天地,标中天不落有无之太极,即睹闻非睹闻,非即非离者也,命曰统冒。天地之三冒,即人身之三冒,物物之三冒也。如言三五达之身,又言无声臭之身,又剔出一於穆不已之大身。究竟於穆不已之大身即在三五达、无声臭之身中,而无声臭之身即在三五达之身中。不可执有极、无极、太极为三处也。教亦多术,应病予药,不妨偏言。惟其统之,故不厌别；惟其冒之,故不厌析。何惜眉毛不明支离之易简,以表两间言道法者之变！概乎[①]因费天地而立法相实宗,言为善去恶者是也；此宰天之经权

[①] "概"若属上句,则"变概"颇费解。概乎,见于《庄子·天下》篇："概乎皆尝有闻者也。"王夫之《读四书大全说·孟子·万章上》卷九："若概乎予不予、夺不夺而皆曰命,则命直虚设之词,而天无主宰矣！"参见〔明〕王夫之：《读四书大全说》,中华书局,1975,第649页。揆诸下文,"概乎"统摄"费""隐",且与之具有更深层的语义和思想关联。

也。因事物而正名告民节适者也，一用于二者也。辟言屋漏则当补，秽则当拂，而受用屋中之虚空，原自在也。执此但胶法迹，不能几深入神，则不知大原，不得变化，非全眼矣。因隐天地而立破相空宗，言无善无恶者是也；此反天之逆几也。空事物，破名象而反言甚深，全泯者也，离二见一者也。辟言屋中之虚空与屋外之虚空，原无分别者也。以此方便，捷于遗落一切而执此破相，则死人矣。若执总杀即总赦，窃冥应以藏身，与兽何异？岂全眼乎？因贯天地而明不空空之真空，无相相之实相，谓之中道性宗，为善去恶与无善无恶皆不破者是也。此任天统天而平怀因应者也。随事物名相而不为所累，破立皆可者也，无二无一者也。辟言六相同时，屋即虚空。因应其治屋之当然，则谓之屋本自治可也。果是其人，自凝其道，而时乘六龙，平等不住平等矣。因学死参有解悟、证悟之分，即知有即无之太极，犹属儱侗。必须重历差别，中节时宜，官天明法，家常薪水。若执此宗，仍为影事。或得公容之量，或成委顺之高，而不能制天持世，徒以际断倏忽回避学问功能，其流必废教而梗治矣。自以为全眼，实不全之甚者也。性宗空宗总以妙其善世之实宗，大似头上安头，而非此不能变。谁少至人之体？而难者圣人之用。用之最大者，以君子宰万世，安顿鼓舞使万世受用，乃学《易》者之受用也。彼画少而图自受用者，仍是自私自利耳。出世听其孤僻，散人听其纵脱。有君子以继宰，传《易》于夫妇鬼神，而天地拱手，收一切药，治一切病，以为笼矣。《易》是医笼，即能补笼。三根随才，必须好学。故有睹闻之费隐，有不可睹闻之费隐；有隐一费二之概，有二隐一费之概；有三费摄隐之概，有三隐供费之概。大则广漠充周，溢其不可穷之蕴；至则华实缕结，藏其无不备之资。苟非伦其灌输，经其条理，邕性于相，养破于立，圻瓜榨汁，郁兰升薰，奚取乎不用之器，蛀①而腐秽，久闭之气，荒而夭阕耶？

《易》故微其动静之显，而阐其交轮之幽，则莫显于元会鬼神，莫幽于《图》《书》错综矣。灯也，光也，影也，皆薪火也；花也，香也，色也，皆岁之春也。此可睹闻之二即一，一即三也。不可睹闻之所以然者，其二即一，一即三，有何殊乎？入世存法，出世泯法，其权自相龃龉。超越世出世间，则慈力悲仰同矣。然其实也，止有不坏世相即出世间之一际一乘，归于治世资生不相违悖之法住法位，则宥其黄叶止啼，而言先一句可知矣。三谛者，中谛统一切法，真谛泯一切法，世谛立一切法也。三因者，正因、了因、缘因也。三身者，法、报、化也。大慧以《中庸》首三句指之，毕矣。曰理、行、教，曰空、假、中，曰真智、内智、外智，曰本觉、始觉、究竟觉，皆圆∴也。宗门三纲三句，举一明三，只露些子气急诳人。总之，执有则

---

① 蛀，原本作"蛙"，当改。

为权别菩萨,执无则为声闻缘觉二乘。罗汉执法身,亦是死佛,所谓但中是也。长沙曰:"眼根返源名文殊,耳根返源名观音,从心返源名普贤。三圣是佛妙用,佛是三圣之体。"①体在用中,佛即在菩萨中。印度因俗,权教归实,久已诃之。收一切法,现一切身,行布不碍圆融,圆融不碍行布。毗卢佛像,有发有冠;《圆觉》《维摩》,何分真俗?东流倡籍福田,达摩入而全铲。然凡夫贪著其事,信此尚难,仍不得不借二乘之坛,悬无上之幡耳。故曰:超出二途,棲心无寄,犹是暗痴。洞祖以法身为大病源,曹山立三堕而类不齐,混不得,乃可取正命食,始不作两橛矣。惟其夺下情见,权立顿宗,媮快吹毛迅利,何有轨则?永明作《宗镜》②时,已叹人废学诃修,只要门风紧峭,但重遮遣,不达圆常。何况今日以为专门名家耶?《肇论》曰"以无所得为方便",今贪此无事人,仍是出世半边,仍是执一护痛。既悟自己,须明大法。悟同未悟,正好学问羹藿。夫真如来,发大愿力,岂有不明天以日治,岁合时宜之故,而恃泯坏存,但傲虫豸者哉?

---

① 长沙,谓长沙景岑禅师。《五灯会元》卷四:"(长沙景岑禅师)曰河沙诸佛体皆同,何故有种种名字?"师曰:"从眼根返源名文殊,耳根返源名观音,从心返源名普贤。文殊是佛妙观察智,观音是佛无缘大慈,普贤是佛无为妙行。三圣是佛之妙用,佛是三圣之真体。用则有河沙假名,体则总名一薄伽梵。"参见〔宋〕普济著,苏渊雷点校:《五灯会元》,中华书局,1984,第211页。
② 永明,即永明延寿。《宗镜录》,又称《宗鉴录》《心镜录》,共一百卷,由宋代永明延寿大师集辑而成。

官天铎学之君子为克家之督，亦欲借此见地以偷懒，不能随时转风，扩充神化，岂不惜耶？

老子以混成为统冒，以常无为密冒，以常有为显冒。① 知白守黑②，当知白即是黑，则本无黑白而随黑白。故观其早服胜牝③，而言先一句可知矣。旨偏重内，而用则随时，圣人合外内者也。重内流而为我，则苟且尚矣，一发则惨刻矣。据老庄之皮毛，乃偏真者也。今之死浸者，乃苦总杀之药语者也；纵荡者，乃误恃总赦之快语者也；真橛者，亦偏真者也。圣人知而弥纶之，惟从日用饮食一节适之而已。藏其总杀总赦之利器，故民鼓舞奉教。初无已甚之苦，后又何待赦乎？无奈暗庸皮厚，安得不畜已甚之药？但有铎"中和"之实学者，一切皆可善用矣。圣人信寓处为不落天人之人，知直日为不落有无之有，故寓罕于雅，惟以亲民前用为经。民所不能为、不必为者，言何益乎？人人食力安生，而不可能之中庸原自飞跃洋溢也。以无依之依，容述遵之依，神用中之权于执两之竭。天凝日而让日以治天，日即天而天若分余以养之。正治随时，成岁不居，遂谓之无天无日，而实则宰法见成，两层同体，弥纶一用。偏门太甚，不

---

① 《老子·第二十五章》："有物混成，先天地生。"《老子·第一章》："无名，天地之始；有名，万物之母。故常无，欲以观其妙；常有，欲以观其徼。"
② 《老子·第二十八章》："知其白，守其黑，为天下式。"
③ 《老子·第五十九章》："治人事天，莫若啬。夫唯啬，是谓早服。"《老子·第六十一章》："牝常以静胜牡。"

过巧言激说，以暝眩见奇，以直捷阴遁耳。裁成辅相之功，盖乾乾乎日夕之德业焉。① 彼曰"在圣不增，在凡不减"者，曾何忧其缺少而故荒其伦类人情之田，巧握其学修不及之苗哉？此大成始终条理，所以万世无弊也。言先一句，全寓之矣。澹园焦氏曰："余晚学易，知二氏所长乃易所有，而绝类离伦不可为天下国家者，则易所无也。"② 愚曰：随蛊革鼎，为上下十八之中上，为闰位，故尽变之旨寓焉。拘维之享，所以治万世之随；③ 高尚其事，所以治万世之蛊。④ 鼎之玉冷于金⑤，革之豹能制

---

① 《周易·泰》之《象》："天地交，泰。后以财成天地之道，辅相天地之宜，以左右民。"财，同"裁"。《乾》之九三爻辞："君子终日乾乾，夕惕若厉，无咎。"《乾·文言》："九三曰：'君子终日乾乾，夕惕若厉，无咎'，何谓也？子曰：'君子进德修业。'"

② 焦竑《易筌序》："余窃悲之，晚而学易，矻矻乎难入也。时与同志者讲焉，研味久之，知褆躬涉世，穷深入微，理无弗具，而异学之果无以为矣。会同学者渐以散去，所闻恐至于遗忘，辄命儿子籍记之，为就正之地。嗟乎！是编出，学者知二氏所长乃易之所有，而离伦绝类不可为家国者，则易之所无也。彼攻乎异端者，其病可少瘳已乎。"是篇序文载明万历四十年刊本《易筌》卷首。

③ 《周易·随》之上六爻辞："拘系之，乃从维之，王用亨于西山。"

④ 《周易·蛊》之上九爻辞："不事王侯，高尚其事。"

⑤ 《周易·鼎》之上九爻辞有"鼎玉铉，大吉，无不利"，而六五之爻辞为"鼎黄耳金铉，利贞"。乾为金，为玉。又上九之《小象》有"玉铉在上，刚柔节也"，上九之阳得六五之阴承，即六五而言金铉，其在下，柔中有实。这里的"冷"，似有冷峻高傲之意。

虎①。益叹夷、许、伊、周皆潜亢之异药,雪山心字尤为亢其潜耳。富贵根深,清凉之散正急。泰伯弃温清葬祭而逃蛮,孔子称为"至德"。②讵谓出世之幢不当悬天半之峨眉哉?京山郝氏曰:二乘,其本色也;鬼窟,其本权也。后遂窃《中庸》《大易》以绘心量表法,尊於穆为法身以抑天地,以德业为菩萨,而以易之无体为真体。儒者割而让之,惟恐同其称谓,而徒守糟粕,甚无谓也。③

---

① 《周易·革》之上六爻辞有"君子豹变",九五之爻辞有"大人虎变"。上六之《小象》:"君子豹变,其文蔚也。"九五之《小象》:"大人虎变,其文炳也。"按王弼注:上六居变革之终,"变道已成,君子处之,能成其文"。这里的"制",有制伏压过之意。

② 《论语·泰伯》:"子曰:'泰伯,其可谓至德也已矣。三以天下让,民无得而称焉。'"

③ 郝敬《鬼神解》:"或问:《中庸》言'鬼神德之盛',何也? 曰:善言鬼神莫如《易》。鬼神之为言,屈伸也。《易》曰:'往者屈也,来者伸也。屈伸相感而利生焉'。此鬼神之正训也。……或曰:天堂地狱有无? 曰:此沿习《戴记》百昌归土'其气发扬于上'之说,加缘饰耳。二氏亦自谓权乘,未尝谓其为必有也。……大凡二氏之言,窃圣人之余绪而流为怪诞,于鬼神之说尤甚。鬼神两字,亦字圣人发。佛语侏俪,焉识所谓鬼神者云何? 俗儒舍圣言而谪求异端,予所谓割圣道以奉佛氏者也。"参见〔明〕郝敬:《小山草》卷三,明天启三年刻本,《四库全书存目丛书补编》第53册,齐鲁书社,2001,第30—32页。郝敬《周易正解》:"作易设教,非以权予鬼神也","'乾知'者,大虚灵气。大虚非漠然无知。生生变化,精爽不昧,是曰'乾知'。万灵由此禀受,是曰'大始'。德莫大于知,知莫大于乾。圣人生知,即其真体也。""佛氏攘圣人之观,以为梦幻泡影露电;窃圣人之象,以为人我众生寿者。世儒遂唯然割以予之。抑不思羲文观象,佛氏安在也。"参见〔明〕郝敬传,向辉点校:《周易正解·系辞上》,中华书局,2023,第104、609、612页。

愚曰：天地大矣！心同理同，人人自得，窃亦窃天地者耳。《大易》存泯同时，《华严》卦爻法界，至今奉其教者未全悟也。圣人知无上下，而藏上于下，明备宜民。故摄下于上者，偏以一门深入，知得本来，随汝用此，明备其实。即明备者，皆本来也。苦获纵脱，庄子已言之。① 今日偏高道流，多此二者，总以狂狷充类致尽。人未达其说火即热之旨，能免世谛流布耶？所叹鄙夫田也，千里黄茆。常医止用陈皮，故劫药得价耳。果开全眼，无烦掩讳。自归大成薪水，适措时宜。至如李源五十年紫芝终其身，何辞坚僻之嫌？然各有至性深心，不望人知，彼又何暇避人之訾其异也？格外论心，自有万世之旦暮在。

不知言先一句，又岂知一三、三一之所以乎？此三冒者，实三而恒一，实一而恒三也。自有至者而言之，尚非其一，何是于三？不三之三而言三，不一之一而言一。一三非三尚不三，三一之一亦何一？一不一自非三，三不三自非一。非一之一，非三不留；非三之三，非一不立。不立之一本无三，不留之三本无一。是一三本无，而无亦无矣。凡以执一执三，皆不明三一之理。不明，则三者皆病；明，则无三无一而三一同时，五十同时，千万亦同时，即执三落二，皆非病也。

---

① 《庄子·天下》："相里勤之弟子五侯之徒，南方之墨者苦获、己齿、邓陵子之属，俱诵《墨经》，而倍谲不同，相谓别墨，以坚白、同异之辩相訾，以觭偶不仵之辞相应"，"纵脱无行而非天下之大圣"。

既假以言，即有成言；既称其德，即有成德。相因立法，即有成法。何妨随其成言，明此成德成法之分合委悉。岂假以至言之玄，护其棱痕际断之旗，骄其闪烁而先避之耶？脱者方笑其潦倒，而拘者方以为溟涬，孰知自然而然毫无所强？

以通以定以断，惟深惟几惟神[1]，与《中庸》首之三谓，《论语》尾之三知[2]，《闲居》之时生神[3]，《孟子》之备乐近[4]，皆是也。南倏北忽，食乎中央；玄水白水，会于黄帝。龙女转男，童询开阁，潜飞冬夏，婴姹背庭。尝试观子午道之影本乎[5]？尝试咏天渊

---

[1] 《周易·系辞上》："是故圣人以通天下之志，以定天下之业，以断天下之疑。""唯深也，故能通天下之志。唯几也，故能成天下之务。唯神也，故不疾而速，不行而至。"

[2] 《论语·尧曰》："子曰：'不知命，无以为君子也。不知礼，无以立也。不知言，无以知人也。'"《尧曰》为今本《论语》的最后一篇，而这里方氏所谓的"三知"为《尧曰》第三章，也是最后一章，故言"尾"。

[3] 《礼记·孔子闲居》："天有四时，春秋冬夏，风雨霜露，无非教也。地载神气，神气风霆，风霆流形，庶物露生，无非教也。清明在躬，气志如神，嗜欲将至，有开必先。"

[4] 《孟子·尽心章下》："万物皆备于我矣。反身而诚，乐莫大焉。强恕而行，求仁莫近焉。"

[5] 夜间十一时至一时为子时，白昼十一时至一时为午时。"子午道"大致意谓时间划分与时序循环，周而复始。《东西均·三征》："必暗后天，以明先天，又暗先、后以明中天。溯之天地未分前，则位亥、子之间；不得已而状之图之，实十二时皆子午、无子午也。全泯全随，俱明俱暗，岂真有此一嶷然卓立不壤之圜象，棻棻于两画之上哉？"

诗之造至乎①？谁无初、中、后之三停乎？谁无首、脊、尻之贯索乎？凡言交者，谓其互此中而两旁之纶皆弥也；凡言理者，谓其行乎中而两旁之余奉命也。虽曰统边无边，统余无余，然不因此以劈析之，岂得亲见其缦缦之历历哉？

隐老曰："伏羲一画，亦三节也。以偶缺其中，而奇之位以三分之一当之；又横劈为二，则一画而具六相矣。"② 圜径一而围三，则一围而三节明矣。实则圆用觚而成，圆成即用半之方矣。果蓏之理，自蒂至脐，犹子午南北也。二至二分，而三五即一。以天地之器知之，则官骸之器如斯。此心之器亦如斯，则理此器者其理亦如斯。

愚尝以三后天、三先天、三中天衍三乾用三坤之极，岂敢为此纤纤耶？信其如斯而已者也。震为隐出费之乾，艮为费息

---

① 天渊，大体表空间方位的厘定和会通。方以智《药地炮庄》："素王之孙，家县一幅天渊图，庄生窃而装潢之。七篇之终，以南帝儵，北帝忽，冥其混沌，可谓善收藏者乎！"又，元代诗人胡布有《天渊诗》："广阔遍穹昊，静深湛泉源。四德俨有临，时发皆当然。刘子味费隐，天机察鱼鸢。水流物生植，微显道体全。理寓有形发，道由无形传。既无性外物，统体归一元。利以见大德，及时安所便。圣作万物睹，空洞用交宣。至哉惟尧舜，盛德宜配天。行行心乃心，不忝亦不惩。川流斯浃洽，敦化识大原。所愿希圣人，坦途轨名言。"可参。

② 隐老，即朱隐老，字子方，号灉峰，元末明初人。《周易时论合编》卷八："朱子曰：一画即具三段，而析之为六。朱隐老注邵子畅其说，以乾中一分，当坤之虚。是乾得六，坤得四，而虚二。"参见〔明〕方孔炤、〔明〕方以智撰，郑万耕点校：《周易时论合编》，中华书局，2019，第369页。

隐之乾，坎习费隐之乾；巽为费入隐之坤，兑为隐和费之坤，离明费隐之坤。以坎离得中，故易贵之。震本配巽，艮本配兑，而有无交互，犹报化也。八卦本六卦，六爻本三爻，爻爻皆有三后天、三先天、三中天，而中藏先后，先在后中，究统于乾坤。坤俱是乾。流行之乾坤，俱是无对之乾。阳尊而神，尊故役物，神故藏用。阳来则生，阳去则死。天地万物生死主于阳。自寅至戌，惟昼侵夜，而人居地上以用之。《河图》易金火为《洛书》，阳至阴偶以维之，岂非无对待之阳分余入待以自用哉？使阴立体布基，即使效法终劳而知始倡之，享其成焉。阴之一，皆阳之一也。此愚所尝言真阳统阴阳，太无统有无，大一统万一，至善统善恶者也。

何生曰：隐哉费乎？费哉隐乎？何隐何费？莫可谁何？

平公曰：《易》无隐乎尔！

五衍，何衍也？

曰：万法，一《图》《书》也；《图》《书》，一中五也。即中五之旋一毛而四边之太少已全具矣，则未有一毛而一之四、四之五已全具矣。文王隐表其春夏秋冬之乾，而费行乎"西南""东北"之地①。四无四也，五无五也，一亦无一也。中交边轮，皆边皆中，已燎然矣。环无始终而终始大明，万古太古而岁应节候。三四而二六之，六六而八九之。此衍之因天治天，而用中之范围乃可告矣。

《尧典》曰"平在朔易"②，三秩而一在焉。此尧钦若，伏羲之心关也。二至加分而四立辅双支矣，中五四正而四偶皆交维矣。羲以木王，出震建寅，后与先皆羲衍也。舜禹用之，文王明之。二月东巡，五月南巡，八月西巡，十一月北巡，舜所以大法天而学《易》也。《畴》重一五九，五行根本万事。皇极居中，福极应上，东以两天夹人。坤顺事而乾健德，震布政而兑决疑，艮征恒而巽治历，岂无谓哉？禹之治水，治地规九，其一端也。《图》变《书》而生克互用，《易》全用之。诸圣皆用《易》，即皆用《图》《书》也。向定以《书》专锡畴③，胶矣；后又辨畴数偶合而非《书》道，

---

① 乾为天，坤为地。《周易·乾》之卦辞为"元亨利贞"，此为《乾》之四德。学者常以四时（春夏秋冬）配之，"盖天之体以健为用，而天之德莫大于四时。元亨利贞，即春夏秋冬，即东南西北"。参见尚秉和：《周易尚氏学》，中华书局，1980，第13页。《坤》之卦辞有"西南得朋，东北丧朋"，故西南、东北当分别言。
② 《尚书·尧典》："申命和叔，宅朔方，曰幽都。平在朔易。北称朔，亦称方，言一方则三方见矣。北称幽则南称明从可知也。都，谓所聚也。易谓岁，改易于北方，平均在察其政，以顺天常。"参见〔汉〕孔安国传，〔唐〕孔颖达疏，廖名春、陈明整理：《尚书正义》，北京大学出版社，2000，第35页。
③ 《尚书·洪范》："天乃锡禹洪范九畴，彝伦攸叙。"

亦胶矣。《图》体《书》用,《图》用于《书》者也。

孔子曰:"阳始于亥,形于丑,乾祖微据始也。阴始于巳,形于未。君道倡始,臣道终正也。"①《参同契》曰:"坎离,天地之中气也。"② 水火专于一宫,金木以相之,天地之和气也。晦朔弦望而虚其坎离,为其会朔方而从朔也。仲舒中和四配之,明春秋之用南北也。③ 内外八转而收发应黄,此声音之用五七

---

① 《易纬乾凿度》卷上:"孔子曰:'乾坤,阴阳之主也。阳始于亥,形于丑,乾位在西北,阳祖微据始也。'""阴始于巳,形于未,据正立位。故坤位在西南,阴之正也。""君道倡始,臣道终正,是以乾位在亥,坤位在未,所以明阴阳之职,定君臣之位也。"参见[日]安居香山、[日]中村璋八辑:《纬书集成》,河北人民出版社,1994,第9、10页。

② 《周易参同契》:"易谓坎离。坎离者,乾坤二用。"南宋储华谷注此句曰:"坎离中爻,乃乾坤之妙用,进退升降于六爻,故中爻变化为道纪纲。坎离独得乾坤之中气,人受天地之中以生也。"参见周全彬、盛克琦编校:《参同集注》第七卷,宗教文化出版社,2013,第268页。明陆西星注此句曰:"盖坎离者,乾交于坤中,乃虚而成离;坎以时行中,故动而成坎。"参见〔清〕仇兆鳌著,邓盼点校:《古本周易参同契集注》,华东师范大学出版社,2015,第87页。

③ 董仲舒《春秋繁露·考功名》:"九分三三列之,亦有上中下,以一为最,五为中,九为殿。有余归之于中,中而上者有得,中而下者有负。得少者,以一益之,至于四,负多者,以四减之,至于一,皆逆行。"《循天之道》:"天有两和以成二中,岁立其中,用之无穷。是北方之中用合阴,而物始动于下;南方之中用合阳,而养始美于上。其动于下者,不得东方之和不能生,中春是也;其养于上者,不得西方之和不能成,中秋是也。然则天地之美恶,在两和之处,二中之所来归而遂其为也。"参见〔清〕苏舆撰,钟哲点校:《春秋繁露义证》,中华书局,2015,第178、438页。

于四而重其端也,四正四奇而《握奇》必严后也①,《阴符》《遁甲》之白其三北也②,《凿度》之智中央而信坎也③,皆得几于天门④而

---

① 《握奇经》开篇有"八阵,四为正,四为奇,余奇为握奇,或总称之";又,"天居两端,地居中间,总为八阵。阵讫,游军从后蹑敌,或惊(一作警)其左,或惊其右,听音望麾,以出四奇",故言"严后"。参见《握奇经》,中华书局,1991,第1、5页。
② 阴符,谓《黄帝阴符经》;遁甲,谓《遁甲经》,二者代指方家术数。三北,或谓西北(乾)、正北(坎)和东北(艮)。按《八卦静应章》:"乾位西北亥戌之间,天之象也,体属金,性刚健……其时主秋冬之交,其色金,得水气而白。坎位北,阴气积水,天一所生,地六所成。性柔顺……其时主冬,其色水,居润下,易黑而变白。艮位东北,丑寅之间,山之象也,体属土,质凝峙……其时冬春之间,其色土,藏金气而白。"参见郑同校:《奇门精粹》,华龄出版社,2009,第156页。三个方位色变成白,意谓对立之转换。
③ 中央,谓五行之土;坎,谓五行之水,四方之北。《易纬乾坤凿度·生天数》卷上:"木仁,火礼,土信,水智,金义。又《万名经》曰:水土兼智信,木火兼仁惠,五事天性,训成人伦。"参见[日]安居香山、[日]中村璋八辑:《纬书集成》,河北人民出版社,1994,第92页。北方之水,中央之土,二者兼智信,故言"智中央而信坎也"。
④ 天门,谓乾,乾道。《易纬乾坤凿度》卷上:"乾道浩大,以天门为名也。""乾为天门,圣人画乾为天门。"参见[日]安居香山、[日]中村璋八辑:《纬书集成》,河北人民出版社,1994,第78、74页。握亢,犹言握亢潜。贞元,即贞下起元,谓天道之一阴一阳,周而复始。

握亢于贞元也。众妙之门,众祸之门。尼山举四德[①],而以贞易信,以智奉乾,则衰德即盛德矣。

将寐在脾,熟寐在肾;将寤在胆,正寤在心。知天之大寤在夏,日一南而万物生,则礼之末皆本矣。是故物内外而格践之,则尝言礼;尊帝出而发育之,则尝言仁。裁成西收而起勇鼓舞,由天而寓乐,即邹县之扩充四端而藏其信也。五行皆土而所寄各五其行,五事征风而所风各五其事,五伦皆交而随交各五其伦,五志皆思而从心各五其志。此五五者,智则全智,仁则全仁,礼则全礼,义则全义,信则全信者也。

五何非万?万何非一?而博约通征莫奇赅于五者,倚言参两皆伍之用也。规矩绳衡权既备,而周天亘古之度皆伍之用也。造端有别,建国立政,因物而则之,时出而宜之,举其生平之固有耳。行布摄入,存不待泯,岂必扱箕加帚,影射偏空,乃为不落阴阳,不堕诸数哉?此《时论》所谓太极苴皇极之任,

---

[①] 《周易·乾·文言》:"元者善之长也,亨者嘉之会也,利者义之和也,贞者事之干也。君子体仁足以长人,嘉会足以合礼,利物足以和义,贞固足以干事。君子行此四德者,故曰:'乾,元、亨、利、贞。'"孔颖达疏:"施于王事言之,元则仁也,亨则礼也,利则义也,贞则信也。不论智者,行此四事,并须资于知。"后文所言之"奉乾"之"乾",即乾乾之意,谓健行求知。

而裕无所不用之极者也。① 五方如来,十六金刚,顾四步七,瑜珈布轮,何非同读此玄黄之书,而犹目皮相耶?康节独赞《养生主》之提刀四顾②,人犹不悟《天下》篇一二三四之藏中五耶?③

无动无静者,不必言也。惟于动静之间,明阴阳刚柔之交。日月星辰,水火土石,以太、少知之。璇玑、周髀,以日为政,以辰收之。五行之徒,以地用水火,而金木附之。暑寒昼夜也,雨风露雷也,性情形体也,走飞草木也,目耳口鼻也,味气声色也,皇帝王霸也,道德功力也,化教率劝也④,《易》《书》《诗》

---

① 《周易时论合编·凡例》:"太极浑全汁为吉凶,皇极终离明于福祸。"又,《周易时论合编》卷五载方孔炤语:"太极无在无不在,而以中象之,此皇建所以正位通理,鹭叙彝伦,征五行于人事,而南明响威,四克自强也。"分别参见〔明〕方孔炤、〔明〕方以智撰,郑万耕点校:《周易时论合编》,中华书局,2019,第23、248页。
② 邵雍《观物外篇》:"庄周雄辩,数千年一人而已。如《庖丁解牛》曰'踟蹰''四顾',孔子观吕梁之水曰'蹈水之道无私',皆至理之言也。"参见〔宋〕邵雍:《邵雍集》,中华书局,2010,第157页。《庄子·养生主》:"庖丁为文惠君解牛……提刀而立,为之而四顾,为之踌躇满志,善刀而藏之。"
③ 《庄子·天下》:"天下之治方术者多矣……以法为分,以名为表,以参为验,以稽为决,其数一二三四是也,百官以此相齿。"
④ 邵雍《观物内篇》之第四篇:"三皇同圣而异化,五帝同贤而异教,三王同才而异劝,五伯同术而异率……尽物之性者谓之道,尽物之情者谓之德,尽物之形者谓之功,尽物之体者谓之力。尽人之圣者谓之化,尽人之贤者谓之教,尽人之才者谓之劝,尽人之术者谓之率。"参见〔宋〕邵雍:《邵雍集》,中华书局,2010,第15—16页。

《春秋》也①,皆以其交定之。四皆以三余一,以一摄三,一各有其三一之四焉。吾于其言《易》《书》《诗》《春秋》,而以礼乐升降之,则知教化功率要以中和洋溢之。撮其指曰:心即太极也。一非数也,一无体也。一役二以生三,又役三,而三役二也。以二生数,二其天三为六,而六止用五,五藏于用半之四。常维四者,地载上天以为用也。无非一也,无非中也,而寓其建极于中五者也。天辰不见,地火潜藏,常用三于四中。故三其四为十二,五其六为三十,而万元会之交轮具此矣,物物元会之交轮亦具此矣。分体数、用数、交数以穷之,立三才之器以明物理,以形知影,以近知远,而至理寓之,皆对本不差者也。详见《图说》,语多不载。益叹根本易得,差别难明。圣人不过使民由之,各安生理已耳,而耻为凡民者欲不致知,而卤莽以愚民耶?开物成务之神圣,旷代一出,而明法官天,责在君子。苦为外累,充类总杀,死不如律,势许脱逃。善服单方者,浮云敝屣,雪上加霜耳。末流习便,死执无所得之半边,一切荒忽。果为委化之士,固高流也。得意方便,足以掩陋傲人,公然诋扫天下之研极实学,逼夺其业,使仿掠虚之口给,暴弃河沙,岂不哀哉!悟明自己,男儿本分;痴守影事,俱属魔光。正当明尽万法,

---

① 邵雍《观物内篇》之第三篇:"圣人之四府者,《易》《书》《诗》《春秋》之谓也。《礼》《乐》污隆于其间矣。"参见〔宋〕邵雍:《邵雍集》,中华书局,2010,第11页。

乃可谓之无一法。必荷天地之薪，种此大成之田，不得以一句画前唐塞三五错综之变化也。六合七尺，处处确征，不则幽明之故尽是拳影，成住坏空真诳语矣。百源①之功大矣哉！经世不及半者，以第四为纪②，犹夫奇之去五，策之去十也。

道生天地万物而不自见也，藏用之谓也，藏一之谓也，孔子不世之谓也，无名公之谓也。颠望反对③，中即藏一；四时八卦，二卦藏一；二十四气即三十六气，二气藏一：皆布其一阴一阳之资格而以蓍圆之。蓍亦以四十九藏一，又以四十八藏一。挂之象三，所以藏一。《图》以余五藏五位之一，《书》以虚五藏五交之一；大衍以十一藏一，小衍以中衍藏一：总是全阴全阳之资

---

① 百源，亦作"百原"，即苏门山百源。邵雍曾隐居苏门山百源之上，后人称其为"百源先生"。

② 经世，主要意谓经世济民，同时兼指邵雍的《皇极经世》。以第四为纪，犹自天人之道言，当以"四"为体。邵雍《观物内篇》："夫昊天之尽物，圣人之尽民，皆有四府焉。昊天之四府者，春夏秋冬之谓也，阴阳升降于其间矣。圣人之四府者，《易》《书》《诗》《春秋》之谓也。《礼》《乐》污隆于其间矣……昊天之四府者，时也。圣人之四府者，经也。昊天以时授人，圣人以经法天。天人之事，当如何哉？"参见〔宋〕邵雍：《邵雍集》，中华书局，2010，第11页。

③ 颠，颠对；望，望对。《周易时论合编·凡例》："有贞悔变，《屯》《蒙》颠对，旧曰'反对'是也。有互换变，《泰》《损》是也。有伏变，《屯》《鼎》望对，旧曰'正对''错卦'是也。有倚变，《横图》相易是也。有叠变，《方图》东北与西南迤对之《夬》《履》《睽》《革》，旧曰'综卦'是也。"参见〔明〕方孔炤、〔明〕方以智撰，郑万耕点校：《周易时论合编》，中华书局，2019，第23—24页。

格也。造造化化，体用互因，人自日新其故，而神不测矣。

蓍独占也乎哉？占独卦也乎哉？又何妨以占藏幽赞也乎哉？皆资格也，皆空空也，皆卦蓍也，皆穆穆也。不离阴阳，即不落阴阳者也；不堕诸数，即旋转诸数者也。惟其藏一，惟其无体，故不必眈眈其太极，而随处可以物其太极矣；不必仳仳其心，而随处可以物其心矣。

赜至易简①，何故恶之？动上不动，何乱之有？然藏密于天下而与民同患，安得不患其殉赜恶赜乱动锢动之无据乎？幽赞之道德性命，圣人逆知而数之，顺和而理之，仁物而义之。②义者，仪之宜也；理者，礼之体也；数者，形与无形之交几，而推行化裁之空节也。随时随人，以事理合之，可以出入，而过不及立竿无逃者也。

---

① 易简，与前文"支离之易简"中更具泛意义的"易简"（平易简单）有别。赜，深奥。《周易·系辞上》有"圣人有以见天下之赜，而拟诸其形容，象其物宜"；"乾以易知，坤以简能。易则易知，简则易从。易知则有亲，易从则有功……易简而天下之理得矣"。据此，"赜至易简"谓易理深入浅出。

② 《周易·说卦》："数往者顺，知来者逆，是故易逆数也。""发挥于刚柔而生爻，和顺于道德而理于义。""立人之道曰仁与义。"

卷之上　三冒五衍

　　是中五、四破之资格①,乃格物之管灰纮纽也,乃践形之铜盘錞芒也②,乃无事有事之圆鉴王会也。天予人以革囊之资格,而圣人以理予人著之。天下以伦常为资格,而以君师之权著之。人诚著乎? 古今屏于一息矣。蓍卦相泯,惟神与明。神明之故,在乎几深。有深志而贱务者,专明摄用之体,则散殊之陈迹,安得不屑越耶? 自抑君子,以尊至人。有研几而成务者,专用摄体之用,则浑仑之赘旒,所必高阁也。宁放至人,必从君子。圣人潜至人于君子,统天垂拱,集之化之,任其代错而帱自覆矣。

　　故亲见天地未分前之三冒五衍以作《易》。《易》即以此三冒五衍寂定万世之夫妇鬼神,以奉圣人之主宰,则天地毁而此三冒五衍原不动也。虽有畸谈瑰术,岂得以邪外洸洋紊之哉?

---

① 中五,谓《河图》《洛书》之中数五;四破,犹四象。邵雍《观物外篇》:"万物各有太极、阴阳、四象、八卦之次。"(《邵雍集》,第127页)四破,以划限区别言,更抽象更普遍。方孔炤:"邵子悟知一在二中。其可言者,皆方体适值者也。故一切物,且以四破言之。"与四破相属的中五,则转化为"一"或"无"。《周易时论合编·诸家冒示》:"五行四时,中央四方;以至五声、五色、五脏、五志、五常之类,皆此配位而流行矣。四破,而中五即一也。"分别参见〔明〕方孔炤、〔明〕方以智撰,郑万耕点校:《周易时论合编》,中华书局,2019,第235、7页。方以智《东西均·开章》:"东起而西收,东生而西杀。东西之分,相合而交至;东西一气,尾衔而无首。以东西之轮,直南北之交,中五四破。"东西横轮,南北直轮,两者相交,天体剖分为四个象限,中央为无体之五。

② 芒,疑当作"于";錞于,亦作"錞釪",为春秋战国至两汉时期的青铜乐器。铜盘,即铜钹,别名铙钹,打击乐器。两者用在战场上,指挥军队的进退。

何生曰：紊即不得，不得不紊。

平公画一画，曰：一。

资格

何生曰：高门鄙言资格久矣，何乃津津不讳耶？

当士曰：岂惟出言善世，必因其时以转风力，暇计门之高与平，言之迅与钝，以取世之尸祝簇拥乎？莫变化于森罗，莫太无于太有。臭腐者，大神奇也；糟粕者，大秘密也。而故鄙日星之数目，讳玄黄之文章，非井蛙耶？教欺者不利于君子之资格，必多方以自慰解，故托高门玄语以荡扫之，遂有悍然不覆以为无欺者，是兽资格也，更不如小人闲居之资格矣。

俗难强化，因以资格化之；势难强忍，因以资格忍之；心难强安，因以资格安之；理难骤通，因以资格通之。此君子之卑资格，即天地之资格也。全扫全放，依然不能免目前之当为。故君子就伦类事物可见者使万世勤学食力，而不见者自中节焉。此为即无为之天资地格也。

玄者曰："卦爻蓍策，皆死法也。"曾知此死法之神变不测耶？避此死法，惟恐其语之不玄，而死守其玄语者，不更死于鬼火耶？便就高玄为约资格，言先不得言矣。言即资格也。言与无言，与无言之言，非费隐之资格耶？曾闻"知有即得，用免则那"①之资格耶？必不免此天地间，必不免当天地之此土，必不免当天地之此时也，则必不免此天地、此土、此时之资格，明矣。必不免于申资格者，必不免于滞资格者，必不免于畏忌资格之人情，而今又何免于推明其资格乎哉？

元会，一资格也；七尺，一资格也。官必五，骸必百，手必不蹈，足必不持，何异乎赤黄之三百六十，物候之七十二，夏必不冱冰，冬必不焦烁乎？故知卦蓍者，太极之资格也。以适用之天地视之，太极一无用之资格耳。用则用其资格之太极，而无资格之太极自穆其中，岂待謷牙申饬耶？申饬者，惟有申饬岁时之资格而已矣。

三代后之长行牓，庸距不抑竞进之膴仕？唐宋后之经义，庸距不帖帖于乡举里选乎？贾生慨然于小民知大臣之一旦以为廉远堂高，次序上接，尊乃巍然②，而民始安其分艺以效能而食

---

① 那，意谓奈何。则那，又奈何之意。《禅林僧宝传·抚州曹山本寂禅师》卷一："问曰：'如何免得？'答曰：'知有即得，用免作么。'"这里的"么"，与"那"语意相同。参见〔宋〕惠洪撰，吕有祥点校：《禅林僧宝传》，中州古籍出版社，2018，第4页。

② 《新书·阶级》："天子如堂，群臣如陛，众庶如地，此其辟也。故陛九级上，廉远地则堂高；陛亡级，廉近地则堂卑。高者难攀，卑者易陵，理势然也。故古者圣王制为列等，内有公卿大夫士，外有公侯伯子男，然后有官师小吏，延及庶人，等级分明，而天子加焉，故其尊不可及也。"参见〔汉〕贾谊撰，阎振益、钟夏校注：《新书校注》，中华书局，2000，第79—80页。

力。乌有摐金建鼓①逼天下之为君,而姗②禁其为臣者哉?乱如萎苴矣。君犹待宰之资格以自治也。治心者不贵其宰,安能享君臣道合之乐乎?

本无顿渐,藏顿于渐。四时布序而太岁自成,此宰之大资格也。华干必孝其核仁而根本必慈其枝叶,则父子之资格定矣;四肢必忠其头目而经络必礼其毛窍,则君臣之资格定矣;璿玑奉文明之政而玄昊藏沆瀁之中,则思官之资格定矣。八风以吹,甲坼以雷,则钟铎之资格定矣。错综以存泯同时之格,近乐其万物皆备之资;取生即无生之资,节发即未发之格。因定好学明伦之格,以发其资深格践之资。

彼非常之破资格者,究是格其大格,资其新资者也。格大格者,本不坏世间之细格;资新资者,本不遗世间之旧资也。让一侧陋③,破资格矣,而不破文思精一之资格;革命巢牧④,破资格矣,而不破执竞日跻之资格。葵丘践土,犹引仁义以就功利,至于七雄不能即吞,此周公之资格在也。嬴政、李斯破资格而

---

① 摐,撞也。司马相如《子虚赋》有:"摐金鼓,吹鸣籁。"
② 姗,古同"讪",讥讽,与前文之鼓动之"逼",可大致成对文。
③ 《尚书·尧典》:"明明扬侧陋。"侧,古作"仄"。《说文》:"仄,侧倾也。"陋,《尔雅·释言》:"隐也。"侧陋,意谓处身偏僻或地位卑微的贤能之士。
④ 革命,谓汤武革命。巢,南巢,古地名,在今安徽巢湖市。《尚书·仲虺之诰》:"成汤放桀于南巢。"牧,牧野,古地名,在今河南淇县南。《尚书·武成》:"甲子昧爽,受率其旅若林,会于牧野。"

不知破资格之资格，故祸发自殄。止成沛公、留侯一破资格之资格，而喑恶叱咤者，依然七国之资格未破也。许下犹隔人存，其后不能顾矣；离石犹藉汉甥，其后旁午自命矣，则闰资格侵正资格之故也。大成安得不鳃鳃然破韦布之资格，以六经定资格乎？风皇早定阳一阴二之资格矣，徽公以糟粕之传注，使紫色蛙声不改尼山之日月①，岂非资格之功乎？邪法尝胜正法，而终不能胜正法之理；小人尝胜君子，而终不能胜君子之理：以阳统阴之资格定也。夫所谓一切现成者，一有万有，有即是无，则贵贱亲疏自分别矣，必以贤治愚矣。此一切现成之资格也。彼云"正则总正，邪则总邪"，此自充类急口，或以际断倏忽作敌心之方便，岂执此以坏资格耶？君子恐邪外托圆通以簧巧，故专以方正砥之。开全眼者，正赖人守之堤防，而后可以逍遥拍掌。不为善世，何必治心？凡言治心，总为善世。专作不惜世道以快心之言者，野鹿山木之隐居放言则可耳。逼见无体之体，推入杳冥，一不住一，宁作实谛耶？出世偏专，自有抑扬，近年理学家乃亦与贤者为仇耶？他人理折，辨者固也。邵子从天地未分前立此全资格，以定尧、孔为元会之亭午，为天地之主宰，功何如耶！

鬼神以慊不慊为照胆之宝镜，王法以服不服为枕上之金科，

---

① 紫色蛙声，谓以假乱真。出自班固《汉书·王莽传》："紫色蛙声，余分闰位。"

圣人以许不许为对簿之铁丸，五宗以肯不肯为陷坑之毒剑：赖资格也。有分定之资格，则穷达自安；有靡常之资格，则保艾自慎；有具足之资格，则策荷自勇；有无穷之资格，则满假潜消；有专塞之资格，则易于奋进；有旁通之资格，则善合时宜；有钟鼓之资格，可宣其郁；有分艺之资格，可游其天；有离微之资格，易使人深；有寥廓之资格，易使人豁；有本无之资格，捷于冥化；有实征之资格，知本天然。

象数者，义理之资格也。义理者，虚空之资格也。又定一破资格之资格，曰"苟非其人，道不虚行"①。此寂寂芸芸之虚空，无非一在二中之资，无非参五纵横之格，特人不能死心深极，故不能专缀之耳。

柳州讥《月令》之政存②，论以夏时非建寅，汝以何者为月、何者为寅乎？五常、五色、五行之配五位皆附会矣，曾知混沌

---

① 《周易·系辞下》："初率其辞而揆其方，既有典常，苟非其人，道不虚行。"
② 柳宗元，字子厚，河东解县（今山西运城县解州镇）人，世称柳河东。后迁柳州刺史，故又称柳柳州。柳宗元撰有《时令论》，批判《月令》之有悖圣道，无益于政令，其开篇云："《吕氏春秋》十二纪，汉儒论以为《月令》，措诸礼以为大法焉。其言有十二月七十二候，迎日步气，以追寒暑之序，类其物宜而逆之备，圣人之作也。然而圣人之道，不穷异以为神，不引天以为高，利于人，备于事，如斯而已矣。观《月令》之说，苟以合五事，配五行，而施其政令，离圣人之道，不亦远乎？"故此，方氏在这里言"讥"。参见〔唐〕柳宗元著，吴文治等点校：《柳宗元集》卷三，中华书局，1979，第84—89页。

天地之自附会之耶？五音时旋，八十四调皆宫，而不碍于位子之宫，不碍于出喉之宫也。破世间之资格，而知无资格者已难遇矣；又破世间之无资格，而资格任之者更难遇矣。遂能洞然资即未始资，格即未始格，总是资格。但言资格，竟可随举世间之瓦砾而资格其浩渊，谁见信乎？不见圣人之龙之、马之、鱼之、虎之、山之、陵之、郊之、石之，惟以资格类之，而万物之情，荃草皆可知矣；动之、宜之、赜之、会之、类之、反之、变之、互之，惟以资格通之，而神明之德，芗萧皆可命矣。以睹闻之迹资格，征不睹闻之心资格；以睹闻即不睹闻之心资迹格，征无资格中之弥资纶格。因心弥迹，迹因纶心；以迹格迹，以心格心。惟其交格，是以交资。交而忘矣，忘则心迹本弥，而不妨其纶。粂黍乎？汪洋乎？不能黑白犁然，而猥云"一煦""石火"，岂容借逃迹以逃心耶？故蓍与卦互为太极，定体用、一多、魂魄、鬼神之资格。太极亦自定不离为不落之资格，以随蓍与卦用之，而神其几深者，乃可无先无后而先后其间。

何生曰：我不入格，亦不出格。

平公正坐，展手足曰：格。

中告

何生曰:"中"何物而可告也?

平公曰:阿阿而吾之,中五而口之。吾问吾,吾丧吾,吾乃知吾,曾疑吾之所以为吾乎?先何以而可矣。何以为皆备之吾,即本无之吾?何以为无性三断之吾,即振古常存之吾?吾苟先乎天地,后乎天地,破其天地而枘凿之,末其天地而吞吐之。空劫当前,皆所以矣;披之啖之,皆所以矣。

人受天地之中以生,而还天地之中以死。人生死乎天地之中,而天地之中无生死。天地万坏而"中"至今不坏。疑乎信欤,大疑大信。又何迷悟顿渐之胶胶扰扰乎哉?

当士曰:此总冒耳。必明"三中"而"中"乃明,世乃可用也。

一曰圆中,一曰正中,一曰时中。中之名,借有无之边而生;中之实,不依有无之间而立。虚空无中边,喻道法者如之。此平等浑天之圆中也。过不及因中而起,中又因过不及而起。不求中节于发之未发,而求中节于过不及之间是鼠朴[①]矣;然执此发之未发而定不许征中节于过不及之间,又燕石矣。践迹者胶

[①] 《战国策·应侯曰郑人章》:"郑人谓玉未理者璞,周人谓鼠未腊者朴。周人怀璞过郑贾曰:'欲买朴乎?'郑贾曰:'欲之。'出其朴,视之,乃鼠也。因谢不取。今平原君自以贤显名于天下,然降其主父沙丘而臣之。天下之王尚犹尊之,是天下之王不如郑贾之智也,眩于名,不知其实也。"参见缪文远:《战国策新校注》,巴蜀书社,1987,第193页。

无过不及之正中，则未见圆中；玄胜者执无中边之圆中，则必鄙正中：皆盘烛以为日者也。

草木之节而茂也，聚则善生。旁枝邕而正枝益邕，皆根之邕也。肢骨之节而动也，虚则善转。左右宜，前后宜，皆心之宜也。七十二之节其候也，先时不名节，后时亦不名节。七调之节其奏也，太疾不合节，太徐亦不合节。候亦有或先或后者，奏亦有宜疾宜徐者，以此明其"虚""聚"，则未发之不离发者，其适当之宜，不可不知也。

无中边之中，以正中之中，统流徙之中与即边之中而上覆下植，中乃庆太平焉。向以无过不及焉，浅者浅乎哉；今知无过不及者，又甚深后之甚深矣。

两端之中，又两端焉。若阳燧之腰鼓，纸绪中之，则火无不然，精之至矣。此平等不住平等之皇极中也。人之居室中也，牖可也，奥可也，非执栋下定为中也。屋中之虚空，皆屋中也。然不硋虚空之在屋中，亦不硋牖奥之为屋中，又何硋栋下之为屋中乎？

《子华子》曰："寓中六指，中存乎其间。两端之建，而中不废也。中则不既矣。小人恣睢，好尽物之情而极其执，祸必酷矣。""朱明长嬴，不尽其温，随之以挚敛而为秋；玄武沍阴，不尽其寒，随之以敷荣而为春。天且不可尽，而况人乎？""诚由中矣。一左一右，虽过中也，而在中之庭；一前一却，虽不及中也，而在中之皇。"① 此其适得而几之正中欤？说未尽也。

中不能充塞而无用，故自分其中为两边，而交轮之为一环。於穆者，穆在不已之中者也；不已者，穆于交轮之环者也。因言时中。时者变变不变，中者不变而随变者也。劫之代之，岁之日之，其为时也，一也。说时者，有体位之时焉，有翻车之时焉。地在天中，如豆在胙；混则无豆，辟则豆凝其中。人所以受气，自受圆中之所以而不能不居天中央之豆上。此时乎辟地生身之体位时也。

絜四天下之六矩者，若瓜然，有蒂有脐，日月带其腰。蒂脐远于日月，故以南为中土，当天地之胸。肢官之身，必栖大心于膻中之包，岂可强哉？此时乎中土阳面之体位时也。细按：地形如蓏，有蒂有脐，乃应二极者也。四包棱理，乃应春夏秋冬之黄赤道。此三轮六合者也。泰西虽知地球，而未明与天之枢极相应。果核、鸡卵之圆物，亦有上下。水浮卵伏，头必自

---

① 赢，古同"嬴"，有余。皇，旨在言皇极大中；似当为"堂"，与"庭"成对文。《子华子·执中》卷下："圣人贵中，君子守中。中之为道也几矣。寓中六指，中存乎其间。两端之建，而中不废也。是故中则不既矣。小人恣睢，好尽物之情而极其执，其受祸也必酷矣。何以言之？朱明长赢，不能尽其所以为温也，必随之以挚敛之气而为秋；元武冱阴，不能尽其所以寒也，必随之以敷荣之气而为春。孰为此者？天也。天且不可以尽，而况于人乎？是故诚能由于中矣。一左一右，虽过于中也，而在中之庭；一前一后，虽不及于中也，而在中之堂。"参见〔晋〕程本：《子华子》，中华书局，1985，第20页。

转。故知蕨蒂为日光不没之国,蕨脐为日少夜多之国。六合论之,下微平陷,乃沃焦、归墟之处,如人会阴。故泰西亦不详墨丸腊泥加,而愚以理推之,自然如此。莫中于赤黄道之下,而中华居心胸之间,腰轮在南,瓯逻巴则近背。此南非上下之南北,而四方之南北也。故中国确然为中,而印度则左乳也。人受天地之中而中华更中,故其人更灵,文章礼乐之全道,得天地之花心,为万国所不及,即是一大证据。佛亦言南阎浮提最上,盖天以南为用,地夏火为居位。此乃至理,岂强说乎?

请言翻车。请以元会与冬夏、日夜、呼吸同符之故,桥起拱架而刻画喻之。天上地下,而乾南坤北,此翻车也。首上足下,而阴火之离心在上,阳水之坎肾在下,此翻车也。天无则阳无,地有则阴有。然既辟之后,属无之天阳,反为实有之阳;属有之地阴,反为虚无之阴。天为体而体不可见,地为用则用可见。今则体翻车而可见,用翻车而不可见。诸如此类,不可悉数。

大抵三才既分,以阳用为主,而藏其体于阴轮。生即无生之乘,正居南午藏子之位。是知贯混辟之天,以天地用天为正,而离辟言混者偏矣。以混胜辟,以黑胜白,名为无敌之禁方,实则倒仓之蛮治也。真了然于贯混辟者,居午藏子,而谓之无子午,即无昼夜也。无昼夜者,即夜而奄卧、昼而行坐之无昼夜也。夜就榻于奥,昼取明于牖,莅事则正坐堂之栋下,何尝不用空虚?而岂废就榻、取明、莅事之时宜乎?故曰:圣人溯亥巳之昼夜，以明子午之昼夜，遂通无昼夜之昼夜。虽蘸析之为六昼夜，然依然与百姓用卯酉之昼夜而已。

何生曰：《阴符》"三反昼夜，用师万倍"[1]，谓此乎？

当士曰：无非三反也。昼反夜，夜又反昼，三反也。昼夜反乎夜昼，有昼夜反乎无昼夜，无昼夜仍还昼自昼、夜自夜，此三反也。生死反乎死生，有生死反乎无生死，无生死反乎善生即善死，此三反也。有极反无极，有无反太极，太极反乎有极即无极，此三反也。正中反乎时中，时中反乎圆中，圆中大反乎铎正中、用时中之圆中。此三反也。

平公曰：反者，翻也。总此问者，丧吾知吾之师，但请一用。

当士曰：言正中者，裁成表法之景圭也。言时中者，合调适节之均钟也。言圆中者，无体不动之天球也。知景圭、均钟之在天球中矣，知天球之在均钟、景圭中乎？

何生曰：源必入流，流何非源？胥易技系[2]，流即失源，分而失之耳。

---

[1] 《黄帝阴符经·下篇》："绝利一源、用师十倍。三反昼夜，用师万倍。"参见〔宋〕袁淑真：《阴符经集解》，中国书店，2013，第7页。

[2] 《庄子·应帝王》："是于圣人也，胥易技系，劳形怵心者也。"按刘武补正："为胥必精习乐舞之技，为易必精习占卜之技，皆为技所缠系而不能移，故曰'胥易技系'也。阳子所言之人，以有才智而勤学，何异胥易以才智为技所系乎？徒劳苦其形，怵惕其心耳。"参见刘武：《庄子集解内篇补正·应帝王第七》，中华书局，1987，第186页。

当士曰：程子曰"天人本不二，不必言合也"①，旨哉！天顺时而有节，人顺时而下流。不惜分之，乃所以合之也。子知护合而失之耶？同在圆中，虽流徙未尝无中，即边未尝非中乎？然不以捄毕施行而废天街②，不以草木自苗而废风雨。无春无秋，不可为典要也；春先秋后，则既有典常矣。故必立正中以节之，合时中以宜之。此混天辟地一定之理也，势也。单言圆中即暴弃其天，而无忌惮者窃之矣。惟以正中统流中、边中而措其时中，则身心治世不烦首施两端责人猿臂，岂不闾阎通知庶少侗张而受享圆中之光华旦旦乎？

天地为万物之主，而圣人为天地主中之主，俞俞栖栖，果何能哉？独此许不许之权，以教夫妇、教鬼神而已矣。天交地，而牝牡即造物之至理也。游房，时中也。搂东家③，时中乎？知母不知父，荒古之时中也。以荒古为人生之初，而罪今日之知父者，可谓时中乎？四民食力，禄在学中④，虽田宅，时中也。

----

① 《河南程氏遗书》卷六："天人本无二，不必言合。"参见〔宋〕程颢、〔宋〕程颐著，王孝鱼点校：《二程集》，中华书局，2004，第81页。
② 捄（qiú），长而曲；毕，星宿名，共有八星，形状如田猎用到的长柄毕网而得名；施（yí）行，犹斜行。《诗经·大雅·大东》："有捄天毕，载施之行。"古人称昴宿与毕宿间的天区为天街。天街有二星，主国界。
③ 《孟子·告子下》："逾东家墙而搂其处子，则得妻；不搂，则不得妻，则将搂之乎？"
④ 《论语·卫灵公》："子曰：'君子谋道不谋食。耕也，馁在其中矣；学也，禄在其中矣。君子忧道不忧贫。'"

市上攫金,时中乎？充其类曰"起心即淫,慕圣即贪",如其律也,鬼且不免。势穷而反,泯其即离,则曰"贪淫无碍,缁本不染"。此但巧举其极致之几,而不能公晓其适中宜民之用。急盘蚁封,求马不已；① 穷于见长,岂顾佚乎？圣人知此已甚。矫枉之说,毒药也,留以治偶然之病而不可以此废饮食苓橘也。然拘者迹正中而不知流中、边中,岂悟圆中而得时中之变化乎？

明三中者,知中矣。专夸见地而废学问操履者,乱世之教也。乱世,汝不惜矣。汝夸见地,汝知学问操履为见见不见之地乎？见未过此,是曰盲枭。

平公曰：中充而时乎？用成而庸乎？时变岁而时即岁,故无岁时；奇变庸而庸统奇,故无奇庸。化其庸有于中无而摄其中无于庸有者,指纵②语也。中庸与时为环而即物见则,岂有强哉？因而已。效蠃③闭户,蚩尾踞屋,命鸡司晨,蒙颂执鼠,蟹如蛇虺,贱如溲涬,无不师之,无不用之,所以安其代错而使自相救之道也。

当士曰：善救者早救其借救害救之救矣。《释论》曰："愚不

---

① 刘孝标注《世说新语·赏誉》注引晋邓粲《晋纪》："（王湛）曰：今直行车路,何以别马胜不？唯当就蚁封耳！于是就蚁封盘马,果倒踣。"

② 《汉书·萧何传》："夫猎,追杀兽兔者狗也,而发纵指示兽处者人也。"指纵,亦作"指踪"。

③ "蠃",疑当作"蠃"；螟蠃,一种寄生蜂。后文《薪火》篇中有"蠃闭蜗涎"。《后汉书·礼仪志》："殷人水德,以蠃首,慎其闭塞,使如蠃也。"

肖庸而不及中，嗜欲而已；贤智过中而不庸，意见而已。然两皆不合中庸之道，皆不足坏中庸之道。以纵嗜欲，则不敢立意见；立意见，则不敢纵嗜欲：忌惮故也。以意见纵嗜欲，则无忌惮之小人矣。"① 盖似是而非者二：一曰乡愿，一曰无惮。乡愿以苟可之意见，窃弥缝之嗜欲，然护名附教，坊表犹相安也。无非无刺，何害于乡？然语大任，则缩懦巧避；语好学，则畏难耳剽。徒以阉媚，阛茸丧骨，残膏染脂，葬此温柔。故圣人鄙而恶之，然口诛之而心痛之。使今日而十有五愿，亦太平矣，以其乱尧舜之德而不乱尧舜之法也。

无惮之小人，则公然乱尧舜之法矣。高人达士，推夷古今，糠秕帝王，实以泊然无欲，遗世独立；其和光同尘者，则又不臧否人物者也。小人嗜欲深重，惟恐戒慎恐惧之不利于己，又恐倒行逆施之不足服众，乃窃圣人盗首之说②，平山渊，坏畛域，专诋堤防之贤者，姗笑考核之实业，诟尽世人好名以疾得名，颠倒黑白以诫天下。冒公非而不顾，曰"我无我也"。杀人以快

---

① 释论，当指吴应宾撰著的《中庸释论》。引文亦见于《东西均·奇庸》，文字略有别："宗一公曰：愚不肖庸而不中，嗜欲而已；贤智中而不庸，意见而已。两皆不合中庸之道，皆不足坏中庸之道，何也？便嗜欲则不敢立意见，立意见则不敢纵嗜欲，以有忌惮也。惟以意见纵嗜欲，则无忌惮之小人，最善匿影；惟时中者乃能决破之。"其中"最善匿影，惟时中者乃能决破之"，似为方以智的进一步论述。
② 《庄子·胠箧》有"圣人生而大盗起"之说。是篇推阐老子"绝圣弃知"之论，认为圣智礼法皆为大盗所乘："所谓圣者，有不为大盗守者乎？"

意，曰"我淮海也"。又料天下后世无不溺情，无奈理何，垢秽自赧，孤陋自汗，乃为之驾其庇于天道本然。何苦好学为？市语即文章矣。何苦好修为？径情即鸢鱼矣。荡灭理法，极言无理，以为垢秽者除其乡里之赧，孤陋者拭其梦寐之汗。后虽有正士斥我，而翘明小才，虑无不多方惜护，别尊出格孤行之路。即横死法网，犹解之曰"彼视死，去毛耳"。诚得计哉？往谓乡愿为媚世之巧盗跖，今乃知无忌惮者固媚万世之巧乡愿也。于是遂有灭意见、绝嗜欲之法，千刳百刮，心果死乎？乃"别墨""死人"之行也。颇能惑众，枉累髑髅，适成一髑髅之意见，成其鬼路之嗜欲。其不然而翻身者，又虫豸之意见嗜欲也。起而叹曰：以为嗜欲，皆嗜欲也；以为意见，皆意见也。以道道之，以理理之，以无道理塞之。道与理，与无道理，又何尝不在意见嗜欲中耶？天地是大欲钩，天地是大理障。障不可出，即有"不出出之"之理；欲不可脱，即有"不脱脱之"之欲。圣人知天欲其人之理，而以天理其人之欲。各理其欲，即无理欲。依然以意见时中其意见，以嗜欲时中其嗜欲而已矣。故以无即是有之道德仁义消意见之火，以有即是无之诗书礼乐供嗜欲之薪。疏饮琴歌，皆深山被裗、易地则然之阳燧当空也。辙环删述，皆乘云御气，不罣寸丝之叩门至足者也。

圣人曰：乡愿与无忌惮，吾必能诛之乎？榜曰：毋自欺而好学，彼①皆无可逃也。彼不及者好学，则适其嗜欲而保其嗜欲。弓冶箕裘，各乐其业，耕凿俯仰之性命可毋欺矣。使过者好学，食其意见以泄其意见。鸡跖牛毛，各灌其畦，成德达材之性命可毋欺矣。使乡愿而好学，则现舌而砺齿，信古而扶进，方闻澡浴，虚受他山，愿固道也。使无忌惮而好学，则斩蛟射虎，直任龙渊，白貘可图，何烦九首？无忌惮亦道也。

主以宰用，神以明成；大其赤子，乃以不失。达天绝学，必不讳学；高言扫迹，乃逃心耳。一入好学之林，水清石见，齿齿实征，十之八九，不可以隐占白箸矣。但曰毋自欺，则彼且以犯稼蹊田之牸牛，罪开物成务之龙马。不知天地之皆文字而祝感秦火，曰"我羲皇以上也"；不知啼乳之知足而灭理任情，曰"我不盖覆也"。迭迭逃逃然曰："假之至者，即真之至；何假非真，何真非假。"将并毋自欺而窃之矣。或所师法如此，窟蟠如此，虽不自欺，而道非其道，犹田不欺种，而所种乃稂莠，非稼穑也。

圣人依而无依，而不硋当依；能而无能，而不硋当能；执而无执，而不硋允执。依乎无不中、无不庸，而示人以依中依庸。

---

① 据上下文意，"彼"前当有一"则"字。

非曰不可能,而恶人"成能"①,禁人之"均辞蹈"②也。是故教人立本,必曰志学;教人致如,必曰明善。尚不得以蟫李讥犊饮,终南径钓台,轵里律湘水,况以子莫之执例勋、华之执,许行之教病稷、契之教乎?鸠堇菽粟,各有其用则同,而品不容不异也。猥以一端之用而杂然不分良暴,则小民之视听乱而神奸得志矣。毫厘万里,勿谓千生,奈此生何?可不慎哉!

《荀子》曰:"哼哼而噍、乡乡而饱已矣。无师无法,则其心正其口腹也"③,"无法则伥伥,无志则渠渠"④,"无师无法而知则必为盗,勇则必为贼,云能则必为乱,察则必为怪,辨则必为诞"⑤。心非不自具而师法不可不严,毋自欺而好学,所以严

---

① 《周易·系辞下》:"天地设位,圣人成能。"孔颖达疏:"'天地设位'者,言圣人乘天地之正,设贵贱之位也。'圣人成能'者,圣人因天地所生之性,各成其能,令皆得所也。"参见〔三国魏〕王弼注,〔唐〕孔颖达疏,卢光明、李申整理:《周易正义》,北京大学出版社,2000,第377页。
② 《礼记·中庸》:"子曰:'天下国家可均也,爵禄可辞也,白刃可蹈也,中庸不可能也。'"
③ 《荀子·荣辱》:"今是人之口腹,安知礼义?安知辞让?安知廉耻隅积?亦哼哼而噍、乡乡而饱已矣。人无师无法,则其心正其口腹也。"杨倞注:"人不学,则心正如口腹之欲也。"参见〔清〕王先谦撰,沈啸寰、王星贤点校:《荀子集解》,中华书局,2016,第75—76页。
④ 《荀子·修身》:"人无法,则伥伥然;有法而无志其义,则渠渠然。"杨倞注:伥伥,无所适貌;渠渠,无守貌。参见〔清〕王先谦撰,沈啸寰、王星贤点校:《荀子集解》,中华书局,2016,第39页。
⑤ 《荀子·儒效》:"故人无师无法而知则必为盗,勇则必为贼,云能则必为乱,察则必为怪,辩则必为诞。"参见〔清〕王先谦撰,沈啸寰、王星贤点校:《荀子集解》,中华书局,2016,第168—169页。

师法而辨志也。

平公曰：藏悟于学之无悟学，犹藏天于地之无天地，而天与地，悟与学，原不坏其代错也。公用反激，历历皆然。中与庸亦相激为代错也，狂与狷亦相激为代错也，乡愿与无忌惮亦相激为代错也。至人与君子分立破之专门，圣人亦集之，听相激为代错也。天道自顺，人道贵逆，亦相激为代错也。圣人以君子治小人，天特生小人以治君子，亦相激为代错也。知代错之原，则知可以无知，言可以无言矣。可以矗立，可以恒服，可以诠讽天下，皆圣人之徒也。然非圣人，乌能畜之？有小儒，有雅儒，有大儒；有旷达，有慎达，有贯达；有橛禅，有间禅，有通禅。恨无激者，激则愈精。此一帱中，可以不倦。

何生嚏，曰：倦。

当士曰：子之鼻息，自不倦也。

平公纽其齃，曰：知息于二孔者之代错，不倦乎？

当士张口，曰：知息于一孔者，代错二孔以不倦乎？

何生曰：张者倦，息者不倦。

当士曰：止息耶？消息耶？张者倦，天地亦倦矣。

平公欨欲，曰：中庸无声息，天地通消息。

如之何

"不曰'如之何,如之何'者,吾末如之何也已矣"①,圣人不理之,不事之,不心之,一则曰如之何,再则曰如之何,果何如乎?此已闭塞古今,烧绝栈道矣。呼言语之徒而告之曰"予欲无言"②,此已灭其纸烛矣。喜其私发而叹"非助我",此可知温伯雪子之不容声矣。③诚知以无言言,则知言即无言矣。世出世之存泯同时,可以随其如之何矣。松柏有心,当如之何?竹箭有筠,当如之何?无非无隐也。然欲与未格致者践此无隐之形,欲与不志学者格此费隐之物,是使"尧牵羊,舜助之"④,惜矣!

大凡纶之经之之如何,皆存而立之者也。其所以纶之、所

---

① 《论语·卫灵公》:"子曰:'不曰"如之何,如之何"者,吾末如之何也已矣!'"
② 《论语·先进》:"德行:颜渊、闵子骞、冉伯牛、仲弓。言语:宰我、子贡。政事:冉有、季路。文学:子游、子夏。"这里的"言语之徒",指子贡。《论语·先进》:"子曰:'予欲无言。'子贡曰:'子如不言,则小子何述焉?'子曰:'天何言哉?四时行焉,百物生焉,天何言哉?'"
③ 《论语·先进》:"子曰:'回也非助我者也,于吾言无所不说。'"据《庄子·田子方》记载,来自楚国的怀道之人温伯雪子造访齐国,半途中寄宿在鲁国。"仲尼见之而不言。子路曰:'吾子欲见温伯雪子久矣,见之而不言,何邪?'仲尼曰:'若夫人者,目击而道存矣,亦不可以容声矣。'"
④ 《列子·杨朱》:"君见其牧羊者乎?百羊而群,使五尺童子荷箠而随之,欲东而东,欲西而西。使尧牵一羊,舜荷箠而随之,则不能前矣。"参见杨伯峻:《列子集释》,中华书局,2013,第245—246页。

以经之之如何，则泯而寓之者也。一存一泯，即无费无隐者也。如之何其二而一、一而二乎？存愤其泯，泯愤其存。悱其存，则即费是隐；悱其泯，则隐行于费。此道之所以一其阴阳，即无息之贯艮震者也。① 自非上根，罕能引触。闻一知十，乃耳中无一无十者也。先当离之，后乃合之；不离不切，不合不亲。如之何为合中之离，如之何为离中之合，合乃可以离合、合离而应病施药，予夺惟所用矣。

"天何言哉？四时行焉，百物生焉，天何言哉"，此其存非泯、泯非存之离耶？此其存即泯、泯即存之合耶？此其以存为泯之存泯同时耶？此其同存同泯之即离是合耶？泯于"天何言哉"，而存于"时行""物生"矣。离"时行""物生"之存，又安有"天何言哉"之泯？则莫泯于"行""生"，莫存于天矣。有世有出世之说，此离而格之也。何世可出之说，此泯而格之也。究则世其世，犹之天其天也；天其天，犹之物其物也。见消情谢，又何存泯之？可如何乎？

《大学》包举其中曰"心"，以发端而传送也曰"意"，溥其照用而一其智识曰"知"，斯已毕矣。又毕之曰"致知在格物"。何内之而顾外之欤？"在"之云者，无先无后之谓也。盖

---

① 按《周易·说卦》有言：艮，止也；震，动也。无息，犹不息；贯，犹统。《东西均·三征》有"不息统艮震"，《一贯问答》有"卦爻无不反对，而贯其中者，即是贯寂感之易，即是贯震艮之无息"。

谓虚言其三影而不征之以实象,则二不得一,即使得一,一又滞于一矣。内外不得合,即使得合,合又懑于合矣。始莫谋于自讼,嗑莫明于折狱。[1]谁其怀明允之刑,畏古今之志,谳天人之律,烧巧诋之辞,听于无讼,以不惭知至者乎?

心,一物也;天下国家,一物也;天下,一物也。以道器为结角之罗纹,则器物也。道,一物也;费,一物也;隐,一物也。以道格物,以物格物而已,安有我哉?此非专言"既得本,莫愁末"[2]也,未尝不可曰"既得本,莫愁末"也;此非专言"穷尽事物之理而一旦贯通"[3]也,未尝不可曰"穷尽事物之理而一

---

[1] 《周易·讼》之《象》:"天与水违行,讼。君子以作事谋始。"王弼注:"'听讼,吾犹人也。必也使无讼乎?'无讼在于谋始,谋始在于作制。"《周易·噬嗑》之卦辞:"亨,利用狱。"是卦之《象》:"雷电,噬嗑,先王以明罚敕法。"孔颖达疏:"既有雷电之体,则雷电欲取明罚敕法,可畏之义。"参见〔三国魏〕王弼注,〔唐〕孔颖达疏,卢光明、李申整理:《周易正义》,北京大学出版社,2000,第55、120页。

[2] 既得本,莫愁末,为禅宗话头。既,或作"但"。《五灯会元》卷八:"问'但得本,莫愁末,如何是末',师(罗汉桂琛禅师)曰:'总有也。'"参见〔宋〕普济著,苏渊雷点校:《五灯会元》,中华书局,1984,第450页。

[3] 《朱子语类》卷九十九:"问:'心如何能通以道,使无限量?'曰:'心不是横门硬进教大得。须是去物欲之蔽,则清明而无不知;穷事物之理,则脱然有贯通处。横渠曰"不以闻见梏其心","大其心,则能体天下之物"。所谓"通之以道",便是脱然有贯通处。若只守闻见,便自然狭窄了。'"参见朱杰人、严佐之、刘永翔主编:《朱子全书(修订本)》第17册,上海古籍出版社、安徽教育出版社,2010,第3337页。

且贯通"也。似乎内外夹攻，而非夹攻可执也。外皆是内，一破即通，而非有破可执也。善乎圣人之告渊曰："一日克己复礼，天下归仁焉。"①

莫先于智，何不曰复智？莫尚于信，何不曰复信？狠狠然先标一日之礼，后言四事之礼，礼何物乎？此与"既竭"而知"博约"之诱②者，曾一如之何否？礼者，沧南浑北之洋洋优优也。用其无南北之天而显其大一之体，理者也。己尽而仁出，核烂而生机通矣。克其皮相之己，复其大一之己，即由其天下之己矣。不落四而四无非一也③，无所事而必有事也。孔子对哀公曰："不过乎物。"④礼殆所以物其仁义智信，而使三根践其形即无形者也。⑤

离心无物，格物即无心矣；离物无心，物格即无物矣。四代之礼乐，箪瓢之湼注蔬水耳。放淫远佞，"四勿"之神武斋戒也。圣生王成，卷舒同际，农山参立，岂非万世一日哉？

---

① 《论语·颜渊》："颜渊问仁。子曰：'克己复礼为仁。一日克己复礼，天下归仁焉。为仁由己，而由人乎哉？'"
② 《论语·子罕》："颜渊喟然叹曰：'仰之弥高，钻之弥坚。瞻之在前，忽焉在后。夫子循循然善诱人，博我以文，约我以礼，欲罢不能。既竭吾才，如有所立，卓尔，虽欲从之，末由也已。'"
③ 落四，原本作"落曰"，当改。后《太极不落有无说》："太极不落四也，四也无非太极。"
④ 《礼记·哀公问》："公曰：'敢问何谓成身？'孔子对曰：'不过乎物。'"
⑤ 《礼记·哀公问》："夫妇别，父子亲，君臣严，三者正，则庶物从之矣。"

执拒折者，但以气禀目心、道义目理、事类目物者，固一端之管库也。执昆仑者，但许人目县寓^①为大心，而不许人质论分之以征其合者，亦一端之贯索也。示人无隐，本贵通也，而通始于专。以专得直，以塞得专，专乃能熟，熟乃能破，破乃能烂，烂乃能化，化乃能空，空乃能实。物物而不物于物者，践形即真空也，文章即性道也。苟非劈之析之，如白日之数一二，则其合之膏之，必如纱幔之窥烟云，安能语践形而享其从心之神化乎？

人犹不知天命其躯之表法也，则不识其心也，亡虑然矣。五官之应，藏于五脏，各状其志，各司其气。宣用肺，谋用肝，断用胆，巧用肾，思用脾。胆为幽像，故切小心而通水火^②，为土决气者也。心则不用而用小心，故曰：亶中者，心主之宫城，

---

① 县寓，疑似作"县圃"。县圃，也称"玄圃"，是神话传说中的"黄帝之园"，昆仑山顶的神仙居处。这里谓超拔玄远之境。

② 这里论列"小心"，以与前文之"大心"相对。《黄帝内经·刺禁论》："七节之傍，中有小心。"综合诸家注释，心为君主，为大心，而在人脊骨（共二十一节）自下而上的第七节之傍，中有小心。小心属臣属地位，故曰小心，亦是真心，人神灵之居室。按张介宾之见，两旁为肾（属水），其中为命门（真阳相火），故言通水火；"人生以阳气为本，阳在上者谓之君火，君火在心。阳在下者谓之相火，相火在命门，皆真阳之所在也"，故后文言"视七节，犹前视亶中"。参见山东中医学院校释：《黄帝内经素问校释》，人民卫生出版社，2009，第534—535页。

卷之上　如之何

臣使之官，喜乐出焉。①皆视七节，犹前视亶中也。心官则思，思主风。圣时风若②，风即气，所以为气者天。天用二土以分合水火，而肺肝之魂魄附之。精藏命，神藏性。去壳则精存，凭物则神见：《四符》《六匕》③盖其渺哉！皆五而三、三而二、二而一者也。丙火藏于壬水而用丁火。艮背者，天北之枢。以北水洗南火而弗获者，庭皆敦矣。④以此参征，缘之所遗，表六合为亶中，不嗒然欤？

炼望气者，闭户牖而县五缕，初入闇不见手，久而白，可步矣。迨乎七日，而壁上之缕可青黄也。由是视人五脏，若饮

---

① 《黄帝内经·灵兰秘典论》卷三："膻中者，臣使之官，喜乐出焉。"明张介宾《类经》注引《胀论》："膻中者，心主之宫城也。"参见山东中医学院校释：《黄帝内经素问校释》，人民卫生出版社，2009，第101—102页。
② 《汉书·五行志》："圣，时风若。"颜师古注："曰凡言时者，皆谓行得其道，则寒暑风雨，以时应而顺之。"
③ 六匕，原本作"六七"，当改。《关尹子》一书中有《四符》《六匕》等篇。《四符》："以精无人，故米去壳，则精存；以神无我，故鬼凭物，则神见。"参见尹喜：《关尹子》，中华书局，1985，第26页。《四符》篇另有"五三者具有魂……彼生生本，在彼生者，一为父，故受气于父，气为水，二为母，故受血于母，血为火。有父有母，彼生生矣"，与后文之"五""三"、"三""二"、"二""一"的述论相关联，可参。
④ 《周易·艮》之卦辞有"行其庭，不见其人"。是卦之上九爻辞为"敦艮，吉"。王弼注："敦重在上，不陷非妄。"参见〔宋〕朱熹撰，廖名春点校：《周易本义》，中华书局，2009，第253页。

上池而见垣外然。此《蒙》《困》之塞通也①，可以知亲格亲践之方矣。

大一者，践《图》《书》卦象之形者也；於穆者，践五行七曜之形者也；火冰者，践衣服饮食之形者也；大中者，践五伦六艺之形者也。颠而决之，《图》《书》卦象践大一之形者也，五行七曜践於穆之形者也，衣服饮食践火冰之形者也，五伦六艺践大中之形者也。以能格之物格所格之物而忘其格矣，以所践之形践能践之形而忘其形矣。反复纵横，交践破之，则无物可格；错综绳衡，交格破之，则无形可践。以生格死，以死格生。以无生死践生死，即以生死践无生死。心而三之，物而四之，以四之一合三之一，实两己耳。格践，则一矣。

知以心为体，心以知为体。心知以意为体，意以心知为体。心与意，意与知，亦犹是也。从而九之、十二之，亦犹是也。三心一心，以物为相；一物三物，即相生心。格而无之，又何妨听其践而有之乎？勿正勿忘勿助，又何妨有其事而必之乎？②

---

① 《周易》之《蒙》《困》两卦，卦辞皆有"亨"，意谓亨通。孔颖达疏："蒙者，微昧闇弱之名。物皆蒙昧，唯愿亨通，故云'蒙、亨'。""'困'者，穷厄委顿之名，道穷力竭，不能自济，故名为'困'。亨者，卦德也。小人遭困，则'穷斯滥矣'。君子遇之，则不改其操。君子处困而不失，其自通之道，故曰'困亨'也。"参见〔三国魏〕王弼注，〔唐〕孔颖达疏，卢光明、李申整理，《周易正义》，北京大学出版社，2000，第44、227页。

② 《孟子·公孙丑》："必有事焉而勿正，心勿忘，勿助长也。"

事事无事，形形无形。始于无我，而用于无无我。如何其大我，则可不问我之有无矣。不破小我，岂知我之如何皆备耶？① 究也，小我即是大我，大我必用小我。已无能所之我，又何有无能所之我哉？

所先难者，深通天下之志而几神矣。凡民见身见世而不见志，学者见志见身见世，专者不见身不见世而止见志。果其忘之，又何分乎？最忌奢谭极则，鬼语撩天。贵在主宰不受移转，潜其器世于粪土之下，亢其身土于云霄之上。

今而以语格践，非论列之格践矣。蛰屈一生之蠖，磁养偏丙之钢，闭千古于至日矣。鸤鹎相视，介日受影，精无人而神无我矣。御寇伏地②，昼暝夌户，竭而卓矣。禽制在气③，鸟道连云，充而塞矣。果甲之坼④，蕉竹之长，风霆流形矣；泰岱可拔，虚空立碎，若决河海矣。月命潮汐，斗命星次，参赞指掌矣。故曰：

---

① 《孟子·尽心上》："孟子曰：'万物皆备于我矣。反身而诚，乐莫大焉。强恕而行，求仁莫近焉。'"
② 《庄子·田子方》："于是无人遂登高山，履危石，临百仞之渊，背逡巡，足二分垂在外，揖御寇而进之。御寇伏地，汗流至踵。"
③ 《黄帝阴符经·下篇》："禽之制在气。"袁淑真注曰："禽者，羽化百鸟之类也。气者，天地元和之气也。……言鸟在空中，尚能乘制元和之气，心动翅鼓，无所不之，上下由己。"参见〔宋〕袁淑真：《阴符经集解》，中国书店，2013，第288页。
④ 《周易·解》之《彖》："天地解而雷雨作，雷雨作而百果草木皆甲坼。"孔颖达疏："雷雨既作，百果草木皆孚甲开坼，莫不解散也。"

"万物皆备于我。"万物皆备于我，町畦无崖，任其彼与极天蟠地缩一婴儿。①不立一尘之天球，即在不舍一法之大幕，则谓天球不舍一尘，大幕不立一法，可也。十目十手化而为千目千手，又化为一毫一毛矣。尚何问其无我无无我，无物无无物哉？

心如墙壁，可以入道。②将以心如墙壁为道乎？不思善，不思恶，有谁面目将以不思善、不思恶为道乎？③后之旁牖左右，不得入此无门。巧于格物乃騾驘之杕耳。④向外驰求，病矣；向内驰求，非病耶？外内驰求，病矣；内外不驰求，非病耶？

---

① 《庄子·人间世》："彼且为婴儿，亦与之为婴儿；彼且为无町畦，亦与之为无町畦；彼且为无崖，亦与之为无崖。"
② 《五灯会元·东土祖师·初祖菩提达摩大师》注引《别记》："祖（达摩）初居少林寺九年，为二祖（慧可）说法，只教外息诸缘，内心无喘，心如墙壁，可以入道。"参见〔宋〕普济著，苏渊雷点校：《五灯会元》卷一，中华书局，1984，第45页。
③ "不思善，不思恶，正与么时，那个是明上座本来面目？"参见郭朋校释：《六祖坛经校释》，中华书局，2012，第27页。"不思善，不思恶"这一论题，明代学人多有回应论辩。如王阳明曰："不思善，不思恶，时认本来面目，此佛氏为未识本来面目者设此方便。本来面目，即吾圣门所谓良知。"而刘宗周云："佛氏之学，只主灵明，而抹去善恶二义，故曰：'不思善不思恶时见本来面目。'本来面目，仍只是一点灵明而已。后之言《大学》者本之，岂《大学》之义乎。"分别参见〔明〕黄宗羲：《明儒学案》卷十、六十二，《黄宗羲全集》第13—17册，浙江古籍出版社，2012，第197、1667页。
④ 《通雅》卷四十六："牡牛交驴生騾驘。"

憧憧朋从，列夤危熏。① 谁可格，谁不可格耶？唯心方便，强近反乐之神楼引也。筮之告香，三古俱断，祭之如在，僾乎闻声，念兹在兹，则天地覆压而参前不磨矣。念也者，今心也。《尔雅》曰："勿念，勿忘也。"郭氏曰："勿念，念也。"此可以知勿念之念，此可以知念之勿念矣。此可以知今心之即古心，即知古心之即今心矣。无古无今，古今格矣。古今格者，在今践今而已矣。回视从上之龙战狐濡，马行牛畜，龟颐虎视，鹤和翰音，有何非鬼车类物②，立圭命景，指南为北，使人格通者乎？

《杂华》者，阎立本金碧之爻象也；《阿含》者，吴道子设色之《春秋》也。眣眣于眩，则色受夸严；量以表法，则拔无中拒。幸有蔡裔之呼，加帖桓康于壁。聊鞭石火，爆落徒然。李长者不惜水月其孔颜③，以响榻其童子。苦心乎攸攸尘劳，未开天目，

---

① 《周易·咸》之九四爻辞："憧憧往来，朋从尔思。"《艮》之九三爻辞："艮其限，列其夤，厉薰心。"是爻之《小象》："艮其限，危薰心也。"
② 《周易》之《坤》之上六爻辞有"龙战于野，其血玄黄"，《未济》之卦辞有"小狐汔济，濡其尾"；《坤》之《象》有"牝马地类，行地无疆，柔顺利贞"，《离》之卦辞有"畜牝牛，吉"；《颐》之初九爻辞有"舍尔灵龟，观我朵颐"，六四爻辞有"虎视眈眈，其欲逐逐"；《中孚》之九二爻辞有"鹤鸣在阴，其子和之"，上九爻辞有"翰音登于天"。《睽》之上九爻辞有"见豕负涂，载鬼一车"，《同人》之《象》有"君子以类族辨物"。
③ 唐代华严学人李通玄，世称李长者，又称枣柏大士。水月，相对"风月"而言。李通玄《新华严经论》："如风无体，而能生众法。能成能坏，佛号风月佛。以禅定身心清凉。能净诸垢，佛号水月佛。"参见〔唐〕李通玄著，杨航、康晓红整理：《新华严经论》，西北大学出版社，2005。

尚蹉过漆园之鹍鹏即伏羲之龟马，如之何以海龙金翅即飞跃之坎离耶？

荡荡无名，已传法身之颊上三毛矣。庄子姁姁，恐人不解而又废其旦暮。故以三身醒梦，曾有梦否？尧孔，报身也；禹汤、许由、颜、贡，化身也；藐姑射、壶子，法身也。胡蝶也，鸢也，蜩也，皆互相为形影、无形影。待罔两之问者乎？① 大慧之告于宪也②，亦胡蝶之答罔两者乎？

如之何渔父鼓枻而遂去，不复与言也，其登天激水之法身乎？如之何三旬九食之东方士而我往观之，留共岁寒也，其南山北窗之法身乎？如之何贯四时而不改柯易叶也，其松柏之法身乎？如之何瞻淇澳？如之何思棣叶？同乎？别乎？如之何其后凋？如之何操《猗兰》？同乎？别乎？一茎药草，皆法身矣，皆有贯四时者在也。

---

① 《庄子·齐物论》："罔两问景曰：'曩子行，今子止；曩子坐，今子起，何其无特操与？'"郭象注："罔两，景外之微阴也。"
② 按《武林梵志》卷八记载，于宪为张九成之甥，张九成令拜大慧禅师。"宪曰：'素不拜僧。'曰：'汝姑叩之。'宪遂举子思《中庸》'天命之谓性'三句以问。慧曰：'凡人不知本命元辰下落处，又要牵好人入火坑，如何圣贤于打头，一着不凿破？'宪曰：'吾师能为圣贤凿破否？'慧曰：'天命之谓性，便是清净法身；率性之谓道，便是圆满报身；修道之谓教，便是千百亿化身。'"参见〔明〕吴之鲸撰，魏得良标点：《武林梵志》，杭州出版社，2006，第189页。

"复，其见天地之心乎"①，可以心之，即可以身之。以日月为耳目，以山河为鼻口，以水火为井腧，通昼夜而息之，则固已蹴元会而脬之矣。峻极洋溢之身，赖有亲孙题其像赞，而人犹不知八眉所在耶？将匿于不可使知耶？将透于不知为不知耶？果当知耶？果不当知耶？无知之知无所不知，知之犹无知也。前言戏之耳。不能如之何如之何，致知即无知之知，尽闻言语矣。

平公曰：安用法身？厄出也可！

太极不落有无说

何生曰：朱陆门之无极太极也，毂幌乎？

当士曰：知参伍之浑天、周髀，则太极为琉璃宝錘矣。百原山以蓍藏一、卦藏四表之②，余者闿合，各为有也。《观物篇》

---

① 《周易·复》之《彖》："复，其见天地之心乎？"王弼注："复者，反本之谓也，天地以本为心者也。凡动息则静，静非对动者也。语息则默，默非对语者也。然则天地虽大，富有万物，雷动风行，运化万变，寂然至无，是其本矣。故动息地中，乃天地之心见也。"参见〔三国魏〕王弼注，〔唐〕孔颖达疏，卢光明、李申整理：《周易正义》，北京大学出版社，2000，第132页。
② 藏四，疑当为"去四"。百原山，即苏门山百源，邵雍曾居于此。邵雍《观物外篇》："蓍者，用数也；卦者，体数也。用以体为基，故存一也；体以用为本，故去四也。圆者本一，方者本四，故蓍存一而卦去四也。"参见〔宋〕邵雍：《邵雍集》，中华书局，2010，第91页。

曰"四者有体也，而其一者无体也，是谓有无之极也"，"用之者三，不用者一"，而总为"无体之一"。盖不落有无者，不离有无，故曰"有无之极也"。① 十二会，会三其宫，初曰无极，中曰道极，后曰乾坤。弄丸之平列也，鼎列也，叠列也，首尾列也，一也；其传太极称"无名公"②。一切当前，皆成四破，则不落有无四边之太极，莫较然于此矣。它滞有，或慕无，或赘旒一无，则居太极于有；以卦爻为有，则居太极于无。太极毋乃嫌乎？推之曰：以不落为尊者，外域之楼上楼耳。独不见《河》《洛》彰彰一中五之位，而不许有此不落之所以然。太极毋乃冤乎？

极奇而仪偶。万物皆地成，则皆天也；人皆母育，则皆父也；卦爻皆仪布，则皆极也。围四用半，即圆一围三之因二也；卦一象二，即两端用中，左右逢原之前用也。易贯寂感，道贯费

---

① 邵雍《观物外篇》："天数五，地数五，合而为十，数之全也。天以一而变四，地以一而变四。四者有体也，而其一者无体也，是谓有无之极也。天之体数四而用者三，不用者一也；地之体数四而用者三，不用者一也。是故无体之一以况自然也，不用之一以况道也。用之者三，以况天地人也。"参见〔宋〕邵雍：《邵雍集》，中华书局，2010，第51页。
② "弄丸"之"丸"，即为太极。邵雍《无名君传》："能造万物者，天地也。能造天地者，太极也。太极者其可得而名乎？其可得而知乎？故强名之曰太极。太极者，其无名之谓乎？故尝自为之赞曰：'借尔面貌，假尔形骸。弄丸余暇，闲往闲来。'"〔宋〕邵雍：《邵雍集》，中华书局，2010，第550—551页。

隐，无息贯艮震。惟其不落有无，有在无中，无在有中；中无中边，无不可以中边。一向未显，乐守户牖，犹勾股求璇仪者。未明开方开立、幂①积缀专之法，猥笑之云："句股和较，何多事乎？"《太玄》之罔、直、蒙、酋、冥，管董之规、矩、绳、衡、权②，皆环四中五也。初生之指顾也，桑弧蓬矢，射天地四方，有以异乎？生而絜六矩，同六相矣。分表验决之说，数也。四问而四不知，五在其中矣。地文天壤，犹宾介主僎之尊严气也③。太冲三渊参之而虚委蛇以化之，是以一藏三者也，藏宾于天子之位也④。用半柴立⑤，激北游南而冥乎中黄矣。龟马之文，四方两重，而可九可十，则无实无虚者也。

四端遗信，何一非信？立人一与，用其春秋，常五先三，所以者一。两行三连，则常举二中之一而已。皇极环四八十二，而一举三反寓之，则一三五七九寓之。此尊天用地之道，而议者病其不若《太玄》，岂亲见者哉？

---

① 幂，原本作"幕"，当改。
② 管董，谓管子和董仲舒。两人的传世著作中都论及规、矩、绳、衡、权。
③ 《礼记·乡饮酒义》："宾主，象天地也。介僎，象阴阳也……四面之坐，象四时也。天地严凝之气，始于西南而盛于西北，此天地之尊严气也，此天地之义气也。天地温厚之气，始于东北而盛于东南，此天地之盛德气也，此天地之仁气也。"
④ 天子之位，面南背北。按《礼记·乡饮酒义》，设座时"宾必南乡"，以示尊重，显道义。"北方者冬，冬之为言中也，中者藏也"，故又言"藏"。
⑤ 《庄子·达生》："无入而藏，无出而阳，柴立其中央。"王先谦集解引宣颖曰："如槁木之无心而立于动静之中。"

倱伦蕴之而天地示之，圣人浑浑噩噩发其端，俟人自悟。文熟化演，悟者寥寥，故转风气者开之。开复不悟而反云此象数耳，可鄙也。此名言耳，可拚也。苦矣！

　　伏羲一连二判而重三，天下之故，犹有遗乎？羑里绝后重甦而词之"无首之首"五字焉①，天下之故，犹有遗乎？《乾》元亨利贞，《坤》西南、东北，孔子不惜潦倒而注破之，德其四时，中其五方，而旋其旁罗，以天用地，先天翻入后天，乾乘坤行。此后得主之有常也②，此厚载所以不息也。天下之故，犹有遗乎？

　　言春秋即冬夏，以东西属南北，则五而三也。三用二，二即一，不容造作，不容回避，不容经营，一然俱然，不知其然而然。时轮乎方，支盘其干，从此立冬夏二至之地平轮，纵南北二极之中限轮，横东西七曜之顺轨轮，三旋而乂，则八棱六合矣。物立则中其四方，太刚少刚，太柔少柔，无非是也；旋过则时其四候③，少来太来，少去太去，无非是也。三际俱断者，即万古而常者也；不可为典要者，即既有典常者也。天地以权奉人之直下，而人自不知。故以常准不常，以不常知要。律其天时，

---

① 《周易·乾》之用九爻辞有"见群龙无首"。王弼注："能用天德，乃'见群龙'之义焉。夫以刚健而居人之首，则物之所不与也……故《乾》吉在'无首'。"参见〔三国魏〕王弼注，〔唐〕孔颖达疏，卢光明、李申整理：《周易正义》，北京大学出版社，2000，第8页。

② 《周易·坤》之卦辞有"先迷后得主"，《文言》有"后得主而有常"。

③ 候，原本作"侯"，当改。

即袭水土。水土者,终始羽宫智信之一也。此征无始之终始,不得已于子前扼之,实则十二会皆子时。谓之无子午,可也。无子午者,统离即断常而本不动丝毫之极至也。

《通书》谓何? 曰:《通书》因直下之有,推太始之无,以为自无生有。故曰"无极而太极,而动静阴阳,而五行四时矣",非欲表两极也;其曰"阴阳,一太极也;太极,本无极也",愚即此阐之而明矣。① 一不住一之阴阳,即《礼运》所云"本于大一,分而为天地"者也。② 五行四时从此万有,皆一有俱有者也。直谓阴阳为有极,可也。有极与无极相待轮浸而贯其中者,谓之落有,不可也;谓之落无,不可也,故号之曰:太极。

知尧之三极乎? 巍巍文功,有极也;荡荡无名,无极也;不落巍荡之则天,太极也。知孝弟之三极乎? 可见之孝弟,有极也;不可见之孝弟,无极也;见即不可见之孝弟,太极也。知笔墨之三极乎? 曹霸之榻上玉花,笔墨之有极也;意匠之惨淡经营,笔墨之无极也;一洗万古,即笔墨中无笔墨气,此画中之

---

① 周敦颐《太极图说》:"无极而太极。太极动而生阳,动极而静;静而生阴,静极复动。一动一静,互为其根。分阴分阳,两仪立焉。阳变阴合,而生水、火、木、金、土。五气顺布,四时行焉。五行,一阴阳也;阴阳,一太极也;太极,本无极也。"参见〔宋〕周敦颐著,陈克明点校:《周敦颐集》,中华书局,2009,第3—5页。
② 《礼记·礼运》:"是故夫礼,必本于大一,分而为天地,转而为阴阳,变而为四时,列而为鬼神。"

太极也。以实言也，巍巍即荡荡之尧，即文章、成功，无名之尧，则直谓文章、成功为不落有无之文章、成功矣。知此可睹闻之五伦六经，即无声臭①之五伦六经乎？知此可睹闻、无声臭者，总为弥纶无息之五伦六经乎？直谓五伦六经为不落费隐之五伦六经矣。所谓举一明三而无三无一者也。设为三形，画作图象，无已而形出之耳。岂真有屹然不坏之图相，规规颛颛于两画②之上哉？况又从而三之乎？然不如此形画，则不落有无之一贯圆中终不昭豁，而直下卦爻中之太极，必汩汩日用不知矣。取"无极而太极"一语示之，但言无而有之轮耳。有之前为无，无之前为有，则太极与卦爻为复道③，无极与太极争缀旒。当云卦爻之前为无极，无极之前又为卦爻，犹之乎天地之前为混沌，混沌之前又为天地也。

彼贯混沌天地为一者，将何以明之乎？凡表无而有、有而无之旋轮，当明无即有、有即无之交合，而统有无不动者，即可谓之无有无矣。无有无者，本不坏有无交轮之相也。随言后天，泯言先天，贯言中天。中无先后而先在后中，则今时即空劫，而舍卦爻无太极，明矣。

---

① 无声臭，原本作"声臭"，据文意，当补一"无"字。
② 画（畫），原本作"昼（晝）"，当改。
③ 《周易·复》之卦辞有"反复其道"。王弼注："复者，反本之谓也，天地以本为心者也。"参见〔三国魏〕王弼注，〔唐〕孔颖达疏，卢光明、李申整理：《周易正义》，北京大学出版社，2000，第131—132页。

卷之上　太极不落有无说

清凉太洪[①]外之者，因旧解为落无落有之太极，而未明相即之存泯同时也，抑亦护宗之权耳。遍此县宇不曾掩覆也，随指之而是也，偏指之而是也，不指未尝不是也。以何为太极？以何为心？以何为易？以何为天地？以何为阴阳？而谓此以说易，此是说气运乎？电影之空拳乎？皎日之指掌乎？隐劣乎？显胜乎？夫岂不知贯泯之无逃于随哉！

东多言日，日即统夜，即无日夜；西多言夜，夜即用日，即无日夜。彼专尊无日夜者，依然此合日夜为一日者也。日夜之中，无分日夜。无日夜之用，止有日夜。切于民用，但宜言日而已矣。全示之曰：日统夜之无日夜而已矣。

蕴唯心之易，覆大定之帱，絜六相同时之神矩，反万物皆备之大我。太极即万镁不毁之法身，卦爻即立处皆真之杖履。善长帝出，以时乘统天；宜民不息，以黄中通理。大哉！大成诚金声而玉振矣。

至于门庭之异即是同，本此不动寂然之环中，何硋相遮相易以神其晦望寒暑乎？太极不落四边，四边无非太极。惜自不能指掌，而以边见之绿字为边见之黄叶所抑耳。玄湛虚无，本

---

① 清凉，犹言清凉地，无热恼的涅槃境界；太洪，犹大洪，即大洪炉，喻锻炼人的场境。"清凉""太洪"与本篇后文所言之"县宇"相类，与"洪凉"则有所区别。《朱子论太极图》："以理言之，则不可谓之有；以物言之，则不可谓之无。"参见〔宋〕周敦颐撰，徐洪兴导读：《周子通书》附录，上海古籍出版社，2000，第51页。

交网旋毛也；摹据界画，犹云母屏风也。鸢鱼龟马，触处会通，而今犹二之，乌能免事障、理障与无事无理之障？

平公曰：全障全免，无障亦障，何生其激当士以障天下耶？

当士曰：全障全免之中，自有当障不当障之甲乙。此吾职也。

何生曰：吾以朱陆凉洪皆为药树①，叶所障耳。平公欲护天下之障，而先障尔我，我姑以太翁封之。障人之权，彼何与焉？

当士曰：人当药笼中之药，何暇问笼？执太极之空笼，真第一障也！岂知药烂太极而用之为太权乎？

平公曰：我用二子，是我无我而天下皆我之权也。天下何得不为我障？

一有无

何生曰：有无纷然而不落又纷然，何以一之？

当士曰：一则不一矣。大成统天而用之，原不以一为一也。以不落纷然者，仍执无而加幪耳。真知不落而不纷者，即真知落而不纷者也。有无者，旋四用半之反因也。边不落者，明中

---

① 按传统医学，二十八脉象有洪脉（洪脉极大，状如洪水，主热证，气壅火亢），有细脉（细直而软，状如丝线，主阴虚气衰），而药则有温有凉。宋代朱熹和陆九渊同时讲学，宗旨不同。一主敬，一主静；一即物穷理，一言心即理，即如脉之洪细、药之温凉有别。又，当脉浮而洪，即须凉之以黄芩，泻之以山栀。朱陆虽有异同，无妨其确然为参天之药树，且互有针砭之功，切不可一叶障目，不见全体。

之为公因也。中不落边，边无非中，而但譆謰不落者，举一以摄多也。自天视之，不落两者与落两者乃大反因也。充周洋溢，无间无外，两即不两，而贯其中者乃反因之公因也。千万其无言之言，驳之容之，析之沦之，缚之解之，被服通裁，要不过受用其直下耳。直下者，有即是无之传舍，一在二中之家具也。然必涫涫推之曰：非二非三非一；噩噩切之曰：空诸所有；唐唐提之曰：不落有无。

末法专残，陶诞突盗，人心不尽，能自信乎？故从而偬偬翻之曰：无也而致有之，是蚕即丝而金即刃也；有也而致无之，是谷不腐而矿不金也。并执之曰：亦有亦无，是火可寒而水可热也；并遣之曰：非有非无，是鹄不白而乌不黑也。见有为有，则物我之形，如众沙之不能和羹；见无为无，则物我之情，如群影之不能应节。于是通之曰：费而隐者，即有即无，非有之外独立一无而敦有之化也；微之显者，常无常有，非无之外竞起众有而发无之藏也。

天地之大也，民物之赜也，以有诠之而不得也；鬼神之幽也，名言之假也，以无诠之而不得也。重交驳之曰：非有非非有，有不见以为有；非无非非无，无不见以为无。轮推折之曰：天地未分，无无不有；天地已分，有无非无。据实而要断之曰：有非定有，无非定无。其言有也，非刻舟守株之有也；其言无也，非龟毛兔角之无也。有无相错，而提一不落者，则成参矣。

说在乎糜。其说曰：米非水也，水非米也。熬而汁之，米之外求水，不可得；水之外求米，不可得矣。于是称之曰：糜无水米矣。糜之无水米也，岂水米之外更有水米哉？又从而玄之曰：非米非水非糜焉，可也。此借有质之参，以格独影之参耳。

说又在乎岁。其说曰：太极不落阴阳而阴阳即太极，犹太岁不落冬夏而冬夏即太岁也。人不知岁，则骇人之言冬即夏、夏即冬者；既知之矣，又扫人之言冬夏者。今释之曰：自太岁视之，谓无冬夏；自冬夏视之，谓无太岁。此可相夺而相忘也。当知冬即夏、夏即冬之故，即在冬而夏、夏而冬之中。则人之轮直冬夏者，固无碍于冬即夏、夏即冬之通览，尤无碍于冬自冬、夏自夏之质历也。

故曰：小中见大，大中见小，则大小相即矣，是则本无大小矣。本无大小，则随其大小矣。是大大小小之中，皆有此无大小者在也。一，多也；虚，实也；短，长也；彼，此也；昼，夜也；生，死也；皆然者也。平待既然，统待亦然。特日用不知者，鸟飞准绳有所不必详耳。当其用，则用时五色丹朱乱于前而黄中白理不失絫黍，所谓易无体而惟有前用者也。会通言先，非喻可及，然未尝不可以喻像之，而心自如之者也。

人必希天，至于天而天无其天，则天又希人矣；从凡人圣，至于圣不自圣，而圣又入凡矣。如声呼谷，如谷答声；如日舒光，如光照日。豆蔓无目，见人植竿而宛以上之，是天之希人也；

易人蓍龟，以输其天于夫妇，是圣之入凡也。即人是天，谓之无天人矣，非谓无人浇天漓、人尽天全之别也。即凡是圣，谓之无圣凡矣，非谓无圣自统凡、凡本慕圣之别也。

资之深，居之安，原之逢也，如肢官之效焉。信之至矣，忘之至矣，讵容思议？何分何别？然教者分之，极其林林然；别之，极其穆穆然，乃能舞蹈其无分别之穆穆然。种其核，灌其根，护其枝干，而全树全仁之无分别在其中矣。世知根为本，枝为末耳，不知东君视之：枝，末也；根，亦末①也；核之仁，乃本也。芽出仁烂而枝叶皆仁，则全树皆本也。矜高者闻此全末全本之说，喜匿于恢谲濛澒，偏而执之，则忌讳分别名实之昭苏比比然矣。不知既明全本之仁，统全本之树，又何妨令天下人知根本而枝末乎？况有伐者伐根乎，伐枝乎，何得不问？有灌者灌根乎，灌枝乎，何得不劝？有蠹生焉，在干乎，在根乎，何得不察？彼知人之厌苛细而乐易直，故专以偏上为引药，为激药，即为平药而已矣。根山泽，荟蔚参天，是以穴爪牙而裂焚之，固一时之快哉！所以然者，贵知无即有之仁，便信有即无之树。信此有即无之树，当信种之灌之护之，乃所以善用其有即无之生者也。

不栽培其生以使民安生，而徒以生即无生，雄其簧巧，夺

---

① 末，原本作"本"，当改。

五民之常膳以供挂树之神钱乎？民不能以有即无之儵忽，平其心，而先以有即无之宕佚，肆其祆矣。圣人未尝不以此几致知而未尝急口也，岂非有急口粥高反足乱善世之教耶？

中和氏曰：不离有无而不落有无者，贯古今之於穆太极也。贯古今者不能逃古而今、今而古之轮，犹之无生死者不能逃生而死、死而生之轮。轮直未生前，为不落有无之无，犹轮直核中，为不落仁树之仁；轮直既生后，为不落有无之有，犹轮直芽时，为不落仁树之树。圣人知之，通知一不落有无之洋溢太极，惟适用其有极即无极之贞一卦爻。所谓亘古此阳之一，亘古此阴之一，亘古此不落动静之一，亘古此动静之一者也。一颠其《剥》《复》，而贞夫一剥一复之一矣；一反其《复》《姤》[1]，而贞夫一复一姤之一矣[2]。

与知不知之体，以自知为用，自知以周知为用，皆与知不知之大用也。庸藏中和，而中在和中。尝知发之中有未发者，则颐雷颠实不嫌声色，西纮东洗莫非渊泉。大中以节致和，达道以和致中。惟贞则一，常一则贞。能治其有无者，即一其有无者也；贯其有无者，即忘其有无者也。岂必夷岳塞江，绝其废哉？

逆顺以穷之，顺逆以理之。本先天之芬苾，以继人心之赞蓍。

---

[1] 姤，原本作"垢"，当改。

[2] 《剥》☷☳和《复》☷☷，两者为颠覆关系，故言"颠"；《复》☷☷和《姤》☰☴，两者为反对关系，故言"反"。

其要无咎,以畜其无妄而已矣。我而彼,成而毁,充类皆妄也。舍此求诚,非拨波求水耶?谓之皆波皆水、皆妄皆诚而不可训矣。诚之而后知诚者之自成也。又病诚之之有我,是终于横流为无我也。思勉,我也;谓思本无思、勉本无勉者,亦我也。我,我也;无我,亦我也。我必不能以无我。以汤沃冰,冰化,而寻汤之水,别冰之水,有可寻乎?可别乎?然不可废汤与冰之名以譬方也。自克、自复、自由者,善用其思勉,即善用其不思而中、不勉而得者矣。

圣人体天,虀粉其大一,而礼以节之,学以畜之,事以理之,理以事之。手之有臂,屈则自伸。虫必善蛰,鹊必善巢。饱,天也;饥,天也;食,天也。时食者,所以善享其天也。非可执无饱则无饥、无食则无饱之说,而谓教人勤耕节食为多事也。言则言治,治则自忘。言其本忘,又何言乎?彼权立顿宗,夺人情见者,偏用不落之无,以为神弓鬼矢耳,以巧于"悱三竭两而击""渎则不告"之蒙者也。[1] 惟其启卤莽之已甚,贤者

---

[1] 悱,这里有想说而不说之意;竭,意谓就此打住;《周易·蒙》之卦辞:"初筮告,再三,渎,渎则不告。"王弼注:"初筮则告,再、三则渎。渎,蒙也。能为初筮,其唯二乎?"孔颖达疏:"童蒙来问,本为决疑,师若以广深二义再三之言告之,则童蒙闻之,转亦渎乱,故不如不告也。"《周易·蒙》之上九爻辞:"击蒙,不利为寇,利御寇。"王弼注:"处蒙之终,以刚居上,能击去童蒙,以发其昧者也。"参见〔三国魏〕王弼注,〔唐〕孔颖达疏,卢光明、李申整理:《周易正义》,北京大学出版社,2000,第44、48页。

受吹索之訾,则向善灰心而回欼鸥张矣。故《易》以无咎为符,而奉君子以宰之。① 君子者,天子不得势其尊,至人不得恃其天,暗室魂魄之所不敢不汗,神示异物之所不敢不詟者也。时当今日之业缘,无所规避,故通画前之无,会画后之有,中和前用,贞一贯之,不落其不落矣。何论有无而纷纷为?

金以声之,玉以振之。② 圣在智中以始之,智在圣中以终之。箫吹不已,则自能声,此用力之即巧也;有节奏以为乐句,而箫乃可曲,众音乃谐,此条理之能巧其力也。非智,则圣学何从入?非圣,则道法何从成?

知命顺于从心,不惑立于志学。③ 此不惜制器拊石④,以讲人希天、天希人之节奏者,所以为不落天人之大人,而享其不落大小之中天也。世溺俗天,不知雅天,又好奇天,不安正天。反执

---

① 《周易·系辞上》:"无咎者,善补过也。"《论语》有"过则勿惮改"(《学而》),"过而不改,是谓过矣"(《卫灵公》),"君子之过也,如日月之食焉:过也,人皆见之;更也,人皆仰之"(《子张》)等。

② 《孟子·万章下》:"孔子之谓集大成。集大成也者,金声而玉振之也。金声也者,始条理也;玉振之也者,终条理也。始条理者,智之事也;终条理者,圣之事也。智,譬则巧也;圣,譬则力也。"

③ 《论语·为政》:"子曰:'吾十有五而志于学,三十而立,四十而不惑,五十而知天命,六十而耳顺,七十而从心所欲,不逾矩。'"

④ 附,疑当为"拊"。拊,轻击;拊石,意谓敲击石磬。《尚书·益稷》:"予击石拊石,百兽率舞。"

大天，成一影天，遂罪奉天而逞恶天，岂非蔽于天之遗祸乎？①

平公曰：纷本不纷，蔽安能免？蔽于无用之天耶？蔽于节用之天耶？必待其人，不妨缁素。

生死故

天以生死迷人乎？以生死养人乎，即以生死炼人乎？圣人因以万世之所迷者养万世之生死，即以万世之生死自炼其天，以养万世之天。有知此者乎？无生死矣。

无生死而大生死之事者，怜华腴之蓼虫囷蛆而度之，实以自尽其龙飞虎变②而用之。火中之冰，风中之体③，近也，乐也，备也，必有行水无事、千岁坐致之故矣。一贯二中之往来，因有呼吸，因有昼夜，因有冬夏，因有古今；二用其一之动静，因有好恶，因有取舍，因有是非，因有得失。凡属对待之两相

---

① 《荀子·解蔽》："庄子蔽于天而不知人。"按梁启超之释解，"庄子以'复归于自然'为道之极轨，而不知人治之有加于天行。《天论》篇云'故错人而思天，则失万物之情'，正所以解庄子之蔽也"。大天，即把自然之天推为道之极轨；影天，即不思人为，不有万物之情之虚空虚幻之天。参见王天海校释：《荀子校释》，上海古籍出版社，2005，第842—842页。
② 虎，原本作"处（處）"，当改。《周易·革》之九五爻辞有"大人虎变"。孔颖达疏："以大人之德为革之主，大人推行变革，损益前王，创制立法，有文章之美，焕然可观，有似'虎变'，其文彪炳。"参见〔三国魏〕王弼注，〔唐〕孔颖达疏，卢光明、李申整理：《周易正义》，北京大学出版社，2000，第240页。虎变，与"龙飞"成对文。《乾》之九五爻辞有"飞龙在天"。
③ 体，疑当作"烛"。火中冰，风中烛，皆为禅宗话头。

望者，皆生死也。

要以魂魄离合之生死，缘督以为伦脊；因即以护首滋根之生死，物则以为条理。由畏而尽心焉，由达而定志焉。如所嚯嚯之四惧四胜，谓非属世之纤纩乎？惧其屋漏以圣贤之衮钺，惧其行事以邦家之应违，愚不肖过耳而已。故阳惧之以帝王之刑赏，而阴惧之以鬼神之祸福。六道毗沙自绘变像而毛毅矣。贤智则以理胜之。存亦乐，亡亦乐，是纵之以齐生死也。聚则有，散则无，是以气而凭生死也。立而不朽，没则愈光，是以名而轻生死也。安时俟命，力不可为，是以数而任生死也。知其莫可谁何，而为此以自广，非真知生死者也。

汉人以庄子嗷嗷生死乃畏死之甚者①，夫安知其即以畏死诱人之养生乎？安知其即以养生诱人养其生之主乎？迹其神，将守形，形乃长生之状，本为我也，特为此逃生死之言，敌生死

---

① 方以智《〈大宗师〉总炮》："庄子本谓极物而止，以有形者象无形者而定矣，乃复嗷嗷生死，自广耶？"嗷嗷，有愁怨哀号之意。这里的"汉人"，当谓西汉初的贾谊。《史记·屈原贾生列传》："贾生为长沙王太傅三年，有鸮飞入贾生舍，止于坐隅。楚人命鸮曰'鵩'。贾生既以适居长沙，长沙卑湿，自以为寿不得长，伤悼之，乃为赋以自广。"贾谊的《鵩鸟赋》多处化用《庄子》文句，躬自伤悼。

之势，以平其养生之怀耳。①自炮庄者言之，亦养其於穆之生生耳，亦养其行生即於穆之主中主耳。彼溺于曳尾栎社者②，岂知龙、比、肥如之大全其生乎③？

一阴一阳之互根也，生死为之门，终始为之几。原始者，原其无始而有始，非止原其气聚而生也；反终者，反其有终而无终，非止反其气散而死也。死有所以死，生有所以生。生生于不生，死死于不死。知知而知其不知，不知而知其知知。非心围乎万物之表里，而智范乎万世之上下者，乌能知乎？

敬也者，有所以敬者也；远也者，有所以远者也。不知所以敬而见像始敬，不知所以远而耳食当远，是蠢蠢耳，可谓智乎？无非生死、无非鬼神者，智不足以知之，而曰"务民之义"，将务泥车瓦狗之义耶？④无非生死，而且与民言咽喉痛切之生死；无非鬼神，而必明洋洋成能之鬼神，智不足以知之，则"民

---

① 《庄子·在宥》："目无所见，耳无所闻，心无所知，女神将守形，形乃长生。""我守其一以处其和，故我修身千二百岁矣，吾形未常衰。""吾与日月参光，吾与天地为常。当我，缗乎！远我，昏乎！人其尽死，而我独存乎。"
② 曳，原本作"臾"，当改。曳尾，犹言曳尾泥涂，见《庄子·秋水》。栎社，作为神社象征的栎树。关于栎社树的寓言，见《庄子·人间世》。
③ 龙，谓关龙逄；比，谓比干；肥如，古地名，据《魏书·地形志》载，辽西郡"肥如……有孤竹山祠"。这里谓叔齐、伯夷。
④ 《论语·雍也》："务民之义，敬鬼神而远之，可谓知矣。"《潜夫论·浮侈》："或作泥车、瓦狗、马骑、倡俳，诸戏弄小儿之具以巧诈。"

之义"直为巫贩罔两之义矣。

"朝闻道,夕死可矣。"[1] 闻知生即知死者乎?闻所以为生死者乎?以何闻乎?以何知乎?不知生而可以生乎?不知死而可以死乎?不知生,则生而不可以生;不知死,则死而不可以死。不可以生而生者,妄生也;不可以死而死者,妄死也。妄生妄死而自以为知生死。以知生死压天下、骇天下者,妄知也。

且以几言,衍百原之故者曰:生死莫微于儵忽之几。三十几为一忽,十二忽为一儵,三十儵为一昆。昆者,念也。十二昆为一仓。仓者,一呼吸也。一呼吸则十二万九千六百几矣。[2] 三十年为一世,十二世为一运,三十运为一会,十二会为一元,则呼吸之几即一元之年,一世之时也。年月日时,以为公征;更元其元,犹时其时。大而为天地之生死,小而为呼吸之生死。天地至小,呼吸至大。神示莫能窥,黔赢乌能遁乎?不得已抗其吭,刻其漏,握其无首尾之首尾。故以冬至图之,以乾、坎、

---

[1] 《论语·里仁》:"子曰:'朝闻道,夕死可矣。'"
[2] 《观物外篇》:"冬至之后为呼,夏至之后为吸,此天地一岁之呼吸也。""十二万九千六百二分而属十二,以当一日十二时之数,而进退六日矣。三百六十以当一时之数,随小运之进退,以当昼夜之时也。"注有:"一年十二月之数为与元经会之数,一元十二会,一月三十日之数为以会经运之数,一会三十运;一日十二时之数为运经世之数,一运十二世。"参见〔宋〕邵雍:《邵雍集》,中华书局,2010,第152、66—67页。

卷之上　生死故

艮主之①，以亥先子而丑辅子者状之，则人生百年之生死可以蜉蝣之午暮吲冥灵之春秋矣②。

《太玄》曰："广也包畛，纤也入薉。"③橐籥者，往来生死之门也；易者，日月魂魄之率也。所以冬即其所以夏，如是而无冬夏矣。冬冬夏夏，皆有此无冬夏者贯其中而几其间焉。然无冬夏者，终不能废此冬夏夏冬之几贯也。所以生即其所以死，如是而无生死矣。生生死死，皆有此无生死者贯其中而缘其间焉。然而无生死者，终不能废此生死死生之缘贯也。不知几，安能知缘？不知缘，安能知贯？彼曰：舍之则胜，空之则舍，险之则空。此自一诱生死之术耳。长屬寻丈，高埆切肩，履危如平，殊无难色。采绝巀之薄，墁九级之垩，讴笑如故，若盘阑楯。此岂不足降列子汗流百仞之冈、昌黎别家石笋之颠哉？无它也，习险而熟，熟则固有之矣。圣人岂欲人人试百仞，登石笋乎？造次一百仞也，直道一石梯也。人有白刃可蹈，而富贵贫贱之关不能过者；人有富贵贫贱可轻，而爱憎之关不能过

---

① 坤纯阴而阳生，为冬至。乾纯阳而阴生，为夏至。又，坎为秋分，艮为立冬。
② 蜉蝣，生存期短暂，朝生暮死。《庄子·逍遥游》："楚之南有冥灵者，以五百岁为春，五百岁为秋。"
③ 扬雄《太玄》卷二："其上也县天，下也沦渊；纤也入薉，广也包畛。"薉，杂草；包畛，包括一切范围。参见〔汉〕扬雄撰，郑万耕校释：《太玄校释》，中华书局，2014，第257、271页。

者，可谓知生死欤？然因有等至亲如路人、视世事尽遗落者，可谓无生死欤？孰无生死，犹之半塞矣。凡莽期直遂而不顾其宜者，皆残逞县筋之鼓里也；苟谢冰渊而任纵自适者，皆劫商致祸之金谷也。

自今而质之，生死者，心而已矣。心心无心，并无无心可得之心，又有何处为容受生死之地乎？此神于儵忽者，巧示焉云尔。必欲出生死者，生死本也；谓生死不可出者，生死本也；专言生死即无生死，亦生死本也。不知者，生死本也；知之，亦生死本也。非无此故而圣人罕言。吉凶与民同患，惟正告履素之坦焉。[1]人其人，物其物，当其当，安其安，自心无咎，而贞夫生死爱憎之一矣。"善吾生所以善吾死"[2]，语此者，听民化之，可也；听民执之，可也。生死本即天地本矣。有知民之义即鬼神之义者乎？有知生还其生、死还其死之义，即所谓生即不生、死即不死之义乎？

---

[1] 《周易·系辞上》："吉凶与民同患。"孔颖达疏："此独言同患者，凶虽民之所患，吉亦民之所患也。既得其吉，又患其失。"参见〔三国魏〕王弼注，〔唐〕孔颖达疏，卢光明、李申整理：《周易正义》，北京大学出版社，2000，第338页。《周易·履》之初九爻辞有"素履往，无咎"，九二爻辞有"履道坦坦，幽人贞吉"。履素，犹素履，意谓屏去浮华，安常蹈素，循分自守；坦，坦坦，有宽平之意。参见尚秉和：《周易尚氏学》，中华书局，1980，第72页。

[2] 《庄子·大宗师》："夫大块载我以形，劳我以生，佚我以老，息我以死。故善吾生者，乃所以善吾死也。"

世也者，天地所以炼生死之辐①也；爻也者，圣人所以毕生死之辕也。与其妄知，固何如日用不知者犹存其本知也。洞乎贞悔之旋轮而转之，熟乎反对之中系而忘之。入火不焦，蹈渊若陵；风御电车，鲸吞鸥没。云气可得而乘矣，金石可得而入矣。造次之驹景，直道之膳啥，如烛如镜，生死毫不可掩。宁在困桐钳钬煆一灵之升皋哉？坐脱立亡，修之一征，非可持此为闻道也。火熛风卷，临终不暇，而故留诗咏以粥潇洒。舍利青莲，识者笑为蛇足。若此者，独不令神荼郁律欶㦬续貂耶？然入德之士，清明在躬，淡然不竞，逝能逍遥，固其常也，安能久成？北邙死亡，多半忌讳，高匿虚憍，镂影自饬，果自广乎？果自习乎？即曰土龙致雨②，亦有茎之丛所惕若于人位矣③。

　　石塘子曰："记者之记齐、战、疾也，盖孔门空空慎独之心法也。"④昵常而戏渝矣，斋明承祭，何如漆漆也！心有不空者乎？然犹有懈也。战则轮刀突阵肝脑涂地之时矣，心有不空者

---

① 原本阙，据上下文意，当补一"辐"字，与下句的"辕"相应。
② 《论衡·龙虚》："龙与云相招，虎与风相致。故董仲舒雩祭之法，设土龙以为感也。"
③ 古人占卜用的蓍草，为丛生，主要用其茎。据《龟策列传》记载："蓍生满百茎者，其下必有神龟守之，其上常有青云覆之。"故此言"有茎之丛所"。《周易·乾》之九三爻辞有"夕惕若厉"；一卦六爻之中，三爻和四爻为人位，故言"惕若于人位"。
④ 石塘子，即白瑜，字安石，世居石塘。方以智师事之，在其论撰中多有称引。《论语·述而》："子之所慎：齐，战，疾。"齐，同"斋"，斋戒。

乎？然犹可逃也。疾则生死之介，终身缘饰揣摩内键外鞿，皆无所用之矣，心有不空者乎？无妄之疾喜也[1]，空室之榻卧也，老子之病病也[2]，皆乘此日乾乾而夕惕若之人龙者也。夕乃所以终其日也。夕可者[3]，知人生之皆此惕海也，飞跃于惕海矣。

反对六象十错综

尝曰：知公因在反因中者，三教百家、造化人事毕矣。然语及相因者相反，相反者相因，何其骇人哉！

一分以自偶，偶本同出而还以相交。交则立体，因以象名。象无不对，对无不反，反无不克，克无不生，生无不代，代无不错，错无不综，综无不弥，弥无不纶。有一必有二，二皆本乎一。天下之至相反者，岂非同处于一原乎哉？可以豁然于二即一矣。

盖常一常二而一以二用者也。请言其概：阴阳县判而汁液不解，水火燥湿而用不相离。生克制化，无不颠倒；吉凶祸福，皆相倚伏。能死者生，狗生者死；有无动静，交入如胶。子思之代明错行亶刻画矣[4]，人不察耳。并育不相害，而因知害乃并

---

[1] 《周易·无妄》之九五爻辞："无妄之疾，勿药有喜。"
[2] 《老子·第七十一章》："夫唯病病，是以不病。"
[3] 夕可者，即"夕死可矣"之人，意谓闻道者。
[4] 《礼记·中庸》："仲尼祖述尧舜，宪章文武，上律天时，下袭水土。辟如天地之无不持载，无不覆帱。辟如四时之错行，如日月之代明。万物并育而不相害，道并行而不相悖。"

育之几焉；并行不相悖，而因知悖乃并行之几焉。危之乃安，亡之乃存，劳之乃逸，屈之乃伸。怨怒可致中和，奋迅本于伏忍。小人者，君子之砺石也；刀兵者，有道之钳锤也。澁河少喜者老忌，行跬进前则舍后。犀利之机，惟用翻驳。反其所常，痛从骨彻。由虚生实，由实知虚。有虚有实，归于无虚无实；无虚无实，归于虚虚实实。豁然二即一者，"夜半正明，天晓不露"。[①] 生即不生，有即无有矣。

羲文之摩荡以示人也，神哉！横图，连而反对者也；圆图，望而反对者也；方图，迆而反对者也。贞悔，颠而反对者也；卦爻，推而反对者也；策数，损益而反对者也。人事之于造化诚难言矣，而以此指掌，何其捷乎！

虽有化对、平对、统对之分，皆借对以征用其几者也，即无对矣。无对与有对，亦一相对之借征者也。伦之常之，理之事之，皆是物也。凡反对而贯综其中，非参乎？三在中而两破为四，非五乎？从此千万，皆以中五无五之一，用一切之反对也。举其端而用其余，用余之半皆其半，则所以贯者明矣！东、西、南、北、中、边之名无处不立，则前后、左右、上下之矩无处不成。

---

① "夜半正明，天晓不露"，禅宗各家多有称引论解。例如有人问芙蓉道楷禅师："夜半正明，天晓不露。如何是不露底事？"禅师答曰："满船空载月，渔父宿芦花。"参见〔宋〕普济著，苏渊雷点校：《五灯会元》，中华书局，1984，第883页。

吾于是精六象同时之义焉。此六象者，实三对也。吾于是精十错十综之义焉。此十错者，实五对也。此十综者，实参与两之五对也。

何谓六象？

曰统曰辨，曰同曰异，曰成曰毁是也。辟之宅然，合门、牖、堂、室而号之曰宅。此统天之总也，统象也。分宅之中所曰堂，堂之内可入者曰室，堂室之帘可出入者曰门，开壁纳光者曰牖。此辨名之别也，辨象也。门牖，宅之门牖也；堂室，宅之堂室也，同象也；堂自堂，室自室，门自门，牖自牖，异象也。堂兼室，室兼堂，门兼牖，牖兼门，此宅之成象也；栋梁不可为阶壁，阶壁不可为栋梁，此宅之毁象也。毁宅之中具有成象，成象之中具有毁象。同不毁异，异不毁同。统不废辨，辨不废统。即一宅而六者，同时森然，同时穆然也。躯之备肢体也，天之备日星也，心之于事物也，一也。冬与夏，生与死，显与幽，本与末，内与外，一与多，皆可以断之常之，离之即之，同时错综，森然穆然者也。

请问十错。

曰：一不是多，多不是一，此对舍也。一舍多而未尝不望多待多，多舍一而未尝不望一待一也。摄多于一，摄一于多，此对摄也。摄则相统相归矣。一入多而始为一，多入一而始为多，此对入也。入则相沁相亲矣。夺多然后显一，夺一然后显多，此对夺也。夺之云者，相侵相逼，使之易于摄入云尔。一是多中之一，多是一中之多；一外无多，多外无一。此一即多、多即一之对即也，即之而无多无一矣。然不碍于外多而内一，本一而末多也。惟其不碍，故皆外也，皆内也，皆末也，皆本也，皆显也，皆幽也。不见冬夏之错消息乎？生死之错原反，可知矣；卦爻之错魂魄，夫妇之错鬼神，可知矣。知网之织[1]，如芦之交，如水之合，如火之分，双明双晦，互泯互存。交物之而交理之，交破之而交格之，即交践之矣。

请问十综。

曰：衡平则有左右，绳垂则有上下。衡左与右之相错也，而绳之上综之，则左右合为一列而在下矣。复以左右之下综绳直之上，是亦参两综也。太极为上，则阴阳为下。阴阳相错而太极综之，阴阳即综太极，究何分乎？善恶相错而泯善恶者综之，又以有善恶与无善恶相错，而以一善综之，故知明善、一善、止至善乃三才之主宰也。六合之边为旁，旁自相错，而以中综旁，旁又错中。或以无象之中错有象之旁，即以无象之旁综有象之中，又不碍有各综有，无各综无，而有无绳衡无非参两综也。合中旁绳衡而有衡有旋以综之，虚实气几，冲旋缠密，不可名状，即以无冲旋者综冲旋，是亦参两综也。往来相错，而以见在者

---

[1] 此"知"字，承上句两"可知"之"知"而来；织，可涵括"交""合""分"三者。《东西均·开章》："东西之分，相合而交至。"

综之，又以往来综见在，是亦参两综也。错两综三，而十乂成五，则交轮而错也。以包错综交轮者综之，即以错综交轮者综其包错综交轮者，是亦两无两、参无参、伍无伍之大综也。

圣人视天地间，神之与迹，道之与法，一条一理，一默一影，皆具此同时之六象焉，皆具此同时之离即、断常焉，皆具此同时之十错、十综焉。天地之父请圣人为之师，以教其世世，故逆知顺布，因列此式而盘之，因济此轮而转之，因随其神而明之。至于求捷诱人，一概露布，异方便耳。然不能使六合七尺之不行行布布也，强以露布综行布，即以行布综露布，何所逃乎行布即露布也？不断何以知常？不离何以知即？故先揭两端，所以明一贯也。参伍错综，反隅围半，而左右逢原矣。

太极者，统也。六十四、七十二者，辨也。统辨中之同异成毁，同时不相废也。六子皆二老也，八八皆太极也，同也。二老自生六子而八卦自相因重也，异也。毁坎成离而坎未尝毁，毁离成坎而离未尝毁。毁后天成先天而后天未尝毁也，毁先天成后天而先天未尝毁也。统者，公因也；辨者，反因也。有统与辨，反因也；无统与辨，公因也。公因之在反因中，更何疑乎？知画前，用画后，前在后中，有何前后？此以信顺理开成之为即无为矣。

人泥于人事，而不知其皆造化也。即有尊造化者，而不知所以造其化、化其造也。枘凿犬牙，言或冰炭，说理验物，百舛千差，而今欲以同时征其代错，人岂信乎？故指羲文之象数所蕴如此，明示如此，吾特举而置诸天下人之掌，使易信耳。然非深造之士愈易而愈不信，愈不能自得矣。深以通志，始能几以成务，而明以神默，神以明成。既知其主，即任其官。故不避潦倒，一申微显阐幽之器。

乐之铿然者，中本寂然，所谓无声之声也。五声、六律、七调、八音，是其器也。然尽废此器而专守寂然，又安知声声者即无声之声乎？正乐者依然用此五声、六律、七调、八音，而乐观其深矣。故曰：未有天地而天地之法本立，圣人取而表之耳。愚者由而不知，贤者循而有守，智者通而不越，玄者微而有征。彼巧窃者，何患其遁！而横辩者，何患不折哉！苦于拘肤理者，厌此研极而目为艰深；言无理者，便其放荡而恨不去其籍矣。易神于准，明此者，行窝之后，何人乎！①

---

① 《周易·系辞上》："《易》与天地准，故能弥纶天地之道。"《宋史·邵雍传》："雍岁时耕稼，仅给衣食。名其居曰'安乐窝'……好事者别作屋如雍所居，以候其至，名曰'行窝'。"又，邵雍师事李之才，受《河图》《洛书》以及伏羲八卦六十四卦图，"而雍探赜索隐，妙悟神契，洞彻蕴奥，汪洋浩博，多其所自得者。及其学益老，德益邵，玩心高明，以观夫天地之运化，阴阳之消长，远而古今世变，微而走飞草木之性情，深造曲畅，庶几所谓不惑，而非依仿象类、亿则屡中者"。

时义

当士繟然曰：礼时为大，易言时义，时哉时哉！①

何生曰：义言宜也，宜则中矣。

当士曰：此于无所非中、无所非宜，谓何？夫宜而谓之义者，岂非无所非宜之中有宜、有不宜，而必中此义乃为宜乎？无所非中、无所非宜者，自不必忧，又何言哉？言则言其当当之用，用变而当当不变，当当不变而用亦不变。盖以时时变而义不变也。

子必不痡父，臣必不疧君，踵必不扑首，拏必不剸目，此当当不变之义也。当当不变之义，即本本不变之义也。浚其说者，忠孝皆变，而所以为忠孝者，万古不变者也。溥其说曰：一草一毛，皆万古不变也者，非无此皆变皆常、皆宜皆不宜之理。然圣人明察其适中者以告兆民，大义宜播；余则宜藏，不藏则民反惑矣。惑民者必归粗迹，而吾且以粗迹宜之。子拜父乎，痡父乎？臣拜君乎，疧君乎？其宜不宜也孰甚？即谓溺则捽父，祝则名君，而吾必以拜君父为大宜也。此大宜之粗迹，即天地未分前之皇极，非徒藉经权久暂以御轻君忽父之偏说也。

---

① 《礼记·礼器》有"礼，时为大"，孔颖达疏："揖让干戈之时，于礼中最大，故云'时为大'也。"参见〔汉〕郑玄注，〔唐〕孔颖达疏，龚抗云整理：《礼记正义》，北京大学出版社，2000，第839页。《周易》上经的《豫》及下经的《遁》《姤》《旅》等卦的彖辞皆言及"时义"，叹美曰"时义大矣哉"。除"时义"外，还有"时""时用"等。又，《论语·乡党》："山梁雌雉，时哉时哉！"

君知用半即全、用二即一、用一即三五之义矣。全神全迹，而迹与神自不妨各半也。或三言其神，一言其迹；或三言其迹，一言其神；或正言其迹，而神寓焉，则时宜也。迹有当重不当重，神有当显不当显，此宰天地之时义也。圣人知所以而惟言可以，不浚其所以而所以者自在也，知不可全杀而惟言当杀，不溥其全赦而本不待赦者自在也。不浚其所以而所以者自在，不溥其全赦而本不待赦者自在，此即宰天地之时义也。岂专护无所以不宜之莽高，而荒此有宜有不宜之切义乎？

何生曰：有开必先，虽天地不能与之争。圣人因其开而逆顺之。及其既开，则人视夏秋之于冬春乃冰炭矣，而所以为时义者未尝变也。吾恃此不争而无不宜耳。

当士曰：恃则最不宜矣！此隐怪自受用之大病根也。所以为时者之未尝变也，独不曰所以为时之条条理理各有其宜，而以宜安其不宜者未尝变乎？知时则顺不争，逆亦不争；知义则逆当争，顺亦当争。冰炭本不争，义所在，即听冰炭争之可也。不变与变原不争也，义所在，即更变其所变而争之可也。

平公曰：天自生地而让之以为配，又争之以至于战。因仇其恩，恩其仇，好日生万物而杀之，杀之不已，混沌于是乎杀天地而更生之，是果争让乎？争杀乎？老人破老氏之顶门，曰：混沌其以天地为刍狗乎？圣人无故割剖混沌之肠腹而卦画之，圣人其以混沌为刍狗乎？尝试山其芥，毛其海，独立而观之，何寥寥耶！然后知贯混沌天地者，本无生杀而以生统杀，本无治乱而以治统乱，犹至今无争无让如故也。

何生曰：后生之夏秋，犹上古之冬春也。吾将以时义为刍狗乎？何治何乱？宁从上古之先进耳。

当士曰：平公言其简统，何子言其初统，吾且言其详统。

人但目后世之乱，而羡上古之治，果然乎哉？有欲必争，上古之争而杀戮也，史无书之者耳。知母不知父，雌雄合乎前，比于今日何如乎？所云外户之至治，亦有道在上之一候也，特其剸材近朴，略易治耳。《管子》曰"上古之世，牛马之牧不相及，民老死不相往来"①，此其人稀地荒，所欲易给也。地初生人，虮之出肤也，谁当乳之？乳蚓壤耳。蚓壤可活，则甯封、赤将之教杵臼釜甑，炎帝、后稷之教耒耜粒食，毋乃多事乎？民茸茸如此矣，世攘攘如此矣。使圣人不明切近之伦理，以身范之，民之智巧与嗜欲俱生，君好傴阿，下相抵触，其能一日免贪淫相杀戮耶？无怀、葛天操其法以治周公之天下，听乱而已矣。况欲徙最初睢盱之木以立信，况且毁劝善禁非之榜以大赦，况且衔冤贤赏诈之门以关俍？谓可以安汉唐后之生民而愚衣裳后之黥首，岂不貊其华，兽其人耶？足下以时义为刍狗之

---

① 《管子·侈靡》："偕尧之时……牛马之牧不相及，人民之俗不相知，不出百里而求足。""乡殊俗，国异礼，则民不流矣；不同法，则民不困；乡丘老不通睹，诛流散，则人不眺。"

说,独非刍狗耶?独不悟青黄之文乃万古之青黄耶?中乎时义,刍狗亦金翅也;不中时义,金翅亦刍狗矣。

嗣宗曰:"六经者,处分之语也;《庄子》者,致意之词也。"[1]今之别传,出格致意者也。圣人立象尽意,以处分藏致意者也。人不能致致意之意,则致意之词徒足以乱处分耳。读处分之经,当精义而入神,虽过河舍舟,而舟则常存渡人之万古时宜也。玩致意之词,当弃词而味旨,所谓说火欲热而实画饼不可以充饥者也。尚不执日用不能离之时宜,废偶然一用之时宜,岂反执可以不用、偶然一用之时宜,而废日用不能离之时宜哉?

随时比义者曰:"欲者生生之几也,生必不免,欲又安免?"心无天游,六凿相攘。当当其游,乃天其游。故以天而理其欲,即以理而天其人,即以理其欲之理而人其天,即以人其天、天其人之理而条达其夫妇鬼神之天欲。人人耻不食力,食忘其力;人人愧不勤生,勤忘其生。以故,因赤子贪嗜乳中之爱敬不昧,而旌表太混氏之中堂,颜以仁义之阀阅,而五路之衢以常统变,以宰此统常变之大常。劳之乃安,安乃肯劳;各费其智,以隐其智;学鼓其地,耻舞其天。声非出枹而枹勇于声,节何关容

---

[1] 阮籍,字嗣宗,陈留(今属河南)尉氏人,三国时期魏国诗人,竹林七贤之一。阮籍《达庄论》卷上:"彼六经之言,分处之教也;庄周之云,致意之辞也。"参见陈伯君校注:《阮籍集校注》,中华书局,2015,第143页。

而容自应节。何彻而非机乎？何迹而非神乎？

以生死制其得失，即以得失制其生死，此耻学之籥也。至曰无生死、无得失足以化其生死得失，此寒燠之皆岁，不必廖廓其呋吁者也。以生知死，以得慎失，即以运其无生死得失。此星斗之皆天所必列布其枃指者也。

练材任能，乃所以实天下之道德，使不匮于虚高；讲学论道，乃所以养天下之材能，使不病于鄙琐。幽明一心，而不必标心以荡漾其巧说；今古不易，而不必唾废今古以骋忽其凭陵。因蒸立则，时至事起。法宁详下，勿令假逃迹以逃心；道塞高深，自然践形而游物。君无为，臣有为，此所贵乎君臣之道合也。为即无为，袛①言当为，此所贵乎会极无偏陂也。

易神于准，礼运于器。莫可睹可闻于虚空卦画，莫不睹不闻于伦物鸢鱼。藏其弥纶，但立中道，无过不及，犹斥堠也。熟路轻车，信步愈坦，而不及中之中与过中之中，又何必弥山遍岭捷捷幡幡乎？此显南藏北之位，传以北洗南之心，而共享其无南北之万古法身者也。

教既已名，名且景附，苦蒙②反言痛激。故言知南守北以

---

① 袛，或当作"祇"。

② 苦，谓老子；蒙，谓庄子。按《史记》记载，老子为楚苦县厉乡曲仁里人，庄子则为蒙人。《东西均·扩信》篇以尼山、鹫峰、苦、蒙、嵩少代指孔子、释迦牟尼佛、老子、庄子和禅宗。本篇下文之"西竺"和"嵩少""五宗"，分别代称印度佛学和东土之禅宗。

寓其游而已矣。圣人知学者不知大密大宥而畏难好新也，或以苟全为冥应，不如以规矩藏方圆，故以《易》《春秋》终始之，《诗》《书》纬之，《礼》《乐》经之。文理乃於穆也，《大畜》即《无妄》也。此祖述宪章、上律下袭之覆帱，时也。

西竺以北为毒，而涂其无南无北之鼓，究归治世资生之常住，惟有面南著北之一乘，而因俗表法，侈其指轮，时也。嵩少特为福田之陋，蕲经纶之镂影，以壁雪扫之，时也。五宗设险以守其法，日卓月莘，标无门之专科，时也。然而谲权已甚，必待其人；僢僁①有差，醍醐成毒，岂可以化痞之礵而焚《素问》乎？宋之理堂，建门筑室，朱陆互济凝德，足正人心；而又有行窝之无名公②为大轮，作刻漏，视象数即虚无，知规矩绳衡之用大权，而圆其天用于方地，时哉时哉！

《泰鸿》曰："物之始也倾倾，至其有也録録，至其成形端端王王。"③复初慎终，贵其贯初终之中者也。形藏无形，贯不废轮，岂谓钼割其端端王王，乃以限僿其倾倾之始哉？一日一

---

① 僢僁，不可解，疑当为"僢谍"。《鹖冠子·王鈇》："骥欣足以相助，僢谍足以相止。"僢，"侦"之异体；谍，侦伺。参见黄怀信：《鹖冠子校注》，中华书局，2014，第193页。僢谍，与"谲权"成对文。

② 行窝之无名公，谓邵雍。

③ 《鹖冠子·泰鸿》："夫物之始也倾倾，至其有也录录，至其成形端端王王。"倾倾，当作"颖颖"，万物初始混沌无形之貌；録録，有轮廓之貌；王王，乃"正正"之讹；端端王王，言形定之貌。参见黄怀信：《鹖冠子校注》，中华书局，2014，第222—223页。

夜，必以亭午为日中。万国之礼乐，必以中土为日中。南方三会，尧果则天，而大成条理，集于孔里。此一元之日中，即元其元之日中也。大其说，所以治小；小其说，所以治大。本无大小，适以小大；必归见必，小小大大。目法纪为陈迹，而贪从心之便捷，此恶日午而匿驹隙者耳。翘肖滋芽，皆以形制其命；气感事遂，即以践消其情。唯俞《勺》《象》[①]，蟠极崇卑；蒸化六连，二真不二。自非舍身精人，安能谿然行生乎？

天用日以治天，日分光与月星以代错，而於穆自不已矣。岂得空执一句於穆之浑噩，而令人不辨黄赤，反冬葛而夏裘哉？何不长裸裎[②]乎？浅肤苟溺，宜用波翻互五两帆樯，长年主政。可以出世之宝筏，为倚天之风旌，要必以《图》《书》之指南，定伦物之安宅。壁龙飞去之语，重在言先；护教出奇之兵，以此罥药。处天日之中者不达其故，而效步邯郸，日出多伪，安取不伪？饮人狂药，责人正礼，此利器之不可以示人者也。

有所以为道德功力者焉，有道之道德功力焉，有德之道德功力焉，有功之道德功力焉，有力之道德功力焉：五各一法，而实一法也。化先教，教先治，三者各致其因，而实一因也。

---

① 《礼记·内则》："十有三年，学乐诵诗，舞《勺》。成童，舞《象》，学射御。"成童，十五岁以上。《勺》《象》，这里代指礼制。参见〔汉〕郑玄注，〔唐〕孔颖达疏，龚抗云整理：《礼记正义》，北京大学出版社，2000，第1013页。

② 裎，原本作"程"，当改。

密此因也，显此因也，与民约法其密因，安得不与民约法其显因乎？《大传》曰："徽号器械，可与民变革者也。亲亲尊尊，造端有别，此不得与民变革者也。"① 人不知舍存无泯之同时，不知不落有无之用有，剽袭泡影之半示，势必揝㮍其君亲②，尊卑易世无以相贱然矣。流遁决绝之行，覆坠不反，觍面贱其所尊，则世何赖焉？岂知万古不动寂场，万古不动此尊亲有别之寂场耶？今以天日为确征，明圣教为主宰，不惜破口正告回澜；以六游之寓庸，为八阵之握奇；温迂腐之旧本，新善巧于言外。辟如数千年误解祝歌，哑其琴瑟，今可以合奏矣。补开辟之象纬，考其赢缩③，亦一时也。羲文何苦六六七七八八乎哉？正恐人借口浑噩，而不分皂白耳。

　　生即无生，毕矣。正欲疑激上根，不顾夭札中下，相传护

---

① 《礼记·大传》："立权度量，考文章，改正朔，易服色，殊徽号，异器械，别衣服，此其所得与民变革者也。其不可得变革者，则有矣。亲亲也，尊尊也，长长也，男女有别，此其不可得与民变革者也。"《礼记·中庸》："君子之道，造端乎夫妇，及其至也，察乎天地。"造端有别，这里指男女有别。

② 揝，疑当作"揸"，掘地，这里意谓凿地为尊。㮍，亦作"罍""櫑"，古代刻有山云图纹的盛酒的祭器，也称"山尊"。《礼记·礼运》："夫礼之初，始诸饮食，其燔黍捭豚，汙尊而抔饮，蒉桴而土鼓。"揸㮍，有素朴的礼敬之意。

③ 《管子·势》："成功之道，赢缩为宝。"尹知章注："赢缩，犹行藏也。所谓时行则行，时止则止，其道乃著，故以为宝。"参见黎翔凤撰，梁运华整理：《管子校注》，中华书局，2004，第885页。赢缩，亦有时义在。

高骕食，何知道在时宜？逃影息荫，专自听之，遂乃推山填壑，伐木折屋，安得不为吾父老一剖白免误也？将谓各食其力、各勤其生之生即无生乎？抑听其蠢然食人、恣险害政之生即无生乎？若专夸全杀全赦之围，而怒人明杀三赦一、赦一杀三之范，则生即无生之夷、跖平等，必至有跖无夷。即使真泯者自受用其空心，而旁睨者之横行，徒雕悍于败俗伤化，是治心治世反作二断株矣。

将讲祸世之生即无生乎？抑讲善世之生即无生乎？膻传成市，达恶自在，鹫岭久涕，阙里毁垣，而从之更为之巧辞曰："生即无生，已不容分别矣！"嗟乎！宁许死水，犹免狐号；荷薪家常，必铎好学。止为情识钩琐，不肯沉痛返闻，故淬斋戒神武之剑，恨不迎跃如星耳。曾知死尽偷心之溅血，即心自本无之出汗耶？得意作贼出棘之谬呼，尽彻还乡游国之廛舍耶？父祖之田依旧末耝，兔葵燕麦固不暇分吾美种之力也。

何生曰：一者苦护己齿，一者木石鲩断，一者虫鸟蹊髁，三皆足风冷汰。虽太觳①不通，然黄墨精谨，素积矩步，别喤占拜，理义刍荞者，几及此辈坚定万分之一二乎？苟啐然于本无增减，则一切之说不受角觽獬猲荒块等也。虽太放不训，然雠比攻苦刻骨树节，胫胫物禁危立不容者，曾不能一旷此览。况乡里龊

---

① 觳，疑当作"彀"。彀，坚实。

龁马策自封，实无卓见而自谓不屑者，讵能望其涯涘耶？

当士曰：太觳不通者，道非其道，而为已甚之酷命所惑者也。听其小成，吾亦敬之。大放不顺者，多方迸出而贪其受用，遂尔不顾帝王，不顾后世。此以无所得之麻沸为常飡者也。原于厌学，不知时义，故执一耳。子将为死人乎？为别墨乎？甚则为禽兽乎？即免三者，而不知学即绝学，犹执一也。尽则必反，已甚必有迅报。苟悖王法，君子所恶，故以中和养之。宁容识不卓而不敢放者，宁容命根未断而畏理义者。宁使夫妇执君子之一。执君子之一，而百家已半理矣。况有一不执一之时中君子乎？故断之曰：逆知无始之玄通，顺安两间之黄理；既以统天，依然用日。是故劝绝甦之放旷，当以茎畲道器浴大成之薪水。若乃素王之徒，世受达巷天恩，自当考旋丽明[1]，崇礼成乐。国赖经术，俗景羽仪乃反习护宗之诃刺，借吹毛以反戈，而六合七尺虚空之图书，喑聋巧遁。实不明此画后，乃曰吾惟知画前耳；实不能明伦物，乃曰吾惟质鬼神耳，暴弃已矣。詈古今之劝人勿暴弃者，不惜兽天下以自便耶！何以见天鷞？《赞宁志》曰：天鷞，有父子君臣之别，见兽必教，晓则鸣于高峰之上。鷞音异。

---

[1] 《周易·履》之上九爻辞："视履考祥，其旋元吉。"考，考察；旋，复反。回视已往之行事，考察善恶征祥，周旋反复，无有亏欠，吉庆当之。参见尚秉和：《周易尚氏学》，中华书局，1980，第74页。《晋》之《彖》有"顺而丽乎大明，柔进而上行"。丽，附丽；明，明德。

何生曰：彼不以自便为耻矣，欝奈之何？

当士曰：彼必为之说以自便，则其皮下之耻，已为吾卦画鬼神所奈何矣。邵子曰："盗跖言天下之不可强，虽圣人亦不能强也。"① 愚曰：闻此说而喜者，万世之尘沙盗跖也，庄子早为之痛耻肺肝矣。圣人虽不能强盗跖之口，早已强过万世左祖盗跖之梦魂矣。六言六蔽②如照妖镜，千古巧说以自高者，梦魂寒不寒耶？景逸先生曰："今论患执，执善则拘，执无则荡。荡之于拘，倍蓰无筭。"③ 有回荡者，宜荡者，孤荡者，豻荡者，皆时义之不彰，而偏高似是之尊门授以利器也。先禁鄙天下之学问，以易受其所愚；徐激天下之诈谖，以与辟邪者仇诘。佯借熄理以为

---

① 邵雍《观物外篇》："《盗跖》言事之无可奈何者，虽圣人亦莫如之何。""庄子著《盗跖》篇，所以明至恶，虽至圣亦莫能化，盖上智与下愚不移故也。"参见〔宋〕邵雍：《邵雍集》，中华书局，2010，第176、175页。《庄子·盗跖》篇叙述孔子不听劝阻，与颜回和子贡一同去见盗跖，欲说服盗跖改邪归正，却被盗跖痛斥为"盗丘"，最后落荒而逃。

② 《论语·阳货》："子曰：'由也！女闻六言六蔽矣乎？'对曰：'未也。''居，吾语女。好仁不好学，其蔽也愚；好知不好学，其蔽也荡；好信不好学，其蔽也贼；好直不好学，其蔽也绞；好勇不好学，其蔽也乱；好刚不好学，其蔽也狂。'"六言六蔽，谓仁、知、信、直、勇、刚六事；孔子呼之而问而告，意在劝学。参见〔清〕刘宝楠：《论语正义》，中华书局，1990，第269页。

③ 高攀龙，初字云从，更字存之，别号景逸。其学出入朱陆之间，与顾宪成在东林书院讲学，时称"高顾"。高攀龙《方本庵先生性善绎序》："著善则拘，著无则荡。拘与荡之患，倍蓰无算。故圣人之教，必使人格物。"（明崇祯五年刻本《高子遗书》卷九）。蓰，五倍；倍蓰，泛言多倍。

灯影之谐谈,阴纵距善以为夺帜之上赏。乡狂堕业,探此醉心;未历县崖,袭其藐肆。美禽兽为率性,责圣贤为教假。一切皆赦,惟步趋理学者不赦。天下闻之,未尝不嘻曰"甚矣"而心窃喜之,以其便已而足慰也。淫涵免于色,而且色乎缮身者以为矫伪矣;娈秽免于嗤,而且可以嗤高洁者为枉受黥劓矣。逞其大雄,黠能钳众,诃修讪学,足以巧媚世人。谁不氇附此偏奇旷达之幢,而密护此寂乐大定之秘耶?犹且诳人曰:"泞流不染,不可思议者也。"犹且诳人曰:"此援人之生死,以大报君父者也。"将诳天乎?杨墨未尝无君父也,几伏此势矣。《诗》曰:"为鬼为蜮,则不可得。"① 以鬼迷愚氓,以蜮射君子,乃天其跖,乃跖其天,谁得其情乎?以出生死为囮,而以炼人亡耻为术者也。周末至今,邪异之浸淫要未有甚于此时之此几者矣。会万元之日午而不明此时义以存几希之耻,谓能坐视而忍之耶?

何生曰:不有天之乡愿乎?不有天之无忌惮乎?天坐视之矣。

当士曰:天之坐视万物也,以托圣人为至也;圣人之坐视万世也,以君子宰其职也;心之坐视万物也,以慎思教学者得其官也。正名正词,职之首务。豺虎虽恃天之容而乱民之职,其

---

① 《诗经·小雅·何人斯》:"为鬼为蜮,则不可得。"唐陆德明《经典释文》:"蜮,状如鳖,三足。一名射工,俗呼之水弩,在水中含沙射人,一云射人影。"参见〔汉〕毛亨传,〔汉〕郑玄笺,〔唐〕孔颖达疏,龚抗云等整理:《毛诗正义》,北京大学出版社,2000,第895页。

如时义君臣磨照妖之镜哉?

天之乡愿,吾目之曰"称物平施"①;天之无忌惮,吾目之曰"不忧不惧"②。称物平施,谓其忌惮乎斯民三代之天,可也;不忧不惧,谓其善媚乎戒慎危微之天,可也。且知圣人为主、君子为宰之天,即不知其主、不知其宰之天乎?且知圣人为主、君子为宰之天,为时乘六龙之真天,而空执一汗漫鬼域无实不祥之天,为井蛙泥蝗之死天乎?以天为名,何物非天?又不如天其跖、跖其天之滑稽矣。

必将曰:人死天死,究竟如何?磨镜者曰:君尝谓世本自治,则鬼本自治,天本自治,究竟本自治。夫既不喜有治世之麟凤,又何独喜有治鬼治究竟之果口③乎?如曰不得已而治鬼,何不曰不得已而治世?何不可曰不得已而治天乎?究也何竟?今时即竟。人死天死之竟,即生天生人之竟。为此诙诙炙毂者,无入不自得之风纹水痕刻画写意耳。岂其纵今时之乱以诏固陋任放者,本自如此灭理禁学之簧舌哉?故曰:听二教之攻玉,分即是合。

---

① 《周易·谦》之《象》:"地中有山,谦。君子以裒多益寡,称物平施。"孔颖达疏:"'称物平施'者,称此物之多少,均平而施,物之先多者而得其施也,物之先寡者而亦得其施也。"参见〔三国魏〕王弼注,〔唐〕孔颖达疏,卢光明、李申整理:《周易正义》,北京大学出版社,2000,第96页。

② 《论语·颜渊》:"司马牛问君子。子曰:'君子不忧不惧。'曰:'不忧不惧,斯谓之君子已乎?'子曰:'内省不疚,夫何忧何惧?'"

③ 口,似当作"蓏"。方以智《向子期与郭子玄书》:"果蓏有理,人伦相齿。"

明天日之正法，则邪亦正经。深几自神，风力自转。时时务事人之义，即时时务事鬼之义；时时教成治世之人，即时时享此自治之世。是谓时时补万世之天，以养万世之天。曰参曰赞，犹强名也已。

何生笑，当士哭，平公哭笑同时，曰：苍天之漏，何以补之？然谓漏不必补者，是凿天而漏矣。言天漏者此时，言补漏者此时，而相望于无漏者，全赖有此争时义者补漏之言在也。老人随时，乐得省力。

必余

问曰：卢充生子以鬼，胡母班乞父于神。再生之女哭狗魏后，伏棺之婢嫁人生子。《搜神》《乘异》①，岂尽迂语？蒋济记死儿于士孙阿，羊祜取金环于李氏；刘聪为死为王而喜，韩擒虎知为阎罗而自足；王珉子练乃是胡僧托生，王鄱弟鄂仍知百堂经卷；房绾前身为永上人，崔慎由子掌握衲字；希夷知南庵，东坡为戒演；白云端相见一笑，栽松寄宿浣水；慧宽存龙怀之声，圆观三生即圆泽。近代此类，殊复比比，因果信否？

曰：一分为阴阳而因必有果，犹形必有影也。寂与感，往与来，

---

① 搜神，即干宝之《搜神记》；乘异，即张君房《乘异记》。卢充、胡母班之事，分别出自《搜神记》卷十六、四；再生女，即邺中妇人，出自《神异录》(《太平御览》卷三百七十五)；伏棺婢女事，出自《晋书·干宝传》。

仁与树，初与终，凡两端者皆是也。《老子指归》曰："人之生死也同形。"[①]庄子曰："灭而有实，鬼之一也"，"其形化，其心与之然，可不谓大哀耶"。[②]月者日之影[③]，梦者寤之影，死者生之影。圣人以卦爻图魂魄，其视魂魄之儴变，犹奇耦飞伏也；以吁噏收元会，其视元会之轮转，犹呴息吐纳也。弥纶虚空，无非此一在二中者，岂可离哉？是以动静之间知其几，而庆殃之来必其余。余者，自可见以必其不可见也，自可定以必其不定者也。

《观物篇》曰："人畏鬼，鬼畏人。人积善而阳多，鬼益畏之矣；积恶而阴多，鬼不畏之矣。大人'与鬼神合其吉凶'，何畏之有？"[④]惠从影响，质而无疑，果何疑乎？宰我问鬼神之义，子曰："气者，神之盛也；魄者，鬼之盛也。合鬼与神，教之至

[①] 《老子指归·天下谓我章》："庄子曰：日月之出入也同明，人之死生也同形，春秋之分也同利，玄圣之与野人也同容，通者之与闭塞也同事，道士之与赤子也同功。"参见〔汉〕严遵撰，樊波成校笺：《老子指归校笺》，上海古籍出版社，2013，第169页。

[②] 《庄子·庚桑楚》："出而不反，见其鬼；出而得，是谓得死。灭而有实，鬼之一也。以有形者象无形者而定矣。"《庄子·齐物论》："人谓之不死，奚益？其形化，其心与之然，可不谓大哀乎？"

[③] 邵雍《观物外篇》："月者日之影也，情者性之影也。"参见〔宋〕邵雍：《邵雍集》，中华书局，2010，第151页。

[④] 邵雍《观物外篇》："人之畏鬼犹鬼之畏人，人积善而阳多，鬼亦畏之矣；积恶而阴多，鬼不畏之矣。大人者'与鬼神合其吉凶'，夫何畏之有？"参见〔宋〕邵雍：《邵雍集》，中华书局，2010，第153—154页。

也。"① 阳主气，阴主魄，祭以阴从阳，以气摄魄。燔燎萧光以报气，郁鬯汤焰以报魄，合鬼与神者也。果示民有知无知而疑乎？曾子曰：古之人，胡为而死其亲乎？② 延陵之言无不之也③，子产之

---

① 《礼记·祭义》："宰我曰：'吾闻鬼神之名，不知其所谓。'子曰：'气也者，神之盛也。魄也者，鬼之盛也。合鬼与神，教之至也。'"孔颖达疏："言人死，神上于天，鬼降于地，圣王合此鬼之与神以祭之。"参见〔汉〕郑玄注，〔唐〕孔颖达疏，龚抗云整理：《礼记正义》，北京大学出版社，2000，第1545页。

② 《礼记·檀弓上》："仲宪言于曾子曰：'夏后氏用明器，示民无知也。殷人用祭器，示民有知也。周人兼用之，示民疑也。'曾子曰：'其不然乎，其不然乎！夫明器，鬼器也。祭器，人器也。夫古之人，胡为而死其亲乎？'"无知，按郑注"所谓致死之"，谓死者是无知觉的；有知，按郑注"所谓致生之"，认定死者有知有觉；疑，按郑注"言使民疑于无知与有知"，即在死者是无知觉还是有知有觉之间摇摆疑惑。参见〔汉〕郑玄注，〔唐〕孔颖达疏，龚抗云整理：《礼记正义》，北京大学出版社，2000，第269—270页。

③ 延陵，春秋时期吴邑，为吴国公子季札的封地（或言因让国而避居于此），这里借指季札。按《礼记·檀弓下》记载：吴公子季札出使齐国，在回国途中，其长子去世，季札决定就地安葬。孔子认为延陵季子是吴国谙熟礼仪之人，于是前往观看葬礼："其坎深不至于泉，其敛以时服。既葬而封，广轮掩坎，其高可隐也。既封，左袒，右还其封且号者三，曰：'骨肉归复于土，命也！若魂气则无不之也，无不之也！'而遂行。"孔子赞美季札之于礼仪，"其合矣乎"。参见〔汉〕郑玄注，〔唐〕孔颖达疏，龚抗云整理：《礼记正义》，北京大学出版社，2000，第366页。

言精物也①;昭明者言乎与天为徒也,焄蒿者言乎与阳为徒也,凄怆者言乎与阴为徒也;②皆示民有知者也。神道设教者因物之精,致为之极,明命鬼神,以为黔首则③,岂臆设乎?

京氏引孔子曰:"一世二世为地易,三世四世为人易,五世六世为天易,游魂归魂为鬼易。"④ 有不变之世焉。魂去魄则游,

---

① 《左传·昭公七年》记载:子产出访晋国时,赵景子问起伯有(良霄,字伯有,郑简公时为卿,主持国政时发生内乱,被杀于羊肆)能否变为鬼的问题,子产回答说:"能。人生始化曰魄,既生魄,阳曰魂。用物精多,则魂魄强。是以有精爽,至于神明。匹夫匹妇强死,其魂魄犹能冯依于人,以为淫厉。况良霄,我先君穆公之胄,子良之孙,子耳之子,敝邑之卿,从政三世矣。郑虽无腆,抑谚曰,蕞尔国,而三世执其政柄,其用物也弘矣,其取精也多矣。其族又大,所冯厚矣。而强死,能为鬼,不亦宜乎?"参见〔晋〕杜预注,〔唐〕孔颖达疏:《春秋左传正义》,北京大学出版社,2000,第1437—1439页。
② 蒿,原本作"萬",当改。《礼记·祭义》:"其气发扬于上,为昭明,焄蒿凄怆,此百物之精也,神之著也。"昭明,谓气之精魂升上为神灵光明;焄蒿,谓香臭烝而上,出其气蒿然也;凄怆;谓此等之气,人闻之情有凄有怆。参见〔汉〕郑玄注,〔唐〕孔颖达疏,龚抗云整理:《礼记正义》,北京大学出版社,2000,第1546页。
③ 致,似当作"制"。黔,原本作"黯",当改。《周易·观》之《彖》:"圣人以神道设教,而天下服矣。"《礼记·祭义》:"因物之精,制为之极,明命鬼神,以为黔首则,百众以畏,万民以服。"制,造制,与原本的"致"大体相通。明,犹尊也;黔首,万民;则,法也。参见〔汉〕郑玄注,〔唐〕孔颖达疏,龚抗云整理:《礼记正义》,北京大学出版社,2000,第1546—1547页。
④ 《京氏易传》卷下:"孔子云:易有四易:一世二世为地易;三世四世为人易;五世六世为天易;游魂归魂为鬼易。"参见郭彧:《〈京氏易传〉导读》,齐鲁书社,2002,第133页。

游也者变象也，散而不常者也。不灭者不常，故鬼神之知不同于生人之知；不常者不灭①，故鬼神之知可以为生人之知。两者鬼神之情状，而君子之所以反终也。反其终不以终而遂无，则原其始不以始而后有。始卒若环，莫得其伦。所谓"出于机，入于机"②，而以为春夏秋冬也。岂惟申生见梦、伯有为厉乃谓之物，崇伯为黄熊、实沈为参星乃谓之变，而始信有鬼神哉？必以《易》论卦爻之情状，非谓幽闇之鬼神，则丧之升屋而号也，祭之有阖门也，祝之有嘻歆也，不几尘饭土羹，戏其来格而隐怪首伪耶？张子曰："鬼神者，二气之良能也。"③朱子曰："神者阳之灵，鬼者阴之灵。"④灵之能之矣，且得谓之无知乎哉？

乾竺以黑白异熟论报十七中有⑤，乃为原始反终、精气游魂之情状，丹青一注疏耳。儒者不计获报，但必以理，所以祛妄知鬼神之惑也。处乎今日，岂得不一详论之乎？本一气也，所

---

① 不常者不灭，原本作"不常不灭者"，当改。
② 《庄子·至乐》："万物皆出于机，皆入于机。"
③ 张载《正蒙·太和》："鬼神者，二气之良能也，圣者至诚得天之谓；神者太虚妙应之目。"参见〔宋〕张载著，章锡琛点校：《张载集》，中华书局，2012，第9页。
④ 朱熹《中庸章句》注"鬼神之为德，其盛矣乎"曰："程子曰：'鬼神，天地之功用，而造化之迹也。'张子曰：'鬼神者，二气之良能也。'愚谓以二气言，则鬼者阴之灵也，神者阳之灵也。"参见〔宋〕朱熹：《四书章句集注》，中华书局，2012，第25页。
⑤ 黑白，犹善恶。异熟，犹果报；因与果必异时而熟，故云异熟。中有，即中阴，谓在死此生彼中间所受之阴形。

以为气者心也。气几旋转，消息不已，变变化化，大小一致。《法句经》①曰："阴中无色，但缘气耳。"凡为理所不至，皆思之所可至；凡为思之所可至，即理之所必有。精入穷尽，即能知之，六通岂欺人哉？《七釜》篇所云"召风雨""骑凤雀""席蛟鲸""成龙虎""死尸行，枯木华，豆中摄鬼，杯中钓鱼，画门可开，土鬼可语，皆纯气所为也"。②"耕习牛则犷，猎习虎则勇，渔习水则泅，战习马则健，万物可为我。我之一身，内变蟯蛔，外蒸虱蚤，瘠则龟鱼，瘘则鼠蚁，我可为万物"。③《化书》曰："动

---

① 《法句经》，原作《句法经》。《法句经》，又称《法句集经》《法句集》《法句录》等，为早期佛教经典之一，后分为三十九品。《宗镜录》卷三即有称引："又因心照境，全心是境；各无自性，唯是因缘。故《法句经》云：焰光无水，但阳气耳。阴中无色，但缘气耳。参见〔五代宋〕释延寿辑，杨航整理：《宗镜录》，西北大学出版社，2006，第52页。方以智在前文的《三冒五衍》篇中曾提及释延寿（又称永明延寿，或称永明）的《宗镜录》。
② 《关尹子·七釜》："知道无气，能运有气者，可以召风雨。""得道之清者，物莫能累，身轻矣，可以骑凤鹤：得道之浑者，物莫能溺，身冥矣，可以席蛟鲸。""物即我，我即物；知此道者，可以成腹中之龙虎。""人之力有可以夺天地造化者，如冬起雷，夏造冰，死尸能行，枯木能华，豆中摄鬼，杯中钓鱼，画门可开，土鬼可语，皆纯气所为，故能化万物。"参见尹喜：《关尹子》，中华书局，1985，第49—50页。
③ 泅，当作"沉"。《关尹子·六匕》："耕夫习牛则犷，猎夫习虎则勇，渔夫习水则沉，战夫习马则健，万物可为我。我之一身，内变蟯蛔，外烝虱蚤，瘠则龟鱼，瘘则鼠蚁。我可为万物。"参见尹喜：《关尹子》，中华书局，1985，第46页。

静相和化火，燥湿相蒸化水，水火相勃化云，汤盎投井化电，饮水雨日化虹。由是知五行可役，天地可以别构，日月可以作我。今夫头圆足方，五行运内，二曜明外，斯亦别构之道也。"①

习成于识，中阴为业，详征于实，则虚亦如是。厄于水者，男覆女仰。雉经地下，掘之得炭。父子滴血，枯骨相合；葬乘生气，则应子孙。它如貂皮见猫，蓬结如絮。獭治肺痈，取其能下。穿山甲塞漏辟蚁，以其生能穴山而食蚁也；鹜治隔食之虫，以能喙木出蠹也。物死之后，糟魄之性不改且如此矣。无情者不独草为萤，麦为蛱，枫为羽人也。水窦下溺，以习溜也；杵糠疗噎，以习碎也。无情之物，沿习成性，不改且如此矣。况识阴传命，终日习成一印去文存之质剂乎？

经络之相旋不误一道，父母胚中之所习也。天左旋而枢不动，混沌胚中之所习也。石竹成锦，杂莳变色；药种芝柟，可

---

① 电，当作"雹"。《化书·动静》："动静相磨，所以化火也；燥湿相蒸，所以化水也；水火相勃，所以化云也；汤盎投井，所以化雹也；饮水雨日，所以化虹霓也。小人由是知阴阳可以召，五行可以役，天地可以别构，日月可以我作。有闻是言者，必将以为诞。夫民之形也，头圆而足方，上动而下静，五行运于内，二曜明于外，斯亦构之道也。"参见〔五代〕谭峭撰，丁祯彦、李似珍点校：《化书》，中华书局，1996，第26页。

以五采；瓠卢如斛，枣李甘接。虚中《聿斯》，论命奇中。[1]谣讖镜听，灵手三式。岂非后世人心日新，其阴阳亦日新乎？可知无始之教习阴阳，即是教习天地；造端之教成夫妇，即是教成鬼神。有体物之鬼神，即有成能之鬼神，即有作怪之鬼神，皆相因一有俱有者也。暴化虎，淫化妇，凶戾之为厉，义烈之为神，不足骇也。伏蛰而旋气，息神以习仙，确乎仙矣；际断而忍神，化气以习定，确乎定矣。然气聚必散，定力有尽，故大乘呵学仙为守尸，斥入定为鬼窟。然毗卢在一切中，未始不寄历也。凡夫之人贪著其事，一语无事，则荡而暴弃。两皆不得，乃可自得。若不能彻生死根，即为鬼神所制。造业受报，自中其因。倘能曝地心空，纤无幂系，迦延典主，无如之何。

《礼运》曰"知气在上"[2]，故推知清气无不上升。东坡曰"志

---

[1] 虚中，谓李虚中；聿斯，即《都利聿斯经》。韩愈撰有《殿中侍御史李君墓志铭》："殿中侍御史李君名虚中，字常容……年少长，喜学；无所不通，最深于五行书。以人之始生年月日所直日辰支干相生胜衰死王相，斟酌推人寿夭贵贱利不利；辄先处其年时，百不失一二。"参见〔唐〕韩愈：《韩愈全集》，上海古籍出版社，1997，第271页。

[2] 《礼记·礼运》："故天望而地藏也。体魄则降，知气在上。"孔颖达疏："以天望招之于天，由知气在上故也。"参见〔汉〕郑玄注，〔唐〕孔颖达疏，龚抗云整理：《礼记正义》，北京大学出版社，2000，第778—779页。

胜气为魂,气胜志为魄",果其清明如神①,豁然无累,吹光割水,自本然矣。性起即习,离习无性。逆习复性成圣,顺习放情成凡。知不习之习,则无凡圣矣。然此乃圣不自圣之无圣凡,非纵情灭理之无圣凡也。世即出世,必言善世;扶习润生,随轮超轮。邵子"虚过万死,是不曾生"之语,何异劫火洞然之大随乎?②

问曰:然则表法之说与不落不受之说相因耶?

曰:天地为混沌之表法,卦爻为太极之表法,人物为《图》《书》之表法,日夜为先后天之表法,言语为千圣之表法。表形侧影,小大虚实,条条琐琐,对本不差,非曰表法便子虚也。蚰有国家,鸟有方言,人能知乎?横目之氓,局促咫尺,其所不见,则荒唐之耳。公心寓心,精神为圣,总此一无所不学则无所不能之灵府,为相因不停,实而无成之蕴蒸。帝王以此嘱付蓍龟,如来以此止啼解甄,外道以此弹骨嚼臂,偏魔以此惊象然犀。不过因果,为因果依,彼止举因,以见其要。所谓因

---

① 《苏氏易传·系辞传上》:"众人之志,不出于饮食男女之间,与凡养生之资。其资厚者其气强,其资约者其气微,故气胜志而为魄。圣贤则不然,以志一气,清明在躬,志气如神,虽禄之以天下,穷至于匹夫,无所损益也,故志胜气而为魂。众人之死为鬼,而圣贤为神。非有二知也,志之所在者异也。"参见〔宋〕苏轼:《苏氏易传》卷七,中华书局,1985,第158页。

② 邵雍《极论》:"下有黄泉上有天,人人许住百来年。还知虚过死万遍,都似不曾生一般。"参见〔宋〕邵雍:《邵雍集》,中华书局,2010,第407页。"大随"之义,请参方以智《东西均·扩信》:"当知大随即是本无,见即无见,在在图书。"这里的"图书",特指《河图》《洛书》。

该果海，果彻因源，原不坏因因果果也。拨空断空，谓之恶空。倚那伽以狠恶其拨断，假不受开巧纵之奸场，比永嘉所叹莽荡招殃者[1]更百倍矣。向有鼓声之论，岂知声尽而还于未始，声者何曾尽乎？不落云者，犹云於穆不落天地，太岁不落冬夏云尔。不受之说，亦云尔也。

日本空珥蚀之相，即谓之不受珥蚀之报，究亦不避珥蚀之报，何硋乎任其珥蚀之相？阿衡之接履，放君也；负扆之鸮诗，痛弟也。何有相与报？何嫌相与报？消嬗代于卮酒，等革命于方罫，则谓之本空不受可也。今何得以无入不自得之无心不受报，而遂斗胆于达恶之无报哉？恶贯漏王法者十之四五，漏民所见之天网十之一二，且漏者或阳恶有隐善、阳善有隐恶之故耳。近核于身名嗣业，果报昭然，则远必其余庆余殃，幽明如券。

空房尚怖鬼，赤日敢欺天乎？本空不受，乃幢林万行之地。绝甦正觉，犹须推虚空之座。入尘度生，岂具缚凡夫所可假吻耶？《诗》曰"自求多福"，贵自求耳。[2] 不计福，亦不避福也。

---

[1] 永嘉，指唐代高僧永嘉玄觉禅师，其《证道歌》中有"豁达空，拨因果，漭漭荡荡招殃祸"。参见弘学：《永嘉玄觉禅师〈证道歌〉讲析》，巴蜀书社，2006，第18页。

[2] 《诗经·大雅·文王》："无念尔祖，聿修厥德。永言配命，自求多福。"朱熹《诗集传》："言欲念尔祖，在于自修其德，而又常自省察，使其所行无不合于天理，则盛大之福，自我致之，有不外求而得矣。"参见朱杰人、严佐之、刘永翔主编：《朱子全书（修订本）》第一册，上海古籍出版社、安徽教育出版社，2010，第654页。

《大有》之《象》曰："遏恶扬善,顺天休命。"① 此惟恐人颟顸其未形之天命也。知扬半即遏半之善继其休,即知全莫全奉之常继其主。世之尊知火驰,好夸无上露布,一语因果,辄姗笑之,实以阴决其廓断耳。

穷理之士又护后护之恬容,而不肯委悉其利害,徒命流辈顾而却步,厌其迂阔,无以鼓舞。然后知易不专奉太极,而惟告吉凶,归于无咎,岂不善于牖民深志几务以明其神哉?圣人曰："诚者自成。"② 信为善母。民之信道,不如信德;信德,不如信法;信法,不如信物。故多方征之,以不如利害之本自信也。反复申表其所以为利害之因,而果已具矣。

利害之不容欺者,莫如鬼神。鬼神不掩,即心受命。知天以事亲,事心以孝天。格其祖考,萃万国于庙中,各思无忝其所生已。塑神明于衾影,盥而不荐,观生有孚。③ 人有知洋洋、

---

① 《周易·大有》之《象》："火在天上,大有。君子以遏恶扬善,顺天休命。"
② 《礼记·中庸》："诚者,自成也;而道,自道也。"
③ 《周易·观》之卦辞："盥而不荐,有孚颙若。"王弼注："王道之可观者,莫盛乎宗庙。宗庙之可观者,莫盛于盥也。至荐简略,不足复观,故观盥而不观荐也。"《观》之六三爻辞有"观我生",九五之爻辞有"观我生",上九之爻辞有"观其生",故言"观生"。宗庙之可观,不在建筑,而在盛大的祭祀活动。在祭祀礼仪中,无论是自下而上的仰观还是自观,或观风观民,皆以诚敬之心,信孚于神明。参见〔三国魏〕王弼注,〔唐〕孔颖达疏,卢光明、李申整理:《周易正义》,北京大学出版社,2000,第114、116、117页。

如在①之所以如乎？固已塞两间，周万禩，使幽明合莫为天地，作左验之铜城矣。

《四十二章经》曰："人事天地鬼神，不如事其二亲，二亲最神也。"②圣人罕言，而以行与事示之。卦变礼乐皆示鬼神者也，祭祀为尤显耳。绝地天通，而因二以一。务民安生，即以安心。心安则无心，无心则诚之至矣。

天地以生为德，人物以知为德，鬼神以诚为德。生也，知也，诚也，相禅为一而愈盛者也。民视民听，即天视天听也。知生即知死，犹毕日即毕夜也。此非视听之可自信者乎？信其视听，而造端报其人之天矣。以故正告万世，信其本因末果，而即知因果同时之旨，原非惑因果以矫诬也。见在为经，柄归直下。施受本如影响，我何问其去来？但立主宰，其余自必。惟尽乃心，其几自知。何侈口乎学修不及之性天，而反忽其无所逃之大戒？

知由

分知行，非知知行者也；合知行，亦非知知行者也。

曰：知贯知行而自为代错乎？知已行于古今矣。似之而真，真之而周；巧之而力，力之而中，皆蒸之于气、灯之于然也。

---

① 《论语·泰伯》："子曰：'师挚之始，《关雎》之乱，洋洋乎盈耳哉！'"《论语·八佾》："祭如在，祭神如神在。子曰：'吾不与祭，如不祭。'"

② 《四十二章经》："凡事天地鬼神，不如孝其二亲。二亲，最上之神也。"

一不住一而自为两端,则无不分合合分、无二无一者也。吹万不同,必籥其橐;铃辖在御,辐运千里。然非以自已自取,而不许分其飘冷回烈之殊势也;非以自运自御,而不许辨其轮盖轸毂之相成也。不分其合,乌能合分?乌能随分之即合耶?

有无知之本知,空中皆火是也;有真知之知至,明一火之即千火也;有遍知之知终,明千火之用一火也。有无行之行,洋溢尊亲是也;有即念之行,天下归仁是也;有成事之行,崩城拜井①是也。有知前之行,出门问津是也;知时之行,不堕坑堑是也;知后之行,轻车故乡是也。有行前之知,西向而笑是也;行时之知,路在足下是也;行后之知,聚米成图是也。②金之在矿在冶在器,有二金乎?水之在江在釜在盂,有二水乎?究也,

---

① 崩城,言齐杞梁妻事。按《列女传·齐杞梁妻》,齐庄公袭击莒国,杞梁战死,"杞梁之妻无子,内外皆无五属之亲。既无所归,乃枕其夫之尸于城下而哭。内诚感人,道路过者莫不为之挥涕。十日而城为之崩。"拜井,即耿恭拜井。《后汉书·耿恭传》:"匈奴遂于城下拥绝涧水。恭于城中穿井十五丈不得水,吏士渴乏,笮马粪汁而饮之。恭仰叹曰:'闻昔贰师将军拔佩刀刺山,飞泉涌出;今汉德神明,岂有穷哉。'乃整衣服向井再拜,为吏士祷。有顷,水泉奔出。"

② 桓谭《新论》:"语云:'人闻长安乐,则出门向西而笑;知肉味美,则对屠门而大嚼。'"《后汉书·马援传》:"(马援)又于帝前聚米为山谷,指画形势,开示众军所从道径往来,分析曲折,昭然可晓。帝曰:'虏在吾目中矣。'"

行统于知,用知是行。生也学也困也,分而不分者也。① 勾萌甲乙,知其果之似种矣,不必成功而后一也。羿乎射,良乎御,秋乎弈②,僚乎丸,越人乎医,皆不废乎溟飞鸟道之知行,又岂废虎铃系解之知行? 又岂废羡鱼结网之知行乎?

《内业》曰:"心中有心。"③ 心,行者也。《易》曰:"神而明之,存乎其人。"④《礼》曰:"清明在躬,志气如神。嗜欲将至,有开必先。"⑤ 此以天时地载为躬行者,即以雷雨出云为前知者也。出世入世而无出入,格致之极语也;立法泯法而无立泯,明诚之极语也;统天治天而无统治,尽知事立之极语也:一也。故有贯知行之知,至老不容厌倦,无可厌倦者也;有知而未能行者,嘐嘐之不掩也⑥;有行闇合而未知者,耕读之安生食力者也。何

---

① 《论语·季氏》:"孔子曰:'生而知之者,上也;学而知之者,次也;困而学之,又其次也;困而不学,民斯为下矣。'"
② 弈,原本作"奕",当改。《孟子·告子上》:"弈秋,通国之善弈者也。"
③ 《管子·内业》:"治之者心也,安之者心也。心以藏心,心之中又有心焉。"参见黎翔凤撰,梁运华整理:《管子校注》,中华书局,2004,第938页。
④ 《周易·系辞上》:"化而裁之存乎变,推而行之存乎通,神而明之存乎其人。"
⑤ 《礼记·孔子闲居》:"清明在躬,气志如神。嗜欲将至,有开必先。天降时雨,山川出云。"
⑥ 《孟子·尽心下》:"(万章问曰:)'何以谓之狂也?'(孟子)曰:'其志嘐嘐然,曰古之人,古之人。夷考其行,而不掩焉者也。'"东汉赵岐注:"嘐嘐,志大言大者也。""考察其行,不能掩覆其言,是其狂也。"参见〔汉〕赵岐注,〔宋〕孙奭疏,廖名春、刘佑平整理:《孟子注疏》,北京大学出版社,2000,第476—477页。

嫌于三之嫌一、一之嫌三乎？又况有不必知、不能行之知，知亦归于无知者乎？

真知知行者，知知即无知乎？真知知即无知者，知所由乎？知由不使知之知乎？知不可使知而又使知之之知乎？知耻为凡民者之不可不致知乎？知知致之终当与凡民共由乎？① 知由己之由，即由户之由乎？② 知不知亦由、知之亦由之知乎？知所以所安皆在所由之中乎？③ 知明道行道之人但言当由，而知之亦由、不知亦由者，本难言乎？若不知此，何能统万世之知与不知，又能分万世之知与不知，而共由此雷雨出云之志气，共惕此天时地载之躬行哉？

见藤为蛇，始也疑之，惊而畏之，遂欲杀之。达者容之曰：与我本无害也。愿力者曰：必且度之。及乎举火，则一藤耳。不惟杀者不必，容者度者，复何有哉？此言知之自信，信即行矣。野人入郊，闻金鼓而骇。郊人曰：此狝猎之讲武也。此言

---

① 《论语·泰伯》："子曰：'民可使由之，不可使知之。'"《礼记·中庸》："夫妇之愚，可以与知焉。及其至也，虽圣人亦有所不知焉。夫妇之不肖，可以能行焉。及其至也，虽圣人亦有所不能焉。"郑玄注："匹夫匹妇愚耳，亦可以其与有所知，可以其能有所行者。以其知行之极也，圣人有不能。"参见〔汉〕郑玄注，〔唐〕孔颖达疏，龚抗云整理：《礼记正义》，北京大学出版社，2000，第1669页。

② 《论语·颜渊》："为仁由己，而由人乎哉？"《论语·雍也》："谁能出不由户？何莫由斯道也？"

③ 《论语·为政》："视其所以，观其所由，察其所安。"

知之能定，定即行矣。徒步访人者，已近其家里所而忧若数十里，恐暮矣。其家之人自归，则违山十里之外，暮而无所怛然。无所怛然者，知也。此言知之不忧，不忧即行矣。

生死一蛇也，知生死之无生死，则举火见藤矣；鬼神一金鼓也，知夫妇之即鬼神，则郊人无不可甲兵矣。修候不二者，路也。知本自如此而必当如此，以至之如此以终之，则归家在路皆无心而坦行矣。当其坦也，何分知与行耶？何分性知与心知、天行与人行耶？出生死利害之家者，所以遂其无入不自得之坦行者也。乐其志学而从其大心者，官天地，骑日月，御六气之坦行者也。巢居知风，穴处知雨。五藏还五行，则截发孰能痛我？四海如四肢，则手足何待谋虑？几深之神，知犹无知，行犹无行。镜别谷应，不厌不劳。湛然重渊之下，弥纶九拂之表，贯其行生，天何言哉？

古人学道，生以乐寿，死而不亡，奚故？论早定也。论早定，则知早由己矣。宠辱不惊，生死不怖。无所可用，则无所不可用矣。此近语而若远语，不知所由皆戏语也。知耻为先，辨志为要；志以耻勇，学乃充志；辨乃得本，得本易力；好而乐之，入道出道。知出入之所由，无出入也。妙门祸门，学犹饮水，自知自由而已。虚舟子①曰:"君之立政也,由藏知也;师之立教也,知摄由也。"学乃宜时习,时习非学,是腕地犬行以为奇者也。道乃宜深造,深造非道,是连骑南驰而入燕也。不调择善之饮食,安能一善而止至善之玉液自吞乎?不知固执之忌口,即无执之出汗,而终身讳疾别慕仙丹者,皆不知明善为良医者也。不知明善,由情习之知不竭也。情习之知不竭,以不知天也。即以不知之天竭之,此语上之瓜蒂也。病在胆经,则汗、吐、下皆不可,将啖冶葛至尺而求蕹汁乎?有对治,有泛治,有双解;有治本而标自解者,有急治标而本无病者,有不药为中医者。以不知之天覆之,而以当知之天竭之,此上下之常剂也。所以宥天下之知行,而以自由共由为天者也。知共由而使民知当由者,无不自由矣。

非天非不天,以其不可增减,而县一天道之名;非人非不人,以其不可任纵,而君师交重人道之责。不可增减者,自不忧其增减;不可任纵者,宁特许其任纵?天听圣人制用,自不必护而自不失宗。道则必由正路,岂可禁扫而荒芜之,乃为足媚天耶?天之为天也,乃人之天之也。曾知人之天之乃为人而道之耶?尽人之所以为人而天尽矣,人外又何天哉?由此观之,

---

① 虚舟子,亦作"虚舟",即王宣,字化卿,号虚舟,著有《物理所》。方以智《周易时论·后跋》自言"少受《河》《洛》于王虚舟先生",并撰有《虚舟先生传》,收入《浮山文集后编》卷一。王宣的言论著述,方以智在撰著中多有称引。

圣人定君师之法，皆先立使由之范围，而志之当辨，学之当好，如下地之乳，拥咽之衣①，帖帖自然者也。

不观天之统道乎？日月寒暑，但立使由之范围，而不问人之知不知者也。《易》之统天也，圣人之赞《易》也，所以深于养人之知行者也，所以深于示唯心之方便者也。自谓知之至而不知天以圣人为主者，独非凡民之所耻也乎哉？犬马为主人竭力，在家则守，见影则行。今夺主人之命，以蠢然纵脱为自由，以掊圣肆天为生知者，毋为犬马之所耻也乎哉？炼亡耻以为知者，奈天何矣！幸有圣人之王法，围万世之王，必不能逃于不知，则炼无耻者，必不能不巧逃于王法。欲巧逃于王法，必巧逃于圣人。圣人让其逃，而圣人之凡民、圣人之犬马有此耻在，则彼虽奈天何？其奈凡民犬马何哉？耻者，万世倚天之长剑也。

何生曰：欲逃王法，非亡耻也。有天无奈何之耻，亡耻亦浪剑矣。

当士曰：圣人岂忧亡耻者哉？正忧帷窥自由者，不惜今古而过为偏上之巧说激说，遂敝吾凡民犬马之帷而钝吾凡民犬马之砺也。吾惟一磨凡民犬马之剑，而浪剑亦自耻其无箭矣。

---

① 《礼记·深衣》郑玄注有：“古者方领，如今小儿衣领。”孔颖达疏：“郑以汉时领皆向下交垂，故云'古者方领'，似今拥咽，故云'若今小儿衣领，但方折之也'。”参见〔汉〕郑玄注，〔唐〕孔颖达疏，龚抗云整理：《礼记正义》，北京大学出版社，2000，第1825页。拥咽，上衣领口的样式。既然若小儿衣领，"拥咽"与前文的"下地之乳"，统言"帖帖自然"。

平公曰：凡民犬马倚天为剑箭，天即倚由之知之为剑箭，分磨合藏，藏奈何磨？磨奈何藏？曾知一奈何否？

何生曰：吹毛奈磨用何？善藏奈四顾何？知奈不知何？不知奈知何？天奈人何？人奈天何？天人奈圣人何？圣人奈天人何？

当士曰：圣人知其无奈何而使自奈何。奈何不得，早为圣人奈何之矣。由不使知，固奈何人？彼使致知，更奈何人？由合知行，固奈何人？分知与行，更奈何人？磨无非藏，用无非善，尤奈何人？即有一能奈何圣人者，乃极受圣人之奈何，而终奈圣人不何者也。

平公曰：当士正当奈何？

当士曰：奈直日磨剑何！

充类

问：以充类穷理，不以充类病法，何也？

曰："充类致义之尽"[①]，此夺人者之大权也，即穷理者之捷

---

① 《孟子·万章下》："子以为有王者作，将比今之诸侯而诛之乎？其教之不改而后诛之乎？夫谓非其有而取之者盗也，充类至义之尽也。"充，满，充分；至，甚也。参见〔汉〕赵岐注，〔宋〕孙奭疏，廖名春、刘佑平整理：《孟子注疏》，北京大学出版社，2000，第329页。充类至义之尽，意谓以类推的方式深究于义，直至精密处。

术也。穷理而极之,"观乎孰莫,希备寡属"①,至于无理可穷;乃知无理之理,有章亥不能算,离朱不能察者矣。极无理之理,而始知刍童夕桀,不出勾较②;镂尘吹影③,不外交轮,则深至无深,远至无远,而即此理矣。

极则必反,始知反因;反而相因,始知公因。公不独公,始知公因之在反因中,则离也即也,断也常也,遮也表也,予也夺也,惟所用矣。惟所用者,惟其当矣。惟其必当,故贵折中。惟其折中,乌能绞辞于明熟哉?庞煖对卓襄曰:"尧之治病,必使旧医;楚王暮贼在身,必待俞跗","良医化之,庆医败之。

---

① 《鹖冠子·能天》:"观乎孰莫,听乎无罔,极乎无系,论乎窈冥,湛不乱纷。故能绝尘埃而立乎太清,往无与俱,来无与偕,希备寡属,孤而不伴,所以无疵,保然独至,传未有之将然,领无首之即次。"孰莫,无何有;希,少;备,陪也,副也,犹人员配备;寡,少;属,附属,下属。参见黄怀信:《鹖冠子校注》,中华书局,2014,第356—358页。
② 桀,原本作"禁",当改。夕桀,古时的测算术。《周礼注疏》卷十郑玄注"九数"引郑众之论:"方田,粟米,差分,少广,商功,均输,方程,赢不足,旁要,此九章之数也。""今有重差、夕桀、句股也。"参见〔汉〕郑玄注,〔唐〕贾公彦疏,赵伯雄整理,王文锦审定:《周礼注疏》,北京大学出版社,2000,第316页。刍童,为上、下底为矩形的拟柱体。《九章算术》:"今有刍甍,下广三丈,袤四丈,上袤二丈,无广,高一丈。问积几何……刍童、曲池、盘池、冥谷,皆同术。"参见白尚恕:《九章算术注释》,科学出版社,1988,第165、167页。勾较,犹勾股。
③ 《关尹子·一宇》:"言之如吹影,思之如镂尘,圣智造迷,鬼神不识。"参见尹喜:《关尹子》,中华书局,1985,第5页。

虽幸不毙，创伸股维。"① 善世正告，惟取适当，而无取乎尽。尽之捷夺若此，以其病日用饮食之质而荒尊亲分艺之法也。

守法者多不能以充类致知，致知者况以充类破法？人不夺其所恃，则守委闲居，谁肯舍之自反而深造于所不必然？苟欲破之，方驱耕夫之牛，夺饥人之食，虽以帝王之成轨，日月之经义，有不暇周旋矣。疲于赁舂而责行高缃。兀者播精，使逐走兔。驱逸足于庭，求猿捷于槛。三周虎落，四至罗闉，此狙于淮阴之背水，而诡于长平之大坑耳。守法者无以应之，徒有盛气，不知所来；而世之忌法逃法者，因旁窃群起而挫守法之士，法遂饩羊，几且灰冷。此未受充类之益，而先受充类之祸者也。此非欲以充类自穷其理，而适以充类诟穷理者，自宽苟且者也。

昌羊欲去蚤虱，先来蛉穷②；熏萍将以治蚋，适腐衣蓐。③

---

① 戾医，似当作"拙医"。《鹖冠子·世贤》："卓襄王问庞煖曰：'夫君人者，亦有为其国乎？'庞煖曰：'王独不闻俞跗之为医乎？已成必治，鬼神避之。楚王临朝为随兵，故若尧之任人也，不用亲戚，而必使能；其治病也，不任所爱，必使旧医。楚王闻传暮臧在身，必待俞跗。'""故良医化之，拙医败之，虽幸不死，创伸股维。"若尧，即若敖。敖、尧声转。若敖，复姓，楚国君主熊仪之后，世为楚国执政。暮臧，意谓有病。俞跗，传说为黄帝时的良医，这里泛指良医。创，创伤；股维，身躯。参见黄怀信：《鹖冠子校注》，中华书局，2014，第 319—321、325—326 页。

② 来，原本作"采"，当改。《淮南子·泰族训》："愚者惑于小利，而忘其大害。昌羊去蚤虱，而人弗痒者，为其来蛉穷也。"昌羊，菖蒲；蛉穷，蚰蜒，亦称"人耳"，爱钻人的耳窍。

③ 蓐，疑当作"褥"。

风俗挺挏①,侮善荣恶,朱草伤飙而市媾髳摇②。如此奇巧,如虎生翼,安得不大充其类,较尽分数而缕析权称之乎?

欲莫大于淫,淫莫大于心。不屠其心,安能免淫?心屠则人死矣,于是怨之曰:登伽夬定,本无不淫,又安有淫?自中阴之投父母然矣,何怪乎易内倚门之为《关雎》《麟趾》也③,

---

① 挺,原本作"挻"。《淮南子·俶真训》:"撢掞挺挏,世之风俗。"撢,引;掞,利也。挺挏,犹上下也,以求利便也。参见刘文典:《淮南鸿烈集解》,中华书局,1989,第51页。

② 市媾,亦作"媾市"。《子华子·神气》:"今则不然,荒飙怒号,而独秀者先陨;霜露宵零,而朱草立槁。媾市之徒,又从而媒孽,以髳摇之。"参见〔晋〕程本:《子华子》,中华书局,1985,第31页。

③ 《左传·襄公二十八年》:"齐庆封好田而耆酒,与庆舍政,则以其内实迁于卢蒲嫳氏,易内而饮酒。"内实,谓宝物妻妾。内,妻妾也;易内,谓交换妻妾。参见杨伯峻:《春秋左传注》,中华书局,1981,第1145页。倚门,犹倚门卖笑。麟趾,即《诗经·国风·周南》之《麟之趾》。《毛诗正义》:"《关雎》,后妃之德也,风之始也,所以风天下而正夫妇也,故用之乡人焉,用之邦国焉。""《麟之趾》,《关雎》之应也。《关雎》之化行,则天下无犯非礼,虽衰世之公子,皆信厚如麟趾之时也。"参见〔汉〕毛亨传,〔汉〕郑玄笺,〔唐〕孔颖达疏,龚抗云等整理:《毛诗正义》,北京大学出版社,2000,第5、71页。

安陵青翰之为结缡风雅也①!果尔,聚麀、插翘、大寂乐、演揲矣②,固何如亲迎之各室其室,而渔色挑达之当禁乎!盗左藏死,盗一瓜死,大小等死,何不大盗?封三钱之府,则同庆鸡竿,固何如犯跸罚金而陵土乃族之足令乎?爱冥者意在以冥藏弸,以君国瓦注,反罪圣人之禁博为教博耳。穷治博场,乃囊橐于两间。两间曰:此太一教我也。充类至此,则太一为人世之罪魁矣!

无已而听之,则不得不听太一之听两间,听两间之听圣人,听圣人之听仁义。可名之仁义,即不可名之道也。执可名之优

---

① 安陵,名坛,为楚宣王之男宠,两人席相次,乘同车:"安陵君泣数行而进曰:'臣入则编席,出则陪乘,大王万岁千秋之后,愿得以身试黄泉,蓐蝼蚁,又何如得此乐而乐之!'王大说,乃封坛为安陵君。"(《战国策·楚策一》)青翰,谓青翰之舟。舟刻饰水鸟之形,涂以青色,故称。《说苑·善说》:"君独不闻夫鄂君子皙之泛舟于新波之中也。乘青翰之舟,极䒢芘,张翠盖,而檎犀尾,班丽袿衽,会钟鼓之音毕,榜枻越人拥楫而歌……'今夕何夕兮搴舟中流,今日何日兮得与王子同舟,蒙羞被好兮不訾诟耻,心几烦而不绝兮得知王子,山有木兮木有枝,心悦君兮君不知。'于是鄂君子皙乃揄修袂行而拥之,举绣被而覆之。"《诗经·豳风·东山》:"亲结其缡,九十其仪。"施衿结缡,指女子出嫁时,母亲为其系上佩巾,并谆谆教诲之。
② 聚麀,谓乱伦。《礼记·曲礼上》:"夫唯禽兽无礼,故父子聚麀。"方以智《物理小识》卷十一:"赞宁言:插翘无不交,或入木而枯,然闻雷之后乃出。"插翘,南丹州的一种山獭,土人号为插翘,性淫毒。山中有此物,凡牝兽皆避去,獭无偶则抱木而枯。演揲,即演揲儿法,为藏传密教的男女双修法。

孟仁义，而不知可名中之不可名者，欲从先进嗫血疾声，故以蘧庐①夺后进君子之巢穴，而以野人之衣冠抵掌耳。以为蘧庐皆蘧庐也，以为优孟皆优孟也。不能免天地之蘧庐与万类之优孟，岂能免仁义之蘧庐与被服之优孟乎？欲免闉扼鸷曼而废羁靮月题②，安能用马？不如无马。不免于食粒宅土，即不免于蹩躠踶跂③，劳之乃以忘之，舞蹈所以宁静也。节候之约束，即平阳之醇酒也。废封浚官牧之勤，而傲无为之治乎？立仁与义者，所以安其无适非蘧庐，而当洒扫乐户牖者也；所以明其表治皆优孟，而当歌舞此羹墙者也。不明其当安不当求安之故，徒欲烧弦歌之蘧庐，使群造营窟之蘧庐，播贪吝之子孙，笑寝丘之优孟，于安不安何与焉？

---

① 《庄子·天运》："仁义，先王之蘧庐也，止可以一宿，而不可久处，觏而多责。"蘧庐，犹传舍，古代驿传中供人休息的房子。参见〔清〕王先谦：《庄子集解》，中华书局，1987，第157页。

② 《庄子·马蹄》："夫加之以衡扼，齐之以月题，而马知介倪、闉扼、鸷曼、诡衔、窃辔，故马之知而态至盗者，伯乐之罪也。"闉，弯曲；扼，通"轭"；闉扼，谓马之曲颈试图从轭下逃脱出来。鸷，猛；曼，抵，突；鸷曼，意谓马狂突不羁，试图挣脱。月题，马额头上的装饰物，形似月。参见〔清〕王先谦：《庄子集解》，中华书局，1987，第107页。羁靮，马络头和缰绳，泛指驭马之物。《礼记·檀弓》："柳庄曰：'如皆守社稷，则孰执羁靮而从？'"

③ 躠，原本作"躃"，当改。《庄子·马蹄》："及至圣人，蹩躠为仁，踶跂为义，而天下始疑矣。"蹩躠，行走艰难，勉力为之；踶跂，跕起脚尖；两者皆为圣人勉力推行仁义的样子。参见〔清〕王先谦：《庄子集解》，中华书局，1987，第106页。

层嶂参天，而平阳建国，虽无险，非夷乎？固不硋击鼛鼛之鼓，使适可为中馗也。疾雷破山，澍雨如霮；鸡喑于坶，失其司晨。有余不敢尽，岂无谓哉？此非不知其有余之尽而局局此也。穷至无尽，而无尽尽于可尽之尽，然后可处乎适可，故中衢而置尊焉。前邪后许而重易举者，和致力也。趾无几而不倾者，有余地也。无所不用其极，极尽而反，反而充周，周而处中。同舟遇风，救患若一。张罗而畋，唱和不差；罗纴麻缋，织缉同用。筦箫有孔，不吹无声。木大根擢，山高基扶。[1] 圣人因之应之，濡之节之，故不劳功成，而不见其功。万物顺理而不知其为理矣，乃信官天继善之建极，为太极所以然之必然。是知不以充类病法者，乃充类致义之尽而又尽者也。岂守法与破法之所能穷耶？穷过此而穷尽其性，则知其本然，而不必辟辟替替其本然矣。穷尽此而穷至于命，则无所非然，而乌乌稷稷其当然矣。

鱼逆流而上，鸟顺风而立；雨自叶而流根，露上茎而含实，孰分其当与本哉？天命在诚明明诚中[2]，而不可以容其二自。鉴

---

[1] 孔，原本作"吼"，当改。大，原本作"火"，当改。《淮南子·说林训》："木大者根擢，山高者基扶。"根擢，谓根系四散分布；基，下趾，根基；扶，攀扶在一起，更牢固。参见张双棣：《淮南子校释》，北京大学出版社，1997，第1827页。

[2] 《礼记·中庸》："天命之谓性"，"自诚明，谓之性。自明诚，谓之教。诚则明矣，明则诚矣"。

之空与实，皆其照处；谷之应与传，即其虚处。全泯全彰，繁兴县涌。包举而或偏者，即欲言而词丧者也；未之或知者，即知不如好乐者也。①明明一学修所不能及之天，而即以学修天之。圣人不惜造人之性命，而即以穷之者理之。吹韛销物，即以成物。凫氏为钟，削氏为刀，本无顺逆，先逆后顺，即逆是顺，顺以为逆。其将以万世为性命之薪，而圣人即炊之以传之乎？彼徒欲以充类夺人，独尊其一得者，乃钻榆柳以矜奇者也。人尊好奇之我者，苟奇耳；尊暗庸之我者，苟庸耳。苦苟庸者，或以苟奇治之；苦苟奇者，多以苟庸治之。其实苟庸又不如苟奇之尚有火可烧也。偃侧之间，一隙可匿，匿焉而已。方领拘罢②以饬陋，其去豚蹄祝禾③几何耶？目濡耳剽以逢时，其去圈鹿栏牛几何耶？借龙忌之禁，以新火火之，殊不可少。

---

① 不如，原本作"不知"，当改。《论语·雍也》："子曰：'知之者不如好之者，好之者不如乐之者。'"

② 方领，谓方形衣领。《礼记·深衣》："袂圜以应规，曲袷如矩以应方。"郑玄注："袷，交领也。古者方领，如今小儿衣领。"参见〔汉〕郑玄注，〔唐〕孔颖达疏，龚抗云整理：《礼记正义》，北京大学出版社，2000，第1823页。拘罢，圜也，犹钩盘。《淮南子·齐俗训》："无皮弁搢笏之服，拘罢拒折之容。"又，方以智《通雅》卷二十八："拘罢拒折，言磬折之容也……按罢当音摆，今翔步必摇摆……盖谓拒折周旋中礼耳。"

③ 祝，原本作"况"，当改。《史记·滑稽列传》："今者臣从东方来，见道旁有穰田者，操一豚蹄，酒一盂，而祝曰瓯窭满篝，污邪满车，五谷蕃熟，穰穰满家。臣见其所持者狭而所欲者奢，故笑之。"

权衡经纬

权不言衡，经不言纬，何也？

曰：规矩绳衡权，以权寓其神用，而权衡于五者，犹智信水土也。权用其衡，衡用其平，平用其直。一平一直则一衡一绳矣，一平一直而曲矩可取矣。矩可取以勾股开方，而裁成为规矣。此入用后之规生于矩，即大用之方本于圆，而临用时之方即是圆，可知矣。故权也者，无我者也，无心者也。彼以称来，此称如之，翾忽不失，轻重不忒，可不谓信智乎？以此因物，物情相通，可不谓仁乎？以此当体，适合品节，可不谓礼乎？应物平直，自然无争，可不谓义乎？此所以表两称其平，而得方即圆之大用也。所以表因事中节，而使人信天然之至理，必奉统钧之宰理也。

不可为典要而既有典常[1]，乌乎表之？表之以权。《易》所以为经纬权衡尽变之准也。知经者自能用纬矣，知权者自能用衡矣。《律历志》五量皆天道，而独详权下，岂无谓乎？"其道如底，准正绳直，左旋见规，右折见矩，在天佐助旋玑，斟酌建指，

---

[1] 《周易·系辞下》："《易》之为书也不可远……不可为典要，唯变所适……初率其辞而揆其方，既有典常。"孔颖达疏："《易》虽千变万化，不可为典要，然循其辞，度其义，原寻其初，要结其终，皆唯变所适，是其常典也。"参见〔三国魏〕王弼注，〔唐〕孔颖达疏，卢光明、李申整理：《周易正义》，北京大学出版社，2000，第372页。

故曰玉衡。《论语》'参前倚衡',此衡在前,居南方之义也。""本黄钟一龠,容千二百黍,重十二铢。两之为两,二十四铢为两,十六两为斤。"①愚曰:两,黄钟隔八之数也。铢者二十四气②,即时分上下也。斤有三百八十四铢,为兼闰之岁日也。三十斤为钧,一月也。一钧为万一千五百二十铢,乃三十其三百八十四。四百八十两者,六旬行八节之象也,乃三十其十六也。四钧为石,四时也。千九百二十两者,阴阳之数也;三百八十四爻,五行之象也。言五其三百八十四与四其四百八十,适合千九百二十也。四万六千八十铢者,万一千五百二十物,历四时之象也。权与物钧而生衡,是为五,则权之时义大矣哉!

《礼器》曰:"时为大,顺次之,体次之,宜次之,称次之。"③五者非有次也,以"时"为用,而实以"称"为适,故终言之。清以濯缨,浊以濯足。馺冠则枝之,缟袜则蹑之。水深而鱼聚,

---

① 《汉书·律历志上》:"其道如底,以见准之正,绳之直,左旋见规。右折见矩,其在天也,佐助旋机,斟酌建指,以齐七政,故曰玉衡。《论语》云:'立则见其参于前也,在车则见其倚于衡也。'又曰:'齐之以礼。'此衡在前居南方之义也。""权者,铢、两、斤、钧、石也,所以称物平施,知轻重也。本起于黄钟之重,一龠容千二百黍,重十二铢,两之为两。二十四铢为两。十六两为斤。"
② 《汉书·律历志上》:"二十四铢而成两者,二十四气之象也。"
③ 《礼记·礼器》:"礼,时为大,顺次之,体次之,宜次之,称次之。"按郑玄注,这说的是圣人制礼的先后次序。参见〔汉〕郑玄注,〔唐〕孔颖达疏,龚抗云整理:《礼记正义》,北京大学出版社,2000,第838页。方氏接下来特反郑注之意而论之。

木茂而鸟集。称者,权也。学也,适也,立也,三皆经也。权乃所以纬其经者也。思何远而思何思乎?信乎信思而规矩任纵权矣。

汉儒以反经合道为权,程子非之;① 而邵子曰:"得一端者也","权平物之轻重,圣人行权,轻重合宜而已";② "不以我观物者,以物观物之谓也。以物观物,又安有我于间哉";③ "执中无权,犹为偏也。仲淹言《春秋》王道之权";④ "变从时而便天下之事,不失礼之大经;变从时而顺天下之理,不失义之大权者,君子之道也"。⑤ 深观观物之故,曰"体无定用,惟变是用。用

---

① 朱熹《论语集注》卷五:"程子曰:'汉儒以反经合道为权,故有权变权术之论,皆非也。权只是经也。自汉以下,无人识权字。'"参见〔宋〕朱熹:《四书章句集注》,中华书局,2012,第116页。
② 邵雍《观物外篇》:"汉儒以反经合道为权,得一端者也。权所以平物之轻重,圣人行权,酌其轻重而行之,合其宜而已。"参见〔宋〕邵雍:《邵雍集》,中华书局,2010,第170页。
③ 邵雍《渔樵问对》:"所以谓之反观者,不以我观物也。不以我观物者,以物观物之谓也。既能以物观物,又安有我于其间哉!"参见〔宋〕邵雍:《邵雍集》,中华书局,2010,第557页。
④ 邵雍《观物外篇》:"故执中无权者,犹为偏也。王通言《春秋》王道之权,非王通莫能及此。"参见〔宋〕邵雍:《邵雍集》,中华书局,2010,第170页。执中无权,出自《孟子》。《孟子·尽心上》:"子莫执中,执中为近之,执中无权,犹执一也。"仲淹,按邵雍之文,当为王通。
⑤ 邵雍《观物外篇》:"变从时而便天下之事,不失礼之大经;变从时而顺天下之理,不失义之大权者,君子道也。"参见〔宋〕邵雍:《邵雍集》,中华书局,2010,第175页。

无定体，惟化是体。体用交，而人物之道备矣"。① "体用之间有变存焉"，"心迹之间有权存焉"，"权也者，圣人生万民之谓也"。② 用者三，不用者一，此无体之权本也。③ 八卦不易者四，反易者二；重卦不易者八，反易者二十八。④ 天无昼夜，人居地上以为昼夜，故以地上之数为人之用，此因体之权也。⑤ 变者

---

① 邵雍《渔樵问对》："体无定用，惟变是用。用无定体，惟化是体。体用交，而人物之道于是乎备矣。"参见〔宋〕邵雍：《邵雍集》，中华书局，2010，第561页。

② 邵雍《观物内篇》："道德功力者，存乎体者也。化教劝率者，存乎用者也。体用之间有变存焉者，圣人之业也。""用也者，心也；体也者，迹也。心迹之间有权存焉者，圣人之事也。""夫变也者，昊天生万物之谓也。权也者，圣人生万民之谓也。非生物非生民，而得谓之权变乎？"参见〔宋〕邵雍：《邵雍集》，中华书局，2010，第13、16页。

③ 邵雍《观物外篇》："天以一而变四，地以一而变四。四者有体也，而其一者无体也，是谓有无之极也。天之体数四而用者三，不用者一也；地之体数四而用者三，不用者一也。是故无体之一以况自然也，不用之一以况道也。用之者三，以况天地人也。"参见〔宋〕邵雍：《邵雍集》，中华书局，2010，第51页。

④ 邵雍《观物外篇》："体者八变，用者六变。是以八卦之象，不易者四，反易者二，以六卦变而成八也。""重卦之象，不易者八，反易者二十八，以三十六变而成六十四也。"参见〔宋〕邵雍：《邵雍集》，中华书局，2010，第52页。

⑤ 邵雍《观物外篇》："天行不息，未尝有昼夜，人居地上以为昼夜，故以地上之数为人之用也。"参见〔宋〕邵雍：《邵雍集》，中华书局，2010，第74页。

从天,应者从日;阳尊而神,阳来则生;①君统臣,夫统妻,此扶阳之权也。天半明半晦,日半赢半缩,月半盈半亏,星半动半静,此因交之权也。②寒变物之情,暑变物之性,此合时之权也。③

故有经之权,有权之经。有纬以直经,则权无定而有一定之交;有衡以决权,则经可移而不失其相交之准。心与迹交而权见,无与有交而经见;理与事交而依违见,善与恶交而是非见。道与时交而纬其经,思与学交而后衡其权。执心迹者非也,执无心无迹以忽之,非知权者也。执理事善恶者非也,执无善无恶无理事以任之,非知经者也。是以致知格物为入用见体之权,就事立准所以节发中未发之权。故曰:天之政府必以立教为权,无思之思必以好学为权;明德以亲民为权,至善以择善为权。君臣严于父子,以父子为先权;父子重于夫妇,以夫妇

---

① 邵雍《观物外篇》:"有变则必有应也……天变而日应之。故变者从天而应者,法日也。""阳尊而神,尊故役物,神故藏用。""阴对阳为二,然阳来则生,阳去则死,天地万物生死主于阳,则归于一也。"分别参见〔宋〕邵雍:《邵雍集》,中华书局,2010,第114—115、143、153页。
② 邵雍《观物外篇》:"天半明半晦,日半赢半缩,月半盈半亏,星半动半静,阴阳之义也。"参见〔宋〕邵雍:《邵雍集》,中华书局,2010,第121页。
③ 邵雍《观物内篇》:"暑变物之性,寒变物之情,昼变物之形,夜变物之体。性情形体交,而动植之感尽之矣。"参见〔宋〕邵雍:《邵雍集》,中华书局,2010,第3页。

为先权。兄弟则父子夫妇之衡纬也，朋友则四伦之经权也。四伦虽具，皆有朋友之道，故终之曰"朋友之交也"。[①]师友相经纬而有四伦之义焉，交之权衡重矣哉！

五行之一行，各有五行；五常之一常，各有五常：皆端也，皆信也，皆交也，即皆一也。有一在二中之易而后交生，有交而后准生，有准而用生。用则用权，而权实用用。故当知有正权，有偏权，有权外之权，且有冥权。权至冥而益难乎其为权矣。圣人依然以天地日月之六合三轮权之，规矩绳衡，一纵一横，一平一直，而四隅之斜欹，细析之度数，皆可以权称物，而又以法称权。易准既明，权岂为小人窃耶？委化之士，任天而已。不顾万世之民，何以安生之分数也？圣人知天在习中，天无情，人有情。情习之天，其可任耶？故明天之理以宰之，宰之而后可任之。小人窃任天之说，驾宰天之上，以废宰天之法。灭理纵情者，乃邪说也。已甚矫枉，夺激总杀之权，乃万法中之一法。可以一过此关，可以偶然用之，可以为渊驱鱼，而非可为群黎之饮食也。至于本不待权之万古，如此言之何用？又何待言乎？当知心量表法之弥纶，则包容之度自裕矣。乃其权正在纶，乃所以为弥。亲民但言其切用者，无用之用置之。本为我用而单提之，则先害亲民之切用矣。此扶阳官天，下学而上达者，所

[①] 《礼记·中庸》："天下之达道五，所以行之者三，曰君臣也、父子也、夫妇也、昆弟也、朋友之交也，五者天下之达道也。"

以为宰万古之正权也。久之，顽钝苟鄙，故深心大力者搜而剔之，奇才瑰异[①]，忍俊不禁，然利器不可示人，独不观善刀而藏之权耶？

其以权实对举者，以体用交参而究止一用，则此用其实也。以立法致用而用后无法，则此受用者实也。或其所说之权太奇，易流支蔓，与用相悖，不得不尽弃之。久系卫子而一旦解靮者，视所闻超生出死之说，如马之手，如牛之翼，龀草饮河，沐浴跳跃于经正之权中而不自知矣。非谓废经正之权而毁天地春秋之衡也。思学而适正，反对而贞一，即天地春秋之权。权即实也。裒多益寡，自谦乃豫。[②] 岂定口口何权何实然后为实，而遂钳隶首，聋荣猿，禁斗甬[③]，乱斤两，乃称赫胥氏之民耶？《齐物论》

---

① 瑰，原本作"魂"，当改。《淮南子·诠言训》："圣人无屈奇之服，无瑰异之行。"屈奇，犹瑰异也。参见刘文典：《淮南鸿烈集解》，中华书局，1989，第480页。

② 《周易·谦》之《象》："地中有山，谦。君子以裒多益寡，称物平施。"《周易·序卦》："有大而能谦必豫，故受之以《豫》。"《周易·豫》之卦辞为"利建侯行师"，孔颖达疏："谓之豫者，取逸豫之义，以和顺而动，动不违众，众皆说豫，故谓之豫也。动而众说，故可利建侯也。"参见〔三国魏〕王弼注，〔唐〕孔颖达疏，卢光明、李申整理：《周易正义》，北京大学出版社，2000，第99页。

③ 甬，原本作"角"，当改。《吕氏春秋·仲秋纪》："日夜分则一度量，平权衡，正钧石，齐斗甬。"高诱注："斗、甬，皆量器也。"参见许维遹撰，梁运华整理：《吕氏春秋集释》，中华书局，2017，第177页。

无是非矣,而申之曰"以明"。① 盖以权齐物者,以权平心者也。必明经纬权衡之交网是非,而后可以行其无是非之权者也。

达者曰:嗟乎!仰视屋树,退而因川,何有齐不齐,而欲以不齐齐之乎?本自如此之天,生必当如此之圣,以齐不得不如此之凡,则谓以不齐齐之,可也;谓必言齐而听其不齐,固已齐矣,可也。知舌不废齿,知景不废表,本自如此之大权,岂使隐行僻侧、遁上遁民者之倚之乎?倚则一切无权,而天亦无权矣。天何患其无权?患人之巧于诬天以媚小人也。夺圣人之权,即夺天之权矣。夺夫妇之权,即夺圣人之权矣。圣人即以易护夫妇之天,即以夫妇护易之天。小人即能诬天,其奈易准何哉?

学不厌下,教不厌明。以其与能,传不可能。其鼓粲粲,其舞不止。喁喁雉雉,生理而已;飒飒秋秋,德业而已。竹木有火,不钻不薰;土中有水,不掘不出。矢之疾,不及百弓。跬步不休,跛鳖千里;筐土不怠,可以丘山。

天听民之开牖纳光也,天亦不知也,天即以卯酉权之。地听民之播种得粟也,地亦不知也,地即以水土权之。於穆之天听天地之生成饮啄也,即以圣人权之。圣人听万物之用於穆而

---

① 《庄子·齐物论》:"故有儒、墨之是非,以是其所非,而非其所是。欲是其所非而非其所是,则莫若以明。"刘武补正:"莫若以本然之明照之,则隐者显矣。"参见刘武:《庄子集解内篇补正》,中华书局,1987,第415页。

不知也，即以夫妇权之。但以休歇得际断者，此得地之体也，此入门之诚也，此啬神之端也，此大过之剂也。[1]统制洋洋，开物成务。非知天之权以宰天，又宰宰天者，孰能与于此哉？引达冒茆之盘古，不能与周礼争罗布之时权；肩脾支胻之殊壤，不能与神州争明备之学权。

大而无当之天，不能与细而切用之天争权；浑然莫测之天，不能与森然统治之天争权。不能与争，故因之为权，而即之不二耳。实则乘时者贵，教学者安。言节用则自无不宜，言善治则自无不化。以地载天，范器围道。以辨乃容，以明藏幽，因而即之曰：即地是天，即器是道，即辨是容，即明是幽。因而互即之，因而反复之。

然何能泛告三根哉？《易》听人取其画前之无所得者，神所以藏其奇权也。《易》自分别其画后即画前之准者，天所以神其正权也。轻重[2]，方圆，平直，六藏于五，藏五藏六，正隅既定，乃以用奇。奇通正之变，正实通奇之变。

---

[1] 啬神，即护惜精神，保养元气。《周易·大过》之《彖》："大过，大者过也。"孔颖达疏："大者过，谓盛大者乃能过其分理以拯难也。"参见〔三国魏〕王弼注，〔唐〕孔颖达疏，卢光明、李申整理：《周易正义》，北京大学出版社，2000，第148页。

[2] 轻，原本作"经"，当改。

知天者，知其故乎？故者，以利为本。[1] 不能宰制开成，则天乃死天矣。然非死中得生，权乌乎许？

绝待并待贯待

何生曰：绝待已矣，并待贯待，何云云也？

当士曰：大一假一以相成其大二，而大一乃神。混沌假天地以长生，故天假地以为对。对果对乎？果无对乎？推出而尊之，交化而溷之，则建一蝥弧先登[2]曰：不落阴阳。常立覆载之外，特掩对待之二，以显绝待之一耳。玄者执绝待之孤迥，不落则死矣；莽者贪绝待之平凡，抑圣则荡矣。曾知绝待之在相待中乎？曾知无奇偶之在奇偶中，而奇行偶中乎？曰绝待，则与相待者对矣；曰无可言，则与有可言者对矣。

何谓绝耶？受声受色者，相对之二也。不可色不可声者，无对之一也。不可色与可色，不可声与可声，亦相对之二也。贯其中者，无对之一也。有贯者即有受贯者，亦相对之二也。

---

[1] 《孟子·离娄下》："天下之言性也，则故而已矣。故者，以利为本。"又《庄子·达生》："吾生于陵而安于陵，故也；长于水而安于水，性也；不知吾所以然而然，命也。"方以智《药地炮庄》卷六："孙湛曰：故，素也。愚曰：故者，则故而已矣。此三句，可与《易》之继善成性同参。"故，既是自然之理，亦是人为之习；既是过往，更是将来。方氏在这里将"故"打作一团，以健行利用为本，彰显开拓精神。

[2] 《左传·隐公十一年》："颍考叔取郑伯之旗蝥弧以先登，子都自下射之，颠。"蝥弧，郑伯令旗名；先登，率先登上城墙。

自为受而自贯之者，无对之一也。谁非自为受而自贯之者乎？无贯则无受矣。色色者即未尝色者也，声声者即未尝声者也，是对对者即未尝对者也。色斯色耳，本不容有色外之见，则本无所见矣，并所谓不可色者皆无之矣。声则声耳，本不容有声外之闻，而本无所闻矣，并所谓不可声者皆无之矣。

载也者，宰也；载也者，事也。尽宇括宙，绥绥儱儱，耕稼弦诵，洒扫应对，皆无一毛之可辎、一臭之可得者也。上天用地之载，而载即天矣。因而曰：海之鱼何计乎水，腹之蟪蝶何计血乎？若是而谓绝者，雨中避雨，空中逃空，直不许人举焉，嗳嗳之已矣。解之曰：东与西相待之边也，中则绝待矣，然中亦对边。至尊莫如君，君亦对民。谓之绝者，君虽可以对民，民不敢与君对；中虽可以对边，边不敢与中对耳。

太极寓于中五，而四围莫非中五。故曰：先统后，后皆先，即曰无先后；君统臣，臣皆君，即曰无君臣。体为用之本，用又为体之本，即曰无体用。统者，言乎并也。似乎一扫一进，累层而品之，实岂有所加而绝之乎？然不对之绝之而并之，孰得而丹青其一贯哉？内与外相待也，并内外则无内外矣。然无内外者，不碍内内而外外也。首与足相待也。触首首应，触足足应，首足二而所以应者一也。一则无首足，虽无首足，而首何尝不尊于足，足何尝不奉首乎？此泯在存中，绝待在相待中之说也。

又有说焉：有化待，有平待，有统待。何谓化待？显密有无之相汁液是也。何谓平待？左右往来是也。何谓统待？君民贞邪是也。统之属下为所统矣，虽对而不可谓之对也。编氓于里正，邑令于郡守，监司于开府，以次上属而内属东西台三省。省各有长而属于宰辅，君乃俨然统之，此无对之尊也。然当知凝命布政咸若率俾者①，为直无对之尊也。非惟君相操此权也，郡邑里正皆有凝命布政之君道焉。心王之尊也，正以善用其心所而尊也，正以善制其心所而尊也。善用善制，则熙熙皞皞不知帝力矣。康衢之壤②，何善何恶？非曰光宅百揆③，忌讳克明平

---

① 《周易·鼎》之《象》："君子以正位凝命。"凝，严整之貌；凝命，谓政令肃整，教命严格。《尚书·皋陶谟》："禹曰：'吁！咸若时，惟帝其难之。'"咸，皆；时，犹是。咸若，谓皆能做到知人善任，安顿民众，这里有颂美帝王教化之意。《尚书·君奭》："罔不率俾。"俾，下对上之顺从。率俾，即"无不循化而使之"。参见〔汉〕孔安国传，〔唐〕孔颖达疏，廖名春、陈明整理：《尚书正义》，北京大学出版社，2000，第530页。

② 《列子·仲尼》："尧乃微服游于康衢。"康衢，犹四通八达的大路；壤，这里谓击壤歌。《艺文类聚》卷十一引晋皇甫谧《帝王世纪》："帝尧之世，天下大和，百姓无事，有八十老人击壤于道。观者叹曰：'大哉帝之德也！'老人曰：'吾日出而作，日入而息，凿井而饮，耕田而食。帝何力于我哉？'"

③ 《尚书·尧典·序》："昔在帝尧，聪明文思，光宅天下。"光宅，意谓远著、广有。《尚书·舜典》："纳于百揆，百揆时叙。"百揆，揆度百事。参见〔汉〕孔安国传，〔唐〕孔颖达疏，廖名春、陈明整理：《尚书正义》，北京大学出版社，2000，第28、61页。

章之治①，谓与乱对而见嫌于绝待者也。

自一至万者，算器也。算器之外，有大一焉。然大一岂在算器之外乎？知大一之体者深矣，犹缀疣之无对也；知算器即大一者毕矣，犹石火之无对也。必知柱柱筹筹，归十于前位，归五于上位。当其本数乘除万变而不乱者，乃真无对之算道也。不能与器因应而善当其用，乃影射之田骈、慎到耳。②徒贪绝待之泯，而岂知贞一之本不待泯乎哉？

圣人曰"天人一也"③，特分之以相与。源，本源也，流中不得不别。故岌岌表天德之善，以政人流之恶。既言太无统善恶，必言至善统有无。太无者，本无增减之莫非然，天地不忧，圣人亦不忧者也。善则莫非然中所以然之理也，圣人忧人之不明者也。正告明善，则有亦善，无亦善，亦有亦无亦善，非有非无亦善，不落有无之即有即无亦善。是善也者，统体用有无者也，恶岂敢与之对哉？狻猊搏兔，猿臂通身，欹器平悬，长流石磨，

---

① 《尚书·尧典》："克明俊德，以亲九族。九族既睦，平章百姓。百姓昭明，协和万邦。"

② 影射，谓游谈之士的极辩和放荡，不切实行。《史记·田敬仲完世家》："十八年，秦惠王称王。宣王喜文学游说之士，自如驺衍、淳于髡、田骈、接予、慎到、环渊之徒七十六人，皆赐列第，为上大夫，不治而议论。"

③ 《春秋繁露·阴阳义》："以类合之，天人一也。"参见〔清〕苏舆撰，钟哲点校：《春秋繁露义证》，中华书局，2015，第333页。又，《河南程氏遗书》卷二上："故有道有理，天人一也，更不分别。"参见〔宋〕程颢、〔宋〕程颐著，王孝鱼点校：《二程集》，中华书局，2004，第20页。

善用而忘之矣。非谓漫无主宰，而涫涫纷纷可历也。邪不敌正，私不敌公，必贞夫一，乃享大一之一。说者曰：此圣人之权也。圣人曰：吾于地不敢敌天，月不敢敌日而表之。此权既立，立处即真，所谓后天直下之用摄先后天体用之本者也。天且不敢违，而况于万世乎？况于鬼神乎？

薄礼法者，袭礼法之土狗生厌也；病仁义者，窃仁义之虎皮见呕也。于礼法何伤？于仁义何辜？是踣而罪路，溺而罪水矣。藉曰袭也窃也，汉阴假修混沌氏之术①，是大袭大窃也。况袭窃无上以袭东陵之术者哉？作法于凉，其弊犹贪，不得不然，不应全免。知时中适济而明当然即本然者，知立仁与义之礼藏知信矣，知常五无五之随待皆绝矣。千语劝夷，犹不能转蝇营之梦；一语轻夷，则群跖攘臂。况升跖呵夷，助其色喜乎？

礼尚差等，必从渐杀，此天道也。脏腑亲于血络，血络亲于肌肤。亲之之杀，不得不杀，非强杀也。金石贵于刀耜，刀耜贵于堇块。尊贤之等，不得不等，非强等也。可曰"人无非仁，义无不宜"，而以绝待废之哉？仁也者人也，二不对也。合而言之道也，一不绝也。礼妙一神，道以两化。知其故，则劝行仁

---

① 《庄子·天地》："子贡南游于楚，反于晋，过汉阴，见一丈人方将为圃畦……反于鲁，以告孔子。孔子曰：'彼假修浑沌氏之术者也，识其一，不知其二；治其内，而不治其外。'"郭象注："以其背今向古，羞为世事，故知其非真混沌也。"参见〔清〕王先谦：《庄子集解》，中华书局，1987，第134页。

义，皆绝待也。不知其故，则责人由仁义行，皆滞待也。知其故，则赘见歌诗之末，皆绝待之本也；不知其故，则冲朴平直之本，皆滞待之末也。

出世以鬼福为符而又焚之，不惜灰尽世间。若容有一法当情，安能迫人向上？既知向上，依然上在下中。名教穷尽，上无上下，必安于下。故先正名，使之适得。宁可令夫妇之灵台生首鼠耶？故世出世之门庭，寒暑之错也。各偏缓急，自相灌暴，张弛易牖，喑然蜡傩；增止啼之刹，竿指端之幻，何怪焉？要以善世贵乎安心，则异即是同。琴瑟专一，谁能听之？不待铺本无不同之云海也。圣人药笼，自有君臣，而杂收激用。乌栀逐疝，香连已痢，可以合使其温凉，为并行不悖之丸矣。常山待符，连环椎解，其世即出世之超越者乎？复槁之君，循口操衿，食力生理之世即出世，其可免哉？皆不必免。必言求免，皆足免免，不如言当与不当之见在宜免。君子道其常统变之大常，而立当当之大本，正此旨也。

伦其人，即达其天；知其天，即尽其人。处约知其既定，故心逸日休；处乐知其靡常，故持盈保畏[1]。未能者知本无亏，所以当仁不让也；已能者知本无尽，所以望道未见也。无非对

---

[1] 畏，或作"泰"。方以智《冬灰录·龙湖不二社茶话》："大畏知本，寒变物情。艮背行庭，平在朔易。"保畏，意谓知天命，尽人事，在"乐"时依然可时时畏而奉之。

治也，无非绝待也。

粹可以涅，统自能平。善尊则恶自化，恶化而善不自名。谓之无善恶，可言可也①，善之至矣；不垢不净，净之至矣。不落圣凡，圣之至矣；不落阴阳，阳之统矣。然圣人不锐标此极则者，教民善因，因其可行而教之，听其日用不知而由之。徒以无可言者发急矜高，纵人惑乱，岂足训乎？况此学修不及之无可言者，何待训乎？今则暱便饬陋，专矜此训矣。专矜则巧扫，充类则无类，随之则无决，尽决则无人。正教卑贱而民无适从，若不申明易准以宰安主②，则传讹恣兽祸矣。食力生理之世即出世，安得不请天日一为决之？

邵子曰："乾七子，坤无子。"③ 此就小横图而明之，明乎阳

---

① 也，疑当为"行"。可言可行，在语辞上与后文"不垢不净"相对。《论语·子路》："故君子名之必可言也，言之必可行也。"另，《礼记·缁衣》："王言如丝，其出如纶；王言如纶，其出如綍。故大人不倡游言。可言也，不可行，君子弗言也；可行也，不可言，君子弗行也。则民言不危行，而行不危言矣。"方以智化用此处意思，与后文所言之"可行而教之""学修不及之无可言者"等相应。

② 《周易·系辞上》："《易》与天地准，故能弥纶天地之道。"《周易浅述》卷七："《易》书卦爻具有天地之道，与之齐准，故于天地之道能弥也。弥者弥缝，合万为一，使浑然而无欠；又能纶之，纶者丝纶，一中有万，使灿然而有条。"参见陈梦雷：《周易浅述》，上海古籍出版社，1983，第988页。

③ 邵雍《观物外篇》："乾七子，兑六子，离五子，震四子，巽三子，坎二子，艮一子，坤全阴，故无子。乾坤六子，兑五子，艮四子，离三子，坎二子，震一子，巽阴刚，故无子。"参见〔宋〕邵雍：《邵雍集》，中华书局，2010，第55页。

统阴之统阴阳也。极分两仪，则阳居右；再分太、少，则太阳居右；再分小仪，再因重之，无不阳右者。东也，帝出乎中者也。《乾》纯为阳，则六十三卦之杂为阴。惟阳统阴，阴为阳用，故六十四卦皆《乾》，而必以纯乾统之。杂卦皆《乾》，而必以每卦之阳统之。如《泰》《否》，则《泰》统《否》，《否》者《泰》之余；如以《否》论，则必以休倾①统之。岂曰羞承②亦太极也，而我曚之乎？故知太极必建极，纯乾所以建太极之极。六十四卦之阳，皆建乾之极。

阳主阴臣，使阴效事。纯亦不已，杂亦不已。纯无不在杂中者，必使知纯以行乎杂，而后知其不染也。知其先，时其中，用其后，岂得不条条理理哉？孔子于《杂卦》特辨刚柔而终之曰"君子道长"，"刚决柔也"。③圣人为天地之主，则立仁与义，所以决阴阳刚柔之主而建太极之极也。性命本一而听其两，谓以至命为养性之决，以尽性为立命之决。故不妨忍性乃能率性，

---

① 《周易·否》之九五、上六两阳爻，爻辞分别有"休否，大人吉""倾否，先否后喜"。此处以"休""倾"代指阳爻。
② 《周易·否》之六三、六二两阴爻，爻辞分别有"包羞""包承，小人吉，大人否"。此处以"羞""承"代指阴爻。
③ 《周易·杂卦》开篇即为"乾刚坤柔"，终篇则曰："未济，男之穷也。夬，决也，刚决柔也。君子道长，小人道忧也。"《杂卦》之"杂"，当自有深意。孔颖达疏："王道踳驳，圣人之意，或欲错综以济之，故次《序卦》以其杂也。"参见〔三国魏〕王弼注，〔唐〕孔颖达疏，卢光明、李申整理：《周易正义》，北京大学出版社，2000，第399页。

端在用性而即以复性，必贵知命乃能安命，可以夺命而惟言俟命。岂其讳统治交尽之理为次为粗，专尊昏黑之绝待，以为无忌惮者借口塞天日之正论乎？

龙马言曰：中都黄氏有不虑父，生三子而妻死，一子贤，一不肖，一瘖聋。贤子受理师之教，三年饬行能文。不肖者好驰薨栋，巧于穿窬，惰业而逸师。不虑父负墙无所学，不知其子之贤不肖与其师之理也，止以一瘖聋者为忧。请续室焉，又瘘，居常闷闷。

冉相之隐曰："惟瘖聋者在膝下，余二子皆败君之家者也。受理师之瘴，其病更甚于瘖聋，不如辞之。"遂辞其师。

不肖自喜谗行，又谗兄曰："兄嗤父无所学，且与理师谋去我以并其产。父何不早与我产，我为父十倍，不争达乎？"①父已不快，逼之，拼怒。适遇室荡氏曰："何不俱杀之？不则俱纵之，无问也。人生驹景，洒酒里歌，不自足乎？何自缚苦乃尔？家自当破，何不自我啖之豪之？何为牛马以遗所拼怒之人？老与瘖聋度日，可矣！"父以为达，酣以为常，已而不肖益恣。

贤者无成能，徒伤父之不知而不敢言，又慢其师也。偶闲之庤，遥叩师学，父更恶之。日入省父，父梃逐之。困心衡虑，

---

① 方以智《通雅·释诂·古隽》："汉人有争达之语，争去声，谓强自争立发达也。"参见〔明〕方以智撰，黄德宽、诸伟奇主编：《方以智全书》第一册，上海古籍出版社，1988，第239页。

惟有泣天。瘖聋者慰瞽沈屯，自谓长其二兄而亦忘其父为父也，责衣食于父而已。邑捕不肖，而黄氏之家果破。其父方叹隐公、荡公之先见，辄自解曰："何自缚苦乃尔？"实喑喑其苦不堪也。

会理师与邑长善，为言不肖子赦死还家。不肖子大感，与其兄哭。国之雅士闻而多之，竟谷其兄卒学，以女妻之，且赡其父弟粟，扶月三庚。弟见学之足以使人重也，悔而学焉。有旅力盗逾雅士垣，而仲子擒之，因旌诸邑，为网捕。以尝为贼，悉知贼伏，捕贼如神，拔为尉正。三年，中都君以为尉将军，雅士更以次女妻之。

贤者学日充，謏闻化众，远近无间，所至成聚，为天下宗。理师日损，归于大道，而贤者能用其才，致虚弥实，天下号为弥宗先生；开馆达巷，有五亩之园，迎养其父弟。瘖聋开窞，日衎衎然奉父守舍。不虑父日与理师、雅士相卮荦，坐享园中而已。① 元郁王遗使持千镒为其亲寿，请以全夺全予之权奉弥宗先生：寡人为卫道长，它国不听，举兵伐之。瘖聋以手画案，曰勿受。理师曰："有余不敢尽，此五亩即四海也。安往非所以寿不虑太翁乎哉，何用千镒为？"竟谢去。

---

① 卮，酒器；荦，驳牛也。卮荦，语意费解，似谓宴饮，有酒有肉。或可句读为"不虑父日与理师、雅士相卮荦坐，享园中而已"。荦谓牛毛色不纯，而不虑父、理师和雅士，其道不同，相聚坐在一起，如同色之斑驳。如此则迂远不通。

隐氏、荡氏，因使以偕争高其幢。隐氏先遁元郁国，杀戮连岁，以其贱理而废学，好大而令人失业也。尉将军以二劝父者为不教虐民，尝愤恨之。弥宗曰："反激讵非功乎？"理师曰："彼执愚民之一，执自受用之一者也，不达蕉鹿饭龙之喻，为八珍五和后之蔎饮，而不善用之，讹之讹矣。"将军曰："恶其怠学，托于绝学，破坏世教，险卖智声，冤屈贤者，误人入网，而又使以反激之功归之，果得算乎？"率中都卫奔命，四千九十六人往，不战而降，为之约法三章，请理师填抚之。中都君封将军为靖边侯，食三万户，固不受。

侯凯歌而旋，并辞将军。闲居爱日[①]，请太翁命六孙之名。太翁嘳然曰："理师之维世也，使世不见其功，功不可量矣。吾恃不虑而不学，又听本不待教之说，一以任之，误岂小哉？六孙各治一艺，以三物之六德为名，而以'艺'字之。继善官天，食力风教，则神武不杀，而边方晏然矣。始信删述制作，皆圣人之不虑也；《诗》《书》唯诺，皆圣人之瘖聋也。"诸门下士，

---

① 扬雄《法言·孝至》："孝子爱日。"爱日，意谓赡养父母，无须臾懈怠之心。《韩诗外传》引曾子云："往而不可还者，亲也；至而不可加者，年也。是故孝子欲养而亲不待也，木欲直而时不待也。"参见汪荣宝撰，陈仲夫点校：《法言义疏》，中华书局，1987，第525页。

扬鹑行列，奏《由庚》之乐①。三子六孙，长跪称觞。理师、雅士歌，上寿曰："中都黄父，天游知止。百二十岁，大其赤子。"太翁酬二老曰："三子为一子，三老为一老，日日皆万古也，岂徒以百二十岁为寿乎？"

法能生道

法生于道，而法能生道，何也？

曰：芝菌不根而成，蟭蟟不母而育。不死之榕，枝复生根。非独此也，稼也反生，仁先芽而后荄，实悬于枝而为树本，此非枝之自生本乎？陶炼五行，命以志遂；至精所注，专气必成。于是乎知道术之可以下生子孙，而上生父母也。《鸿烈》曰："是皆生一父母而阅一和也。"②圣人逆以知之而顺以理之。天地生圣人，而圣人之心生天生地。法生于道而以法知道，以法理道，无法则道熄。是法之能生道也，明矣！

---

① 由庚，《诗经·小雅》的逸篇名。《毛诗注疏》卷九有"《由庚》，万物得由其道"，卷十有"《由庚》废则阴阳失其道理矣"。参见〔汉〕毛亨传，〔汉〕郑玄笺，〔唐〕孔颖达疏，龚抗云等整理：《毛诗正义》，北京大学出版社，2000，第635、738页。由庚，这里意谓所奏之乐应时合宜，颂美主人的德业。

② 鸿烈，即《淮南鸿烈》，又名《淮南子》。《淮南子·俶真训》："夫天之所覆，地之所载，六合所包，阴阳所呴，雨露所濡，道德所扶，此皆生一父母而阅一和也。"父母，谓天地；阅，总也；和，气也，道所贯也。参见刘文典：《淮南鸿烈集解》，中华书局，1989，第55页。

人知天生日以为官耳。曾知日既统用其月星，而即能蒸化其天地乎？人知圣人以仁义为政而已矣，曾知政府既立，下以治万古之民而上即以治万古之君乎？一卵莫非苍苍，而凝其於穆之精于日。冬夏寒暑之天，皆日之所生也；蕃变滋殖之地，皆日之所生也。

万有万无，莫非太极，而必建其皇于仁义。夫妇衾影之天，是仁义生之而愈明者也；鬼神影响之天，是仁义生之而不灭者也。惟堂有皇，惟王建极。若道不立仁义，是责天不当有枢，太极不当皇建；舜禹不当有蒲坂、安邑之都，苍梧、会稽之狩，而与齐民同耕凿乃称平等矣。二老自退，中嗣用事，有子克家，耄期失父，曾悟此耶？

《内经》曰："苍天之气清净，故藏德不下"，常以日月为光明；"天明则日月不明"，故让明于日，而日又转与月星。[①]世之握轭不著者，惟知旦暮耳，且不知月星继明之故，岂知天之不

---

① 《黄帝内经·素问·四气调神大论》："天气，清净，光明者也，藏德不止，故不下也。天明则日月不明，邪害空窍，阳气者闭塞，地气者冒明。"藏德，谓天德不露；不止，谓健行运转不息。参见山东中医学院校释：《黄帝内经素问校释》，人民卫生出版社，2009，第17页。

明、以明任日之故哉？日宫殿置须弥山半①，而河渠流竭矣。夜气焦枯，况七日并出耶？故知天日同生，日用其天，以日治天，以天养日。

心以思为官，故曰：思非心而思即心。杀思以见心，犹杀日以见天也，专门巧诱耳。从心生思，思即生心。以思见思，以见忘见。作捡玉之见者②，非见乎？是二而一者，必不可须臾离也。其始也不暗日，则安能知天？知之，则何硋暗天而明日？知於穆者，忘日并忘天矣。

---

① 日，不当为"曰"字。佛经中有日宫殿，有月宫殿，两者相对而存在。《法苑珠林·劫量篇第一》："又《观佛三昧经》云：天地始终谓之一劫，劫尽坏时火灾将起。一切人民皆背正向邪，竞行十恶。天久不雨，所种不生。诸水泉源乃至四大驶河皆悉枯竭。久久之后，风入海底。取日上大城郭，于须弥山边置本道中。一日出时，百草树木一时凋落……"参见〔唐〕释道世著，周叔迦、苏晋仁校注：《法苑珠林校注》，中华书局，2003，第20—21页。

② 捡玉，不可解，疑当作"金玉"。方以智《性故》："环阳文于前，陈金玉于案，与彼无与也。"张昭炜注释："'陈金玉于案'，如同袁石公所言'见金'。'今人见姝而荡，见金而动'，纵然有众多美女环绕，纵然有成堆金玉陈列几案，吃乳之赤子对财色均不动心，'与彼无与也'。"参见〔明〕方以智撰，张昭炜注释：《性故注释》，中华书局，2018，第62页。金玉之见，犹言见到黄金珠玉，虽可以不动心，却也真是目有所见。

二虚一实

何谓二虚而一实？

曰：人知一虚一实之两交，而不知二虚一实之两交也。人知一虚一实与无虚无实者为三，而不知二虚一实为交虚实之实际也。知此则圆三而半用矣，可以立三而又掀三矣。可以立一实，立一虚，立一交虚实之虚；又可以推三而立一交虚实之实，与之四焉。与之四，而四分用三，实以一兼三也。其究也，交虚实之实，即无虚无实之虚而已矣。

地实之在天虚也，若豆然，万分之一耳。人之于虚，犹鱼之于水也。鱼以水为性命而鱼不知，人以虚为性命而人不知也。忘其性命为虚，而凭其用性命者为实。支骸于太虚，岂止豆其万分之一乎？然不得不寓此万万分之一，以摄其万万分也，特患不知耳。

有知皆实皆虚为无虚无实者，可以论量矣。尝试量之，两间皆气，凝为形；然有凝形之气，仍有未凝之气，与形为偶；而贯气与形者，则大气也，所以为气者也。虚蒸于实中，而有蒸实中之虚，仍有充虚之虚，与实为偶；其统虚实者，则太虚也，所以为虚者也。

天自分结为地，仍有未结之天，以与地偶；而贯天地者，则太天也，所以为天者也。可知三冒若蹴鞠然，常二虚而一实。故曰：

止有一实，余二非真。然不立三者，无以明生二贯二之一。不圆三者，无以尽虚实变化之故。不掀三者，无以明直下一际之用。故因太极阴阳之奇偶参两而絜领之，曰：真天统天地，真阳统阴阳，大一统万一，至善统善恶，至理统理气，大无统有无。

凡曰大，曰至，曰绝，曰超，曰贯，曰无，皆不得已而以缩地乘云之笔①，为形容绝待之词也。及乎易冒②，并入寂冒，而寂冒并入感冒，则绝待乃并待耳。不得不销其相待，以明向上之绝待，此舍门室而言屋也。不得不镕③其绝待，以入因二之相待，此舍屋而用门室也。然后知绝待、并待、贯待之故。剥烂复反④，无在无不在，则谓之无绝、无并、无贯，何为不可？

两呼苍天，时雨出云。逝者不逝，室远何远！孰为吾？孰为道？孰为一？天地人一声曰："唯。"

---

① 《神仙传·壶公》："费长房有神术，能缩地脉，千里存在，目前宛然，放之复舒如旧也。"《庄子·天地》："乘彼白云，至于帝乡。"缩地和乘云，谓神思纷纭措诸笔端。
② 《周易·系辞上》："子曰：'夫易，何为者也？夫易，开物成务，冒天下之道，如斯而已者也。'"孔颖达疏："'夫易开物成务，冒天下之道，如斯而已'者，此夫子还自释易之体用之状，言易能开通万物之志，成就天下之务，有覆冒天下之道。"参见〔三国魏〕王弼注，〔唐〕孔颖达疏，卢光明、李申整理：《周易正义》，北京大学出版社，2000，第337页。
③ 镕，原本作"銈"，据文意改。
④ 《周易·杂卦》："剥，烂也。复，反也。"按方以智《一贯问答》引孙其澳之见，"烂即是克，剥烂复反，消息相因"。

体为用本　用为体本

问：用以体为本，知之矣①。体以用为本，何也？

曰：世以体为本，用为末，故言道者，因其称而称之。统体用之所以然，则冒之曰至体。其实体之为言，骨也，因其质也。於穆不已之天，无奈何之白描耳，以为至体，实至用也。天不得不借地以为体，而天自用之。故邵子曰："天主用，地主体。圣人主用，百姓主体。"②蓍之德圆而神，天也；卦之德方以知，地也；六爻之义易以贡，六虚之天，用也。③

一生二为两体，而以参用之；两旋为四体，而以五用之。故有体数，有体数之用，有用数之用。核而言之：凡象数皆表法之用也。实以表法之体，而以义理为用也。综上而言之：义理与象数皆大一之用也。入神而言之：所立之象数、义理皆体也，

---

① 矣，原本作"天"，当改。
② 《观物外篇》："天主用，地主体。圣人主用，百姓主体，故'日用而不知'。"参见〔宋〕邵雍：《邵雍集》，中华书局，2010，第161页。
③ 《周易·系辞上》："蓍之德圆而神，卦之德方以知，六爻之义易以贡。"《系辞下》："变动不居，周流六虚。"韩康伯注："圆者运而不穷，方者止而有分。"圆者运而不穷，方氏这里不取孔疏"阪上走丸"之喻，直以"天"论之，更明达。孔颖达疏："且物方者著地则安，其卦既成，更不移动。"方氏借此而单提一"地"，抽象之维度更高。孔颖达疏："贡，告也。六爻有吉凶之义，变易以告人也。"六虚，谓一卦之六个爻位。孔颖达疏："六位言'虚'者，位本无体，因爻始见，故称'虚'也。"参见〔三国魏〕王弼注，〔唐〕孔颖达疏，卢光明、李申整理：《周易正义》，北京大学出版社，2000，第337—338、371页。

所以用其象数、义理者，乃神用也。

《礼》曰："设宾以象天，设主以象地，设三宾以参之。"①天宜主而地宜宾。今乃宾其天者，因主执事而宾至尊也。夫取女以生嗣，主中馈，而夫反如宾。岂非体用之贵用乎？男女者，未交之称也；夫妇者，已合之称也；父母者，生子之后也。既生子以克家而父母老矣。乘权者贵传家，如客所生者又为主矣。此乾坤所以让坎离也。

风姬②不立太极之名，岂不好此建瓴之高乎？盖以六十四者，六十四太极也；三百八十四者，三百八十四太极也。此六十四、三百八十四者，皆一太极也，但表其入用之体，而无体之用藏其中。圣人于画前状之，而又明之曰"易无体"③也，

---

① 《礼记·乡饮酒义》："立宾以象天，立主以象地，设介、僎以象日月，立三宾以象三光。古之制礼也，经之以天地，纪之以日月，参之以三光，政教之本也。"
② 伏羲，风姓；周文王、周公，姬姓。
③ 《周易·系辞上》："故神无方，而易无体。"孔颖达疏："易则随物改变，应变而往，无一体可定也。"参见〔三国魏〕王弼注，〔唐〕孔颖达疏，卢光明、李申整理：《周易正义》，北京大学出版社，2000，第315页。

其示人也切切矣。远公曰"易以感为体"①，故醒之曰：易无定体。②人以缘起性，故醒之曰：缘无自性。③取空火于冰台，还沤淅于沧海，则无性之性为公性，犹无体之体为公体也。子思形容之而无能为辞，乃谆谆然曰："天之所以为天也。"④曰所以，则不落有无，不落体用矣，实则但有一前用之时中耳。其余可愕可艳之玄著隽永，皆浮图之指、华山之博也。

人有心而梦因之，有梦而觉，且应之。心生法而言传之，有言而万世之心传之。心法交传，梦觉交应，如镜对镜。镜中

---

① 《世说新语·文学》："殷荆州曾问远公：'易以何为体？'答曰：'易以感为体。'殷曰：'铜山西崩，灵钟东应，便是易耶？'远公笑而不答。"远公，即慧远。慧远之所以不答，当是易理精微广大，谓此非易不可，执此言易又不可。参见徐震堮：《世说新语校笺》，中华书局，1984，第133页。

② 易之无体与无定体，强调的意涵稍有别。无体，与"有"相对而言；无定体，言应因变化，周遍流行，及乎万有，故言体之不定。干宝："否泰盈虚者，神也。变而周流者，易也。言神之鼓万物无常方，易之应变化无定体也。"参见孙星衍撰，黄冕点校：《孙氏周易集解》，中华书局，2018，第541页。

③ 一切诸法无自性，本性为空。进而言之，"因缘生法无自性，无自性即是毕竟空"，"诸法和合因缘生，法中无自性，若无自性，是名无法"。参见龙树菩萨著，〔姚秦〕鸠摩罗什译，弘学校勘：《大智度论校勘》下，社会科学文献出版社，2014，第950、1080页。

④ 《礼记·中庸》："《诗》曰：'惟天之命，於穆不已。'盖曰天之所以为天也。"孔颖达疏："'盖曰天之所以为天也'，此是孔子之言，记者载之。"可参。参见〔汉〕郑玄注，〔唐〕孔颖达疏，龚抗云整理：《礼记正义》，北京大学出版社，2000，第1698页。

卷之上　体为用本　用为体本

之镜,且无万数,况十六镜之光光摄入乎?圣人知既往将来之体,惟以见在之用为因,即以见在之体藏既往将来之用。张子曰"德为体,道为用"①,又当知道以其用为体,而德以其体为用。

荄为树本,核为荄本,树生华而为核之本矣。芽滋干,而上既生枝,下且复生本矣。核中之仁,天地人之亥子也,全枝全干全根之体也。苗茂之后,仁弃其体,而为此树之用矣。由此言之,仁亦时寓于核中,而仁乃用也。天地之心,时于亥子复见之,而非以亥子为天地之心也,有所以生者焉。此全根全枝全干全仁之大体大用也。人畏其唯明也②,一言以儳忽之曰"本无体用"而已。时此中者,安得不因此时之用知此时之体,因知无体之体即天地未分前之体,因知天地未分前之体即在此时之用中?安得不措其不可名不可见之所以然,以可名可见者文而理之乎?

道自以理法之极,奉德行神明之人;德自以理法之枢,宰其全用全体之道。圣人以知言为知命知礼之用,以正词正名为

---

① 张载《正蒙·神化》:"神,天德,化,天道。德,其体,道,其用。一于气而已。"参见〔宋〕张载著,章锡琛点校:《张载集》,中华书局,2012,第15页。
② 唯,或当作"难"。《尚书·吕刑》:"德威惟畏,德明惟明。"孔颖达疏:"以德行威,则民畏之,不敢为非。以德明人,人皆勉力自修,使德明。"参见〔汉〕孔安国传,〔唐〕孔颖达疏,廖名春、陈明整理:《尚书正义》,北京大学出版社,2000,第635页。唯(惟)明,即承"道以其用为体,而德以其体为用"而推论"大体大用"的见解见地。

三知①之用，藏其旁通反复为变化之用，随其器数分艺皆其引触之用。厌言用乎？安往而非体也。厌言体乎？安往而非用也。厌言事乎？安往而非理也。厌言理乎？安往而非事也。要必以善世切民之理为最急之用，而余固不妨缓之。灵鞞神钲，亦狥路之疾响也。

专体者曰：有用有余，为有漏矣。前用者曰：用乃善余，余乃善用，无缓急而有缓急，漏何漏乎？世之夸无漏也，禁人言漏以相忘于漏。以一语矜茫之已耳，实漏甚矣。何如直言补漏？漏即不免而传此补漏之心，为无漏乎？彼本自无漏者，何待人忧？吾正忧人之盗此无漏者，开天下之大漏也。理一则贞一，贞则不必言非二、非三、非一之一。政由俗革，俗以风转，风以心转，心以教者之心为几。漏卮乎，漏卮乎，可不慎哉？

最急之用，惟以分别，而无分别寓焉。非可精视其影射之总，而粗视其条条之详也。制礼作乐而自儗作②，曰"此恐分别廉纤

---

① 三知，即知言，知命，知礼。《论语·尧曰》："孔子曰：'不知命，无以为君子也；不知礼，无以立也；不知言，无以知人也。'"
② 《荀子·儒效》："法先王，统礼义，一制度，以浅持博，以古持今，以一持万，苟仁义之类也，虽在鸟兽之中，若别白黑，倚物怪变，所未尝闻也，所未尝见也，卒然起一方，则举统类而应之，无所儗作，张法而度之，则晻然若合符节，是大儒者也。"儗作，迟疑愧怍。杨倞注："既无所儗作，故开张其法以测度之。"参见〔清〕王先谦撰，沈啸寰、王星贤点校：《荀子集解》，中华书局，2016，第167页。

也，此嫌落两落四也"，漏矣！末世有浚恒迷复之理学[1]，惟恐语及礼乐，若有玷其高竿者，犹之一护画前则忌讳卦爻者也。

漏乎，不漏乎？不讳其余，能用其余。知漏即是补漏，是直无漏。折俎奠爵之一饮三让也，闲歌下管之一和三成也。此圣人之分别即无分别者也。裧袡执算之塞人欲窦也，艺黍妥侑之霩人田庐也。此圣人之有漏即无漏者也。藏往之智，不假乎文献而托乎文献，托则何者不文献乎？此无漏也。不硋乎托世人所目之文献，此无漏也。知来之神，不假乎蓍策而托乎蓍策，托则何者不蓍策乎？此无漏也。不硋乎托世人所目之蓍策，此无漏也。

继善

问：至善、一善、择善，何以三之？

曰：不继何至？不择何明？一妙于用余，惟其用余，故二之三之而皆一也。巧于三弄者曰"善即非善、非非善"，为去执

---

[1] 《周易·恒》之初六爻辞："浚恒，贞凶，无攸利。"浚，深也。初六在卦之初，亦在卦之底，故有其深。浚恒，有求之过深之意。王弼注："求深穷底，令物无余缊，渐以至此，物犹不堪，而况始求深者乎？以此为恒，凶正害德，无施而利也。"《复》之上六爻辞有"迷复，凶，有灾眚"，王弼注："以迷求复，故曰'迷复'也。"因上六处复道之终，亦在复反之后，故而迷复，犹言迷而不复，过而不能改。参见〔三国魏〕王弼注，〔唐〕孔颖达疏，卢光明、李申整理：《周易正义》，北京大学出版社，2000，第169、135页。

而脂其车耳。遏恶扬善之休命,天用地之半即全也。天地之道尝有所不用,以成其用;时乘其轮,而容余以待化;因循不著迅利,乘而见长。故惊钟虡之攫猰而视曲徙无恩泽,宜也;圣人立极用余,著其尊亲,岂在屠龙以名家,焦烂为上客乎?①

正告性善,使敛襧吉襧之夫妇质天地鬼神之主宰而已。②庄子曰:"圣人之静也,非曰静也,善故静也","善吾生乃所以善吾死"。③此庄子之道性善也。虚空无中边,一乘以即边之中,遣离边之中,岂容有善恶可言乎?然乃显题之曰:"得最胜,无漏善。"大智曰:"三句相连,初中后善。"④鸟窠告香山,唯"众

---

① 曲徙,为"曲突徙薪"之省;焦烂,为"焦头烂额"之省。《汉书·霍光传》:"臣闻客有过主人者,见其灶直突,傍有积薪,客谓主人,更为曲突,远徙其薪,不者且有火患。主人嘿然不应。俄而家果失火,邻里共救之,幸而得息。于是杀牛置酒,谢其邻人,灼烂者在于上行,余各以功次坐,而不录言曲突者。人谓主人曰:'乡使听客之言,不费牛酒,终亡火患。今论功而请宾,曲突徙薪无恩泽,焦头烂额为上客耶?'主人乃寤而请之。"

② 吉襧,疑当作"吉蠲"。蠲,清洁。《周礼·天官冢宰》:"除其不蠲,去其恶臭。"《诗经·小雅·天保》:"吉蠲为饎,是用孝享。"毛传:"吉,善。蠲,絜也。"吉蠲,祭祀之前的斋戒沐浴。

③ 《庄子·天道》:"圣人之静也,非曰静也善,故静也。"《庄子·大宗师》:"夫大块,载我以形,劳我以生,佚我以老,息我以死。故善吾生者,乃所以善吾死也。"

④ 《指月录》卷八:"夫教语皆三句相连,初中后善。初直须教渠发善心,中破善心,后始名好善。"参见瞿汝稷编撰,德贤、侯剑整理:《指月录》上,巴蜀书社,第213页。

善奉行"二语。① 大慧曰:"余喜正恶邪之心,与生俱生。"② 此岂宗归实后之道性善也。孟子告公都子三遮③,乃以才情一表;他日又曰"可欲之谓善"④,又曰"不学而能,不虑而知,谓之良"⑤,则继善之言先燎然矣。《尽心》之言性命以不二者言之也,"不谓性""不谓命"以不一者言之也。⑥ 不一者不二,故唯一即是竭两。执两即是用中。不二者不一,故圣不增,凡不减,而可

---

① 鸟窠,鸟窠道林禅师;香山,指白居易(号香山居士)。《指月录》卷六:"白居易守杭时,入山谒师……又问:'如何是佛法大意?'师曰:'诸恶莫作,众善奉行。'"单提"善"而称"二语",即有以善统善恶之深意在。参见翟汝稷编撰,德贤、侯剑整理:《指月录》上,巴蜀书社,第152页。
② 《大慧普觉禅师语录》:"予虽学佛者,然爱君忧国之心与忠义士大夫等。但力所不能,而年运往矣。喜正恶邪之志与生俱生。"参见潘桂明释译:《大慧普觉禅师语录》,(高雄)佛光文化事业有限公司,1997,第272页。
③ 遮,遣其所非也。《孟子·滕文公下》:"昔者禹抑洪水而天下平,周公兼夷狄,驱猛兽而百姓宁,孔子成《春秋》而乱臣贼子惧。我亦欲正人心,息邪说,距诐行,放淫辞,以承三圣者,岂好辩哉?予不得已也。"三遮,即息邪说、距诐行、放淫辞。
④ 《孟子·尽心下》:"'何谓善?何谓信?'曰:'可欲之谓善,有诸己之谓信,充实之谓美,充实而有光辉之谓大,大而化之之谓圣,圣而不可知之之谓神。'"
⑤ 《孟子·尽心上》:"孟子曰:'人之所不学而能者,其良能也;所不虑而知者,其良知也。'"
⑥ 《孟子·尽心下》:"口之于味也,目之于色也,耳之于声也,鼻之于臭也,四肢之于安佚也,性也。有命焉,君子不谓性也。仁之于父子也,义之于君臣也,礼之于宾主也,知之于贤者也,圣人之于天道也,命也。有性焉,君子不谓命也。"

圣可凡，则相近之言先燎然矣。① 三圣人不为善世，又何苦有喙三尺乎？

酷下屠剿之令，则标无善恶之岑楼寸木，以销人刻意近名之我。穷高极深，适处中道，使生民长庆其立地用天之首趾，则惟有继善成性之一，即道阴阳之一也。於穆不可言说，即穆于坛宇宫廷而出入忘之。岂真建岑楼之寸木，勒人常执之哉？

一以二神，四以半治，两即藏参，天盘乎地，故知圣人之法道以范成围者也。立教说法，即地道之用半，而天之全围在其中矣。天本不可睹闻，苟离可睹闻之地，又安得有不可睹闻之天哉？凡民之不知天命者，忽于不睹不闻，尤惮于所睹所闻，而大人圣言皆可施其风教；小人自以为知天命，矫于不睹不闻，以肆于所睹所闻，而大人圣言适以资其狎侮。真知天命者，睹睹不睹而教人明其当睹，闻闻不闻而教人听其当闻，睹闻其天地而用其天在地中之聪明矣。故曰：地中具有天地，用半者正用地之天也；用地之天，即用天之天也。

善用人间之美之始有善名，不得已而名天之德。不名为善而何名乎？避人间之名，是终欲锢天于罔窴而已矣。画者，彩素互加者也，苟称彩素未加之始，不曰素而何称？称本体为善，犹称本色为素也。善之泯然曰无，无之粹然曰善。无名而名，

---

① 《论语·阳货》："子曰：'性相近也，习相远也。'"

名即无名；如之象之，所由来矣。以不可名践可名而形容之，诚存乎鼓天地之词矣。

一在二而尊先，则对举其尊者而余为所统矣。宁可以对举之为所统者与之对哉？天统地、阳统阴、日统月、君统臣之仪道，即统天地、统阴阳、统日月、统君臣之太道也。是故帅气在志，立志在学，学先明善。

善极其深，乃不受邪帜之惑，以枉天下之才。曰至善者，本然无不覆之天也。有情无情，化育尽之矣。无君臣之鸿濛，必知君尊于民，故尊一善。盖以清统浊而贵凝道之德也。草木土石皆以凝成而得生其命，况动物乎？此凝之说也。以善为政而宰其君民，是曰明善。轧茁蠛蠓皆具光气以受发于天，况灵物乎？此宰之说也。不择，则秭稗芜五谷矣；明，则它种不得以荒之；一，则天下不得以二之。

人情之田，不种则芜，不善则恶。沌沌曰无恶，犹不能善；僤僤曰无善，则已恶矣。圣人听薰莸之并生[①]，而不以莸乱薰，不能使民之不恶莸也。椿腹其舟则覆，柏枋于东则爆。五土五

---

① 《左传·僖公四年》记载龟卜兆辞："专之渝，攘公之羭。一薰一莸，十年尚犹有臭。"薰，香草；莸，臭草。孔颖达疏："一薰一莸，言分数正等，使之相和，虽积十年，尚犹有臭气。香气尽而臭气存，言善恶聚而多少敌，善不能止恶，而恶能消善。"参见〔晋〕杜预注，〔唐〕孔颖达疏：《春秋左传正义》，北京大学出版社，2000，第383页。

荎①，各适其宜；薙绳菑畬，期于民用，岂强之哉？故曰：治不以礼，犹无耜而耕也；礼不本义，犹耕而弗种也；义而不讲之以学，犹种而弗耨也；学而不合之以礼，犹耨而弗获也；合之以仁而不安之以乐，犹获而弗食也；不远于顺，犹食而弗肥也。但曰"本无不至，本无不田"，而禁人之择种耕耨者，其可乎？锐于反朴而乃蹈水急鱼喰之科，谲间无亲而径行缿筩、钩距之险。②

---

① 原本之"荎"字，不可解，似当为"物"字。五土，即五地。《周礼·地官司徒·大司徒》："辨其山林、川泽、丘陵、坟衍、原隰之名物。""以土会之法辨五地之物生：一曰山林，其动物宜毛物，其植物宜早物，其民毛而方。二曰川泽，其动物宜鳞物，其植物宜膏物，其民黑而津。三曰丘陵，其动物宜羽物，其植物宜核物，其民专而长。四曰坟衍，其动物宜介物，其植物宜荚物，其民晢而瘠。五曰原隰，其动物宜臝物，其植物宜丛物，其民丰肉而庳。"五地之"物"，总括人在内。与后文的"薙绳"（《周礼·秋官司寇》"薙氏：掌杀草。春始生而萌之，夏日至而夷之，秋绳而芟之，冬日至而耜之"）"菑畬"相应。

② 间（闲），原本字迹不清。谲间，于义更切。缿，原本作"距"，当改。缿筩，亦作"缿筒"，古代官府接受告密文书的器具，状似竹筒，可入而不可出。钩距，这里意谓究问不休以获得实情。《汉书·赵广汉传》："（广汉）尤善为钩距，以得事情。钩距者，设预知马贾，则先问狗，已问羊，又问牛，然后及马，参伍其贾，以类相准，则知马之贵贱不失实矣。"颜师古注引晋灼曰："钩，致；距，闭也。使对者无疑，若不问而自知，众莫觉所由以闭，其术为距也。"

首首然^①偏言无善者,实赦恶耳。徒以避名之嫌,长其肆恶之俗,然且高谈曰"海寓皆王化也"。知大内之垂拱而垂拱之畴咨乎?宁可曰"莫非是也"。炮烙牛饮,即时雍哉?^②不知帝力者,非谓有野掠犯法之含哺也。一堂之人,必有其主;一朝之典,必归诸宰。圣人主其阴阳,而以学宰其道。直一时,必中一时之善;直一事,必中一事之善。刺察巡行,必居邮传,其不苟入沟堑,明矣,况出狩之密次耶?可知莫非是之至善,必待于一善明善之行,在行而无分别之尺一诏,必颁宣于分别之省会也。

理其欲之无理欲,先贯后之无先后,亦犹是也。特其显密洋溢,非喻可喻耳。若必执护宗之钩棘以落两^③,少之则扬遏顺天之休命即天之否命矣^④。岂知整理时人之言先,而时人之必不

---

① 方以智《通雅》卷九:"首首犹言頯頯也。"《庄子·天道》:"而頯頯然。"成玄英疏:"頯额高亢,显露华饰,持此容仪,矜敖于物。"方以智《东西均·释诸名》:"道者,指共由之路,首首然,逞逞然,无非是而有公是者也。"首首然,状言说时高昂亢奋。
② 《尚书·尧典》:"帝曰:'畴咨若时登庸。'"孔传:"畴,谁;庸,用也。谁能咸熙庶绩,顺是事者,将登用之。"
③ 落两,即落有无,意味着分别,即如后文所言"落两者,半边也"(《约药》);有落两,前文还有"落四"(《体为用本 用为体本》)。不落有无,不有分别,执一方为佳境。
④ 《周易·大有》之《象》:"火在天上,大有。君子以遏恶扬善,顺天休命。"休命,美善的命令;否命,与之相反。

可以不整理哉？故作环舞，宫室皆转，自以为圆①，而反责履阈拂栊为方。于践迹也，媚人贱贤，何以异此？知性知天，将将也；养气知言，将兵也。阃以外，将军制之，岂能令士卒临阵思君恩乎？士卒感将而信其金鼓法令，则朝野收荡平之效矣。

太上皇不必与闻几务。万象蒙日之光，即天之光。前用无体，惟重当然。既知无统善恶，必知善统有无。所谓宰奉主而宰，即宰其主者也。高其解曰：天尚不能为主而何主乎？天不自知其宰而何宰乎？深其解曰：主必无主，宰于无宰。宛转其解曰：求之气而不得，求之象而不得，求之理而不得，求之主宰而不得，无所得而姑谓之天命云尔。此一说也，莫非是之说也。可以解人之执一，而实则可知而不必说者也。何不曰：姑谓之善，姑谓之理，姑谓之主宰乎？曾知姑谓之主宰，而即以主其宰，宰其主乎？曾知缘所遗而心之，何不可曰气所遗而理之乎？曾知理驭气之主宰，即统理气之主宰乎？今人不明天地之为大征也，不明形上形下之足征无形也，不明圣人之化其所以而善世鼓词也，并不知"求之不得而姑谓之"之说也。畏此主宰，更以茗

---

① 这里的"圆"，是指人在做环舞动作时因不停旋转而产生的眩惑之感。《化书·环舞》卷一："作环舞者宫室皆转，瞰回流者头目自旋。非宫室之幻感也，而人自感之；非回流之改变也，则人自变之。"参见〔五代〕谭峭撰，丁祯彦、李似珍点校：《化书》，中华书局，1996，第3—4页。

莨酒荒之[①]，聊自解免耳。日日以此说桔槔而强灌之，是止醉人以不学不修之执一，而早灰冷万世之蓍龟矣。继善之宗，安得不惧？

何生曰：当士之惧，飞跃之惧也；何生之醉，飞跃之醉也。有问酒者，吾答之曰"米即水，水即米"，则谓之解免，何谓不当解免耶？

当士曰：东风之溢乎？久蓄之旨乎？少则和，多则湎，酖则妨乎？此姑谓之酒理也，善乎？姑谓善饮之时义也，当乎？熟此而忘之，不求解免，自解免矣。

未有酒而有酒，则酒即未始有酒者。醇[②]之缘起，即万物之缘起，即万古之缘起也。涂毒之曲麸，推上顿于未有水米之前，酘而柞之，酷逼不堪，忽得此有即无之酿法，始自解免，而泯于市酤[③]之飞跃耳。中庸之盎涗醹藇[④]，铁歌适节，初无所谓不堪之禁戒，则又何待此过当之解免，而后泯于樽罍之飞跃哉？虽然，牛鼓之起秽也，颓激而荷锸也，玩世而浮柏也，皆圣人

---

① 莨莨，似当作"莨菪"。莨菪，一种多年生草本植物，根、茎和叶子皆可入药。《旧唐书·安禄山传》："既肥大不任战，前后十余度欺诱契丹，宴设酒中著莨菪子，预掘一坑，待其昏醉，斩首埋之，皆不觉死，每度数十人。"
② 醇，原本作"醻"，二字当通。
③ 《论语·乡党》："沽酒市脯不食。"市酤，这里谓自市场上买来的酒。
④ 《周礼·春官宗伯·司尊彝》："盎齐涗酌。"《诗经·小雅·伐木》："伐木许许，醹酒有藇。"盎涗，谓过滤酒；醹藇，谓酒清明甘美，譬中庸之美善。

之所悯者也。重造忧患，以刀兵水火为之解醒。此一不堪，亦飞跃也。果能飞跃，其不堪乎？无善无恶，吾许其高谈，浮大白矣。

正身

《大学》正心，何言身也？

曰：以心治身，即以身治心。以不可见者治可见者，即以可见治不可见者。方圆相裁，微显互用。齐明盛服[①]，久申天子灵府，而玉藻其万世之鬼神矣；动容周旋[②]，结赫晅于尸居，而尊瞻其六合之冠履矣。庄莅行庭，无非不获；锵鸣山立，即是绝尘。

彼故泡之电之者，要以生为世累，世为物累。累以身受，故涤涤然舍其身；受从心起，故截截然空其心。此为外身身存、置死地而后生之说，说水欲寒已矣。人苦不悫，悫又不达其指趣；而槁木死灰，自贱废之，乃执垦桂之筌蹄耳。岂真知空心舍身之华光波月者乎？身有所，则为有者所累矣；心不在，则又为无者所累矣。礼生于心，即衷其身，不复不由，身乃独受罪名乎？旷其身，而冠珮盘辟视为名法交臂之囊槛矣。拘其身，

---

① 《礼记·大学》："使天下之人，齐明盛服，以承祭祀。"齐，整齐；明，严明；盛服，盛服饰，正衣冠。

② 《孟子·尽心下》："动容周旋中礼者，盛德之至也。"

而欲复深衣尸祭，此亦井田封建之桎梏也。因而并以尊亲有别之身，例为桎梏，遂愤执其土木形骸之心，别造一囊槛矣。此不知礼与己之不二也，此不知不二之不一，而执一以累其身心者也。

有悟潜遁之飞身者乎？遁世无闷①，即遁于六十四之天地中，岂洗耳挂瓢之俦耶？知无依之依，依即无依，则不落述遵而述遵无不可遁。此圣者之能其两，圣人之潜其亢乎②？知进退存亡而不失正之圣人，以惕跃之洗润粹盎无首之身者也；知进不知退、知存不知亡、知得不知丧之圣人，致亢潜之命以遂水火金石之身者也。③一以时其常，一以时其变，然后转身之路乃乘六龙，不则濡尾之狐耳。④

---

① 《周易·乾·文言》："初九曰'潜龙勿用'，何谓也？子曰：'龙德而隐者也。不易乎世，不成乎名，遁世无闷，不见是而无闷，乐则行之，忧则违之，确乎其不可拔，潜龙也。'"
② 《周易·乾》之初九爻辞有"潜龙勿用"，上九爻辞有"亢龙有悔"。初九和上九，分别在六爻之两端。
③ 《周易·乾》："'亢'之为言也，知进而不知退，知存而不知亡，知得而不知丧。其唯圣人乎！知进退存亡，而不失其正者，其唯圣人乎！"是卦之九三爻辞有"夕惕若厉"，九四爻辞有"或跃在渊"，用九爻辞有"见群龙，无首，吉"。
④ 《周易·乾》之《象》："六位时成，时乘六龙，以御天。"《周易·未济》之卦辞曰："小狐汔济，濡其尾，无攸利。"王弼注："小狐虽能渡而无余力，将济而濡其尾，力竭于斯，不能续终。险难犹未足以济也。"

犹豫于忿好忧惧之窟，窀穸于视听饮食之囊①，彼以不免之说自解其心，自轻其身者，又将何所不至乎？谲巧致人千百尺崖上，莫先于夺其所恃。术苟乎夺，则凡可以恣睢取胜以夺者，举无措也。唾先王之成宪为沟中之断木，视君亲如土偶，委礼乐于粪壤，岂惟必然？且禁其不如此者矣，不过欲以敌生死而流弊至此，况籍轻身以恣生死者乎？

真人之舍其身也，以为君亲予之，万世托之，身非我有也。辟如水火，虽犯水火，不能烧之。手之所舞，足之所蹈，无非无忝之生也。刀锯鼎镬，若去指爪，何楚之有？无所逃于天地之间，何暇至于悦生而恶死？此之谓"大戒"。②所谓空心也，心斋也，空其自私自利之心，集虚止符③，乃可以游于蓁蓁之涂无所染焉。心则天地之心也，天地其心，则骨肉其天地矣。何为孤负其天经地义之骨肉而弃之，非逃"两"④耶？忘履，足之

---

① 《礼记·大学》："所谓修身在正其心者，身有所忿懥，则不得其正，有所恐惧，则不得其正，有所好乐，则不得其正，有所忧患，则不得其正。心不在焉，视而不见，听而不闻，食而不知其味。此谓修身在正其心。"
② 《庄子·人间世》："天下有大戒二：其一，命也；其一，义也。子之爱亲，命也。不可解于心；臣之事君，义也，无适而非君也，无所逃于天地之间，是之谓大戒。"
③ 《庄子·人间世》："听止于耳，心止于符。气也者，虚而待物者也。唯道集虚。虚者，心斋也。"
④ 两，原本作"雨"，当改。两，犹言两难境地。《庄子·人间世》："未至乎事之情，而既有阴阳之患矣。事若不成，必有人道之患。是两也，为人臣者不足以任之。"

适也,岂以废屦为适足乎?忘要,带之适也①,岂以废带为适要乎?《人间世》归于形就心和②,戒之慎之,正汝身哉!此与不生不死外身之旨,岂有二乎?

可以舍身,始可转身,乃可正身。故知"一言"之思无邪,即"绝四"之无意也。③《大学》之"在正",即《孟子》之所以"勿正"也。④心用官而身尽职,此即天地之官也。视听言动,无非思也。用之于邪,无而为有;用之于正,有而若无。以无思用正思,以正思去邪思,此表之用日月寒暑也。专勒不许人思之禁,以开思本无思、无所不思之横流。小民洸荡,究于溟涬。故圣人以罕藏之,以雅由之,岂得矜上慢下,遂欲废表焚历,使人邪正混混夸玄同哉?

杨敬仲求傲迅峭家之状貌,而遂诬《大学》之正心诚意为

---

① 要,当作"带";带,当作"要",原本倒置。要,同"腰"。
② 和,原本作"知",当改。《庄子·人间世》:"戒之,慎之,正女身也哉!形莫若就,心莫若和。"
③ 《论语·为政》:"子曰:'《诗》三百,一言以蔽之,曰"思无邪"。'"《论语·子罕》:"子绝四:毋意毋必毋固毋我。"
④ 《礼记·大学》:"此谓修身在正其心。"《孟子·公孙丑上》:"必有事焉而勿正,心勿忘,勿助长也。"

伪书。① 是知其一，不知其所以一也。老庄不舍因应，则何弃圣知哉？故曰：物莫足为也，而不可以不为，贵舍其辞而得其意耳。执正告之筌蹄，尚不免病，况执纵横溅血之筌蹄乎？

苏氏曰："平易近民，终身行恕，则上易知而下易达。虽有巨奸，无所投隙。仓卒之变，无自发焉。然其令行禁止，有不及商鞅者，而圣人终不以彼易此。"② 今之坑阱贤路，专以崩雷掣电作巫觋牛鸣，炼人于暴虎冯河，眩其迅峭；能超生死者，皆弃灰刑傅之不敢问者也。

道无定体，教亦多术。诚身明善，表此正经，神武不杀，

---

① 杨简《论〈大学〉》："盖人心即道。作好焉，始失其道；作恶焉，始失其道；微作意焉，辄偏辄党，始为非道。所以明人心之本善，所以明起意之为害。而《大学》之书则不然，曰'无所不用其极'，曰'止于至善'，曰'必正其心'，曰'必诚其意'，反以作意为善，反蔽人心本有之善，似是而非也，似深而浅也，似精而粗也。"参见〔宋〕杨简著，董平校点：《杨简全集》第 8 册，浙江大学出版社，2016，第 2154—2155 页。杨简（字敬仲，号慈湖）主张《大学》非圣人之言，例如："《大学》一篇非圣人作。道一而已，此心常觉常明曰'仁'，其散见于诸善，不一。其此心之见于恭曰'敬'，见于事亲曰'孝'，见于惠下曰'慈'，而《大学》裂而分之殊为害。"(《慈湖诗传》卷十五)

② 苏轼《论始皇汉宣李斯》："周公曰：'平易近民，民必归之。'孔子曰：'有一言而可以终身行之，其恕矣乎？'夫以忠恕为心，而以平易为政，则上易知而下易达，虽有卖国之奸，无所投其隙，仓卒之变，无自发焉。然其令行禁止，盖有不及商鞅者矣，而圣人终不以彼易此。商鞅立信于徙木，立威于弃灰，刑其亲戚师傅，积威信之极。"参见〔宋〕苏轼著，张志烈等主编：《苏轼全集校注·文集一》，河北人民出版社，2010，第 530—531 页。

未尝不自洗自藏，自神其用。然宁欲以迅峭争高而辱詈贤者，使万世借口粪其中和修身之教哉？从而效其状貌，以呵为扬乎？彼用筌蹄，一切皆筌蹄之。然而道在瓦甓，一切皆家珍之。厉风塞耳，驶流旋目，此诱之通别反怫者也。理士之以正告，则矛盾极矣。寿陵余子①得毋匍匐归耶？不妨以阴尘假合为央匮汤，而朝饔夕飧始知正味耳。以是叹豁然言先，而善其言后者之难。启齿快意，不觉害生；丘颐尚口②，乌得不慎？

沼纳朴有郁芥，得其种而粪之。冬采其子，末之，取其霜，以一抄投肴中，其辛能散人之宿膈，而夠怵怵然，初不自知其惊而适也。越人好之，专而秘之。其子孙相传而家贫，以盂饲客。客吞之，如刺满其胡，终身病痉。嗟乎！知味则知和味矣。神武尝毒，不教民废稽而饫毒也。

易余卷之上终

---

① 子，原本作"乎"，当改。《庄子·秋水》："且子独不闻夫寿陵馀子之学行于邯郸与？"
② 《周易·颐》之六二爻辞："颠颐，拂经，于丘颐，征凶。"颠，填塞置放；经，常也；拂，违也；丘，空也。丘颐，即空颐。《周易·困》之卦辞有"有言不信"，是卦之《象》："有言不信，尚口乃穷也。"孔颖达疏："处困求通，在于修德，非用言以免困；徒尚口说，更致困穷。"丘颐尚口，犹言说空话。参见〔三国魏〕王弼注，〔唐〕孔颖达疏，卢光明、李申整理：《周易正义》，北京大学出版社，2000，第228页。

卷之下 密之先生笔
六世孙宝仁录

薪火

何生曰：九死之骨，欲平疗教者之心，心苦矣。然无上专门目为文字，而理学专门不目为异学，则目为象数，道高而门卑矣。特辟此场，何以令人入之乎？何不随其颠倒，以缁为素耶？

当士曰：避，安避哉？寓此有即无之文字天地，则图书①经学，传心光之寂器，转声气之风轮也。剥烂复反，亲见心主，

---

① 图书，这里当谓创制书写意义上的图书文章，与儒家经学有关，而与"河出图，洛出书"之"图书"——具有圣帝明王之瑞应的神圣性有别。"图书文章，与仓颉所作书何以异？天地为图书，仓颉作文字，业与天地同，指与鬼神合。"参见黄晖：《论衡校释·感虚》卷第五，中华书局，1990，第249—250页。

任思为官，蒸溚而茹吐之，以象数伦理之薪，烧毋欺好学之火，则传养其主，不知其尽矣。

太极老翁尝以无所得之围，谋必不免之范，若曰："不可见者，人何以见？应以见载不见。"于是乎作费藏隐之器，授之天地，而自碎其身以为之用。天地曰器，必有文；文则有名，名必立字。吾以权予笔舌而以印予图书，然后邀吾太翁之真常与跂喙之心相见，千辖轳世上之心常与千辖轳世下之心相见。故圣人之祝黙者、䚦者、波者、戈者，皆天地也。上系之灿者、飘者，下载之流者、峙者，动植之卵者、蛾者、芽者、蓛者，血气之窍者、毛者、枝者、爪者，皆篆隶行草也，皆考究注疏也。混沌为书籇，天地为书佣，圣人翻译之，流通之，或使响榻之，或使背讽之：无非文字也，无非象数也。文字象数之中，无非空空如也。皆异，则皆同也；皆专，则皆通也；皆卑，则皆高也。此已随天地之颠倒万物，随太翁之颠倒天地，而又随好颠倒者之颠倒矣。特欲一醒之，使知翻车、时中之正用耳。若欲避之，死亦无避。

概谓皋、夔何读？彼岂知伏羲以上，读天地之秘本乎？印本即秘本。今尚不能知印本之文字，况知秘本之文字乎？曾知转文字者，乃真不立文字者乎？以不通为不立者，冤哉！大慧所呵之"黑山""邪禅"[①],姚江所斥之"默有四伪"[②],留此托之,亦覆帱之仁也。割泥之喻,讱人先本。故志讥玩物,经标注我,解醒之权,乌可少乎?苦为袭艺耳染,侬通数墨,浮见钩锁握龊胶牙,诵法先王未能淹化,况能瞠醯目而又矐之耶?乌礧汉礜,剥肤浣綮,用师十倍,卧铁吞铜,及乎豁庡反掌,家珍任用,则学问简毕,乃古今之盐酱也。理之汩没于语录也,禅之汩没于机锋也,犹之汩没于词章训诂也。

所谓切者,槁木耳;所谓脱者,野兽耳。夫岂知外皆内之支离易简,别即圜之杂华半满乎?夫岂知别峰即攻玉之错,宫墙即弹指之阁乎?石火不击,终古石也。然无灰斗以扩之,石虽百击,能举火耶?是糟粕而神奇也,醪之于醺也。容之,则尽两间是圆镜;否之,则尽两间是闺阁。噤声兀坐,已犯腹诽

---

① "若不着意,便是忘怀,忘怀则堕在黑山下鬼窟里,教中谓之'昏沈'……而今诸方有一般'默照'邪禅,见士大夫为尘劳所障,方寸不宁帖,便教他寒灰枯木去,一条白练去,古庙香炉去,冷湫湫地去。"参见潘桂明释译:《大慧普觉禅师语录》,(高雄)佛光文化事业有限公司,1997,第168—169页。

② 王守仁,字伯安,尝筑室阳明洞中,世称阳明先生,浙江余姚人。姚江在余姚,故以之代称。王阳明《梁仲用默斋说》:"夫默有四伪:疑而不知问,蔽而不知辩,冥然以自罔,谓之默之愚;以不言餂人者,谓之默之狡;虑人之觇其长短也,掩覆以为默,谓之默之诬;深为之情,厚为之貌,渊毒阱狠,自托于默以售其奸者,谓之默之贼;夫是之谓四伪。"参见吴光等编校:《王阳明全集·文录四》卷七,上海古籍出版社,1992,第258页。

反唇之罪矣。沉灌无盘,倾湫倒岳,汗牛充栋,实无一尘。

何者非障?知又何障?理学有仿禅药语,勒禁无意,谓文行忠信非孔子之言[1]者,宜未知禅之所以为禅耳。况知圣人言先,旎麾三谛而藏于缘因之天地,贞一适中以鼓舞民用者哉?象山之悚"注我"[2]也,甚言由己耳;正公之警"丧志"[3]也,逼人笃信耳。曾知不乘物以游心者,枯坐更丧志乎?水不澄之不能清,郁闭不流亦不能清。游于水者,视水犹我;游于艺者,何艺非仁?波依水,水依润。无依藏依,而随流本澄矣。不彻琴瑟,钟律自谐。合止柷楬,益以雅相。知所以铿然诎然之不掩其节[4],而始纵之相忘于适成哉?因也。圣人因时密转,正其智以化其智,劳其生以安其生。

四民首士,四教首文,天下风气,必随诵读之士所转。革

---

[1] 《论语·述而》:"子以四教:文、行、忠、信。"
[2] 《陆九渊集·语录上》卷三十四:"或问先生何不著书?对曰:'六经注我,我注六经。'"参见〔宋〕陆九渊著,钟哲点校:《陆九渊集》,中华书局,1980,第399页。
[3] 《河南程氏遗书·伊川先生语四》卷十八:"问:'作文害道否?'曰:'害也。凡为文,不专意则不工,若专意,则志局于此,又安能与天地同其大也。《书》曰"玩物丧志",为文亦玩物也。'"参见〔宋〕程颢、〔宋〕程颐著,王孝鱼点校:《二程集》,中华书局,2004,第239页。程颐,字正叔,洛阳人,世称伊川先生。按《宋史·程颐传》,宋宁宗嘉定十三年(1220),赐谥曰正公。
[4] 《礼记·乐记》:"钟声铿,铿以立号。"《礼记·聘义》:"君子比德于玉焉……叩之其声清越以长,其终诎然,乐也。"

之以因，逆之以顺。直现南秘北之礼地，以穆其无南北之智天。许其份份，文明以止；① 老将志事，托于斯文；安置三根，共此苑囿；尊亲食力，各自哜嚅。象数缘起，续命分灯；简谅羹墙，万古觌面。且无论优优表法，洋洋会通，道协分艺，深造之自得乎？即汩没糟粕者，守其残编，传家训俗。引经阔步，消其邪悖之梦；笔耕学禄，洗其温饱之蛊。悍无不柔，戾无不驯。君子曰：听仁智之见，谓百姓之不知可也。但令人人理此生即无生，固衍其太平之心光矣。

　　印度之藏，内外五明；大智之规，后通语典。但恋遮遣，偏畏多闻，正属背觉合尘、遗金拾砾、悟同未悟之茗荈。永明、石门何尝不早忧此耶？若正襟儒者鄙唾六经，六经一贱，则守臆藐视之无忌惮者群起矣。今日久舞狻猊狎侮之戏，痛厌六瑟。六瑟之堂，若不注信述好学之真我②，专袭六经注我之抗说，乃瓜坑砥柱也。有真知六经之注我者，知天地之注六经乎？我即

---

① 份份，犹彬彬，谓文质兼备。《说文解字》："份，文质备也。从人分声。《论语》曰：'文质份份。'彬，古文份，从彡、林。"参见程树德：《论语集释》，中华书局，2013，第516—517页。《周易·贲》之《象》："文明以止，人文也。"《贲》卦离下艮上，离为文明，艮为止。王弼注："止物不以威武而以文明，人之文也。"

② 《论语·述而》："子曰：'述而不作，信而好古，窃比于我老彭。'"《论语·学而》："子曰：'君子食无求饱，居无求安，敏于事而慎于言，就有道而正焉，可谓好学也已。'"《论语·公冶长》："子曰：'十室之邑，必有忠信如丘者焉，不如丘之好学也。'"

六经,然后可云"六经注我"。既知六经即我,仍何妨于我注六经乎? 天地注曰:无声无臭。① 表于伦物,烟烟煴煴,醇于经史。《易》《春秋》也,《诗》《书》也,《礼》《乐》也,戴履而冲旋也,更番而六象也。

知《春秋》之何以故乎? 圣人不曰"冬夏"而曰"春秋"者,取日月之东西环也。四时极寒极暑不过浃旬,而和平之候皆春秋摄之,犹之切协调于真庚。《乡饮》曰:"左圣乡仁,右义偕藏。"② 二分以佑二至,贵民用和平之仁义也。故知伦物切于《春秋》,《春秋》养于礼乐,礼乐载于《诗》《书》,而《易》以统之即以泯之。故曰:《易》袭《春秋》,《春秋》律《易》,《书》正以导之,而《诗》风以兴之,《礼》以中宰之,而《乐》以和节之。随人之受不受、深不深,业已熏于发昫之声中矣。此天地之风轮寂器,谁知之乎?

邵子曰:"《春秋》,尽性之书也。"③ 愚曰:《易》者,尽情之书也。圣人之情见乎词,而天地万物之情可见矣。荀子曰:"《诗》《书》《礼》《乐》之分,一之而可再也,有之而可久也,广之而可通也,虑之而可安也,反鈆察之而俞可好也,以治情则利,

---

① 《诗经·大雅·文王》:"上天之载,无声无臭。"
② 《礼记·乡饮酒义》:"是以天子之立也,左圣乡仁,右义偕藏也。"
③ 邵雍《观物外篇》:"《春秋》循自然之理,而不立私意,故为尽性之书也。"参见〔宋〕邵雍:《邵雍集》,中华书局,2010,第166页。

以为名则荣，以群则和，以独则足。"① 此知其一端耳。"温柔敦厚而不愚，疏通知远而不诬，广博易良而不奢，絜静精微而不贼，恭俭庄敬而不烦，属词比事而不乱"，此犹非知其深者也。② 知深亦何为乎？

天地一蜡也，太泔无味，不得不具染以嚼之，具染一天地也。刘邵曰"淡而不醋"③，谓不厌也。所以鼓鼎饪之巽火，而继宴享之纯绎也。攻木扣钟、继声继志之《记》，末曰"大道不器，大时不齐"，此先河后海之源委也，继则深矣。④ 学以继志，

---

① 虑（慮），原本作"盧"，当改。《荀子·荣辱》："夫《诗》《书》《礼》《乐》之分，固非庸人之所知也。故曰：一之而可再也，有之而可久也，广之而可通也，虑之而可安也，反鈆察之而俞可好也。以治情则利，以为名则荣，以群则和，以独则足，乐意者其是邪！"
② 《礼记·经解》："其为人也，温柔敦厚而不愚，则深于《诗》者也。疏通知远而不诬，则深于《书》者也。广博易良而不奢，则深于《乐》者也。絜静精微而不贼，则深于《易》者也。恭俭庄敬而不烦，则深于《礼》者也。属辞比事而不乱，则深于《春秋》者也。"
③ 《人物志·体别》卷上："夫中庸之德，其质无名。故咸而不碱，淡而不醋，质而不缦，文而不缋。"参见〔三国魏〕刘劭撰，任继愈断句：《人物志》，文学古籍刊行社，1955，第6页。
④ 《礼记·学记》的结尾处有："君子曰：大德不官，大道不器，大信不约，大时不齐。察此四者，可以有志于学矣。三王之祭川也，皆先河而后海，或源也，或委也。此之谓务本。"

志以继学。十室必有忠信，不如其好学也。加以无事口少①，厌苦差别，是以苟安自委，赢闭蜗涎，穷理未尽，即恶理胶；万法未明，即为法滞。岂惟不能开物成务，其所护高贪简莽莽于无分别者，正疑种矣。专家榜门，四山正炽。有一焉，自以发愤之放旷，为溪谷之响吹。以枣柏②之弥下，藏善刀之四顾；既不聚徒，又不持杖，行窝弄丸，垂帘随劝，风力所转，亦未为不平也。

空无非火，火无非烧，而除其桑薪，禁其吹嘘，几时各安生理耶？若复瞻顾空拳，执指忘月，仍是智识之根未明，栖尸鬼耳；若复放浪贪便，托名栎樗，仍是自私自利，遁兽窟耳。天下病实，救之以虚；天下病虚，救之以实。既以无虚实者烧其虚实，即以虚贯实者烧其无虚实。

太翁笑曰：此一元之午会，当际极明。本无虚实之中，有虚容伪多、实容伪少之别焉，有集虚充实之真空真实焉，可不一折中乎？惟好学苦心者，九真口一伪③。伪则为人所摘，而彼

---

① 无事口少，或当作"无事智少"。《孟子·离娄下》："禹之行水也，行其所无事也。如智者亦行其所无事，则智亦大矣。"揆诸上下文意，智少，犹智小，智慧不足，聪明不够，还要强行其所无事。

② 枣柏，即李通玄，世称李长者，又称枣柏大士。其赅博古今，洞精儒释，尤倾心于《华严经》。《新华严经论·世主妙品第一》卷八："进修方便行，行不离体用，不坏方便。其智弥高，其行弥下。"参见〔唐〕李通玄著，杨航、康晓红整理：《新华严经论》，西北大学出版社，2005，第379页。

③ 口，或当为"而"字。《东西均·神迹》："惟学问九真而一伪。"

又面薄，不敢以自解免。

达天者曰：学即绝学，绝学何用赊谈？故公议以下，学为桑薪之囈焉。囈自化也，学自达也，下即上也。饮者不渴，不渴忘饮。人立地而周天，此下学即上达之表法也。皆伪皆真之随其颠倒，此非人识所当口①美。

平公曰：天亦不口。

礼乐

《乐记》曰："大乐与天地同和，大礼与天地同节"，"明则有礼乐，幽则有鬼神"；②"和，故百物皆化；序，故群物皆别"，"乐由天作，礼以地制"；③"仁近于乐，义近于礼。乐者敦和，率神而明天。礼者别宜，居鬼而从地"，"礼乐明备，天地官矣"；④玉帛、

---

① 口，询问、称道。《公羊传·隐公四年》："公子翚恐若其言闻乎桓，于是谓桓曰：'吾为子口隐矣；隐曰，吾不反也。'"何休注"口隐"之"口"曰："口，犹叩，语相发动也。"
② 《礼记·乐记》："大乐与天地同和，大礼与天地同节。和，故百物不失；节，故祀天祭地。明则有礼乐，幽则有鬼神，如此，则四海之内合敬同爱矣。"
③ 《礼记·乐记》："乐者，天地之和也；礼者，天地之序也。和，故百物皆化；序，故群物皆别。乐由天作，礼以地制。过制则乱，过作则暴。明于天地，然后能兴礼乐也。"
④ 《礼记·乐记》："仁近于乐，义近于礼。乐者敦和，率神而从天；礼者别宜，居鬼而从地。故圣人作乐以应天，制礼以配地。礼乐明备，天地官矣。"

钟鼓云乎哉?^①

"极乎天而蟠乎地,行乎阴阳而通乎鬼神,穷高极远而测深厚。乐著大始,而礼居成物。著不息者,天也;著不动者,地也。一动一静者,天地之间也。故圣人曰礼乐云";^② "教者,民之寒暑也,教不时则伤世。事者,民之风雨也,事不节则无功"。^③ 以《学》《庸》为礼心,以《礼运》神礼器。^④

本大一以用其分转变列^⑤,降命而官其二中之一;和其由中,格通外内;即博是约,鼓舞愤竭,以不睹闻践其节文,藏隐于

---

① 《论语·阳货》:"子曰:'礼云,礼云,玉帛云乎哉?乐云,乐云,钟鼓云乎哉?'"玉帛,玉器与丝绸,古代诸侯会盟时最常带的礼物。方以智此处以孔子之问强调,礼乐精神不只是外在的物质形式,并渡引下文。另,邵雍《伊川击壤集序》有"钟鼓,乐也;玉帛,礼也。与其嗜钟鼓玉帛,则斯言也不能无陋矣。必欲废钟鼓玉帛,则其如礼乐何",可参。参见〔宋〕邵雍:《邵雍集》,中华书局,2010,第180页。
② 《礼记·乐记》:"及夫礼乐之极乎天而蟠乎地,行乎阴阳而通乎鬼神,穷高极远而测深厚。乐著大始,而礼居成物。著不息者,天也;著不动者,地也。一动一静者,天地之间也。故圣人曰'礼乐'云。"
③ 《礼记·乐记》:"天地之道,寒暑不时则疾,风雨不节则饥。教者,民之寒暑也,教不时则伤世。事者,民之风雨也,事不节则无功。"
④ 方以智《考古通论》:"《学》《庸》贵阐《礼》经之心。"(《浮山文集前编·曼寓草中》卷五)方以智《四礼说》:"《大学》《中庸》,《礼》经之心,百世可知,此易简之至理也。""以《礼运》运礼器也,使人履其体理也。"(《浮山文集前编·曼寓草下》卷六)
⑤ 《礼记·礼运》曰:"是故夫礼,必本于大一,分而为天地,转而为阴阳,变而为四时,列而为鬼神。"

费而知微之显。克复其天下归仁之己，心心乎？迹迹乎？双治而同忘矣。是礼乐者，合君臣之坐论也；中和者，润首足之禨沐也。岂非二寒暑、二风雨即穆其不已之一天乎哉？①

邵子列《易》《诗》《书》《春秋》而以礼乐行之②，可知化教劝率③要以中和致之。六皆五，五皆四，四即二，二即一也。圣人之视幽隐寥廓也，皆可奏可数者也；其视伦物动植也，皆无声无臭者也。无处不以表法示人无隐，而人自不察耳。

《燕居》曰："古之君子不必亲相与言也，以礼乐相示而已矣。""达于礼，而不达于乐，谓之素；达于乐，而不达于礼，谓之偏"。④忠信以立本，义理以行文。无本不立，无文不行。致中于和，以和庸中。忠行于恕，恕如其忠。藏智于礼，藏悟

---

① 《周易·系辞上》："鼓之以雷霆，润之以风雨。日月运行，一寒一暑。"《周易·说卦》："雷以动之，风以散之。雨以润之，日以烜之，艮以止之，兑以说之，乾以君之，坤以藏之。"方以智《东西均·三征》："谓之本不动者，非静也，穆不已也，几先知几，贯则为一。"

② 邵雍《观物内篇》："圣人之四府者，《易》《书》《诗》《春秋》之谓也。礼乐污隆于其间矣。"参见〔宋〕邵雍：《邵雍集》，中华书局，2010，第11页。污隆，犹升降，意谓发挥作用。

③ 化教劝率，可参邵雍《观物内篇·第四篇》，例如"三皇同意而异化，五帝同言而异教，三王同象而异劝，五伯同数而异率"等。参见〔宋〕邵雍：《邵雍集》，中华书局，2010，第11—16页。

④ 《礼记·孔子燕居》："是故古之君子，不必亲相与言也，以礼乐相示而已。""达于礼而不达于乐，谓之素；达于乐而不达于礼，谓之偏。"

于学。史以别经,《春秋》奉《易》;《书》兴于《诗》,立成协艺。①

礼乐之于民物,犹经络之于营卫也,"致其敬而诚若,有美而文而诚若"。②斋明拜让者,礼乐之蓍龟也;威仪事感者,礼乐之爻位也;伦物尊亲者,礼乐之仪象也。穹轩日月,已表周旋贯珠之法矣;呼吸官支,已表朝享琴瑟之法矣;方圆《图》《书》,已表升降清浊之法矣。圣人表其顺运之实,曰:"承天之道,以治人之情,失之者死,得之者生。"③和气在上,望藏从初;养生送死,事帝从朔。④魂魄合莫,于献君臣,克谐其声,祜先夫妇,成于孝慈。⑤"天秉阳,垂日星;地秉阴,窍于山川。播五行于四时,和而后月生也。三五而盈,三五而阙。五行之动,迭相竭也。五行、四时、十二月,还相为本也;五声、六律、十二管,

---

① 《论语·泰伯》:"子曰:'兴于诗,立于礼,成于乐。'"《论语·述而》:"子曰:'志于道,据于德,依于仁,游于艺。'"
② 《礼记·礼器》:"君子之于礼也,有所竭情尽慎,致其敬而诚若,有美而文而诚若。"
③ 《礼记·礼运》:"夫礼,先王以承天之道,以治人之情,故失之者死,得之者生。"
④ 和气,似当作"知气"。《礼记·礼运》:"故天望而地藏也,体魄则降,知气在上,故死者北首,生者南乡,皆从其初。""以养生送死,以事鬼神上帝,皆从其朔。""君与夫人交献,以嘉魂魄,是谓合莫。"
⑤ 《礼记·礼运》:"陈其牺牲,备其鼎俎,列其琴瑟管磬钟鼓,修其祝嘏,以降上神与其先祖,以正君臣,以笃父子,以睦兄弟,以齐上下,夫妇有所。是谓承天之祜。""祝以孝告,嘏以慈告,是谓大祥,此礼之大成也。"

还相为宫也;五味、六和、十二食、五色、六章、十二衣,还相为质也。人者,天地之心也,五行之端也。"① 端在欲恶,而情田之奥,必以灵者畜之。② 始于礼耕,终于乐安,中于学耨。③

以仁义夹《春秋》,知顺则常古矣。常古者以今知古,知古即今,即无古今,而随其今古,此大常也。龙凤麟龟,非畜于中五而衍于地盘者乎?深于礼乐而欲恶自理,生死自知,魂魄自安,鬼神不违矣。知圣人之以礼乐言生死、魂魄、鬼神乎?知圣人之藏生死、魂魄、鬼神于礼乐乎?几在欲恶耳。无欲恶,则无生死矣。果可无乎?果不可无乎?过此者,吾许之知礼乐矣。

悟哉! 学者之泥应对弦歌为礼乐也。惜哉! 学者之离应对弦歌为礼乐也。《法言》曰"吾见诸子之小礼乐也,未见圣人之

---

① 《礼记·礼运》:"故天秉阳,垂日星;地秉阴,窍于山川。播五行于四时,和而后月生也。是以三五而盈,三五而阙。五行之动,迭相竭也。五行四时十二月,还相为本也。五声六律十二管,还相为宫也。五味六和十二食,还相为质也。五色六章十二衣,还相为质也。故人者,天地之心也,五行之端也。"

② 《礼记·礼运》:"饮食男女,人之大欲存焉。死亡贫苦,人之大恶存焉。故欲恶者,心之大端也。""人情以为田,故人以为奥也。四灵以为畜,故饮食有由也。"

③ 《礼记·礼运》:"故圣王修义之柄、礼之序,以治人情。故人情者,圣王之田也。修礼以耕之,陈义以种之,讲学以耨之,本仁以聚之,播乐以安之。"

小礼乐也",不见天常为圣人之笔、舌乎?①醴酒之用,玄酒之尚,割刀之用,鸾刀之贵,莞簟之安而槀秸之设,表反本也;②因财致物,升中于天,达亹亹焉,表因也;③堂上罍阼牺西,堂下县西应东,表交动交应之和也。④内金,示和也;束帛加璧,尊德也;龟为前列,先知也。⑤入门金作,示情也;升歌《清庙》,示德也;下而管《象》,示事也。⑥乡饮,宾主象天地,介僎象日月,三宾象三光。⑦三让、三卿、三宾,政教之本,礼之大参也。⑧凡

---

① 《法言·问道》:"圣人之治天下也,碍诸以礼乐。无则禽,异则貉。吾见诸子之小礼乐也,不见圣人之小礼乐也。孰有书不由笔,言不由舌? 吾见天常为帝王之笔、舌也。"参见汪荣宝撰,陈仲夫点校:《法言义疏》,中华书局,1987,第122页。
② 秸,原本作"禾",当改。《礼记·礼器》:"礼也者,反本修古,不忘其初者也……醴酒之用,玄酒之尚,割刀之用,鸾刀之贵,莞簟之安,而槀秸之设。"秸,同"稭"。槀秸,用秸秆编织成的草席。
③ 《礼记·礼器》:"是故昔先王之制礼也,因其财物而致其义焉尔。""是故因天事天,因地事地,因名山升中于天,因吉土以飨帝于郊。""是故天时雨泽,君子达亹亹焉。"
④ 《礼记·礼器》:"庙堂之上,罍尊在阼,牺尊在西;庙堂之下,县鼓在西,应鼓在东。"
⑤ 《礼记·礼器》:"内金,示和也。束帛加璧,尊德也。龟为前列,先知也。金次之,见情也。"
⑥ 《礼记·孔子燕居》:"入门而金作,示情也。升歌《清庙》,示德也。下而管《象》,示事也。"
⑦ 《礼记·乡饮酒义》:"宾主象天地也,介僎象阴阳也,三宾象三光也。"
⑧ 《礼记·乡饮酒义》:"是以礼有三让,建国必立三卿。三宾者,政教之本,礼之大参也。"

若此类，不可悉数。制器尚象，左端不忘，何往而非无隐之表法耶？皆动赜也①，皆大一也，皆器也，皆道也。

不通表法，不可与言《易》；不通象先，不能知表法。离物寂静者，乃求通象先之逼径耳。放声繁急者，苟乐而已，尚非知乐之偏者也。持循规矩者，守礼而已，尚非知礼之素者也。况乎统不息不动之神，顺大始成物之理，而运时中之纯绎优优者哉？五至、三无、五起，归于天之四时、地之风霆、躬之清明。志气塞乎天地，哀丧以淬志，犹怨之可兴，贞之起元，冬之出震也。志学立矩者，礼也；耳顺从心者，乐也。知也者，其竹箭松柏之贯乎！

孝觉

孝者，学也，教也，觉也，一也。中五为乂，二乂为爻，即"交"字。一在二中，无非交也，后如月作"肴"。孝本从子、爻，后故为"孝"；又，孝即"效"字，后别作"效"；又，孝即"斈"字，后加二手加宀为"學"；又，孝即"教"字，后加攴作"教"。此数字皆一字。"觉"则其音义也。天地生人，人肖天地。圣人为天地之孝子而又为之师，因本生而教学焉，诚觉其生之所从

---

① 赜，原本作"颐"，当改。动赜，出自《周易·系辞上》："圣人有以见天下之赜，而拟诸其形容，象其物宜，是故谓之象。圣人有以见天下之动，而观其会通，以行其典礼，系辞焉以断其吉凶，是故谓之爻。"这里的"动""赜"，犹相较于象、爻而言，更本质、更抽象。

来乎？自觉心之所从来矣。觉其生，斯亲其亲。觉其亲亲之心，则知事亲之不可以不知人，知人之不可以不知天矣。

《孝经》曰"孝无终始"，"通于神明"。[①] 曰孝无始，则孝有在乎发肤之先者；曰孝无终，则孝有在乎身世之后者。从来其从来，则多生即此生也。多生之亲，即此生之亲也。苟孝其心，即孝其天；孝其天，则天其亲矣。以明通神，以神通明；明即神矣，神即明矣。此孝之所以无终始，而必教学以大明其终始也。

子曰："吾志在《春秋》，行在《孝经》。"[②] 天人之不二，知行之一致，是律管之灰，根干之滋也。谁先觉乎？觉有几焉。几在伦其人以理其天。天以春秋理万物，而一造其端为夫妇。夫妇端而父子继，则天地间之绳衡交五备矣。资父以事母，而天地皆天；资父以事君，而上下定志。翕兄弟乃以顺父母，而宜妻子乃以湛和乐。朋友之交则酢四综三，而论伦其志行者也。始以自严，则父子夫妇即是君臣；无不爱敬，则君臣师弟即是父子。无非天其伦者，无非伦其心者，孰是明理交资而论其志

[①] 《孝经》："故自天子至于庶人，孝无终始，而患不及者，未之有也。""孝悌之至，通于神明，光于四海，无所不通。"
[②] 郑玄《礼记注》："孔子曰：'吾志在《春秋》，行在《孝经》。'二经固足以明之。"参见安作璋主编：《郑玄集·礼记注》，齐鲁书社，1997，第340页。

行者？达天孝天,谓不教学而能信乎？曾子曰:"孝衰于妻子。"①《坊记》曰:"以此坊民,民犹薄于孝而厚于慈。"②贾生痛之曰:"慈子耆利而不同禽兽仅焉耳。"③此何故耶？人情易顺而难逆,惟志乃以逆之。有觉其顺,资于师友。气帅既建,志行乃明。故《春秋》者,明伦察情之《屯》《蒙》《需》《讼》场也。

《宗一圣论》曰:"孟子之言少慕父母,而迁少艾,迁妻子,仕迁于君。此悲人情之因我而迁也。

"养子者母,而乳之者亲。亲所需耳,需妻子也,需富贵也,将来者进矣。欲其以慕亲终也,得乎？

"少艾之需我也暂,而妻子之需我也恒,身之需于富贵也寡,而妻子之需于富贵也博。妻以人合,有时而移;子以天合,不可移矣。故旌孝而民称孝者,百不一也;未尝旌慈而民之不慈者,

---

① 《说苑·敬慎》:"曾子有疾,曾元抱首,曾华抱足。曾子曰:'吾无颜氏之才,何以告汝……官怠于宦成,病加于少愈,祸生于懈惰,孝衰于妻子;察此四者,慎终如始。'"参见〔汉〕刘向撰,向宗鲁校证:《说苑校证》,中华书局,1987,第246—247页。曾子所言,亦见于《韩诗外传》,文字略有别。参见许维遹校释:《韩诗外传集释》,中华书局,1980,第292页。
② 坊民,原本作"妨民",当改。《礼记·坊记》:"君子以此坊民,民犹薄于孝而厚于慈。"
③ 贾生,即贾谊。《新书·时变》:"商君违礼义,弃伦理,并心于进取,行之二岁,秦俗日败……其慈子嗜利而轻简父母也,虑非有伦理也,亦不同禽兽仅焉耳。"参见〔汉〕贾谊撰,阎振益、钟夏校注:《新书校注》,中华书局,2000,第97页。

百不一也。

"富贵之逮其亲也,色欲然,而心以为有余;富贵之遗其子也,色①侈然,而心以为不足。

"盖代其身之需者在子孙,而钟其子孙之慕于富贵。所以慕君而热者,即其所以慕亲而啼者哉!"

故学者一善不明,此所以"多患得之鄙夫而鲜移忠之孝

---

① 色,原本作"多",当改。

子"也。①

① 吴应宾《宗一圣论·孝慈篇》:"孟子曰:'人少,则慕父母;知好色,则慕少艾;有妻子,则慕妻子;仕则慕君,不得于君则热中。'所谓常人之情,因物有迁者也。夫情之所以屡迁者,何也?彼其慕亲之心不主乎亲,而主乎我也。我之形迁,而物之感乎我者亦迁;物之形迁,而我之需于物者亦迁。慕也者,慕其所需者也。所需者迁,而欲慕之勿迁,胡可得也?夫常人之慕父母也,非必其习之成乎性而与生俱生也。子无所不需,而需之也甚安;亲无所不应,而应之也忘倦。故父母之慕,非慕其生我,而慕其需我也。如有能需我者,则不必其生我,而亦慕之矣。

"谭子曰'养子者,母也,而乳之者亲',此之谓也。知好色,而少艾为之需矣;有妻子,而妻子为之需矣;事君,而君之富贵为之需矣。前之需乎父母也,所谓成功者去;而后之需于少艾、妻子、富贵也,所谓将来者进。欲其以慕亲终也,得乎?则未尝以终之之道慕之,而以迁之之道慕之也。当其慕也,有迁之势,而人不知也;及其迁也,即慕之心,而人不察也。不反诸身,不求诸心,而妄以圣人之慕同类而自与也,不亦过乎!

"夫少艾之需我也暂,而妻子之需我也恒;身之需于富贵也寡,而妻子之需于富贵也博,故统言之曰:'孝衰于妻子。'而妻,以人合者也;子,以天合者也。以人合,则人皆可妻,而妻之慕有时而迁;以天合,则子必吾子,而子之慕无时而迁。此民之所以厚于慈而薄于孝也。夫孝慈之德其性,民也,均也;而孝慈之教其习,民也,亦均也。然孝之习不胜其慈之习,而慈之性多掩其孝之性者,何也?则身之于孝卑,而于慈尊也;情之于孝公,而于慈私也。故上常旌民以孝,而民之以孝称者百不一也;上未尝旌民以慈,而民之以不慈称者百不一也。此有身之患也。

"君子之戒,少在色而老在得。得也者,富贵之谓也。富贵之逮其亲也,色欿然,而心以为有余;富贵之遗其子也,色侈然,而心以为不足。

"何则?富贵所以厚吾之身,而子所以代吾之身者也。身有涯,而厚吾之身者无涯;身有尽,而代吾之身者无尽。托其身之需于子孙,而钟其子孙之慕于富贵。呜呼!此天下所以多患得之鄙夫而鲜移忠之孝子也。故富贵者,有身之大欲;而子孙者,有身之大惑也。有身者之慕亲也,需于温饱而已;有身者之慕君也,需于富贵而已矣。夫以富贵慕君者,人皆曰忠之蔽于私;而以温饱慕亲者,人皆曰孝之出乎性。孰知其所以慕君而热者,即其所以慕亲而啼者哉!"参见〔明〕吴应宾撰,张昭炜整理:《宗一圣论古本大学释论》,复旦大学出版社,2019,第50—53页。本书所引,对标点符号已略加调整。下同。

慕时罔觉，尽心宜逆，逆知种德，则顺知苗硕矣。"圣人之所需同于人，何所慕之异于人乎？无他也，知身非我之身，而亲之身也；身非独亲之身，而天下之身也。以身为亲之身，故其慕亲也不以温饱，而孝不衰于妻子；以身为天下之身，故其慕君也不以富贵，而慈必覆乎苍生。"① 故舜无我，则慕不为天下迁，而天下皆我，乃以终舜之慕。② 故曰：执孩提之我，慕亦屡迁；无孩提之我，而良乃四达，则飞跃其爱敬而天渊其孝弟矣。③ 知慕者，四端之始事也；充保者，四端之终事也。要必知万物皆备之我，乃能丧其需物慕迁之我。④ 必资师友教学之慕，如以砺其知天明伦之慕。

---

① 吴应宾《宗一圣论·孝慈篇》："圣人之需与众人同而慕与众人异者，何也？知身非我之身，而亲之身也；身非独亲之身，而天下之身也。以身为亲之身，故其慕亲也不以温饱，而孝不衰于妻子。以身为天下之身，故其慕君也不以富贵，而慈必覆乎苍生。"第53页。
② 吴应宾《宗一圣论·孝慈篇》："故舜之慕，不为天下之所迁；而天下之平，乃所以终舜之慕。"第53页。
③ 吴应宾《宗一圣论·孝慈篇》："夫尧舜之孝弟，岂有加于孩提之孝弟也哉？有我与无我之间耳。执孩提之我，而父母之慕所以屡迁；去孩提之我，而爱敬之良所以四达。"第53页。
④ 吴应宾《宗一圣论·孝慈篇》："夫慕父母者，四端之始事；而保四海者，四端之终事。知也者，知其有于备物之我，而非有于需物之我也。"第54页。

《家人》《蒙》《蛊》，环作红炉。① 有子克家②，大师主器③。堂闱以内，上交中交下交，天下之象具焉；④ 祭祀馂馈，以似以续，阴阳之义具焉。嚬蹙戏渝，毕世无隐；夙兴夜寐，五辟相窥。温温集木，所以严威；慎其亲爱，乃能保艾。使亲忘我，以至天下兼忘我，此乃不及孝之言也。至郢不见冥山，而冥山自在也。知慕之始与充保之终⑤，岂二视乎？

---

① 《周易·家人》之《象》："家人，女正位乎内，男正位乎外，男女正，天地之大义也。家人有严君焉，父母之谓也。父父、子子、兄兄、弟弟、夫夫、妇妇而家道正，正家而天下定矣。"《周易·蒙》之《象》："山下出泉，蒙。君子以果行育德。"《周易·蛊》之《象》："山下有风，蛊。君子以振民育德。"以《蒙》《蛊》强调作育德性，而比作红炉。

② 《周易·蒙》之九二爻辞："包蒙，吉。纳妇，吉。子克家。"王弼注："处于卦内，以刚接柔，亲而得中，能干其任，施之于子，克家之义。"克家，犹言能继承家业。

③ 《周易·同人》之九五爻辞有"大师克相遇"，王弼注："不能使物自归而用其强直，故必须大师克之，然后相遇也。"以"大师"言之，意在强调严君（皆为九五爻）之严之威，与后文之"严威"相应。《周易·序卦》有"主器者莫若长子"，古时国君的长子主宗庙祭器，后以主器为长子的代称。

④ 按《周易·家人》之《象》所谓"女正位乎内"，谓六二；"男正位乎外"，谓九五。有男女之正，此为天地之大义。《周易·系辞下》："君子上交不谄，下交不渎，其知几乎。"《家人》之二、三、四互为坎，三、四、五互为离，坎水离火为天地之中交。

⑤ 吴应宾《宗一圣论·孝慈篇》："孟子曰：'凡有四端于我者，知皆扩而充之矣。苟能充之，足以保四海；苟不充之，不足以事父母。夫慕父母者，四端之始事，而保四海者，四端之终事也。'"第54页。

圣人约之曰："不敢恶，不敢慢。"① 此慎其孝无始之独，而诚其贯始终之几，所谓"知至至之"② 者也。又足之曰"言满天下无口过，行满天下无怨恶"③，此充其孝无终之量，而存其彻始终之义，所谓"知终终之"者也。《孝经》而《春秋》者，欲人知所以孝其心，孝其天，孝其身，乃以孝其亲之终慕也。明其始终终始，而神其无终无始，则孰哉之文断④，比干之剖心，乃所以慊其不敢毁伤之启予。不见是而无闷⑤，五岳不知所终，皆所以传其行道扬名之后世。禹惟勤俭，不自满假，故能蝘蜓于寄归之海，此致孝之所以无间也；⑥ 庖丁之动刀甚微，解乎无

---

① 《孝经·天子》："子曰：'爱亲者不敢恶于人，敬亲者不敢慢于人。'"
② 《周易·乾·文言》："知至至之，可与言几也。知终终之，可与存义也。"
③ 《孝经·卿大夫》："是故非法不言，非道不行，口无择言，身无择行，言满天下无口过，行满天下无怨恶。"
④ 孰，原本作"熟"，当改。据《史记·吴太伯世家》，周太王有三个儿子，长曰太伯，次曰仲雍，次曰季历。"季历贤，而有圣子昌，太王欲立季历以及昌，于是太伯、仲雍二人乃奔荆蛮，文身断发，示不可用，以避季历"。按司马贞索隐，孰哉，为仲雍之字。
⑤ 《周易·乾·文言》："不易乎世，不成乎名，遁世无闷，不见是而无闷，乐则行之，忧则违之，确乎其不可拔，'潜龙'也。"
⑥ 《论语·泰伯》："子曰：'禹，吾无间然矣。菲饮食而致孝乎鬼神，恶衣服而致美乎黻冕，卑宫室而尽力乎沟洫。禹，吾无间然矣。'"

所逃之嚣然，此养生主之所以养亲也。①

不告而娶，必帝女也，必底豫②之后也，不则在下何久鳏耶？孟子不难借桃应以明天下为敝屣，则"无后"一语肯为野合不告庙者托乎？③或以瞍瞽虞慕之国，象欲奚齐，则舜之陶渔犹泰伯之荆蛮也。仲尼之信至德，非犹伊祈之信蒸乂哉？④

---

① 《庄子·养生主》："为善无近名，为恶无近刑，缘督以为经，可以保身，可以全生，可以养亲，可以尽年。""庖丁为文惠君解牛……文惠君曰：'嘻，善哉！技盖至此乎？'庖丁释刀对曰：'臣之所好者，道也，进乎技矣……动刀甚微，謋然已解，如土委地。提刀而立，为之四顾，为之踌躇满志，善刀而藏之。'文惠君曰：'善哉！吾闻庖丁之言，得养生焉。'"

② 《孟子·离娄上》："舜尽事亲之道而瞽瞍厎豫，瞽瞍厎豫而天下化，瞽瞍厎豫而天下之为父子者定，此之谓大孝。"厎，一作"厎"。赵岐注："厎，致也。豫，乐也。"

③ 《孟子·尽心上》：桃应问孟子曰："舜为天子，皋陶为士，瞽瞍杀人，则如之何？"孟子答曰："执之而已矣。"桃应又问："然则舜不禁与？"孟子答曰："夫舜恶得而禁之？夫有所受之也。"桃应继续问曰："然则舜如之何？"孟子答曰："舜视弃天下犹弃敝屣也。窃负而逃，遵海滨而处，终身䜣然，乐而忘天下。"《孟子·离娄上》："孟子曰：'不孝有三，无后为大。舜不告而娶，为无后也，君子以为犹告也。'"

④ 伊祈，即伊耆氏，帝尧。《尚书·尧典》：尧曰："咨！四岳，朕在位七十载，汝能庸命，巽朕位？"岳曰："瞽子，父顽，母嚚，象傲。克谐以孝，烝烝乂，不格奸。"帝曰："我其试哉！女于时，观厥刑于二女。"

季札尚非子郢,而比《公羊》之祸宋宣①,岂知《大学》教让之先几②乎?舜之敝屣得于尧之敝屣,首阳能敝屣其身,由于能敝屣其国。此以知逍遥四子之敝屣,即"王天下不与""三乐"之敝屣也。③此义不精,故卫晋之私慕愈乱,荀息死不塞罪,而子路枉送一醢。此郢恽所以高于魏徵,而宋玉所以比乐东海也。惟能寒凉其慕迁之热,始能明察其天地之身。后世之留邺,尚能全人父子之天,免于杨素、赵普者,则皆私慕尚轻,淡泊善舍故也。有真移忠之孝子,必许以真空矣。庸能免非终身不娶,

---

① 吴王寿梦有四子:诸樊、馀祭、馀昧和季札。诸樊、馀祭、馀昧临终前都欲将王位传给季札,季札三让王位。子郢,卫灵公之子,以母贱不同于其他公子,而让太子位。《公羊传·隐公三年》:"庄公冯弑与夷,故君子大居正,宋之祸,宣公为之也。"宋宣公病重将死,舍太子与夷,而传位于其弟和(宋穆公)。

② 《礼记·大学》:"所谓治国必先齐其家者,其家不可教而能教人者,无之。故君子不出家而成教于国。孝者,所以事君也;弟者,所以事长也;慈者,所以使众也……一家仁,一国兴仁;一家让,一国兴让;一人贪戾,一国作乱:其机如此。"郑玄注:"机,发动所由也。"这里的"机",指的是事物变化发展的内在原因。

③ 《孟子·尽心上》:"君子有三乐,而王天下不与存焉。父母俱存,兄弟无故,一乐也。仰不愧于天,俯不怍于地,二乐也。得天下英才而教育之,三乐也。"

此真啮指澡雪之孝子也。① 如有问者，必在汶上，此真失靷诚感之孝子也。② 箪瓢不改，即是匪懈；发愤忘食，正此泫然。世或谓启圣之公足以显亲，此一节管窥耳。将谓陈恒之篡齐，足祝重华之昌后乎？舜之大孝也，德为圣人已矣。若籍享保，则宗庙子孙讵及夏商周乎？故知舜受禄位名寿之显命，表恭己勤民之火藻，合万古以孝其天；孔子受禄位名寿之密命，传明善斋戒之菽水，合万古以天其孝。则万古之心皆圣人之国土，而以《孝经》《春秋》为宗庙，《诗》《书》《礼》《乐》为俎豆，《大易》为芗火者也。

既言七教，又言三至，③ 正谓富贵莫过于天下，篡弑皆起于热中。后世之情慕迁愈变，正经提纲而学古可觉。定执中之矩，庶免觊觎之萌，则家天下之教孝，犹之官天下之教孝也。孺子、山阳、宋邵、隋麽早见于州吁、商臣、髡顽、州蒲之类。伪作竹书，

---

① 澡，原本作"操"，当改。《搜神记》卷十一："曾子从仲尼在楚而心动，辞归问母。母曰：'思尔啮指。'孔子曰：'曾参之孝，精感万里。'"参见〔晋〕干宝撰，汪绍楹校注：《搜神记》，中华书局，1979，第133页。《庄子·知北游》："老聃曰：'汝齐戒疏瀹而心，澡雪而精神。'"成玄英疏："澡雪，犹精洁。"

② 《论语·雍也》："季氏使闵子骞为费宰。闵子骞曰：'善为我辞焉。如有复我者，则吾必在汶上矣。'"闵子骞，名损，字子骞，孔门十哲之一，以孝闻名。

③ 七教、三至：《孔子家语·王言解》："昔者明王内修七教，外行三至。七教修，然后可以守。三至行，然后可以征。"七教，谓敬老、尊齿、乐施、亲贤、好德、恶贪、廉让；三至，谓至礼、至赏、至乐。

乱后目以自混者有矣，不如以常格安之，以世禄溥之，而警其嗣德，重其师道，示之曰"有德易兴，无德易亡"①而已。故知禹之心与东面南面望汤，而汤之心与玄黄壶浆迎周也。后不明此，但以世及为继业，而不知以善为垂统。故舍生浪世，以殉富贵热中之焱，焦烂为期。何怪数畦环堵，皆执以为我有，执以为我子孙之有。府民之怨，犯鬼之瞷，得之如塞翁之马，求之如东野之御，失之如吞豚之鳏。此犹世所称豪达者，热不可冷，冷而愈热，呜呼哀矣！富贵贫贱之介生死，必此终食间缮性倒置，收诫轩冕。②玄士指以为粗，岂知此乃精之又精者乎？正悲豪达，往往护痛，不以冷于富贵即超生死，反以超生死之说宽其热中。不免诬天以顺瀑流，又且诬亲以为家教。

世禄鲜礼，习俗成风。父以富贵慕其子，子以富贵慕其父。

---

① 《史记·刘敬叔孙通列传》："成王即位，周公之属傅相焉，乃营成周洛邑，以此为天下之中也，诸侯四方纳贡职，道里均矣，有德则易以王，无德则易以亡。"
② 《庄子·缮性》："丧己于物，失性于俗者，谓之倒置之民。""古之所谓得志者，非轩冕之谓也，谓其无以益其乐而已矣。今之所谓得志者，轩冕之谓也。轩冕在身，非性命也，物之傥来，寄者也。寄之，其来不可圉，其去不可止。故不为轩冕肆志，不为穷约趋俗，其乐彼与此同，故无忧而已矣！今寄去则不乐。由是观之，虽乐，未尝不荒也。"

王霸不免投耒沮怍①,右军犹曰"良由汝等不及坦之"②,何怪撙衔者之慨"贫穷不子""妻不下纴"③哉?高大门闾,后未有笑

---

① 《后汉书·王霸妻传》:"初,(王)霸与同郡令狐子伯为友,后子伯为楚相,而其子为郡功曹。子伯乃令子奉书于霸,车马服从,雍容如也。霸子时方耕于野,闻宾至,投耒而归,见令狐子,沮怍不能仰视。霸目之,有愧容,客去而久卧不起。妻怪问其故,始不肯告,妻请罪,而后言曰:'吾与子伯素不相若,向见其子容服甚光,举措有适,而我儿曹蓬发历齿,未知礼则,见客而有惭色。父子恩深,不觉自失耳。'妻曰:'君少修清节,不顾荣禄。今子伯之贵孰与君之高?奈何忘宿志而惭儿女子乎!'霸屈起而笑曰:'有是哉!'遂共终身隐遁。"据此可知,投耒而归的,沮怍不能仰视的,乃王霸之子。王霸作为父亲看到此情此景,生惭心,有愧容。

② 《晋书·王羲之传》:"时骠骑将军王述少有名誉,与羲之齐名,而羲之甚轻之,由是情好不协……及述蒙显授,羲之耻为下,遣使诣朝廷,求分会稽为越州。行人失辞,大为时贤所笑。既而内怀愧叹,谓其诸子曰:'吾不减怀祖(王述,字怀祖),而位遇悬邈,当由汝等不及坦之(王坦之,王述之子)故邪!'"

③ 《战国策·秦策一》卷三:"且夫苏秦,特穷巷掘门、桑户棬枢之士耳,伏轼撙衔,横历天下,廷说诸侯之王,杜左右之口,天下莫之能伉……苏秦曰:'嗟乎!贫穷则父母不子,富贵则亲戚畏惧。人生世上,势位富贵,盍可忽乎哉?'""说秦王书十上而说不行……归至家,妻不下纴,嫂不为炊,父母不与言。"

卷之下　孝觉

拙者。牛眠致福，"骨"且与陆生之宝剑同谋矣。[1]亲戚朋友皆以富贵为善继述，妻妾仆御皆以寒暄为大愧耻。市怒室色，涂附相煎；赏盗富淫，肘履互慨。不得不以贪残偿其堂构之慕，以危亡偿其箕裘之名。望尘之累母，非王陵可比也；干鹊之累父，非晁错可比也。谁其以遍谪雀鼠之颜为砺石，而培钮经待月之风乘云气乎？是以国多桓灵之政，家以熏灼贻谋。反执遵行，谓之无改，屏风教诒，亡爵为诫，犹其醇矣。夫无改者，无改于道也；继述者，继述其善也。非道而无改，非善而继述者，大率鄙夫其父母而世济其热中耳。故圣人复明"几谏诤""子号泣"[2]之条。精此觉义，庭闱之间具有堂廉断金之治，膏肓之内早严风火裕干之方。步趋诗礼，俯仰报恩；酒肉琴瑟，无非盥荐。唯诺皆质鬼神，盈寓内者尽孝顺事实也。作述以俟百世，食其教者皆冰渊家风也。苟非大丧其热我，不匮圣人之志行，又岂

---

[1] 骨，特谓父母之尸骨。《晋书·周访传》："初，陶侃微时，丁艰，将葬，家中忽失牛而不知所在。遇一老父，谓曰：'前冈见一牛眠山污中，其地若葬，位极人臣矣。'又指一山云：'此亦其次，当世出二千石。'言讫不见。侃寻牛得之，因葬其处，以所指别山与访。访父死，葬焉，果为刺史，著称宁益，自访以下，三世为益州四十一年，如其所言云。"《史记·郦生陆贾列传》："陆生常安车驷马，从歌舞鼓琴瑟侍者十人，宝剑直百金，谓其子曰：'与汝约：过汝，汝给吾人马酒食，极欲，十日而更。所死家，得宝剑车骑侍从者。一岁中往来过他客，率不过再三过，数见不鲜，无久慁公为也。'"
[2] 《礼记·曲礼下》："为人臣之礼，不显谏。三谏而不听，则逃之。子之事亲也，三谏而不听，则号泣而随之。"

信明善诚身之先觉为盘古混沌之克家诤子,乳褓百世之孩提,鬼神无改于乾坤之道,以继善垂统哉?

善之未明也,皆赤子慕迁之根未彻,而终身热中之我未穷也。穷则丧矣。孝所以事君,慈所以使众。所以之端,诚在好恶;端之先,其慕之根欤?故曰:无我者,无始之性,至善之体相也,赤子之心不与也。缘所遗者不可不知,缘又安所遗乎?不知其所以,则赤子之心失矣;知其所以,则赤子之心即天也。含乳而贪,失之而呱,何所非天耶?教之曰:何所非天而热中之滔滔,伏此涓涓矣。故曰:大人不失赤子之心者,致其所以知慕而乃不失也。

岂韫火于不钻之木,枵腹待养,而藏金于不销之矿,束手望器乎?如曰"不藉人益,不受人损"[1],则教之以大人之学,为害赤子矣。尘沙与金屑不可入目,此喻其本明也。世之执此也,以明之不可益而罢去翳之药,则明宁可复耶?枸实兔丝,何妨于益?马矢之熏,谓能不受损乎?以赤子之乳与褓皆为人益而却之,以听其壮,则能以赤子终者寡矣。不受损益者,水之润也。可以损益者,波流清浊也。反复其清流于浊,而知浊中之清。

---

[1] 《庄子·山木》:"无受天损易,无受人益难。"按庄子的见解,像饥渴寒暑,穷厄不通,乃是天地运行、自然推移的结果,人顺从自然的变化即可;而进入到社会中,"始用四达,爵禄并至而不穷,物之所利,乃非己也,吾命其在外者也"。人依赖运命,凭借机遇得到这些外物。

渡不溺波而浴饮受润，则益还其无所益，损还其无所损，而江汉秋阳，永锡尔类，普天溉种，庆至善之家业矣。圣人达之曰：赤子之慕乳也，何尝不贪？乳足而止耳。因诚求而知爱爱，知亲亲，知尊尊；知敬，知爱敬，则与其慕不分也。此耆欲绵绵，日生之中，终不可昧灭其先天者也。以是敩天下而示大顺之实曰：适得而几矣。

圣人达天而信其如斯，故因其不容已，为此"服勤致死""昏燕丧祭"[①]之制，以文其先天而节其后天。一洞洞，一属属，一言言，一油油，一折折，一锵锵，皆舞蹈于太极之晬盘，而提携乎仪象之家庭也。大人可以隆杀因革而无不适合，小人听其出入勉强而终不敢骋。骋则其夫妇父老之癖寐得而目之手之，则鬼神亦得而目之手之矣。凶暴至死，亦不能掩其天伦之肺肝。众中呼之，必且面赤；暗室伺之，必且汗下。迫则呼天以自解，与呼亲以自解也，有以异乎？况稍知尊亲无忝者乎？以是慕迁迁慕，终无逃于《春秋》之天。《孝经》一出而虹玉亘于万古矣，此圣人催千古之高奇熏赫而逼人归本之烈炬也。

---

① 《礼记·檀弓上》："事亲有隐而无犯，左右就养无方，服勤至死，致丧三年。事君有犯而无隐，左右就养有方，服勤至死，方丧三年。事师无犯无隐，左右就养无方，服勤至死，心丧三年。"《礼记·经解》："朝觐之礼，所以明君臣之义也；聘问之礼，所以使诸侯相尊敬也；丧祭之礼，所以明臣子之恩也；乡饮酒之礼，所以明长幼之序也；昏姻之礼，所以明男女之别也。"

以天人鬼神通作潞潞，是何如疾痛苛痒！以元会镂丸郑重一息，是何如莙蒿悽怆！前后代续，尽此一报。以明续神，以神续明；以学续孝，以孝续学。此真拔万世生死之大孝子乎！

人子之生死，波靡也，岂在刀锯幸免以侈发肤耶？自毁其戒畏，即伤其天矣；自辱其天，即伤其亲矣。生死之几，皆始于造次之恶慢，须臾即成天下之过怨，贻祸国家，流毒后世。今使秉不敢恶、不敢慢之吹毛，肩无择言、无择行之峻极，而大地之险阻平矣。此一造次，一须臾，即孝子之所以严父事天者也。严莫严矣，慎莫慎矣，达莫达矣。

由此论之，文章制度不过表孝子之袺襘，兵刑地狱岂能比《孝经》之迅利哉？觉至此而有不爽然神明者乎？莫孝于心，慎毋自欺。吾孝吾心，吾达吾天矣。自达其后天续先天，先天即后天之天，即明其严父事天之天，遂使万古祖宗云仍之天，皆不负天之大父母，而各享其无生死、无终始之天。岂非达慕？岂非达觉？

知人

不知人而铎治教者，是画虎也；不知天而求知人之情者，是算沙也；不知理其人之情而自矜知天者，是屠龙也。

曾知一春一秋，天所以知人而教人之知天乎？百物生焉，不相乱而各相治也。东南盛德气也，即西北之尊严气也。仁而乐其礼者，即义而信其智者也。此非是非之所得是非也。人不肖此，则非矣；人不知其所以肖，则是非皆不肖矣。知人本肖，必言当肖。知肖之所以容不肖，而即以肖化不肖。明其是非，乃无是非；即立为泯，以安为忘。此天之所以托圣人，而圣人所以制天立极，传用人度人之法也。

不见天之常其五中而旋四交用乎？何其谆谆以文理而详令以时行乎？使三垣而窜其次舍，孟夏而凋其草木，则天之仁义礼智不可信矣。眉发悬于要膂而血气不由经络，则天地之尊亲有别不可信矣。天既不失信于圣人，人奈之何不信圣人无是非之是非哉？泥侪是侪非之格，植耳为目，则神丛而实狐质耳；遁无是无非之窨，飑忽帝王，则目虾而实乌鲗耳。

知人者，知其相逸相嫉愈蔽愈护之故，则可以为天之肖子而理天之家事矣。厌理家事而废置其贤不肖者，悼耄可也。督不克家，篡夺在侧，奈此一朝居何？一朝之居，即万古之居也。是非必不免纠绳，而教人操敢乱是非之利器，反以逸天而嫉肖子，自护其蔽，欺人不知。此人所以益难知，而知人之柄公然以公非为是矣。岂不庸哉？

平也如水，习险随流[①]；虚也如谷，有响斯应；明也如日，

[①]《周易·坎》之卦辞有"习坎，有孚"；是卦之《象》有"习坎，重险也。水流而不盈，行险而不失其信"，故言"随流"。

何物不以自理？此无是非之是非，所以隐扬问察而万古之人无所廋，万古之天亦无所廋也。圣人以天下之是非消天下之是非，而即以我之是非消我之是非；知有深是非而消其浅是非矣，安其浅是非而消其深是非矣。信其肢奉首、神践形之是非，以熟夜气平旦之是非，即以消其深浅、无深浅之是非矣。舍己而隐扬之，舍己而问察之。善气迎人，人无非己；取无不乐，与无不同；即物是则，即则是帝，家家一祐主也。

民之视听，以天自断。知命之礼，立于知人。岂雄其磨隧刻深①，骋方人之月旦；或且絜楹突梯②，以不臧否人物藏拙乎？所以、所由、所安之先觉③，觉之以天而已矣。"惟仁者能好人，能恶人"④，此智信之所以帝出乎仁方，而复礼之所以与义利物乎？⑤

---

① 《庄子·天下》称慎到之学"若磨石之隧"。又《荀子·解蔽》批评慎子"蔽于法而不知贤"。刻深，谓法家之苛刻严酷，《史记·秦始皇本纪》："（秦二世）用法益刻深。"磨隧刻深，这里意谓外在之礼法。
② 《楚辞·卜居》："将突梯滑稽，如脂如韦以絜楹乎？"王逸注："顺滑泽也。"絜楹，一作"洁楹"，圆滑谄谀，善于揣度权贵之喜好。突梯，能委曲顺俗，圆滑之貌。参见洪兴祖撰，黄灵庚点校：《楚辞补注》，上海古籍出版社，2015，第283页。
③ 《论语·为政》："子曰：'视其所以，观其所由，察其所安，人焉廋哉，人焉廋哉。'"
④ 《论语·里仁》："子曰：'唯仁者能好人，能恶人。'"
⑤ 《周易·说卦》："帝出乎震。"震为东为春，为木为仁。《论语·雍也》："子曰：'夫仁者，己欲立而立人，己欲达而达人，能近取譬，可谓仁之方也已。'"《周易·乾·文言》有"亨者嘉之会也，利者义之和也"，"嘉会足以合礼，利物足以和义"。

通天下为一人，使人人通天下。既不以憯礅亿逆，亦不以毁誉自嫌。一物之是非，无不具载覆之帝则；一事之是非，即以醒古今之天断。莫仁于义，莫智于礼。此之为道，信乎是非之外而和于是非之中，可以知以人治人之忠恕，即不落天人之神明矣。

漳浦公曰："《春秋》，忠恕之书也。"① 不忠不足以尽己，故引天下之道归之于忠。凡存百世之坊者，圣人谨书之，所以教忠也，礼之本也。不恕不足以尽物，故裁天下之义归之于恕。凡解百世之网者，圣人平书之，所以教恕也，乐之本也。以二百四十二年之存，为数千万年之侯。礼乐洋溢其舞蹈，诗书薰化其魂魄。深切著明，见诸行事矣。②

论理宜虚而论事宜实，怜才宜大而察品宜细，并包宜宽而质伪宜严。此皆所以慎其藏身喻人之恕，而孚其瑕瑜不掩之忠也。岂曰深切著明近于琐苛，有嫌各正性命之恕？见诸行事，落于条目，有嫌於穆不已之忠乎？

因物显道，不妨指鹿为马，而扬遏之黑白传焉。若以寓言

---

① 黄道周《书示同学二十一则》："《春秋》是一部忠恕之书……以忠恕两字看《春秋》，则于四始、三微、五伦百礼无所不合；不以忠恕看《春秋》，则褒贬进退、爵地名氏，皆为攘窃之梯阶，乱贼所借口矣。"参见〔明〕黄道周撰，黄奎凤等整理：《黄道周集》卷三十，中华书局，2017，第1427页。

② 《史记·太史公自序》："子曰：'我欲载之空言，不如见之于行事之深切著明也。'"

为无稽，则羲文之周流画系，亦齐谐之荒唐矣。① 此无虚实者之神其知于运虚也。五行五脏，伦常之表也，而《大易》之用乃有确征。若嫌《春秋》之褒贬，还之太虚而藐不核实，则曾参抵罪，李代桃僵，戴渊封公，不改劫贼。是卦爻之吉凶为妄语惑细民矣，旌别之风声为"含瓦石""执鄙吝"矣。② 此无虚实者之神其知于充实也。

圣人在宇，世无废人。左原、贾淑，皆孟卯、陈平之类也，天所以用细也。孟敏之堕甑，运期之举案，吴祐之杵臼，叔宾之墙高③，皆《毕命》之小物④，《君陈》之三细⑤也，细所以用大

---

① 《庄子·逍遥游》："齐谐者，志怪者也。"或以为人姓名，或以为书名。按刘武之见："言齐谐者，记载怪异之事者也。以作书名为允……齐谐，即隐书之类，亦即齐之谐书也。书名《谐》，何得不可但称《谐》乎？"参见〔清〕王先谦集解：《庄子集解内篇补正》，中华书局，1987，第3—4页。

② 《晋书》卷七十《卞壸传》："（卞）壸干实当官，以褒贬为己任，勤于吏事，欲轨正督世，不肯苟同时好。然性不弘裕，才不副意，故为诸名士所少，而无卓尔优誉。明帝深器之，于诸大臣而最任职。阮孚每谓之曰：'卿恒无闲泰，常如含瓦石，不亦劳乎？'壸曰：'诸君以道德恢弘，风流相尚，执鄙吝者，非壸而谁！'"

③ 宾，原本阙。按《后汉书·郭太传》所载："史叔宾者，陈留人也。少有盛名。林宗见而告人曰：'墙高基下，虽得必失。'后果以论议阿枉败名云。"当补。另，孟敏、运期（梁鸿所改之复姓）、吴祐和史叔宾等，皆出自范晔《后汉书》卷六十八。

④ 《尚书·毕命》："惟公懋德，克勤小物，弼亮四世，正色率下，罔不祗师言。"

⑤ 《尚书·君陈》："狃于奸宄，败常，乱俗，三细不宥。"

也。刍荛必询,互乡不逆①,宽以容之而容乃公矣:宽所以用严也。阉媚无惮,必诛其隐,严以惕之而惕乃无咎矣:严所以用宽也。扬以为隐,遏以为扬,顺其休命即不已其穆命。无在不以问万世,而使世自相问;无在不以察万物,而使物自相察。庆殃律易,两端用中,谓非铸夫妇之刑书而听神明之无讼也乎?止斤斤于陈迹之嚬蹙,而不穷其好恶之本原,固《春秋》之俗吏也。但快其削觚为圆之高论,而故冤其贤否之差等,尤天地之罪人也。

生死即无生死,天与圣人知之熟矣,而无所事教,故不教人无生死,而惟教人善生即善死。虽千万其奇巧,炙輠其汋激,能出此乎?以质论藏通,不以通论坏质,故小民各沁沥其肺肝,而神奸不能窃逃于目手。羲、轩之桃茢,即尧、禹之鞭策,大成集之,正赖有此生死本耳。故曰:上不及圣人之地,下不居小人之名。此具枉直长短,分数互明,不咈不干,鼓劝甚大。何得贪傲椎拍冥应之电光,自骄牢落疑人之谲智,遂禁比觿申

---

① 不逆,意犹"江海不逆小流",谓人有气度,能宽容。《后汉书》卷六十八:"贾淑字子厚,林宗乡人也。虽世有冠冕,而性险害,邑里患之。林宗遭母忧,淑来修吊,既而钜鹿孙威直亦至。威直以林宗贤而受恶人吊,心怪之,不进而去。林宗追而谢之曰:'贾子厚诚实凶德,然洗心向善。仲尼不逆互乡,故吾许其进也。'淑闻之,改过自厉,终成善士。"互乡,乡名。《论语·述而》:"互乡难与言,童子见,门人惑。子曰:'与其进也,不与其退也,唯何甚?人洁己以进,与其洁也,不保其往也。'"

画①之义路，使愚泯伥伥无所早决？及至纵情触网，乃以憯刻付之酷法，悍忍委之气数乎？

至人以上，何所容言？言之者，窃至人以窃天地耳。此铜狗铁城②所以奉忠恕之法，而皇极政府所以警作好作恶之宄也。皇极之政一立，则天人、神人、至人、帝王以至山川鬼神、里巷牧竖，皆受断于《春秋》之铁案，而各食于君子之乐土矣。案定于冠履之伦，六乐于勤学食力。舍是则乡邻无容置面，强口则犬马不与分餐。欺则自欺，谁能逃之？故熟观春王正月之

---

① 《尚书·毕命》："申画郊圻，慎固封守。"孔传："郊圻虽旧，所规画当重分明之。"《周礼·地官司徒·闾胥》："凡事，掌其比觥挞罚之事。"觥，罚酒用的酒器，以犀牛角制成。

② 铁，原本阙，据文意补。铁城，谓地狱。《法苑珠林·第六地狱部·述意部第一》："夫论地狱幽酸，特为痛切。刀林耸日，剑岭参天，沸镬腾波，炎炉起焰；铁城昼掩，铜柱夜然。"又《观佛三昧海经》云："阿鼻地狱者，纵广正等八千由旬。七重铁城……四角有四大铜狗，其身广长四十由旬。眼如掣电，牙如剑树，齿如刀山，舌如铁刺。一切身毛，皆然猛火，其烟恶臭。"参见〔唐〕释道世著，周叔迦、苏晋仁校注：《法苑珠林校注》，中华书局，2003，第227、236页。

象魏^①，即是游无寒无暑之通衢。非曰此於于以盖众^②，而殉葬于子夜之穴乃为无上也。造次过富贵贫贱之牢关，即是超阴阳乘云气之峰顶。非曰此肤浅不足论，而别陷于求生死之窟乃名甚深也。所悲情变已极，不得不与众明之。斯民之直，尽此无隐。

嗟乎！知《春秋》之忠恕为《春秋》之伤心乎？人情难知，不敢自知，不敢不创此知人之鉴而使后人鉴人也。英主感寤，贤臣谏讽，争子几泣，良友忠告，孤孽引决，父老祝诅，灵台对簿，毫发不移：皆鬼神之告，天地之临也。龟马之消息，安得不副麒麟之泣袂耶？申侯借戎，子膺父器，《扬之水》戍而不讨^③，若幸骊山，盖异变矣。隐不能为子臧，而桓方躁于卫晋。《左

---

① 春王正月，为《春秋》之经文。《春秋》之纪月，于每一季度开始，先标出春夏秋冬四时。王，特指周王。《公羊传》："元年者何？君之始年也。春者何？岁之始也。王者孰谓？谓文王也。曷为先言王，而后言正月？王正月也。何言乎王正月？大一统也。"春王正月，有孔子尊王室、大一统的思想意涵在。象魏，古代天子诸侯宫门外的一对高建筑，亦叫"阙"或"观"，为悬示教令的地方。
② 《庄子·天地》："子非夫博学以拟圣，於（wū）于以盖众，独弦哀歌以卖名声于天下者乎？"
③ 《毛诗序》："《扬之水》，刺平王也。不抚其民，而远屯戍于母家，周人怨思焉。"郑玄注："怨平王恩泽不行于民，而久令屯戍，不得归，思其乡里之处者……平王母家申国，在陈、郑之南，追近强楚，王室微弱，而数见侵伐，王是以戍之。"

氏》信桓之欺，故曰"摄"；①《公》《谷》信隐之诈，故曰"让"耳。②蒍氏、彭生之事，夫妇父子兄弟之异变也。宰咺归诸侯之妾赗，则忘其亲尝褒姒、伯服之变而成人之宠妾，以启乱源矣。书"春王"者，思有宣王，六师勘定，伯御咨道，顺于夷宫，岂不略救废括立戏之乱命哉？平公不碍为重耳，然而表恭世子者，亦犹旁审让国之仁而恶桓之成宋乱也。《诗》记乘舟①，许止存疑④，皆伤心之笔也。

何至元始以拒父为尊祖，而雋不疑借断乎？人恨不生上古

---

① 《左传·隐公元年》："元年春王周正月，不书即位，摄也。"鲁隐公，名息，鲁惠公长庶子。惠公死，太子允年少，鲁人拥立其摄政。隐公十一年（前712），公子允使公子翚弑杀隐公而即位，是为鲁桓公。

② 《公羊传·隐公十一年》："隐何以无正月？隐将让乎桓，故不有其正月也。"《谷梁传·隐公元年》："公何以不言即位？成公志也。焉成之？言君之不取为公也。君之不取为公何也？将以让桓也……隐将让而桓弑之，则桓恶矣。桓弑而隐让，则隐善矣。"

① 《诗经·邶风》中有《二子乘舟》。《毛诗序》："二子乘舟，思伋、寿也。卫宣公之二子争相为死，国人伤而思之，作是诗也。"毛传："宣公为伋取于齐女而美，公夺之，生寿及朔。朔与其母愬伋于公，公令伋之齐，使贼先待于隘而杀之。寿知之，以告伋，使去之。伋曰：'君命也，不可以逃。'寿窃其节而先往，贼杀之。伋至，曰：'君命杀我，寿有何罪？'贼又杀。国人伤其涉危遂往，如乘舟而无所薄，泛泛然迅疾而不碍也。"

④ 许止，谓许国太子止。《左传·昭公十一年》："夏，许悼公疟。五月戊辰，饮大子止之药卒。大子奔晋。书曰：'弑其君。'君子曰：'尽心力以事君，舍药物可也。'"《公羊传·昭公十九年》："冬，葬许悼公。贼未讨何以书葬？不成于弑也。曷为不成于弑？止进药而药杀也。止进药而药杀，则曷为加弑焉尔？讥子道之不尽也。"

而又幸其在今，以圣人有尽性之券而忠恕为尽性之方，可资断也。德昭之不容再误前车，与夷湖宫之不免追思悔疑，主父情迫相反，不如早知景云鉴于喋血，而让皇优于延陵矣。光武废郭以立阳，犹高祖之留吕以强惠也。以为太宗不知宫中之武，且快元魏能用拳后之策耶？关雎、褒姒，《诗》之首尾，其微危乎！① 蝎莫螫于天授而景龙效尤。何堪野史偏铓，颠倒快舌，则召宋朝，虩戚姬，普世牝晨衮冕为女王国矣。

惟爱易蔽，惟礼制恩。都君可掩，伯奇可逐，庶兄可剖，新台可筑。苟非主教者时洗《春秋》之日月，则谣诼相寻，皋訾胥溺。又况宦寺权幸之焦灼倾轭，而望昏炀之中发知人之鉴哉？《春秋》于文姜，非仇母也，以父而仇之也。谈者比茅焦于锡类者，乃颍考叔之罪人也；杜预以死卓子为斯言不玷者，乃富辰之罪人也。

夫妇兄弟之情变已知，则父子何情变乎？君臣之情变，乃其大较易知者矣，然犹无如巨憨之善托也。鬻权之兵谏，祭仲

---

① 关雎，为"诗三百"之首篇。毛传："《关雎》，后妃之德也。"孔颖达疏："序以后妃乐得淑女，不淫其色，家人之细事耳，而编于《诗》首，用为歌乐，故于后妃德下即申明此意，言后妃之有美德，文王风化之始也。言文王行化，始于其妻，故用此为风教之始，所以风化天下之民，而使之皆正夫妇焉。"《诗经·小雅·正月》："赫赫宗周，褒姒灭之。"孔颖达疏："于时宗周未灭，诗人明得失之迹，见微知著，以褒姒淫妒，知其必灭周也。"

之行权，人皆知之。桃园之书，与南史并重，^①岂得比伯玉之近关^②，平仲之三踊^③乎？然为之说者，尚未知《左氏》为三晋之文士笔也。屠岸贾词非不正，惜燕伐燕耳。婴、臼为赵之死友则可，谓为晋之忠臣则不可。观于彼之六卿分晋，则韩厥之植党，何异于唐河北之代请立后乎？茂弘自云"心思外济"，"幽冥负

---

① 桃园之书，谓春秋时晋国太史董狐之事。《左传·宣公二年》："乙丑，赵穿攻灵公于桃园。宣子未出山而复。大史书曰：'赵盾弑其君。'以示于朝。宣子曰：'不然。'对曰：'子为正卿，亡不越竟，反不讨贼，非子而谁？'……子曰：'董狐，古之良史也，书法不隐。赵宣子，古之良大夫也，为法受恶。惜也，越竟乃免。'"大史，即董狐。南史，这里指南史氏。《左传·襄公二十五年》："大史书曰：'崔杼弑其君。'崔子杀之。其弟嗣书而死者，二人。其弟又书，乃舍之。南史氏闻大史尽死，执简以往。闻既书矣，乃还。"

② 伯玉，即蘧瑗，春秋时卫国人，字伯玉，卫灵公时大夫，外宽而内直，直己而不直人。近关，谓最近的关口。《左传·襄公十四年》："文子曰：'君忌我矣，弗先，必死。'并帑于戚，而入见蘧伯玉曰：'君之暴虐，子所知也。大惧社稷之倾覆，将若之何？'对曰：'君制其国，臣敢奸之？虽奸之，庸知愈乎？'遂行，从近关出。"

③ 平仲，即晏婴，春秋时齐国人，字仲，谥平，史称"晏平仲"。按古时丧礼，为示哀痛要向死者跳脚号哭。初死、小敛、大敛皆哭踊，谓之"三踊"。《左传·襄公二十五年》："晏子立于崔氏之门外……门启而入，枕尸股而哭。兴，三踊而出。人谓崔子：'必杀之！'崔子曰：'民之望也！舍之，得民。'"

友"。^①当淮流正盛之时,门生故吏弥缝缘饰,有一取节养贼之讥,则袁宏赋不敢及^②,诬者苟之于八翼之梦^③矣。此情变之至难知

---

① 茂弘,即王导,东晋琅玡临沂人,字茂弘。司马睿初为安东将军时,王导联合南北士族拥司马睿称帝,任丞相。《晋书·王敦传》载录有王导写给王含的书信,其中云:"昔年佞臣乱朝,人怀不宁,如导之徒,心思外济。"王导与周𫖮友善。按《晋书·周𫖮传》,王敦欲杀周𫖮,三问王导,王导一直保持沉默。"导后料检中书故事,见𫖮表救己,殷勤款至。导执表流涕,悲不自胜,告其诸子曰:'吾虽不杀伯仁(周𫖮字伯仁),伯仁由我而死。幽冥之中,负此良友!'"

② 袁宏,字彦伯,小字虎,东晋玄学家、文学家、史学家。《世说新语》引檀道鸾《续晋阳秋》曰:"(袁)虎少有逸才,文章绝丽。"《文心雕龙·诠赋》言袁宏其人"梗概",其作"情韵不匮",堪为魏晋赋首。袁宏赋作,已无完篇。这里的"赋",当为《东征赋》。按《晋书·文苑传·袁宏传》:"累迁大司马桓温府记室。温重其文笔,专综书记。后为《东征赋》,赋末列称过江诸名德,而独不载桓彝(桓温之父)。时伏滔先在温府,又与宏善,苦谏之。宏笑而不答。温知之甚忿,而惮宏一时文宗,不欲令人显问。后游青山饮归,命宏同载,众为之惧。行数里,问宏云:'闻君作《东征赋》,多称先贤,何故不及家君?'宏答曰:'尊公称谓非下官敢专,既未遑启,不敢显之耳。'温疑不实,乃曰:'君欲为何辞?'宏即答云:'风鉴散朗,或搜或引,身虽可亡,道不可陨,宣城之节,信义为允也。'温泫然而止。宏赋又不及陶侃,侃子胡奴尝于曲室抽刃问宏曰:'家君勋迹如此,君赋云何相忽?'宏窘急,答曰:'我已盛述尊公,何乃言无?'因曰:'精金百汰,在割能断,功以济时,职思静乱,长沙之勋,为史所赞。'胡奴乃止。"

③ 八翼之梦,谓志愿不可遂。《晋书·陶侃传》:"又梦生八翼,飞而上天,见天门九重,已登其八,唯一门不得入。阍者以杖击之,因隧地,折其左翼。及寤,左腋犹痛。……及都督八州,据上流,握强兵,潜有窥窬之志,每思折翼之祥,自抑而止。"

者也。殷有三仁①，以去谏，以狂谏，犹之以死谏也。平、勃与王陵，苟有其心，不嫌异同也。然非可令许敬宗借之以剸刃无忌、遂良也。

圣人视道与天下一也，以身肩之。有时道重于身，有时身重于道，而天下不与焉。人知舜禹有天下而不与，孰知汤武有天下而不与乎？泰伯之与文王，其道均也。丹渊、商城隐忍以成父让，庸讵非至德乎？天生瞽瞍以伤舜之心而成其大孝，尧特用鲧以伤禹之心而成其无间，可不知乎？佯狂于纣，授畴于武②，始终视其道重于身；初不受土，卒于有宋，始终视其身重于道。微、箕与干同一伤心，三仁与五帝、三王亦同一伤心也。自此以降，心预为之伤矣！

踞吾炉火，山阳善老。禅出袖中，不免生金。寄奴不取元海借汉之名，后此不必建安、义熙之久日危而甚甚矣。彼夫枝大于股者，皆贷之一城俱酒之家人也。涤鼠清奸，皆晋阳之甲也；

---

① 《论语·微子》："微子去之，箕子为之奴，比干谏而死。孔子曰：'殷有三仁焉。'"
② 畴，即九畴，传说中天帝赐予夏禹治国安民的九类大法。武，谓周武王。《尚书·洪范》："天乃锡禹洪范九畴，彝伦攸叙。"

骑虎不下，皆卒鄩、匠丽之事也；① 成济友恭，皆不及戏阳速之智者也。纲之目之，何谓涑水、紫阳非"知我罪我"之干城乎？②

世慕英雄，久轻道德。曾无荀彧阻操隔世之功，并无贾诩、刘穆③才济智臧之用，徒羡长乐之老，脂韦全其蜉蝣，置君弈棋，岁一易主。此阿衡鹰扬所以罕及仲尼之齿也。晚年舍身碎骨以沐浴，收万古之霹雳，岂得已哉？子我死简公之难，为田

---

① 鄩，春秋时期郑邑。据《春秋》记载，鲁襄公七年（前566），郑伯髡顽"卒于鄩"。《左传·襄公七年》："郑僖公（髡顽）之为大子也，于成之十六年，与子罕适晋，不礼焉。又与子丰适楚，亦不礼焉。及其元年，朝于晋。子丰欲诉诸晋而废之，子罕止之。及将会于鄬，子驷相，又不礼焉。侍者谏，不听，又谏，杀之。及鄩，子驷使贼夜弑僖公，而以疟疾赴于诸侯。简公生五年，奉而立之。"匠丽，姓氏，即匠丽氏，晋厉公的宠臣。《左传·成公十七年》："公（晋厉公）游于匠丽氏，栾书、中行偃遂执公焉。召士匄，士匄辞。召韩厥，韩厥辞，曰：'昔吾畜于赵氏，孟姬之谗，吾能违兵。古人有言曰"杀老牛莫之敢尸"，而况君乎？二三子不能事君，焉用厥也？'"

② 司马光，字君实，陕州夏县涑水乡人，世称涑水先生。朱熹，字元晦，一字仲晦，号晦庵、晦翁，别称紫阳。《孟子·滕文公下》："《春秋》，天子之事也。是故孔子曰：'知我者，其惟《春秋》乎！罪我者，其惟《春秋》乎！'"司马光主持编撰《资治通鉴》，朱熹据《资治通鉴》《举要历》等书而撰著《资治通鉴纲目》，书以"明正统"为主旨，纲为提要，目以叙事。二者皆承孔子修订《春秋》的史学精神。

③ 刘穆，疑当为"刘穆之"。荀彧、刘穆之皆有"王佐之才"，史家多将二人并称。《晋书·刘穆之传》："穆之内总朝政，外供军旅，决断如流，事无拥滞。宾客辐辏，求诉百端，内外咨禀，盈阶满室，目览辞讼，手答笺书，耳行听受，口并酬应，不相参涉，皆悉赡举。"

常所杀,其于结缨行行多矣。向谓迁误阚止①。今考《吕览》"陈恒攻宰予于庭"②,《韩非子》云"宰予不免于田常"③,子长承讹,不思与常作乱,常何灭之?如谓齐人恶其助常,是时齐人知有常,谁敢问其党?又李斯短赵高于二世曰:"田常得百姓群臣,阴取齐国,杀宰予于庭,遂弑简公。"④京山详之。

漆炭击衣,死一节耳,不以死谏智氏,不竭力于中行,而曰"愧二心者",远矣。⑤嵇绍之荡阴,尚不足掩王伦之宰相,况与诸葛靓同例而论父仇国贼乎?子云妙极道数,不脱考亭之诛。彼宋宏、王祥辈之漏网,盖数数也。良以道可概节,节不

---

① 阚止,《史记》作"监止",字子我,齐简公时与田常一起任左右相,有宠,田常惮之。其事见《史记·齐太公世家、田敬仲完世家》。
② 《吕氏春秋·审分览第五》:"居无几何,陈成常果攻宰予于庭,即简公于庙。"陈成常,即田常,春秋时齐国大臣,杀简公,拥立平公,自任相国,从此齐国之政皆归田氏。宰予,一名宰我,孔子弟子,在齐国任临淄大夫。
③ 《韩非子·难言》:"宰予不免于田常。"不免于,这里谓宰予因反对田常而被杀害。
④ 《史记·李斯列传》:"田常为简公臣,爵列无敌于国,私家之富与公家均,布惠施德,下得百姓,上得群臣,阴取齐国,杀宰予于庭,即弑简公于朝,遂有齐国。"
⑤ 晋国人豫让,初事范中行氏,不为重用,又事智伯,智伯以国士待之。后智伯为赵襄子所灭,豫让漆身为厉,吞炭为哑,欲刺杀赵襄子,为智伯复仇。事败被俘,临死时,求得赵襄子衣服,拔剑击斩其衣,以示为主复仇,然后伏剑自杀,留下"士为知己者死"的典故。《战国策》载豫让之言:"吾所为难,亦将以愧天下后世人臣怀二心者。"

可以概道。抱石立槁,磏不可为,然提防多立于挈瓶[1],而冰霜必淬以沟壑。圣人所以敬之畏之,伤心而托以门户者,正此挈瓶、沟壑之论,足以为天地之砥柱,而岂容逞才吊诡、名知人者粪压之哉?

君子曰:"吾望天下人之明理,而不望天下人之感恩也。"不感天地圣人之恩,而且感逞才吊诡之恩乎?有以隔篱烧韬之洁为於陵之灌园者,则委蛇者感恩矣;有以陵阳封观之让为仓梧丙之以妻奉兄者,则容禄者感恩矣。高徐庶,罪赵苞,而又恕温峤,则避难者感恩矣。蜀、洛之党自非"姚张""牛李"[2],而谓朱、陆之争犹之元祐、绍圣者,则昆冈俱炎已感恩矣。

刻责孟尝、许武之伪,乃可自宽其箪食豆羹之色;刻责李充、鲍永之矫,乃可自解冯衍、刘峻之伤;刻责子容、幼安之称,乃可自混于马磨相仪之列,况贤者无不受诃而奸猥无不受赏乎?碌碌感而护之曰"此出格知人者也",宜矣。天地本不督汝,而

---

[1] 挈瓶,提瓶汲水。古人穿地取水,以瓶引汲。《周易·井》之卦辞有"汔至,亦未繘井,羸其瓶,凶",孔颖达疏:"汔,几也。几,近也。繘,绠也。虽汲水以至井上,然绠出犹未离井口,而钩羸其瓶而覆之也。弃其方成之功,虽有出井之劳,而与未汲不异。"

[2] 姚张,谓姚崇和张说。姚崇长于吏道,三居相位;张说长于文辞,前后三度为相,掌文学之任凡三十年,曾因与姚崇不和,出为相州、岳州刺史。牛李,谓牛僧孺和李宗闵。《新唐书·牛僧孺李宗闵等传赞》:"(牛)僧孺、(李)宗闵以方正敢言进,既当国,反奋私昵党,排擊所憎,是时权震天下,人指曰'牛李'。"

乃推而远之；圣人本不苛汝，而乃坐而负之。但安其堂上室中，皆不怍之行也；但成其材能于家国，皆无忝之禄也；毕力于考究分艺，皆天游之业也。特无如其畏难而惰学，厌常而好胜耳。

《徐无鬼》"十八士之不反"①，《列御寇》"九征之至"②，其说固未尽也。谁非物？谁非囿？谁非时有所用者乎？不知人之时有当为不当为，当无忝于善世之为即无为，而止遁于无为，以玩世③为苟全者正一偏之不反者也。"远使之而观其忠，近使之而观其敬，烦使之而观其能，卒然问焉而观其知，急与之期而观其信，委之以财而观其仁，告之以危而观其节，醉之以酒而观其则，杂之以处而观其色"，此术耳。君子恐开锲薄而不以此

---

① 《庄子·徐无鬼》："知士无思虑之变则不乐，辩士无谈说之序则不乐，察士无凌谇之事则不乐，皆囿于物者也。招世之士兴朝，中民之士荣官。筋力之士矜难，勇敢之士奋患，兵革之士乐战，枯槁之士宿名，法律之士广治，礼教之士敬容，仁义之士贵际。农夫无草莱之事则不比，商贾无市井之事则不比。庶人有旦暮之业则劝，百工有器械之巧则壮。钱财不积则贪者忧，权势不尤则夸者悲，势物之徒乐变，遭时有所用，不能无为也，此皆顺比于岁，不物于易者也，驰其形性，潜之万物，终身不反，悲夫！"

② 《庄子·列御寇》："孔子曰：'凡人心险于山川，难于知天。天犹有春秋冬夏旦暮之期，人者厚貌深情，故有貌愿而益，有长若不肖，有顺懁而达，有坚而缦，有缓而釬。故其就义若渴者，其去义若热。故君子远使之而观其忠，近使之而观其敬，烦使之而观其能，卒然问焉而观其知，急与之期而观其信，委之以财而观其仁，告之以危而观其节，醉之以酒而观其侧，杂之以处而观其色。九征至，不肖人得矣。'"

③ 原本作"玩"，据文意补"世"字。

责知人也。

《管子》之"三法"①，李克之"五定"②，犹自征也。圣人以至征征天下之自征，岂恃此乎？人当征信为不落天人之人，即自知其为以人治人之人。当征其厚生，当征其制用，当征其救败。务为开白，使滋缘于顺理之种，而游力于寡过之田，安其生理而劝以志学。

果志学乎？自知人之为人，自知人之当知，自知知人之难易，自相征，自相得矣。岂其不教而虐用之，必以别帜骇俗，而神其知人之哲，岂不更伤天地之心乎哉？如恃术也，彼以术应，且因之以铦我。铦我所论尚而故阿之，铦我之难悦而故抗之。过炼坚釬③之行，深匿椎朴之貌，何所不能？何有于远近？卒然而难之，其不知，则曰"不知为不知也"；其不能，则曰"我本无一长也"。旁取小通，转身酣适，则曰"自处若秽，动不累高"，且曰"我何苦为难行而役此廉洁以悦人也"。苟至乎此，亦互相笑以互矜其知而已矣。圣人知其过高而不以立法，知其泰甚而

---

① 《管子·戒》："今夫易牙，子之不能爱，安能爱君？君必去之。""今夫竖刁，其身之不爱，焉能爱君？君必去之。""今夫卫公子开方，去其千乘之太子而臣事君，是所愿也；得于君者是将欲过其千乘也。君必去之。"

② 《史记·魏世家》："居视其所亲，富视其所与，达视其所举，穷视其所不为，贫视其所不取，五者足以定之矣。"

③ 《庄子·列御寇》："人者厚貌深情，故有貌愿而益，有长若不肖，有顺懁而达，有坚而缦，有缓而釬。"

先忧即以消之，知其卑污而矜怜即以鼓之。尚不轻发颓激之论，恐其矛盾乱民耳目，肯为挠王法者作俑而示人以蟄乎？伦常热火，礼乐枕薪，则《春秋》即《易》之蓍龟，乡国皆忠恕之飞跃，何患乎无术而诇之？即谓以忠恕诇之，可也；即谓以无我、无无我诇之，可也；即谓以知微知几之生死诇之，可也。

生死始于识，我识缘于欲。欲得则乐，不得则苦，苦乐乐苦，遂成爱憎得失之我。患得患失而憎人之斥所患，爱人之容所患，遂成是非恩怨之我。我为贪本，岂待爵禄名高而后马牛其风不可牿哉？凡稍稍自好者，则呲其所不为，皆贪我也。凡有所知，即踞其所知，而求设曼辞以免于所不知，皆贪我也。因其好我，则忌为人之所恶；我恶之，则恶人之好之；或畏人言之而成我之不明，因自讳而自安之，皆贪我也。或论古相触，无病自炙，预引为地，宁诬往事，遂有见人言古而忿懥者矣，遂有取荒古以破今之言今古者矣，遂有以无古无今消其今古之情者矣。凡欲以自受用而不顾先王，不顾后世，皆巧护、巧嫉、巧逸、巧蔽以生独尊之执者，此贪我之甚者也。畏志之本不知风俗慢淫，勇于狎侮肆蟄，颠倒宪章，害于而家，凶于而国，皆持论者快臆逞锋之几所桴鼓矣。可不畏哉？

不能无我，岂能知微？微不见几，滔滔何及？圣人知之，

卷之下　知人　231

故微示之。鲁之郊禘①,何尤隧鼎②?宝玉大弓,始于迹熄。③彼耽耽温饱者,皆呼役夫进鱼鈹之我也。知势位之不可篡,而佼佼夺耕凿以纵温饱者,皆叛王法、惑人间之我也。宗告子諓諓善之我见者,皆披发之野祭也;著先母后父之我见者,皆伐郯之揭书也。张九龄知禄山,识者尚笑曲江夺情之热;王夷甫知石勒,何能免羊祜伤化之叹乎?以理知之,以几知之,一而非一者也。

执玉之俯仰,歌诗之侈俭,隔世而观乐,户外闻琵琶,皆足以知其得失。生死兴亡,几其微乎?尚论辨志者,天授成功者,举止非常者,帷窥遥断者,得其一端,皆一几也。辛英、严宪且知之,韦忠、傅嘏已显矣。脱衣知其作贼矣,设食知其不济

---

① 《礼记·礼运》:"孔子曰:'於呼哀哉!吾观周道,幽、厉伤之,吾舍鲁何适矣?鲁之郊、禘,非礼也。周公其衰矣!'"郊,指天子在国都南郊举行的祭天之礼;禘,指天子在太庙举行的祭祀始祖之礼。两者皆为天子之事,鲁为诸侯,行郊、禘之礼,实属非礼之举。

② 《国语·周语中》:"晋文公既定襄王于郏,王劳之以地,辞,请隧焉。"隧,为周王下葬之礼。按《左传·僖公二十五年》杜预注:"阙地通路曰隧,王之葬礼也;诸侯皆县柩而下。"《左传·宣公三年》:"定王使王孙满劳楚子。楚子问鼎之大小、轻重焉。"鼎,特指九鼎。相传禹铸九鼎,以象九州。夏、商、周三代以九鼎象征王权。楚庄王问九鼎之大小轻重,隐有代周之意,显然为非礼之举。

③ 《春秋·定公八年》:"盗窃宝玉、大弓。"按《左传》记载:"阳虎说甲如公宫,取宝玉、大弓以出。"杜注:"盗谓阳虎也。家臣贱,名氏不见,故曰盗。宝玉,夏后氏之璜。大弓,封父之繁弱。"《孟子·离娄下》:"王者之迹熄而《诗》亡,《诗》亡然后《春秋》作。"

矣，屐履知其得任矣。公理知高幹，薛强知桓温，崔浩知燕晋，又其显矣。非借伎卜也，孰揣人情，洞见事几，犹能逆料如烛，断人不爽，况无我、无无我之神而明之者乎？然无我、无无我者，原不以此见长足验也，知人之所以为人而已矣，知无我、无无我足以致人之知而已矣。

神武不杀，几死乃知。知人之根死[1]，尚不能无我。酷而禁之，辟如防川，大决所犯，伤人必多。故窃无我者，其我更甚。所能忍，则曰"我无世俗之我"；其不能忍，则曰"我无缘饰之我"。事违古人，则曰"我无践迹之我"；偶合古人，则曰"我无师心之我"。豨膏滑棘，则曰"我无适莫之我"；留瀞不舍，则又曰"我无圆通之我"。依于无善无恶，则曰"我无彼此之我"；依于有善有恶，则曰"我无昏愦之我"。亦有亦无，则外合中离之无我；非有非无，则转徙蓬轂之无我；即有即无，则恣睢横行无非无我。身无我，焉用修？心无我，焉用正？沤影澜翻，滑于大瓠；强悍灭裂，敢于廉、来。又俨然曰"我能知人，人莫知我"，又推之曰"我甘废人也，人又何用知之"。不使人知，巧于求知。知人之价，愈高愈市。申韩之于桀纣，杨墨之于申韩，相去不能以久。又况嫉理护私，逸贤蔽善，以无忌惮窃知人之术，乱

---

[1] 《庄子·知北游》："今彼神明至精，与彼百化，物已死生方圆，莫知其根也。"《黄帝阴符经·下篇》："生者，死之根；死者，生之根。"

知人之衡哉？然断烂之《春秋》尚存两间①，无忌惮者终生忌惮，此圣人知之忧之而卒忘忧者也。

圣人知万世人以情，而养万世人以理。理明，则固以夺其擅华剑笔之势；因情，则足以势其不骄不倍之理。理县日月，教鼓风雷，人心自安，性情自洽。二百四十二年本无凡例，而天地自不妨例之；本以因应，而笔舌之应复因之。今而知约其乐者，乐其约者；渎其谄者，谄其渎者。独者附者，植者靡者，无不望知矜知，在此本不相知之车而转此知人之轮者也。

大大小小，以知自将，不得以名利黫浅而不一忠恕其情也。衣褐以因虞将军，径上庞统床以致先主，皆以草屏之哭为扫门者，情也。庭下之大言也，四贤之诗也，既非谷永奥援，亦非张说麻直，然皆以鸣凤为胡琴者，情也。穷奢谓之守黑，钱癖可以反周，瓶金犹思文靖，海味自居曲逆，皆善为子公而责人鲍叔者，情也。马融为冀奏草，宁如嗣宗之劝进？孔光不言省树，岂如平子之诡辞？封禅乐府，乞怜恐惭佛骨。天书再入，政府何诮拂须？定国无冤，四良奏决，怀慎虽洁，助刃幽求。学咸不救陈、窦，晋公不敢旌黉，皆社鼠不得不将顺者，情也。挺之、乐天之巧抑也，亦翟酺之阻孙懿也。长源不荐敬舆，亦邴原之

---

① 断烂，谓《春秋》残缺不全。《宋史·王安石传》："黜《春秋》之书，不使列于学官，至戏目为断烂朝报。"朝报，朝廷的公报，刊载诏令、奏章及官吏任免等事。两间，天地之间，犹人间。

薄通德也。西河疑汝于夫子①，预妨盗法。荀非十二及于思、孟，则班马、范晔互笑目睫②。子玄法盛明以为声③，亦其情也；窃易之变④，以收"坚白""衍谈"而自饰其非；扬是，亦寄篱改医之情也。⑤桑户呼天，亦子路之悲枯鱼也。愿声普闻，原不辞仲

① 西河，谓孔子之弟子子夏。《礼记·檀弓》："曾子怒曰：'商！女何无罪也？吾与女事夫子于洙、泗之间，退而老于西河之上，使西河之民疑女于夫子，尔罪一也。'"女，古同"汝"。

② 《荀子》有《非十二子》篇。其中有："子思唱之，孟轲和之。世俗之沟犹瞀儒嚾嚾然不知其所非也，遂受而传之，以为仲尼、子游为兹厚于后世，是则子思、孟轲之罪也。"班马，亦称"马班"，司马迁和班固的并称。

③ 子玄，即郭象。盛明，犹昌明之世，这里指当朝权贵。《晋书·郭象传》："郭象，字子玄，少有才理，好《老》《庄》，能清言……东海王越引为太傅主簿，甚见亲委，遂任职当权，熏灼内外。"

④ 窃易，指郭象剽窃向秀之《庄子注》。《晋书·郭象传》："先是，注《庄子》者数十家，莫能究其旨统。向秀于旧注外而为解义，妙演奇致，大畅玄风，惟《秋水》《至乐》二篇未竟而秀卒。秀子幼，其义零落，然颇有别本迁流。象为人行薄，以秀义不传于世，遂窃以为己注，乃自注《秋水》《至乐》二篇，又易《马蹄》一篇，其余众篇或点定文句而已。"

⑤ 坚白，即坚白同异。战国时名家公孙龙有"离坚白"之说，惠施有"合同异"之说。衍，即邹（驺）衍。《史记·孟子荀卿列传》："驺衍之术迂大而闳辩；奭也文具难施；淳于髡久与处，时有得善言。故齐人颂曰：'谈天衍，雕龙奭，炙毂过髡。'"南朝梁刘峻《辩命论》有"子玄语其流而未详其本"，唐李善注："郭子玄作《致命由己论》，言吉凶由己，故曰语其流。"因未得根本，故此处言"自饰其非"。关于"寄篱改医"，余嘉锡《世说新语笺疏·言语第二》之案语曰："庄生曳尾涂中，终身不仕，故称许由而毁尧、舜。郭象注《庄》，号为特会庄生之旨。乃于开卷便调停尧、许之间，不以山林独往者为然，与漆园宗旨大相乖谬，殊为可异。"进一步论析，参见余嘉锡笺疏：《世说新语笺疏（修订本）》，上海古籍出版社，1993，第80页。方以智《浮山文集后编》有《向子期与郭子玄书》一文，亦可参。

翔之叹青蝇也。足自止乎？叹仓鼠哉！指太室乎？快蛇行哉！卢毓之答画饼，即王湛之目山泽也。且以名我夺其利我，且以达我夺其名我，复以理我制其达我，要以大我化其小我，变态万端，不外天地春秋之我，皆情也，即皆理也。谁粗谁精？理其情而无我可以我矣。人习其无我之知人，即性其知人之我矣。

至人无情，无不近情。君子之功，归于主宰，故不标滑稽不决之说。以长巧、嫉巧、护巧、逸巧蔽之我，虽有知天知人之垄望，孤鸣鬼瀼之讼阅，人已知其为邻房僛和之反唇、拘曲遏地之腹诽矣。然彼必托古人以为鼙帨，则《春秋》之权不可昧灭，岂不信哉？

以今知古，以古知今。以古今知无古今者，呼吸一元会也，可默会也。以无古今归于古当古、今当今者，元会在《春秋》也，岌岌乎不可不知矣。以诛正卯为诛邓析，未为不可，然有核断鲁司寇无诛正卯之事，则后之妄杀罪状未著之大夫不得托矣。谓隐刺为管、蔡，未尝不可，然有核断周公无诛管、蔡之事，则骨肉相戕之惭德不可掩矣。张重华曰"西伯阴行善为，献洛免炮之类，恐天下德我而仇纣，附我而去商也"①，则后来阴谋之口黜矣；苏子由谓"汤使伊尹仕桀以止其乱"②，则接履反面之口塞矣。

或曰：古书难信，称引甚词，汨罗未沉，首阳不饿。梦卜之举，何异于臧丈人？揖让之俗，何远于翊戴劝进乎？圣人曰"食肉不食马肝"③，此即天人之至情也。天无二日，顺理则治，此即天人之至情也。藏身喻人，瑕瑜不掩，此即天人之至情也。是以删《书》断自唐虞，《春秋》因于鲁史，逆知虽经火厄，然知世世此血气尊亲之人，自有能知天人之人，自可以征诸天地而信之，自可以征诸民视、民听而信之，自可以征诸卦爻而信之。

虚实交征，大细交征，宽严交征，则理水润事而情田皆性，

---

① 张重华："史称西伯阴行善，不知者谓西伯阴欲行善以自悦于民……盖伯尝献洛西，以乞免炮烙矣。此一举也，天下尽知之……伯之所谓阴者，非恐纣知之，恐天下知之耳。恐天下知之者，恐天下德我而仇纣，附我而去商。盖纯圣之心，惟伯知之，惟天地鬼神知之，岂特不求人知，且也恐人知矣。"参见张重华：《西伯阴行善辩》，《沧沤集》卷五，中国科学院图书馆所藏明万历刻本，《四库全书存目丛书补编》第57册，齐鲁书社，2001，第300—301页。

② 苏辙《古史》卷四："是时夏桀为虐，而诸侯韦氏、顾氏、昆吾氏皆为乱。汤使伊尹适夏，以观桀之政。可辅辅之，不可辅伐之。伊尹入夏，知桀之不可为也，复归于亳。汤遂与伊尹伐韦、顾、昆吾，克之。遂伐桀。"参见〔宋〕苏辙：《古史》，四川大学出版社，2016，第19页。

③ 《史记·儒林列传·辕固生传》："于是景帝曰：'食肉不食马肝，不为不知味；言学者无言汤武受命，不为愚。'"

不劳嫉护,不劳逸蔽。谁非天之肖子?谁不当言当肖?金口木舌,三根信矣。谓之无理无事,作鼓腹之衢谣也,吾许之矣。反复至此,信圣人之公是,以信天地之公是。有何是非,岂不省力?

世出世

有世,始欲出世。世出世法,安得不分?

曰:通其称谓,会其言先,本无隐也,直指已曲矣。直至今日,正可曲语。曲无非直,要归于正,直致曲耳。又有何尘不可挥乎?出世者,出生死利害之世也。为世间之钩琐苦不得出,故示雪山以立此脱离之极,犹首阳之以饿立极,汨罗之以沉立极也。

必曰"桑下""马麦"①,柴立其世谛而传习之,讵优于墨子之"天下不堪"②乎?七十二纬神其黄玉赤乌,传过葱岭,何以

---

① 桑下,犹桑下恋,佛教语。《后汉书·襄楷传》:"浮屠不三宿桑下,不欲久生恩爱,精之至也。"李贤注:"言浮屠之人寄桑下者,不经三宿便即移去,示无爱恋之心也。"马麦,即马粮之麦。按佛教传说,佛尝受阿耆达王之请,至彼国结夏安居,遇灾荒,谷米昂贵,受贩马人供养,与五百比丘共食马麦三月,为佛十难之一。
② 《庄子·天下》:"今墨子独生不歌,死不服,桐棺三寸而无椁,以为法式。以此教人,恐不爱人;以此自行,恐不爱己……恐其不可以为圣人之道,反天下之心,天下不堪。墨子虽独能任,奈天下何!"

异此？百原山山①十年，元紫芝终其身笃沉入道②，固几类是。彼云"知非便舍"③，已正告矣。时其权乘，充类致尽。杂毒涂鼓，夺食驱牛；因俗好神，不惜鬼之。况心之所造，无不可造者哉！愈造愈信，故一乘归实于唯心，法位莫常于世相。二乘贪亢行以骇人，东闻者沿泛幢迹，不得不护以竿其专门耳。天地视之，惟此二端，中贯三无五至，帱覆代错，反隅逢源之故，以清、平、侧之调，旋宫应律。其为庙歌也，郫曲也，越艳吴趋也，亦何慊于不同乎？

狗世乐苦，苦世求出，又有求不得之苦。通而策之，无世则无苦矣；又通而策之，无世则无出矣。世何以无乎？无其以

---

① 山山，或当作"山川""山中"。邵雍《重阳日再到共城百源故居》诗曰："故国逢佳节，登临但可悲。山川一梦外，风月十年期。白发飘新鬓，黄花绕旧篱。乡下应笑我，昼锦是男儿。"参见〔宋〕邵雍：《邵雍集》，中华书局，2010，第583页。
② 《新唐书·元德秀传》："元德秀，字紫芝，河南人。少孤，事母孝，举进士，不忍去左右，自负母入京师。既擢第，母亡，庐墓侧，食不盐酪，藉无茵席……天宝十三载卒，家惟枕履箪瓢而已。族弟（元）结哭之恸，或曰：'子哭过哀，礼欤？'结曰：'若知礼之过，而不知情之至。大夫弱无固，性无专，老无在，死无余，人情所耽溺、喜爱、可恶者，大夫无之。先生六十年未尝识女色、识锦绣，未尝求足、苟辞、佚色，未尝有十亩之地、十尺之舍、十岁之僮，未尝完布帛而衣，具五味之餐。吾哀之，以戒荒淫贪佞、绮纨粱肉之徒耳。'"
③ 《五灯会元·七佛·释迦牟尼佛》卷一："入檀特山修道，始于阿蓝迦蓝处三年，学不用处定，知非便舍。"参见〔宋〕普济著，苏渊雷点校：《五灯会元》，中华书局，1984，第3页。

世为苦者耳。谓之曰：世本无世，出本不出，谁爽然乎？

从上吹影穿空，皆冲流度刃①之厉风怒济也。画鲻引獭，呼桓已疟，何惜瑰异？系铃解铃。贼入空房，偷心乃死。碧潭滩月，再三始知。回首故山，耕读依旧。原谓明得本然，任汝制用；方当学问，供爨济人，况此土此时之礼乐明备，乃即费藏隐之乾离正会②哉？

别传之裔，熠其弁珠；道听矜奇，守其别调，仍是不知旋宫皆宫者也。两行并育，相反相济；理水性火，且浸且烧。摄真世于中道，藏中真于世谛。惜无知统者，而正统反为奇变所掩，真奇反为似是所僭耳。践断断之迹，则不信有出世之蛣蜣矣。贪其蛣蜣者，依然如气聚之必散而竟废一切，岂非声闻悟而迷乎？不信出世者与专执出世者，其未达于旋宫皆宫之旨一也；不知不落两者与不知不落其不落者，其未达于旋宫皆宫之旨一也。

超越世出世间之立处皆真，依然以知生即知死而已矣，依

---

① 度刃，似不当作"废刃"。《冬灰录·小年供西归日，送眉庵秀和上主人堂》卷三有"恰是五逆闻雷，吹光度刃"。冲（或作奔）流度刃，疾焰过风，为禅宗常语。

② 乾、离之会为《同人》，为《大有》。《周易·同人》之《彖》有"文明以健，中正而应，君子正也。唯君子为能通天下之志"，王弼注："君子以文明为德。"《周易·大有》之《彖》亦有"其德刚健而文明，应乎天而时行"。或以文明（离）以健（乾），或刚健（乾）文明（离），与即费藏隐，与礼乐明备皆可相应。

然在世言世而已矣。为其始权已甚，故五教互诃，迫激搜牢，后乃大放。此自律设大法，礼顺人情耳。安生知生者，乌能少象魏读法之条例乎？

老氏罪圣人之说，愤于返本塞源，而欲人耸然知之也。庄子曰"尧舜立而人相食矣"①，惜也！民废斗衡，不能废嗜欲。嗜欲必争夺，争夺而无以节适之，几何不人相食乎？混沌有胎，天地生口，已兆相食之末流矣。苟不明回互时乘之条理而止欲充类致尽，诛其病源，则混沌不当生天地人以自蠹，岂能免包藏祸心之罪耶？由今论之，明明天地即混沌，而执混沌者，死人也。不知贯混沌天地之於穆不已，而但曰天地即混沌者，虫豸也。不知官天地以教民食力乃能中节，而但曰於穆不已者，具赘之暗影也。皆於穆也，分正与余，而於穆之主宰明矣。余不乱正，而宰其余矣。余奉宰而皆正，而主无为矣。正立为政，则余安其余。余自以正正相传，而宰亦无为矣。余乐有主宰而忘其主宰，则余亦无为矣。反复酌之，何不以仁义为斗衡而君亲师为市平乎？此至易至简，至不必免而可免免，虽穷翻天地，

---

① 《庄子·庚桑楚》："大乱之本，必生于尧、舜之间，其末存乎千世之后。千世之后，其必有人与人相食者也。"《徐无鬼》："夫尧，畜畜然仁，吾恐其为天下笑。后世其人与人相食与！"陆德明《经典释文》："言相驰走于仁义，不复营农，饥则相食。"参见〔清〕王先谦：《庄子集解》，中华书局，1987，第240、267页。方氏于是接下来提出"以仁义为斗衡"。

收尽豕苓，要无有适于此者也。刻意愚民，适以教诈，圣人正其智而乃以养其愚，谁知其苦心耶？必过江而畏浪，又且罪舟，舟渡不必偏操其楫而遂罪四面之帆樯，可乎哉？此不知天地之道即在四时五行之法。道以法用，法以时行，皆因天然，非强作也。

两楹在今，必以柱史之龙予黄面①；黄面入东，必颂金声玉振之书，而送壁雪诸徒上韦编之学。正以生即无生，自信学即无学。既推三谛，入用一真，则舍存无泯，必用时行之薪水，明矣。上堂推拂，粥狙附膻，装面鬼皋，土苴数见。况始究于已甚之屠，而后又究于已甚之赦，许人狡猾以教夺，大败天地之宪章，岂特别墨之倍谲不仵②乎？

故圣人于全阴全阳之道中表善成之宰，理其旁奇而依乎中庸，正以依藏无依，不以无依为无依也。宰乎中统旁、旁奉中之宜中，而不倚乎无中无旁之迷中也。遁乎庸藏奇、奇归庸之明庸，而不住乎无奇无庸之滑庸也。此并无可无不可而无之矣。无其两无者，以无可而不硋有所可，无不可而不硋有所不可也。

---

① 两楹，谓孔子；柱史，谓老子；黄面，谓释迦牟尼。《史记·老子韩非列传》记孔子之言曰："吾今日见老子，其犹龙邪！"
② 《庄子·天下》："相里勤之弟子，五侯之徒，南方之墨者，苦获、己齿、邓陵子之属，俱诵墨经，而倍谲不同，相谓别墨。"倍谲，倍异诡谲也，自谓墨之别派。参见〔清〕王先谦：《庄子集解》，中华书局，1987，第347页。

是故无分别之夜气，听善分别之平旦宰之。

曰：不可免者，宜许不免，不必酷罚其免；当免者，宜责其免，即难全免，宜可半免。当其地，当其时，当其事，当其人，信天地之春仁秋义，理万物之本生安生，则知程本所云"虽过中，而在中之庭；虽不及中，而在中之皇"①，必以彻栋穿垣，无非中乎？平旦不许矣。不以一期快语之不必免而坏万世之得已于免，不以熟烂之无免无不免而坏治法之有免有不免，此乃真上顶颡②而巡狩幢林地上者也。

但忽之曰：天地皆免，皆不免，本无不宜，又何有宜？此平泯敌心之巧言，而假至人以自瞍私利者，则吻之耳。至人至此，必不执此，必不矜此，而又教人如此，且诟人不如此者也。何用圣人汲汲好学至老，乃时措之宜哉？徒以水中之瓠、绕盘

---

① 程本，春秋时晋国人，字子华，与孔子同时。时称程本子，亦称子华子。《子华子·执中》："是故诚能由于中矣，一左一右，虽过于中也，而在中之庭；一前一后，虽不及于中也，而在中之皇。"参见〔晋〕程本：《子华子》，中华书局，1985，第20页。

② 颡，疑当作"颅（颅）"。可参方以智《通雅·疑始·论古篆古音》"页（頁）即首"。参见〔明〕方以智撰，黄德宽、诸伟奇主编：《方以智全书》第一册，上海古籍出版社，1988，第117页。顶颅，明清常用语。又，唐世济《隐元禅师语录序》有："兹语录具在……踞佛祖顶颅翻衲僧巴鼻。"参见杜洁祥主编：《中国佛寺史志汇刊·黄檗山寺志》第三辑第四册，（台北）丹青图书公司，1985，第251页；福清县志编纂委员会、福清县宗教局整理：《福建地方志丛刊·黄檗山寺志》，福建省地图出版社，1989，第93页。

之珠遁蓬轂脂韦之士，千万剽剥无一正决，使民适从。此留以发疑则可，而以之主治画一，令民不二，岂不方枘圆凿①乎？悟与未悟，要不免于衣食溲泄，明矣。混沌即衣食溲泄之笥也。

平旦宰曰：专言平等，则溲泄亦衣食也。何不衣溲而乃浣其垢，何不食泄而乃粲其饦乎？衣不能免，羽毛而已；食不能免，菽水而已；溲泄不能免，械窦而已。彰瘅之法，亦浣、粲、械窦之设也。德天地之生，必糊四维之口。沛不禁自止之仁政，必宝理财禁非之正辞。明亲其孝弟慈②之家具，而口口争慊于恕让，则目手自惕其性海，而溲泄自消于情田矣。礼耕乐安，此卯酉作息之动，上不动也。义耘仁聚，此祖庙粢盛之为，即无为也。好学以耨而顺食其力，此各安生理之生，即无生也。发志士沟壑之硎，淬饮水待旦之锷，庤敝缊不耻之勇，获适得庶几之仓。弦歌笔墨，皆蔬圃也；木石火藻，皆襆被也。事所当事，事本无事，皆终日衣而无寸丝，终日食而无一粟者也。勤俭自赡，学也在禄，则机杼犹羽毛，钟鼎犹菽水矣。岂必裸其须捷，砾其瓶罍，乃为不立一尘耶？生于巢窟猩猩之域已耳。处有堂

---

① 枘，原本作"柄"，当改。方枘圆凿，出自宋玉《九辩》，原指方榫头和圆卯眼两下合不起来，比喻两者格格不入，不相容、不适宜。

② 孝弟慈，疑当作"孝弟慈爱"。

有偃、有榻有圂之世，而犹仿洪荒之始下地[①]，遗矢堂榻，乃为平等之至人耶？

取万世之所不当免者，屠剿苛戮，乃以难世屈服而惟其所令。久则阴纵之，入则自护之。惟在巧立其说，使人无从诘责，乃益快然。虐人欺人，而又自解免；且仗有怨世怖死、种福趋捷之人情可以诳愚；又仗有喜新好胜、畏难惰学之人情可以诱黠，宜其群附而工魅也。如来久不涕矣，然乡原与无忌惮之习为邪外，实意不过稗贩。既欲稗贩，必欲自为免词；自为免词，则揜著之。屋漏不死，圣人正以其稗贩容之。惟申明天地君亲之所谓，而邪外之屋漏皆为白日所生矣。

谓明于所教，教明于所谓。谓者，言出于心而藏于胃者也。由心相谓，谓因生心。谓之不落圣凡者，无体之体，本同归也。圣而忘之，本同归也，自从心者谓之也。不落圣凡者，谓之至圣，自天视天听、尊亲成德而谓之也。辟如绝待之太极，即在乾统坤余之并待中，因而形容其时乘曰：此不落乾坤者也；因而实醒之曰：此不落乾坤者，乃乾统坤余之至乾也。谓之谓之，而心即矩矣。若如今人所执之不落圣凡，专为贬贤暱邪，制挺冯河，悍然不顾。以此流转胃中，无人洗之，止有獩貐蠡生，恶贯加恶，

[①] 始下地，犹初下地，为常语，意谓降临、诞生。《冬灰录》卷有"日日人人初下地，圆通一信报知音"，《东西均·公符》篇有"人自下地，动而有为，即是恶矣"等。

以待镂丸①已耳。然而复生不避忌讳之谓谓者，一春一秋照捵著之屋漏，岂非天视天听之在民乎？谓不谓之关，盖其重哉！

臧挟策读书而亡羊，榖博塞以游而亡羊。②亡羊，一也。此为诱人平心谓之耳。明父哲师必责博塞而善读书者，此则天地胎中之公谓也。皋陶为理，则读书而亡羊者受奖，博塞而不亡羊者亦罚。然而舜不问者，以付之皋陶也。圣人以司理付之夫妇蓍龟，而自可以垂拱听之矣。岂谓禁夫妇蓍龟之有理而刑皋陶之分别，谓伤"恭己正南面"③之无为哉？不见子思之"三谓"④，孟子之"两不谓"⑤乎？明此"两不谓"以奉"三谓"，而庄子之"有谓无谓""无谓有谓"⑥任之矣。知不落圣凡之荡荡则天，即谓之出文章成功之世，而依然与万世在文章成功之世；

---

① 丸，原本作"凡"，似当改。方以智《物理小识》卷三："两折三番之火候，泯中用二之交轮，坎离济化，大道固然。一镂丸，一革囊，大小皆符者也。"镂丸，犹言钢丸、铁丸。
② 《庄子·骈拇》："臧与榖，二人相与牧羊而俱亡其羊。问臧奚事，则挟策读书；问榖奚事，则博塞以游。二人者，事业不同，其于亡羊，均也。"
③ 《论语·卫灵公》："无为而治者，其舜也与！夫何为哉？恭己正南面而已矣。"
④ 《中庸》："天命之谓性，率性之谓道，修道之谓教。"
⑤ 《孟子·尽心章下》："口之于味也，目之于色也，耳之于声也，鼻之于臭也，四肢之于安佚也，性也，有命焉，君子不谓性也。仁之于父子也，义之于君臣也，礼之于宾主也，智之于贤者也，圣人之于天道也，命也，有性焉，君子不谓命也。"
⑥ 《庄子·齐物论》："今我则已有谓矣，而未知吾所谓之其果有谓乎，其果无谓乎？"

知不落圣凡之无方无体,则谓之出卦爻马龟之世,而依然与万世享此卦爻马龟之世。谓何者为世耶?谓何者为出耶?超越世出世间,终不出此有谓即无谓之大稊粺贩而已矣。

平公曰:何世可出?又何问其谓不谓?

当士曰:此犹令迷中滑庸者之足借也。仆已建牙视事,公与何子后园为后判决耳,勿迷教令而滑綮戟也。太阳当权,则於穆太翁不容关白;子夜牝鸡,岂许掣肘乎?

何生曰:奈优场何?

当士曰:以天地为优场,则君子为节奏之鼓,圣人为崖公蚬斗①矣。场也者,人法齐彰之场也。优之云者,浮云之云也,敝履之云也,棋局之云也。为世累之偏也,犀利其不为世累之吹毛云尔。尧让天下于许由,许由让于支父,为其无以天下为者,乃可以托天下也。②岂废当场之重任而逃之,安所逃场乎?支、许在后园判决,而尧与舜禹、岳牧当光宅之场,万古喝采矣。

---

① 崖公蚬斗,唐代散乐艺人的隐语,称皇帝为崖公,称欢喜为蚬斗。
② 支父,即子州支父。《庄子·让王》:"尧以天下让许由,许由不受。又让于子州支父,子州支父曰:'以我为天子,犹之可也。虽然,我适有幽忧之病,方且治之,未暇治天下也。'夫天下至重也,而不以害其生,又况他物乎!唯无以天下为者,可以托天下也。"

曰若以下，允执厥中，谓之谓之之节奏鼓也。①

何生曰：何世何问者，浮云而更浮其云，敝屣而更敝其屣，棋局而更棋其局矣。

平公曰：君一登场雷鼓，吾且万碎其汁，吹沫飞影，以光宅于普天，喝采于终古。岂徒缩享后园之一粟天地乎哉？

---

① 《尚书·大禹谟》开篇即有"曰若稽古，大禹曰：'文命敷于四海……'"曰若稽古，为称述前人言行的成语，置篇首。曰若，为语词，无实义。稽，考；稽古，犹言考据古事，以古为言。《大禹谟》载记舜禅位于禹之事。舜禅位时对禹提出告诫："人心惟危，道心惟微，惟精惟一，允执厥中。"由此而言"曰若以下"。前文有"谓之谓之，而心即矩矣"，即"心"而言，若隐而未发，则有其微；已发而不中节，故有其危。即"矩"而言，即为人伦社会性的规矩、规范、仪则，等等。允执其中，即意味着"心""矩"之间的调适协和。按方以智《诗乐论》："夫元声，冒统也。节奏乐器，实事也。声之中节，本自易简，不过高下疾徐，错综而合节奏，为调法耳。"这里以鼓点来说明"允执其中"的地位和作用。

约药

何生曰：老子曰"惟容乃公"，公安所谓"愿教跖教"[①]，何以药之？当容之否？容公安之以愿、跖总杀否？

当士曰：本无待容，本无待杀，此本无待约法者也。辨不得已，乃为公容。此无分别之太极，所以尊分别之阳明以理之也。皆病也，皆药也。有总杀之药，有杀半之药；有公容之药，有不容之药。然正当明其正药奇药，**毒轻毒重**，君之臣之，佐之使之。神医之诊，惟在当不当耳。

今之食门庭、药门庭者，病极矣，不独愿教与跖教也；又将以无忌惮之锦囊，炼一队北宫黝而授受以张鲁之符，杀天下

[①] 公安，这里指以袁宏道、袁宗道、袁中道等为代表的公安派。袁氏三兄弟，为明荆州府公安人，主张诗文抒写性灵，抨击时风时政，对伪道学多有不满。袁宏道《锦帆集之三·尺牍·徐汉明》："除此之外，有种浮泛不切，依凭古人之式样，取润贤圣之余沫，妄自尊大，欺己欺人，弟以为此乃孔门之优孟，衣冠之盗贼，后世有述焉，吾弗为之矣。"参见〔明〕袁宏道著，钱伯城笺校：《袁宏道集校笺》，上海古籍出版社，2008，第218页。袁中道《江进之传》："古之诗文大家籍中，有可爱语，有可惊语，亦间有可笑语……人情好检点，见其有可笑语，遂不复读其可受可惊之语；而彼无可爱可惊并无可笑者，专以套语为不痛不痒之章，作乡愿以欺世。当时俗人，因无可检点，反以加于真正文人之上。及至百年后，人心既虚，其可爱可惊之精光，人争喜之；并其可笑者，亦任之不复加刺，故共相推尊。而彼作乡愿之诗者，无关謦笑，有若嚼札，更无一篇存于世矣。"参见〔明〕袁中道著，钱伯城点校：《珂雪斋集》中，上海古籍出版社，2007，第771页。

之良医，而独贵其药肆之垄断。祸可胜痛哉！向以窃仁义之药者，罪圣人之方，乃今公然窃任放冥应之药，窃独尊无碍之药矣。窃仁义之药，不无芎䓖藁本，然犹忌风悍氁，必和甘苓。窃任放独尊者，羊踯躅酒加曼陀花，埋人取颅，马射阿虞，竟莫可穷诘矣。洛闽熄邪，应为此惧。安得不恨大定本空之单提作俑者乎？然安知垄断毒药，益酿金蚕，暴乌堇，以为得计，而又毒新俑，此助虐设网反熄惧者乎？

平公曰：不夺贼刀，擒贼者惧，盲惧耳。

当士曰：贼固有运，然惧出一能惧者，亦午会正当合药之时也。时乎此时，且明天地之正，而似是者不必辨而辨矣。一为佛、庄雪冤，一为学者进竿，一为天地出气。盖天地之经义，皆先天之所以然，寓于不得不然者，於穆不已，布于行曜，岁时明法，亘古不移。彝之则之，伦之常之，此正所谓一切现成者也。人反以经义为蛇足，而以淫杀为现成，岂不冤枉天地乎？天地时生一明经义、救淫杀之圣人，此天地所以享现成之福也。一神于二，围全用半；福善祸淫，无各贞一。[①] 圣人于那伽大定

---

① 《周易·系辞下》："天下之动，贞夫一者也。"按韩康伯注"贞者，正也，一也……《老子》曰：'王侯得一，以为天下贞。'万变虽殊，可以执一御也"，所贞之一，为天地万有万变之主宰者和统御者。对具体而言的"福善祸淫"，无所谓各有各的"贞夫一"。后文所言之"那伽大定"——身变龙而定止于深渊曰那伽定，即有超越具体、握执根本之意。这里的"各"，似无须改为"不"字。

中定出一定之公则良方，以统其定与不定者，而转其公好之几，即是饮食，即是灵丹。此圣人所以享现成之福也。

本空不受之药，正服之则沉瀣，邪服之则已菝也；且为说其汤引，则去油可用矣。不见优场之末泥苍鹘乎？心无好丑，岂受好丑之累？然不坏末泥自好、苍鹘自丑也。山不受云，岂可谓云无黑白乎？心不受报，岂可执白业、恶贯为无报乎？舜心本空糗草玉食之相，即谓之不受糗草玉食之报，然大德四必①，原自立竿见影。苟非尼山举之，谁知深山江河始终有而不与耶？

人心妄既已消，真亦不立，故真人体其无善恶之素，而润生于善统恶之场。今以成德称之，乃至善也。莲本不染，则净亦费词。故曰：不作染净相，即不受染净报；本无染净，随其染净。然泥不坏存，原不坏泥自染、莲自净也，谓之真净，岂非普光明殿上之胪传哉？

真谛之杖穿佛魔，甚言经权之本无体用也，王统霸之无王霸也。揖让征诛、放桐负扆之异用也，魔也；所以为尧舜汤武伊周之体同也，佛也。潜乘六龙，则亢悔皆无闷矣。无入不自得，则骑日月，游云气，蹈水火，而逍遥何有之乡矣。谓要盟为行

---

① 《礼记·中庸》："子曰：'舜其大孝也与！德为圣人，尊为天子，富有四海之内，宗庙飨之，子孙保之。'故大德必得其位，必得其禄，必得其名，必得其寿。"

诈,见南子为夤缘,岂非云飞疑月、舟行疑岸者乎? 况异类冥权,有如要离之燔妻子、程婴出首赵孤①耶? 孟子曰"有伊尹之志则可,无则篡也"②,此总杀总赦之后,养太极指南一针之磁石者也。赵州曰"正人说邪法,则邪法亦正;邪人说正法,则正法亦邪"③,此总杀总赦之后,悬太极指南一针之蜡丝者也。破三玄作两边,劈华山作两路,将谓棘蓬云尔乎?

《书》曰"惠迪吉,从逆凶,惟影响"④,此混沌天地之泄补两局,方而贯中者;理其经络,一春一秋,乃煻煨火城之生死医案。因果形影,理不可易。特豁然镜肖谷响者,自能回其中而不落不昧,岂容蒐琐倚之而又拨之乎?

偶发惊地之丰隆,常用平和之朗日;一炼雪霜之刊落,三施煦育之长养。王法也,师教也,神道也,皆不能出此张弛也。乾海摧山,昏天黑地;乌场礧水,聚火燎门,因悱竭而神其权

---

① 出首,意谓检举,告发。按《史记·赵世家》:"程婴出,谬谓诸将军曰:'婴不肖,不能立赵孤。谁能与我千金,吾告赵氏孤处。'诸将皆喜,许之。""出首"前似当有一"之"字。
② 《孟子·尽心上》:"孟子曰:'有伊尹之志,则可;无伊尹之志,则篡也。'"
③ 《赵州和尚语录》卷上:"正人说邪法,邪法亦随正;邪人说正法,正法亦随邪。"参见〔唐〕文远记录,徐琳校注:《赵州录校注》,中华书局,2017,第66页。
④ 《尚书·大禹谟》:"禹曰:'惠迪吉,从逆凶,惟影响。'"迪,道也。孔颖达疏:"人顺道则吉,从逆则凶。吉凶之报,惟若影之随形,响之应声。"参见〔汉〕孔安国传,〔唐〕孔颖达疏,廖名春、陈明整理:《尚书正义》,北京大学出版社,2000,第105—106页。

奇耳。两不得而三又不得，四不得而五又不得，六不得而一又不得：此一方便已沸骊矣。及乎金鸡下令，缁素不分，似乎纵恶冤贤，徒为负舟所窃，相沿卖迅，愈出愈奇，重在骊门，高其声价，反禁回互之旨，忌讳入草盘桓。一碗玉椒，全无薪饮，岂不角弓反张、苦人瘛疭乎？

夫总赦总杀者，盖谓既知其主，臧获容收，降服渠魁，多多益善。至人以此自信其一际之天，而未尝欲以此纵恶冤贤，急衔其不落圣凡之名家也。欲快其培风下视之垂云，恣睢转徙，博采于磙碑，犹摛藻名家之庚词影略耳，遂作赵、张之文深、决事比乎？① 赵州何不守其无分别，乃复危坐正语定拣邪择正之案耶？

天以日明，君以政显。言无亦无者，所以剔穆然两忘之天；言辨邪归正者，所以奉历然有宰之日。此固一在二中之参两纲

---

① 赵，谓赵禹；张，谓张汤。《史记·酷吏列传》："（周）亚夫为丞相，（赵）禹为丞相史，府中皆称其廉平。然亚夫弗任，曰：'极知禹无害，然文深，不可以居大府。'""（张汤）与赵禹共定诸律令，务在深文，拘守职之吏。"文深，用巧妙的手段网织罪名，陷人于罪。《汉书·刑法志》："及至孝武即位……招进张汤、赵禹之属，条定法令，作见知故纵、监临部主之法，缓深故之罪，急纵出之诛。其后奸猾巧法，转相比况，禁罔寖密。律、令凡三百五十九章，大辟四百九条，千八百八十二事，死罪决事比万三千四百七十二事。"《后汉书·应劭传》："故胶西相董仲舒老病致仕，朝廷每有政议，数遣廷尉张汤亲至陋巷，问其得失。于是作《春秋决狱》二百三十二事，动以经对，言之详矣。"凡判案无法律明文规定的，可即以成例相比况。

宗也。法重在人，道重在德，何至使人忌善偏无，若犯家讳乎？皆孟子所预断之新莽威斗也。①天托王法以赏罚比寒暑之用，托师法以是非成衮钺之柄，示神道以吉凶应真邪之机。贞乃贯一二之一，非邪所敢对也。大同之化，无二无一，即在此中，何待言乎？可易言乎？

言性本足，所以直于奋勇也；言性当尽，所以大于责志也。责志奋勇，莫先知耻，耻安可一日不砺耶？贤才子弟，折节简谅，有此化域，足以悬其朝夕。至驽劣者自知学问疏漏，尚尔忸怩；狠戾者自知背犯规矩，犹有三畏。今乃单衔总杀即总赦之专门，饰此第一方便，为之驾出头颅，遮其疏漏之羞以为高简，宽其背犯之忌以为冥应。凿此聪明，授以捷巧，使谨行者涩步受屈，笃学者冷颜灰心。许其河沙，反成暴弃，坏天下之风俗，莫此为甚！

盗之不安也，畏王法，畏圣贤，畏父老，畏衾影，畏迦延典主。庶几展转，不以盗为信货，乃专借达恶得自在之灵旛。屈鄙圣贤父老之公印，则盗反有铁券；而且教坏迦延典主不敢明判，判则犯分别落两之科矣。去健羡，无畔歆；无适莫；不由

---

① 《孟子·离娄上》："尧舜之道，不以仁政，不能平治天下。今有仁心仁闻而民不被其泽，不可法于后世者，不行先王之道也。故曰：徒善不足以为政，徒法不能以自行。"《汉书·王莽传》："是岁八月，莽亲之南郊，铸作威斗。威斗者，以五石铜为之，若北斗，长二尺五寸，欲以厌胜众兵。既成，令司命负之，莽出在前，入在御旁。"

隘，不由不恭；不述偏隐，不废半途；① 此正不落两者也。落两者，半边也；执不落两者，亦半边也。此神于落即不落者，孔之心即矩，孟之志不动也。② 执不落以逃孔孟，岂惟半边？将赏盗矣。昔人云：不妨以孔孟之心用苏张之舌。③ 今反炼狡猾之舌以助夺杀孔孟之心，尚忍言乎？

人塞情窦，多附理岩；死水不浸，即踞兽窟。祇支之椎一白，先中木乂，阴裕性戒，尚足折中。彼若太放，则食不可得而乞也，檀不可得而信也。旁听传讹，尚引奸睨；又况比屋鸣钟，麈尾

---

① 健，原本作"键"，当改。《史记·太史公自序》："去健羡，绌聪明。"集解："知雄守雌，是去健也。不见可欲，使心不乱，是去羡也。"《诗经·大雅·皇矣》："帝谓文王，无然畔援，无然歆羡，诞先登于岸。"《论语·里仁》："君子之于天下也，无适也，无莫也，义之与比。"《孟子·公孙丑上》："伯夷隘，柳下惠不恭。隘与不恭，君子不由也。"《礼记·中庸》："素隐行怪，后世有述焉，吾弗为之矣。君子遵道而行，半途而废，吾弗能已矣。"

② 《论语·为政》："七十而从心所欲不逾矩。"《孟子·公孙丑上》："我四十不动心。""志壹则动气，气壹则动志也。今夫蹶者趋者，是气也，而反动其心。"

③ 此言论更强调后者的实效或技法，施政和为文者多有考量。例如秦观《韩愈论》认为文有论理之文（比如列御寇、庄周），有论事之文（比如苏秦和张仪），有叙事之文（比如司马迁和班固），有托词之文（比如屈原和宋玉），最后是韩愈的自成一体的文章："钩列、庄之微，挟苏、张之辩，摭班、马之实，猎屈、宋之英，本之以《诗》《书》，折之以孔氏，此成体之文，韩愈之所作是也。"参见〔宋〕秦观撰，徐培均笺注：《淮海集笺注》卷二十，上海古籍出版社，2000，第751页。方以智《刍荛妄言》："尺一之诏，不如三寸之舌。"

山队，土地堂中，树我慢之上坐，充塞街亭，怒目奋挺，引成群之天女酒仙，恶空逆曳，粪理纵情，以洗其皮下之血哉？又况楷木之坛，自压其终年不弹，举跬觐闵，遂乃窃倡最高之说以自毁其经义，而又为电拂所嗤者哉？

行于非道，或是其人。即有至人，自藏拥肿。若秉时中之正令，定遵善世之天地，不容猵狙[1]驼鸡骇所在之国法。虽曰世间诸款，何非车马私通？皆假圣贤以梯荣润里。然彼特艺受直，其眉下廉耻自耿耿也。此则教人荡王制，逼人敢惑乱矣。风可长乎？是固不如净土观讲，犹为西方清凉职也；是固不如穷经守礼，犹为糟魄荷新职也。青天白日，甘画罔两。闪冤诬贤否之旗，必收似是而非之橐。以治世与治心二概者，尚不可语内秘外现，乃俨然谈坏世以治心，实恣心以坏世耶？且曰：夫既或治之，余何言哉？一法不收，漏安得免？况欲影附一不可治世之道，而离天下国家以称儒乎？"四无"之不可专标以教世[2]，断断然矣。又解之曰：何得以辟为功乎？朱子忧高明之

---

[1] 狙，当作"狙"。猵狙，多毛而头如犬的猿类。
[2] 王畿《天泉证道记》："若悟得心是无善无恶之心，意即是无善无恶之意，知即是无善无恶之知，物即是无善无恶之物。"参见〔明〕王畿著，吴震编校整理：《王畿集》，凤凰出版社，2007，第1页。"四无"谓心、意、知、物皆无善无恶。与下文的"四有"相对。四有、四无之说，为王阳明心学内部之歧异。王阳明的《传习录》《年谱》等亦皆有记载，文字略有别。

乱真①，高、顾、邹、冯极愿分之，《宗一圣论》再三申之，盖为此也。

愚叹之曰：苟不知懻，则各精其学，互为激扬，正他山之攻也。以充类周内酷人，以纵脱苟免自慰，预防人之正论而先以一簣塞之，将得计耶？吾惜承"四无"之响者，已不知所以言"四无"之故矣。有知"四无"即"四有"者乎？知之矣，则何如标"四有"即"四无"，犹不悖直日之天地乎？果明主宰，则有无不必论矣。忘而更忘其忘，百物不废，则有无更不必论矣。

见苟未信，则尊所闻，行所知，亦毋自欺之地也。窃附畸异，又未全彻，遂以御人，先乱王法。此不待再计而当自反者也，是故《王制》严左道之乱政②。《管子》曰"难其所为而高自错

---

① 《近思录·圣贤气象》卷十七："道之不明，异端害之也。昔之害近而易知，今之害深而难辨。昔之惑人也乘其迷暗，今之入人也因其高明。"昔之害，杨、墨、申、韩是也；今之害，老、佛是也。参见叶采集解，程水龙校注：《近思录集解》，中华书局，2017，第314页。朱熹《中庸章句序》："则吾道之所寄不越乎言语文字之间，而异端之说日新月盛，以至于老佛之徒出，则弥近理而大乱真矣。"参见〔宋〕朱熹：《四书章句集注·中庸章句序》，中华书局，2012，第15页。

② 《礼记·王制》："析言破律，乱名改作，执左道以乱政，杀。"郑玄注："左道，若巫蛊及俗禁。"参见〔汉〕郑玄注，〔唐〕孔颖达疏，龚抗云整理：《礼记正义》，北京大学出版社，2000，第482页。

者,圣王之所禁也"①。《荀子》曰"无益于理者废之",谓之"中事""中说"②;"若充虚之相施易也,坚白同异之分隔也",圣人未偻③指也;"不知无害为君子,知之无损为小人","王公好之则乱法,百姓好之则乱事。而戆陋之人乃始率徒辟称老身长子","不知其为上愚,曾不如好相鸡狗也"④;"中则可从,畸则不可为,匿则大惑""水深则表深,表不明则陷","礼者,表也"⑤。东坡

---

① 《管子·法禁》:"诡俗异礼,大言法行,难其所为而高自错者,圣王之禁也。"法行,规行矩步,以售其奸;错,置也。参见黎翔凤撰,梁运华整理:《管子校注》,中华书局,2004,第308、311页。

② 《荀子·儒效》:"凡事行,有益于理者立之,无益于理者废之,夫是之谓中事。凡知说,有益于理者为之,无益于理者舍之,夫是之谓中说。"

③ 偻,原本作"缕",当改。《荀子·儒效》:"若夫充虚之相施易也,坚白、同异之分隔也,是聪耳之所不能听也,明目之所不能见也,辩士之所不能言也,虽有圣人之知,未能偻指也。"偻,疾也,齐人语。参见〔清〕王先谦撰,沈啸寰、王星贤点校:《荀子集解》,中华书局,2016,第147页。

④ 《荀子·儒效》:"不知无害为君子,知之无损为小人。工匠不知无害为巧,君子不知无害为治。王公好之则乱法,百姓好之则乱事。而狂惑戆陋之人,乃始率其群徒,辩其谈说,明其辟称,老身长子,不知恶也。夫是之谓上愚,曾不如相鸡狗之可以为名也。"戆,愚也;老身长子,言终身不知恶也;上愚,极愚。参见〔清〕王先谦撰,沈啸寰、王星贤点校:《荀子集解》,中华书局,2016,第147页。

⑤ 《荀子·天论》:"故道之所善,中则可从,畸则不可为,匿则大惑。水行者表深,表不明则陷;治民者表道,表不明则乱。礼者,表也。"表,标准;陷,溺也;水行,犹"行水"。参见〔清〕王先谦撰,沈啸寰、王星贤点校:《荀子集解》,中华书局,2016,第376页。

曰：使皆轻生死，则朝廷砺世磨钝之具何所用之！① 何怪流至名法家而炎昆冈乎？商鞅《壹言》曰"贱游学，下辩说，而功立矣"②，瓜坑之所起也。赵威后曰"於陵不臣其主，不治其家，不交诸侯，是率其民而无用者，何不杀乎"③，李疵观卫至以"举士""朝贤"为必亡④。此皆逞教者之过当，有以致之也。况今日高谈偏驳，不分缁白，重赏波旬，刻意扰乱世治以雄其宗，欲将连尹谐、潘正左道之檄以鸣得意乎？千圣闲之而不足，一人决之而有余。

---

① 苏轼《议学校贡举状》："使天下之士，能如庄周齐死生，一毁誉，轻富贵，安贫贱，则人主之名器爵禄，所以砺世摩钝者废矣，陛下亦安用之？"参见〔宋〕苏轼著，张志烈等主编：《苏轼全集校注》，河北人民出版社，2010，第2848页。

② 《商君书·壹言》："夫民之从事死制也，以上之设荣名、置赏罚之明也。不用辩说私门，而功立矣。故民之喜农而乐战也，见上之尊农战之士，而下辩说技艺之民，而贱游学之人。"参见蒋礼鸿：《商君书锥指》，中华书局，1986，第60页。

③ 《战国策集注汇考》卷十一："於陵子仲尚存乎？是其为人也，上不臣于王，下不治其家，中不索交诸侯，此率民而出于无用者！何为至今不杀乎？"於陵，即於陵仲子。於陵，战国时齐邑。陈仲子以所居之地为号。参见诸祖耿：《战国策集注汇考（增补本）》，凤凰出版社，2008，第621页。

④ 《战国策集注汇考》卷三十三："主父欲伐中山，使李疵观之……李疵曰：'举士，则民务名不存本；朝贤，则耕者惰而战士懦。若此不亡者，未之有也。'"参见诸祖耿：《战国策集注汇考（增补本）》，凤凰出版社，2008，第1729页。

京山、几亭能无重痛姚安守耶？①

何生曰：重痛之檄，徒见笑于地下耳。

当士曰：彼逆知重痛之檄少，真能申重痛之檄者又少；护便艳奇，必且阴左袒之，而疵责申重痛之檄者，此所以甘心作无忌惮之鬼，而又教人甘心作无忌惮之鬼也。此无他，总由人情乐纵而嫉理之绳其影也。方求超理而不得，竟欲诼理而求安。忽有充类已甚过高之论，屠剿天地，共冥行于暗夜，擿埴索涂。然后乃偏取之，肆力障天，熠其独尊之萤，以藏州官蓺火之计。循理践迹者勉强难尽，深故搜责②未可解免也。辨则犯自矜之嫌，伏则哽不平之气，诚败絮荆棘矣。窃国③之利器百倍于鬼谷孙吴，止以迂步累词才士方呕，而浪剑怪石投之；惊叹以炼输之政对非墨之守，而旁观者尚惟恐正论之不屈，偏锋之不胜。此掊击圣贤、纵舍盗贼之说，所以易煽聪明也。不胜则推入混漾，此舍是与非苟可以免之说，所以易酺凡庸也。

彼或一官不胜意，小才不能忍，突欲颠倒压世以捷其轰。

---

① 京山，谓郝敬，明湖广京山人，字仲舆，号楚望，著有《九部经解》。几亭，谓陈龙正，明浙江嘉善人，字惕龙，号几亭，高攀龙弟子，著有《几亭集》。姚安守，谓李贽，字宏甫，号卓吾，别号温陵居士，万历中曾为姚安知府。

② 深故，犹言治狱者的深文周纳；搜责，意谓微文深诋，诬人入罪。

③ 国，原本作"圆"，当改。《老子·第三十六章》："国之利器不可以示人。" 窃国，即篡夺一国之政权。

锐身受谤，则其声愈疾。承平既久，家习碌碌，一夫泼嫚，千人莫当。彼且曰：直心自快，毋用包藏为也；彼且曰：三千一瞬，由我逆行已也。天下传之久而暗想告曰：跛挈一生，累行苦砥，犹不免众口之铄，一旦荡翻，入此委蛇鸿□①之秘，任天之便，名实双饱。此虽勋华②垂衣，禹皋秉法，亦不能使其不恋彼而轻此矣。可太息者，称之曰善人也，衔为辱之；谓之曰某某恶人也，心窃喜之。人心遂至此乎？此为逐理者之厚其颜，铦其蚕也，无论矣！此皆因泯理者之不知回互兼带也，此皆因掌理

---

① □，或可作"宝"。《汉书·楚元王传》："上复兴神仙方术之事，而淮南有枕中鸿宝苑秘书。书言神仙使鬼物为金之术，及邹衍重道延命方，世人莫见。"亦或作"洞"。《淮南子·精神训》："颎濛鸿洞，莫知其门。"高诱注："皆无形之象。"参见刘文典：《淮南鸿烈集解》，中华书局，1989，第218页。

② 勋华，尧舜的并称。勋，放勋，尧名；华，重华，舜名。

卷之下　约药

者之不知泄大供薪①也。不能以天章②经济收天下之才,则聚而诺诺,樵贩辈耳;不能穷尽元会幽明之变,则欲呲其所不知而质何以无疑,此终日土偶语而奇士愈不服矣!故曰:见地也,学问也,操履也,三不可缺者也。缺,则偶矣。

佔毕者无虑引趣突循,未经千煅百炼,倦于穷尽,尚不能应雕龙白马之口,况陷虎设伏、官不容针之歇后谵语耶?故尝不知其空拳而反暗中其弓影,渠不能禽,降不能受,止以驱鱼;又欲过高以上之,曾不知大成之上达,乃高极而旋下,即下为上,充周反复,必主中正,而用其无高下之高者也。无高下者,高下井井而安顿鼓舞,适中其权。彼徒执无高下者,远之远矣。衣猿狁以緷绻③,号曰文明;褫黔黎之襦袴,号曰太古;岂知直

---

① 泄大,不可解。"大"或可作"火"。薪火之喻,方以智多有述论。然"泄火"与"供薪"不协,不妥。泄大,或当为"泄光"。方以智《药地炮庄》卷二:"有谓形为薪、神为火者,有谓事为薪、理为火者,有谓火离薪则灭者,有谓离薪则光灭而无体之火不灭者,有谓火满空中而用光必在得薪者,但请善刀析薪而续之。若不知析薪,自不知缘经,又何能续哉?虚生浪死,误杀多少?"薪与火,薪与光,皆可对举。方以智《铸燧说》:"五行尊火,火无体而因物为体者也。薪尽火传与用光得薪,曾决其同别耶?"揆诸文意,泄光供薪,与"用光得薪"相类。掌理者尤当时泄光芒,供给薪材。

② 天章,不但有好文章之意,且有自上而下的尊崇,如"沈郁兴神思,眺听发天章"(薛道衡《奉和月夜听军乐应诏诗》),"圣德垂甘露,天章下大风"(张说《奉字文黄门融酒》),与上文中的"泄光"似更切。

③ 緷绻,衮衣和冠冕。《管子·君臣上》:"朝有定度衡仪,以尊主位,衣服緷绻,尽有法度,则君体法而立矣。"

无高下者乎？

　　此土之详教，未开则已耳。有一法，自宜通之，况此桑沧不能离之指南车耶？盘古相见，必先呴濡[1]，此礼意也。生于宪章之世，父坐子立，君拱臣班，熟如支毛，必欲驱击殿上夷俟宇父，将何谓乎？非作意乎？非狂泉乎？汗尊抔饮，致敬鬼神，此礼意也。生于卮匜之日，则太和汤之温克当矣。岂盗酿狗窦之矫异可以至人障面哉？彦辅曰："自有乐地，何必乃尔。"[2] 曾知为倚天之剑否？

　　天以为容，理以为治。先防其荡，徐解其胶；究以学养其不荡不胶，乃以神用其荡胶胶荡。故曰：无欺之场，好学格践，此贯古今之理水性火也。好名也，养生也，畏死也，此天地奉三圣人之姜枣引也。生引死引，要归名引。情发先喜，喜余为怒，怒亦激喜，交治交忘，两端贵先。故必以喜为天地之生几。时风声气，实传心光，岂得而昧灭之哉？本无名而必名，不待教而必教；教先正告大义而后微言，政明化溢，则本无名之性，

---

[1] 呴濡，原本作"呴嚅"，当改。《庄子·大宗师》："相呴以湿，相濡以沫。"鱼处陆而呴濡，有善生以救死之意。参见〔清〕王先谦：《庄子集解内篇补正》，中华书局，1987，第549页。

[2] 乐广，字彦辅，喜清谈玄言，名重于世。《世说新语·德行》："王平子、胡毋彦国诸人，皆以任放为达，或有裸体者。乐广笑曰：'名教中自有乐地，何为乃尔也？'"乐地，谓儒家相传之礼法。参见徐震堮：《世说新语校笺》，中华书局，1984，第14页。

不待教之天，受太翁之重封矣。以生即无生之例例之，何嫌于名即无名、教即无教、理即无理、学即无学也乎？

孤言生即无生，则盗即不盗矣。解以大死后甦，则屈杀愚氓。觉其即夺是予，则偏容猾贼。不知灸影徙痛，反令言行矛盾。如此费解亦良苦矣，而反欲排宕顺理劝学之生即无生乎？"重为任而罚不胜"，庄子所以忧日出之多伪也。① 上根受用，本不待乎户晓，乃定扫折中节和之司徒史，以独行其不教而杀之丹水坑耶？畏名乐教之补漏不平等，孰愈于叛名败教之无漏平等耶？分数核之，能不黄精钩吻乎？故曰：出世不妨专科，留为太行之雪，红炉锦罽，遥洒清凉。其入廛垂手者，又在乎降高游大，通此方，知此时矣。至于舍身为穷理好学之伦，体其皆备无闷之极②，以神其名空不避名之用，天地风力，赖此转轮，此所以重中正之水火方也。

名与命，本一字也。命天命地，已有名矣。悬无上之名，

---

① 《庄子·则阳》："匿为物而愚不识，大为难而罪不敢，重为任而罚不胜，远其涂而诛不至。民知力竭，则以伪继之。日出多伪，士民安取不伪！"宣颖："过重其任，而于不胜者加罚。"参见〔清〕王先谦：《庄子集解》，中华书局，1987，第280—281页。

② 《孟子·尽心上》："万物皆备于我矣。反身而诚，乐莫大焉。强恕而行，求仁莫近焉。"《周易·乾·文言》："不易乎世，不成乎名，遁世无闷，不见是而无闷，乐则行之，忧则违之，确乎其不可拔。"《周易·大过》之《象》："君子以独立不惧，遁世无闷。"王弼注："此所以为'大过'，非凡所及也。"

使人贪之，亦名教也。列三生之福，使人艳之，亦利教也。人以无名之名，便其所讳，而敦诗书、悦礼义之士为倒行逆施者躁躏。虽曰且无善名，乌有恶名，然藉口者万世，而无名者无口，况无无名者乎？安得罪名？安得不罪名？安得不罪罪名之名？《易》所以自堕碎其太极，为三五错综使人辨名当物，知贞咎之交纲分数①，而后天地帝王乃享其无名无物之太平。

果如杀半赦半之分别，专一炼三，裕三藏一，以刑为体，以礼为翼，而相忘于本不待赦，有何弊乎？或失茝耳，伪则丝毫不能掩也。专鹦其总杀总赦之无分别，其流弊何如也？用半即以围全，饮食毒药之分数明矣。无分别即分别，分别即无分别。回互明矣。全赖分别邪正，始能享其无分别之帝力。安得华土簧门，贪迅金矢，抑正扶邪，不顾人伦，雄其黑豆，吹唇沸地，坐使禹、契失容，共、驩骄色，以坏后世耕凿之直道，止逞撩天炙鞁之偏锋，专赏人之贩毒药，反募人之能杀良医者，预禁人合解毒之蘘蓝耶？由此论之，教猱升圣，墾圆道之本，而不

---

① 交，交错；纲，张众目之大纲总要。《东西均·三征》："周子方论始终、虚实、有无、道器之大纲，则实中有虚，虚中有实，有之前焉无，无之前为有。有卦爻与无卦爻对，而太极无对也……""纲"与"数"对语。方以智《药地炮庄》卷二："黄帝表新洛、阴洛，即九洛也。虚舟子衍《河图》为《洛书》，足证《易》《范》皆用九洛。中一，旋四，倍八，而纲维具矣。此非人思虑所及也。庄子所谓本数末度，其备乎！"《善巧》之是与非的"交网"，言以"淆讹"；《太极》之"交网"配以"旋毛"。后文《无心》之"交网"，称以"迷离"。

知回互者，今令水火夫妇公验此檄，有不当鸣鼓破颜者乎？

甚矣！人之好毒药也，则六经之教，公檄者谓为毒毒药之药可也。惜姚安之訾不遇豆饮耳！如欲吹理之毛，索学之瘢，则伏羲、然灯皆二执二愚矣。惟其三反九复无回避处，必病好学为人之病，乃为正断命根；必执善世官天之愚，乃为真断沙惑。舍身坛宇，讲此乡约，乃为药病中风吹不入之至圣。使至人补君子之职，使诸众生烧菩萨之薪，极不平等是大平等，乃能接引断志辨正之士，读三五六合之书，传一在二中之心，相继而主之。以人治人，即可谓之以天遇天。正药十九，奇药十一，全正藏奇，则盐水皆可吐下矣。若图自受用，不知古人奇药之故，偏爱苟简，冯生灭裂，安有今日之主留客饭哉？

何生曰：以治世则莫切于综核名法矣。障人悟门，何以处此？

当士曰：正恐悟门不障耳。逼悟揠苗，流为惨礉，此名法所以不知养其天也。化教效率，互为荃宰。轮轴轸盖，致数无舆。三十共一，使一辐独入，岂能致千里哉？《易》故以天理其欲，而以蓍龟忘其法；以礼乐田其情，而以学畜其灵。教悟者眯悟，不教悟者真悟。逼揠之门不少矣，且狺狺[①]矣。

[①] 《楚辞·九辩》："猛犬狺狺而迎吠兮。"狺狺，犬开口貌，且有相争之意。参见〔宋〕洪兴祖撰，黄灵庚点校：《楚辞补注》，上海古籍出版社，2015，第304页。这里状写不同的逼揠门派间有争论。

请问二六时中,谁是行解相应者乎?正信真疑,本说不破,申禁拨无,正赖有此生死本,不愁不来听乡约也。碧落是大乡约所,六十四里正环供盥饮,洋洋一如,幽赞塞乎今古。周公指车,接引无边,有六句之圣谕①,诚不可度。磨格践生理之针而不知其理而自理者,以磁养之;挫孤迥求安之鈇而本无不安而正安者,以蜡悬之。此非大无其本无,大出其出格,用其极则之大极则,造其化育之亲化育乎?总赖学修大海,足以藏其见波。是故不避迂浅,甘障悟门。请暂下狮虎皮,公游无佛无魔之五衢覆帱亭,合听各安生理之万代国书印。

平公曰:谁不如约?

何生曰:设有锯项者独不如约,奈何?

当士曰:闻约而口不如约者,固已如矣。吾既申天地岁时之约,吾亦可言吾天地岁时之本自如此矣。不以今年本自如此之春秋,明年不申约,春生而秋成也;不以昨日本自如此之旦夜,今日不申约,旦起而夜息也。岂以四月麦秋,四季食姜,责其不如生成之约乎?岂以不寝之思,长夜之饮,厌太岁不当讲且

---

① 《韩诗外传》卷三:"周公践天子之位七年……成王封伯禽于鲁,周公诫之曰:'……吾闻德行宽裕,守之以恭者,荣。土地广大,守之以俭者,安。禄位尊盛,守之以卑者,贵。人众兵强,守之以畏者,胜。聪明睿智,守之以愚者,哲。博闻强记,守之以浅者,智。夫此六者,皆谦德也。夫贵为天子,富有四海,由此德也。不谦而失天下亡其身者,桀纣是也。可不慎欤!'"因是周公训诫其子伯禽的言语,故称之为"圣谕"。

夜之约乎？

　　本自如此无为而治之舜，即本自如此深山之舜，即本自如此命官敷教之舜也。毗卢乎？舍乎？文乎？太公调乎？少知乎？柏矩乎？太极之神乎？无极之深乎？有极之几乎？无为之本自如此，固吐纳于深山、命官之两本自如此中，而深山之本自如此，固全用于命官之本自如此矣。子犹贪木石野人之约，不肯如薰弦风动之约耶？

　　平公曰：不如亦如，不约亦约。

　　当士曰：吾业掌生理之印，寓此喷室，自当濯天地岁时之约药而暴之。

　　何生椎当士之背，曰：今日讲乡约竟。

　　平公为搔其首。

　　当士曰：堂上堂下，门歌三成矣。请更洗而扬觯。

中正寂场劝

　　劝曰：寂场即感场也。《易》以因应寂万古之感，圣人以中正之感寂万古之《易》。人不明寂感之体，何能学无体之《易》？然不好即感即寂之学，何以知不动至神之用耶？世士智慧昏于情感，不能刳剥自露，俯仰诵读，坐负研极之恩。偶尔失意回心，见有高门玄状，而附之以出生死，不知本无生死，求出生死即生死本矣。不明天地之生成法，不明人心之无所不成而有所不必为者，岂信超越世出世间之上下二同，止是在世出世之吹光割水，绕不坏别之华严毛刹，止此睹闻藏不睹闻之帝纲珠宫也乎？往往为巧调遮激所绐，惑其粪丸，尸祝神秘。苦于不寂，即其苦于不通。不能通志成务，安得不以鬼窟为简径乎？故尝蛰于露柱之药语，自蔽其官天之经权。其颓然自放者，洪荒之黥首耳。必欲屏仁义，废礼乐，混亲疏，齐夷跖，然后乃为不思不虑之狸奴龟尾。是裂冕绂，衣草木，焚宫室，返营窟，而使禽兽食人，乃称至治耶？不知五伦六经之道器，即万古於穆之法身。必骑千里马，寻青又青之山，告以足下之土石是矣。犹不信也，芟小康之实而貌大同之皮，鄙圣门之知生而慕至人为不死，卢敖杻治至矣。已而帷窥半见，得少自矜，不知理其欲之深言，谓之无理无欲，遂爱平泯之缀旒，而宠扫理之酷吏。见穷理者疾如寇仇，曾知存即泯之同时，而以泯毁存乎？曾知世相常住，而必欲附混沌之鬼巫，驱洪荒之虎兕，褫革开成时宜之世相乎？

何生曰：吾知有亘古今而不变者，何洪荒与今日之有？

当士曰：此本自如此之说也。世本自治，身本自治，心本自治，则三圣人长物矣。曾知有必当如此、何以如此，而即享此本自如此之故乎？非惟不知圣人三句一贯而摄于末句，治心治世不作两阶，又何曾彻禅之除病不除法，又何曾明一乘一寔之别即是圆乎？长沙曰："三圣为佛之用，佛为三圣之体。"① 体必无离用者，所以无佛无魔平等之体，在大菩萨统众生不住平等之用中。曾一豁然其言先乎？曾知"祖父不出门，还乡属儿孙事"②乎？曾知"知其起处，用为龙虎"③，而反网捕其平旦亭午之明辨，以禁锢于亥子长夜之影射乎？

何生曰：瓮谁走鳖，毋乃杞忧。

当士曰：奈见在瓮中相食何？何故取已治之衣裳，中夏而狸之；毁击柝之《关雎》锁钥而麀之？羊跪乳，鸿雁义，蜂蚁忠，万国之婴儿皆暗合也。今执善不可为之说，不能十一，寔归婴儿之平；早已十九，骄长壮儿之荡。诟名诃教，以速驰声。鄙圣贤以惊乱百姓之目，开别格以左袒狂饮之锋。于是攫杀陷于

---

① 长沙，谓长沙景岑禅师。据《五灯会元》卷四记载，时有僧问："如何是佛？"师曰："众生色身是。"曰："河沙诸佛体皆同，何故有种种名字？"师曰："从眼根返源名文殊，耳根返源名观音，从心返源名普贤。文殊是佛妙观察智，观音是佛无缘大慈，普贤是佛无为妙行。三圣是佛之妙用，佛是三圣之真体。用则有河沙假名，体则总名一薄伽梵。"参见〔宋〕普济著，苏渊雷点校：《五灯会元》，中华书局，1984，第211页。

② 据《五灯会元》记载，初师久依南泉，有投机偈曰："今日还乡入大门，南泉亲道遍乾坤。法法分明皆祖父，回头惭愧好儿孙。"泉答曰："今日投机事莫论，南泉不道遍乾坤。还乡尽是儿孙事，祖父从来不出门。"景岑有《劝学偈》曰："万丈竿头未得休，堂堂有路少人游。"参见〔宋〕普济著，苏渊雷点校：《五灯会元》，中华书局，1984，第212页。

③ 王嘉《拾遗记·颛顼》："（颛顼）有曳影之剑，腾空而舒，若四方有兵，此剑则飞起指其方，则克伐；未用之时，常于匣里如龙虎之吟。"

豺狼，恣睢敢于桀纣，殆禽兽之不如矣。以禽兽犹不立此高言以纵毒也，不许野老之忧长彗而叹飞霜耶？天崩矣。

何生曰：见在者，一倏而已。

当士曰：舍日无岁，积一倏而万古，听一倏而禽兽之，不且万古禽兽之哉？为自受用之便计，而遂忍狗彘其君亲如此乎？

何生曰：蚁日争是非而人不见，则人且免蚁之是非矣。人日争是非而天不见，则天可免人之是非矣。

当士曰：此巧于自放之蒙汗饮耳，非教天下。蠢蠢沉湎，乱帝王之公是也。圣人因[①]公是治公非，即无是非。乌能秽其兰芷而芳其荨麻乎？

善分别于第一义而不动者，真善世，是真放下者也。善恶不分，人何使而不勇于恶耶？况刻意罪善许恶，以偏树此善恶不分之赤帜哉？蚁，犹人也，幸者人不以罪善许恶之无分别告蚁也，蚁闻之，又安肯见食相呼，竭力报主乎？蚁之干戈，必日血骨于庭除矣。幸者天不以罪善许恶之无分别告人也，人闻之，则下令流水之源转石千仞之上，又何以使人影附响，从而悦服其赏罚乎？时不可违，主必任宰。

彼云"不可思议""心行处灭"，盖谓如手忘笔、心忘手之行押书也。书之时，有未始书者存焉；分别中，有无分别者存焉。

[①] 因，原本作"固"，据文意改。

熟烂而信之，则群鸿戏海，墨池淋漓，固已无手无心、无笔无墨矣。岂执临受用之泯忘，而概禁教人学书之拨镫濡毫耶？

圣人惟请天地作尊证，以形知影，即知无形影在形影中之故，确然象数义理，实塞虚空，伦之常之，三者如一，而恐民如禽兽不辨几希也。若不命《易》作准，尊阳前用，三五立宗，则万古久已子坐父拜，尊女贱夫，诟德唾学，相聚愒㤹乳蠯，以螅蛄自解而已。予以营苟挣著之汗衫，而销其弱肉强食之明盗，则三立、三与，讲习之效也。

更有第一亲切之证无所解者，混沌之父以皮经络而分别之，命耳目口鼻于首，命足履地，命手维持，命心曰：汝无分别支官而善分别之。此非铁案可对簿者耶？必废善统恶之分别，不当有贵贱亲疏，主理臣气，则首何不下，足何不上，项何不生口鼻，胭何不瘤耳目乎？故曰：善统恶之无善恶，犹首统足之无首足也。有首有足者，貌必无一同，而必无不同者也。

且无论无自性，且无论不落有无之性，犹是架楼巧设乎？未有禁人称其性之德为善者，谓可以教世也。未有圣人启口而羞善世为第二之门者也。真知第一者，无第一第二者也；无第一第二者，即第二为第一者也。其曰无者，忘也。道存于忘，忘忘于勤，非断灭也。必立本而忘学，学而得，得而忘，忘而益可天游于学，即学是忘矣。本无所得，本无所忘之大定，乃自不缺少，自不待喷喷者也。不落圣凡，芒然一际。惟至人以平其怀，而小人反蛊其智矣。

今之学纵舍盗贼之诇诡者，皆季咸、罔两之脉听①也；今之袭金毛人狐之戏语者，皆修罗、毛道之重台也。不明表法，不悟影翻。五石之毒，利在强阴，其祸虽烈②，相谜不反，论其蛊根，何所辞于已甚乎？圣人之平也，从先厚载，道大能容，故不难为人，而因之自化。宁以此颠覆帝宪而送奸邪以口耶？

九等之人，皆用学修之水，以洗不待学修之海者也。上上之根，自闻而体之，然体又岂能逃学修之澡浴耶？群曰听其治乱，何与我事？此大定矣。独不曰圣人之治能统乱，此圣人之大定耶？谁不享此大定之田？乌有不劝种田，田不劝种五谷，而但曰田本自种者乎？谷善蓄畬，尚需耘溉；稂莠虽锄，其滋日繁，乌有听其谷莠而反罪人除莠者乎？谁不在大定之井灶场，乌有不肯绠汲，不肯举火，公然纵其攫市楼之羹，而反罪织屦易粟之为愚乎？

一则曰须尽今时，一则曰识法者惧，一则曰功未齐于诸圣。大事已明，犹如丧考妣也。何为也哉？参学事毕，要不能跃冶于王法之四民，何待蒿枝入手，便如衣锦还乡。德色凌人，尊拱受享，必以千人过堂，绣梓其鬼语为善知识，则一指、乌窠，

---

① "脉听"不可解，疑或作"腰厅"，旧式房屋中间之厅屋。"脉"与"腰"，"听（聽）"与"厅（廳）"字形相近。腰厅，与后文之"重台"略成对语。

② 烈，原本作"裂"，据文意改。

何称焉？徐师川云："不闻达摩聚千百闲人为部曲，高尻坐揖王臣也。"① 悟明自己男儿本分，何堪金颜眉宇博采投嚤？无用于世，无益于人，反坏勤慎乐业之风俗，浸淫斗狠巧伪之人心，骄惰贡高，饕餮利养。岂非悟道争奇而反勒人游手好闲，害生理，犯王法哉？果无所得，但可乡饮。横行不法，止是人牛。② 好骑屋栋，踞唾四阿，漫天自藏，凌轹星岳，此何异鹦䴗之肆奴隶鹦履之肆曰："我首也，汝足也，汝当尊我耶！"嗟乎！果知天地同根之大肆也，听以天地交易，日中为市，则必以灌本结实相告，不以偏枯巧蠹诳人，而药树种成林矣。如或未然，实应死参塌地，如猫捕鼠。心无异缘，诸根顺向。

薰使困悒而嚏畅之乎？挠使目华而眹惊之乎？实无而成者，

---

① 徐俯，字师川，洪州分宁（今江西修水）人。惠洪《石门文字禅》中有《记徐韩语》："徐师川曰：'达摩西来，自五天无别职事，欲传法度生耳。既不契梁高祖，即北游魏面壁坐者九年，得可祖而后去，初不闻张大其声名，聚千百闲汉为部曲，见王臣高尻而揖循廊而趋不敢仰视夫荷担，如来秘密大法得如达摩，乃可称嗣祖沙门也。"

② 法，原本作"去"，据文意改。以牧牛譬喻修行，表示进步次第。如南宋廓庵禅师《十牛图颂并序》：寻牛，见迹，见牛，得牛，牧牛，骑牛归家，忘牛存人，人牛俱忘，返本还源，入廛垂手等。方以智《药地炮庄·总论中》："小学大学……循序强立，乃能行藏息避。佛令持戒听教，然后参禅究竟之。无闻无慧，是曰人牛。"止是人牛，极言无学无进。方以智《物理总论》批评"不复学问"的彭蒙和田骈，即为"虚生浪死之人牛"。参见〔明〕方以智著，张永义校注：《浮山文集》，华夏出版社，2017，第57、215页。

蕴以蒸乎？迅不停机者，郁必勃乎？目悬云汉，背柱昆仑，绝后重苏，所贵翻身跃出耳。奋翼吞巢，重历差别，盘桓堂奥，咀嚼古今，若贪无事，人久税驾矣。乘大愿力，自强无住。

无所不知能之地上，正是迦文之常膳也。常膳固不厌矣，水火固不辍矣，斯则许君意句相划，杀活同时，冲破于劫外声前，注用于扬眉瞬目。然风影所触，起死回生，随顺爱语，尘尘三昧。岂其守袭雕本一式颟顸乎？真丹委裘然①，且容而不许，就其草料，养其勤耕而已。古人云：既悟自己，须明大法。荷道遇缘，龙天所拥，其余入山钽钁，高览青霄。不则隐迹薄技，亦奉尘刹。若智永、一行、法开、珙湿之流，果有所得，亦不以游艺寓世为非道也。食力者，天地帝王之正道也。酒蚬浮杯，自甘野鹿；惠休、参寥不藉吞针，安陵俪皮，何不演揲？辟支能保，许汝暗痴。独何当滥付诡随，狂逞惟我惑乱之说，令贪淫之邪檀作屠麻郫日耶？

据实而论，学必以淡泊为基。孔门独老世法，正以研极为随缘之乐。蒸烂万法，始名无一法。何得自弃而以不知不识巧

---

① 真丹，犹震旦。古印度称中国为震旦。委裘，即委衣裘，义同"垂衣裳"，谓无为而治。《吕氏春秋·察贤》："故曰尧之容若委衣裘，以言少事也。"委裘然，无事自得消闲的样子。李善注任昉《为萧扬州荐士表》引《晏子》："治天下若委裘，用贤委裘之实，桓公听管仲，而赵襄子信王登，此之谓委裘然。然委裘，谓用贤也。"参见〔梁〕萧统选:《文选》卷第三十八，上海古籍出版社，1986，第1743页。

饰其免乡人耶?故曰:因二为真一,执一为遁一,贞一则二神,离二则一死。五宗通牢关,宗镜明交芦,而直日于大成之薪水,安此太极华开之寂场,诚万世无弊矣。

士夫立本明伦,必以好学淬砺,不则葬温饱艳煽之椁,岂能免耶?冷火烧空,热水冻日,盖状其志也。不耻恶衣恶食,是第一"遂困"之根;① 生于忧患,是第一"习坎"之信。②《屯》《蒙》君师,阳能享险。教事行尚,自重"继明"。③《说》之为道,惟许"讲习"。④ "颠养""孚过","二《济》"辘轳⑤,总在《随》《蛊》而《革》《鼎》,《剥》烂而《复》反。《无妄》"慎疾"而《大畜》

---

① 《论语·里仁》:"子曰:'士志于道,而耻恶衣恶食者,未足与议也。'"耻恶衣恶食者,则为小人之举。《周易·困》之卦辞有:"亨。贞大人吉,无咎。"王弼注:"困必通也。处穷而不能自通者,小人也。"不耻恶衣恶食,即为有志之士。另《论语·子张》有"士见危致命,见得思义",《困》之《大象》有"泽无水,困。君子以致命遂志"。
② 《周易·坎》之卦辞有"习坎,有孚,维心亨"。是卦之《象》:"习坎,重险也。水流而不盈,行险而不失其信。"
③ 《周易·离》之《象》:"明两作,离。大人以继明照于四方。"王弼注:"继,谓不绝也。明照相继,不绝旷也。"
④ 说,即悦。《周易·兑》之《象》:"兑,说也。"是卦之《象》:"丽泽,兑。君子以朋友讲习。"王弼注:"丽,犹连也。施说之盛,莫盛于此。"
⑤ 颠养,谓《大过》和《颐》。《周易·杂卦》:"大过,颠也。"《周易·序卦》:"物畜然后可养,故受之以《颐》。颐者,养也。"孚,即《中孚》;过,即《小过》。二济,谓《既济》《未济》两卦。辘轳,意谓往复轮回。

"日新"①。精入以用其"何思何虑"②,几深以神其"不疾不行"③。厚载不息,乾乘坤马。④

为己即以为人,非贩超生拔死之汞药,而以网望土面,讵洁白地上者也。为人即以为己,非暗昼少自便之巧护,而以切参酷禁废实学大业者也。善听说火欲热之狮弦,俗根为之洗矣。风乎得意忘象之舞雩,圣解亦可捐矣。切不可以蝶景之玩生死者,先玩君亲;不可以画狗之咬一切者,专咬圣贤。

知"三畏"者,真"四无畏"者也。⑤ 无忌惮者,非不忧

---

① 《周易·无妄》之九五爻辞:"无妄之疾,勿药有喜。"是爻之《象》:"无妄之药,不可试也。"朱熹本义有"既已无妄而复药之,则反为妄而生疾矣",故而此处言"慎"。《周易·大畜》之《彖》:"大畜,刚健,笃实,辉光,日新其德。"《周易尚氏学》:"刚健笃实,谓乾。辉光,谓艮。艮为日,故曰'日新'。"
② 精入,即精义入神。《周易·系辞下》:"天下何思何虑?天下同归而殊涂,一致而百虑,天下何思何虑?……精义入神,以致用也。利用安身,以崇德也。"
③ 几深,即极深研几。《周易·系辞上》:"夫易,圣人之所以极深而研几也。唯深也,故能通天下之志。唯几也,故能成天下之务。唯神也,故不疾而速,不行而至。"
④ 《周易·乾》之《象》有"时乘六龙以御天",故此言"乘"。《周易·坤》之卦辞有"利牝马之贞",故言"马"。厚德载物,自强不息,与"乘""马"并言阴阳合类,以发挥健顺之德作结。
⑤ 《论语·季氏》:"子曰:'君子有三畏:畏天命,畏大人,畏圣人之言。'"四无畏,即四无所畏:一切智无所畏,漏尽无所畏,说障道无所畏,说尽苦道无所畏。

不惧者也。慎独即独尊也,戒惧即逍遥也。此而不辨,酬全毒矣。是故,易简久大之德业,但举贤人;修辞立诚之君子①,藏其二圣。和潜、亢于见、惕,存其义于跃、飞,终之以"思患预防""辨物居方"。② 正以方即是圆,几在思患。从心自序,序于七十。诚知不二不一之故,循循欲人尽心,恐后之戏言起顿,偏上虐下而废教滋诞,荒学长奸也。

奇大其说,可以化小,而彼欲以略其践履,故圣人以伦物征之。虚高其说,似乎进竿,而彼欲以忽其鄙陋,故圣人以实学核之。敌生死之说,足以难人,而彼乃横行矣,故圣人以昼夜通之,而以知生塞之。苟穷疵病,使人无所措,而何暇敌彼乎?故圣人以夫妇胜之,而以食力安之。

藉玄同之说,则无端非异,而乃以掩其邪僻,故圣人以君父质之,必无悖王法之天道,此愚民所公守也。借劫数之远,则目前可遗,而乃以偏擅其肆,故圣人以时义律之,必无离见在之去来,此口腹所公证也。自有飞遁无悔之真至人,开物成

---

① 修词,即修辞。《周易·乾·文言》:"君子进德修业。忠信所以进德也。修辞立其诚,所以居业也。"
② 《周易·乾》之初九、上九爻辞分别有"潜龙勿用""亢龙有悔",九二、九三之爻辞分别有"见龙在田,利见大人""夕惕若";九四、九五之爻辞分别有"或跃在渊""飞龙在天";《周易·既济》之《象》有"君子以思患而豫防之",《未济》之《象》有"君子以慎辨物居方"。《既济》《未济》为《周易》之最后两卦,故言"终之"。

务之真神人，惟不为似是者所窃逞，又何患庸猥者相汩没乎？

请听《易》治寂场与杖乱寂场之辨。

市柱杖者曰：此惟我独尊、无所不可之寂场也。《易》令塾师答之曰：此天命白日治妄自尊者之寂场也。

君曰：顿知太岁，则无顿渐矣，独不曰顿无冬夏，而实乃渐冬渐夏之寂场耶？

君曰：沙河皆许矣，独不曰以沙河之主理沙河之民，为正统寂场耶？何不尽十方有口有趾者各予杖拂，各上坐其家，来即挺之，废宾主上下之礼，淫酱任放；并责迦文何以妄立教戒，岂不更寂耶？嗟乎！君辈口吻好鲜，不喜称尊君孝亲、明善诚身之寂场，奈何有但泡君亲，不泡姣好之寂场耶？即忌讳立仁与义之寂场，以迂阔封之，奈何有专杀圣贤、不杀奸宄之寂场耶？《易》亦容君辈之平分寂场矣，民情宜便君辈矣。然蹻、跖之子孙奉五更之司命[①]，必不敢以曾、史与之并祀，则何如学《易》之寂场，上慊王法，下慊子孙，中慊梦寐之为磊落寂场耶？

彼曰寂场也，此曰寂场也。无彼此，一寂场也；此重于彼，一寂场也。则当享此尊亲有别之寂场，而不必倒悬反踵以吊诡

---

① 蹻，谓庄蹻；跖，指盗跖。司马迁《史记·西南夷列传》："庄蹻者，故楚庄王苗裔也。蹻至滇池，（地）方三百里，旁平地，肥饶数千里，以兵威定属楚。欲归报，会秦击夺楚巴、黔中郡，道塞不通，因还，以其众王滇，变服，从其俗，以长之。"按司马贞索隐，庄蹻乃楚庄王弟，为盗者。

也①，明矣。如曰黄叶耳，则《易》宁劝人堕天半之黄叶，食好学之炉灶，以烧毋自欺之火耶？将自弃羲、轩来有理之天下，以媚盗铃者惑乱之黄叶耶？若果知仲景之言先，自明《伤寒》之"五法"②，不误转于他经，又细护其劳复，则杀生之黄叶是羲、轩所最感激者也。何技不养？何物不容？特贪寂场为壑，而窃负妄尊之舟，梗侮帝王，教成顽悍。故《易》之嫡传，不得不为夫妇鬼神申明质白，使知无物无则，无泡不真，其善世祸世之分数则大较如是耳。

《华严》曰："于有为界示无为法，亦不破坏有为之相；于无为界示有为法，亦不分别无为之性。"③此明谓无为在有为中。汝巧取热碗鸣者，不可单分别其学修不及之性，破坏有为之相也。颠倒迷人之黄叶，又成盐敷构树之蛤仓矣。君知黄叶之落

---

① 《庄子·齐物论》："丘也与女，皆梦也；予谓女梦，亦梦也。是其言也，其名为吊诡。"刘武补正："庄子之道，视生死如梦，故谓梦之辞，亦可谓之吊……丘、女皆梦，予谓女梦亦梦，可谓诡异非真，故吊梦谓之吊诡也。"

② 五法，谓治疗伤寒的五种基本方法，分别是发表、解肌、和解、攻里、救里。参见〔明〕方以智《物理小识》卷四"伤寒之五法"，亦关涉书名。《伤寒五法》，乃明人陈志明（字养晦）"参之旧闻，诠次成书"，刊行于崇祯四年。参见高雨：《〈伤寒五法〉版本考略》，《中医文献杂志》2011年第6期，第10—12页。

③ 《华严经》："于有为界示无为法，而不灭坏有为之相。于无为界示有为法，而不分别无为之性。"参见〔唐〕实叉难陀译：《大方广佛华严经》卷二十四，上海古籍出版社，1991，第130页。

处否？而宝宋人之楮叶乎？瞿昙之涕，至今不干；陂阜托孤，以笑藏惧。

何生曰：惧亦笑耳。

曰：圣人早惧此几矣，三世之训，见惧于梦哼哼矣。人□□代二鬼而孤乃化龙。彼知圣人之容之，其邪益肆。它人又不足以知之，其邪益高。故不惜业缘之齿齿，现当士身以寂之。迂①可寂径，大迂即大径也；浅可寂深，大浅即大深也。引人之笑，即引人之惧。暇掩跛挈以谄高燔乎？当当如如，笑乃能惧；乾乾夬夬，惧乃能笑。②

平公履何生曰：有此当门，汝可以熟卧，吾可以永游矣。

何生肘当士曰：君何不立？

平公闿门而歌曰：立卧俱寂，游者本寂。将痴龙珠，照鲛人室。露珊瑚网，破僧䉑壁。惧笑同声，三冬霹雳。

---

① 迂，原本作"迓"，据文意改。
② 《周易·乾》之九三爻辞有"君子终日乾乾"，《周易·夬》之九三爻辞有"君子夬夬"。按《周易·系辞下》有"三与五同功而异位，三多凶，五多功"，三之爻位多凶，故言"惧"；"乾乾""夬夬"两者皆无咎，故言"笑"。

旷洗

何生曰：此好出入者，本不出不入也。潜亢之间，有不占之占。其祝曰："上下不得，此中何息？"流浪遮天者，眯此占矣；蟠窟栖巢者，又岂知此占乎？教占者以父师之责，恐其出入，为之禁约；禁约不止，与之诅盟。盟之曰："睦然必黜明，謦然必堕聪。渝此盟者，有如皎日。"嗟乎！日虽皎，岂来皎汝乎？知之则屋漏，未尝不皎也，于是乎诅之。诅之曰："吾将刳汝目，截汝耳，反诸聋瞶，汝乃自悔。"有闻而死者，有闻而愤者，有闻若不闻也者。从此旦旦焉诅之，事事焉盟之。新莅者申其条令，覆其钳釱①，罔密事丛，深故巧诋。奉者力竭窘迫而谲发，一旦叛誓溃闲，恣其所之，愈不可救；乃峻其狴犴，刻木为吏，交臂历指，日夜逻察，厌而缄之，流血成洫。

真人骑日月，翔汰沃，輾然笑曰：古今槎枒崩榛之塞天下也，有何底止耶？吾惟旷以洗之，而游以止之。莫旷于天，莫旷于海，海洗天乎？天藏海乎？天其以风问海乎？海其以波答天乎？一言海则望洋而叹矣，一言天则苍苍不可得而至矣。

达者且言四海之大瀛海与地心之海，天之外有十三万天，天各其海。听者倾耳，志其所问，而我故以一毫收天海而放之，

---

① 釱，原本作"鈇"，当改。钳和釱，为古代的两种刑具，一加于颈，一加于足。

咳唾成海，吐气塞天。渊蜎瀺蠖之中，天溟空洞，呼天下人入此天溟，挥洒天溟以予万世之人。然且不欲言死天与死溟也。忽而跃之，忽而飞之。错玉之鹤闻天而鱼在渚也，旱麓之鸢戾天而鱼跃渊也。国宋之客，援笔绘之，失缀于下，表其律袭。

蒙濠散士因影榻而传之，化其入者为鲲，出者为鹏。或曰：鲲子也，凤丸也。凤梵梵而众从之，故号之曰鹏。子至小而鲲至大。昆者，浑也。谐何不可以谐乎？[①] 知北游者，可以南矣。恐其死水，激之以怒。既其飞也，乃其息也；动半其年，九极其万，题回消遥，以一冠六[②]，殆古今之一大游，而以一笔洗古今者乎？

苏飞、雷被之流，假紫金之黑池而汁之曰："鬼入电出，龙兴鸾集。"[③] 直指之裔又袭而汁之曰："龙生金凤，冲破琉璃。"[④] 愚考碧落之图曰：枢皆庭前，南游北徂。埋雷洗日，时袭水土。此亦动静生死出入不二之盟书也。

---

① 《庄子·逍遥游》："齐谐者，志怪者也。谐之言曰……"
② 科举应试八股文中有入题、破题、题回之规。题回，这里犹言撮举要言，以回应主题。《庄子》之"内篇"共七篇，《逍遥游》居首，故言"以一冠六"。
③ 苏飞、雷被皆为淮南王刘安的门客，在"淮南八公"之列。《淮南子·原道训》："是故能天运地滞，轮转而无废，水流而不止，与万物终始……鬼出电入，龙兴鸾集。"据刘文典按语，鬼出电入，亦曾作"鬼出神入"。参见刘文典：《淮南鸿烈集解》，中华书局，1989，第2页。
④ 直指，即"直指人心，见性成佛"，这里谓禅宗。《五灯会元·临济义玄禅师》卷十一："平曰：'子这一问太高生。'师曰：'龙生金凤子，冲破碧琉璃。'"参见〔宋〕普济著，苏渊雷点校：《五灯会元》，中华书局，1984，第647页。

先衍者龙马，游魂者胡蝶。龙马以文章藏其秘密，何荒唐也！而伏羲取之，以与阴阳盟。胡蝶以粉色藏其春秋，何丹青也！而蜩鹠化之，以与鹍鹏盟。世有诅荒唐而盟矜严者，诅丹青而盟朴素者，不知天溟间能跃能游，谁非荒唐者乎？蛊螾蕹蕿，五色鲜众，谁刻之乎？谁染之乎？皆丹青，皆朴素也；知荒唐，知矜严矣。叹犹龙者，凤化为麟；[1] 天何言哉，逝者如斯。[2] 乃有狂生，以一丝游技乎毫端，越沧桑而钓之，乘飞虫而弋之；借漆貌思，感思赋物；撩天反袂，博浪呼风，追中庸之髓，以点玄黄之血。怪哉怪哉，安知不以荒唐之丹青投人之天溟，而又以儵忽之斧凿激天溟以招魂耶？六龙斋戒以洗昼夜，乞蓍龟以盟百姓；灵鹜展金翅以吞溟，而拂鳖毛以盟死狗。忧之惧之，固已苦矣；钳之锤之，畏苦更甚。

嗟乎，嗟乎！十三万其天，十三万其溟，十三万其天溟之岁月，周而复始。人尘其间，曾一沤之倏若，戴面植耳，偶相逢于蜉蝣之壁，又何足以为死生之钟鼓，贵贱之幢幡也哉？谁

---

[1] 《史记·老子列传》："孔子适周，将问礼于老子……孔子去，谓弟子曰：'……吾今日见老子，其犹龙邪！'"《论语·微子》中楚国狂人接舆比孔子为凤鸟。《孟子·公孙丑上》："岂惟民哉？麒麟之于走兽，凤凰之于飞鸟，泰山之于丘垤，河海之于行潦，类也。圣人之于民，亦类也。出于其类，拔乎其萃，自生民以来，未有盛于孔子也。"哀公十四年（前481），鲁哀公西巡猎获麒麟，孔子作《春秋》至此而辍笔。

[2] 《论语·阳货》："子曰：'天何言哉？四时行焉，百物生焉，天何言哉？'"《论语·子罕》："子在川上，曰：'逝者如斯夫！不舍昼夜。'"

桎梏汝，谁踘踏汝？何故营营？何不止息？止息即逍遥矣。终古之逍遥，在须臾之止息。终古，一须臾也；须臾，亦终古也。吾故且废大小长短矫急刳禁之科，而独悬洗心之防于沉沉莽莽之乡，曰：旷。

当士曰：吾慎吾之旷，是吾旷也。专旷教旷，落旷穿矣。

平公曰：天溟，一大穿也。莫旷于慎，莫慎于旷。

通塞

何生曰：钧旋毂转，周而复匝。已雕已琢，还反于朴。朴何反乎？反之有几。知几者，难言之矣。无天无地，几在纵横；无古无今，几在通塞。

吾其通乎？山河大地，吾肺腑也；白牯黧牛，酬笑语也。吾其塞乎？铁壁银山，风不得而泄也；黄头碧眼，吞声蔚气而已。吾其不通不塞乎？倚杖当轩，雨花布地，刑赏鸿蒙，岂轮王之所得知哉？《书》曰"刚而塞"[1]，《诗》曰"秉心塞渊"[2]；塞而后通，

---

[1] 《尚书·皋陶谟》所谓"九德"中有"刚而塞"。刚，刚断；塞，实也。孔颖达疏："刚而能断失于空疏，必性刚正而内充实乃为德也。"参见〔汉〕孔安国传，〔唐〕孔颖达疏，廖名春、陈明整理：《尚书正义》，北京大学出版社，2000，第126页。

[2] 《诗经·鄘风·定之方中》："匪直也人，秉心塞渊，騋牝三千。"

《蒙》《困》"二过"知之矣①。

圣人推何思何虑之往来，而感龙蛇之蛰，神其屈信；②性盘首尾，首吞其尾，致用者用无首之首。③无首之首，首尾之际也。刚而不塞，失之暴露；刚以坚塞，惟坚发耸。塞自能渊，渊乃流蘤。神武不杀，所以刚塞也；洗心藏密，所以塞渊也。④亢潜之桔槔，亥子之荄滋也。夜以息日，屈则知伸，冬炼三时，背袭水土。不见全力效用，而皆独以不用为用乎？寐则支官俱息，而鼻息独以不息为息者乎？

元问果曰：昨何剥落乃尔？果曰：彼哉，以教长子也。天怒其地，地怒其天，雾松昏独，大风以雪，水泽复坚。其子乃左，左则闭之；之右，右则遏之。不左不右，郁不可忽。忽不得已，其母避不居，而父乃复之。如此不得，如彼不得，不得不得，其气乃专，其发乃直，于是乎虩然声矣。元曰：虽然，后世求声而误杀其子者，岂少哉？

---

① 二过，谓《周易》之《大过》《小过》二卦。《蒙》《困》《小过》之卦辞，皆首言"亨"；《大过》之卦辞，最后言"亨"。亨，通也。
② 《周易·系辞下》："子曰：'天下何思何虑？天下同归而殊涂，一致而百虑，天下何思何虑？日往则月来，月往则日来，日月相推而明生焉。寒往则暑来，暑往则寒来，寒暑相推而岁成焉。往者屈也，来者信也，屈信相感而利生焉。尺蠖之屈，以求信也。龙蛇之蛰，以存身也。'"
③ 《周易·乾》之用九爻辞："见群龙无首，吉。"
④ 《周易·系辞上》："圣人以此洗心，退藏于密，吉凶与民同患。神以知来，知以藏往。其孰能与此哉！古之聪明睿知神武而不杀者夫！"

当士曰：不求亦声，不误亦杀。不以误误其不误，不如使求适得不求。安而危之，惊而使自畅之，怪而使自平之，隐而使自信之，入而使自出之，声而使自收之，要归中节。节而文之，纵横而雕琢之。呼即吸，吸即呼，是雕琢元会于呼吸也；北而南，东而西，是雕琢其中为四破、七十二候也。

纵而垂绳，横而平衡。绳本于正，衡平为权。权载于舆，舆以为轮，其转在轴，轴直而已。约而持之，中交六幕。一之万之，万之一之。反一无迹者，得其未始有一而已矣；未始有一者，太朴之权舆也。已推移矣，反之奈何？反，天下怒而不可行；不反，天下悦而不可救。以因为革，以顺用逆，以雕琢为朴，通而塞之，塞而通之，此不反之反也。

一之中，有未始有一者；万之中，依然此未始有一者也。未始有象者，太祖也；未始有音者，太宗也。其子为光，其孙为水，知之矣。知子孙而即祖宗乎？人问其太祖之太祖，必不知。则后此之问今日而不知也，明矣。日午之万，反夜半之一；夜半之一，又反昨日日午之万。统而观之，无日无夜，无昨无今，无万无一，无子无午，不亦宜乎！

世之反者执椎而命之权，是鮌断矣[1]，土墼矣。弥郤乌能毕？

---

[1] 《庄子·天下》："常反人，不见观，而不免于鮌断。"不得已用于决断，可与物推移，随物宛转，即便断裂，也不见痕迹。鮌断，即是篇论慎到之学时所言的"椎拍輐断，与物宛转"。輐，圆也。参见〔清〕王先谦：《庄子集解》，中华书局，1987，第350、352页。

涂川岂可以雍防？不及之，反以洫塞之，以流渊之，以文杀之，以光密之，以垢洗之，以寓藏之。其因因也，在几其几，不可以谋而天地相与谋曰："吾与汝为仁，雕实琢核，遍以予人。"人不信也。明年雕成枝叶，琢成花萼，见者闻者欢忻而色之，管弦而乐之。吾告之曰："此太璞也！"人复不信，乃鐳其干，锄其根以求仁。仁安在哉？诶！

平公曰：诶不可少。

无心

何生曰：客止于古庙者，已怵心矣。夜分隐几，圮垣古柏，折声入牖，惊以为鬼。俄而有影，俄而擿瓦然者。仆告之曰：柏也，鼯鼠也。反复不能信，终夜彷徨，毛为之鼷。晓立檐而审之，其毛始不鼷也。食有鼠矢，甘而尽之，忽见余于盎，以为方所餐者鼠矢矣。隔灡悲恶，伏而欲呕。天下本无可以动吾中者，语臭腐之状而哕，闻珍羞之名而咽，心自动耳。

猛虎在前而赤子嘻笑，张弓列桍而饮者已痞；行酷暑而扰者益灼，受爤炙而怖者益痛。欲谶其语，语即为谶。见怪不怪，怪何为乎？元载之客食龟而成龟瘕，陈留阮士瑀杀虺而双虺成于鼻中。此疑龟虺之能戾我，而遂我其龟虺也。犀玩物而影其角，公麟画马而马其身，此与奉大士而蛤见大士，老作灌顶观而刻螺鬐于胞脘者：皆狗之宝①，牛之黄也。

习生于心，心生于习；习生于缘，缘生于习。初缘何习？不习何心？穷之，习也；塞之，亦习也。以缘谢缘，以习变习。欲其习也，掉而去之；欲其不习，已心之矣。习而囧二，习而忽二。囧囧不忘，忽忽善忘。营营其所习，而遂仿仿其所不习。因气吹泡，因泡成珠，珠袭吾槷，吐之不出。嗟乎，嗟乎！心其奈习何哉？不习又奈心何？是故以天地未分前者习之，鬱鼡其垓埏，咙胡其元会。息以涌泉，缘督于背，辟颡于上。星海有归塘，吾涌泉也；北辰受共，吾督也；冲破阊阖，坐千古之顶颏，是吾顣也。骤而语人，人有不缩者乎？

昔有悙夫，处围城，轒輼对楼，矢石如猬。其人键枨，蒙絮其头。逾一日，闒门而望。又一日，行市中问消息矣。又一日，缘女墙矣。又一日，与守陴者传筹发砲矣。今而后，知勇可学也。学非习乎？惟恐其习习，故号之曰寤。寤非思乎？惟恐其思思，故号之曰参。舆衡秪立，皆古人天地未分前之旦暮也。

蜣蜋之转丸也，鹓之视也，雌之伏卵也，有使之然者也。习生于胚，识依于瞀，固矣。精注而通，縠孚而应，何往不然？门枢之埃，可以利小溲，此习何因乎？种薯预②者，杵以卷㪺，蹴以髁跌，生即状之，此习何因乎？情识已习矣，精诚亦习也。

---

① 宝，原本作"实"，当改。狗宝，狗的胃中结石，可入药治病。

② 薯预，或即"薯蓣"，山药的别名。

空虚以气习,动静以风习。始乎因,因习也;中乎变,变习也;卒乎化,化习也。谓之有心,有心之习;及乎无心,无心之习。

习何非性?性何非习?天地未分前,非以未分前习旦暮之天地乎?手之能持,足之能行,此亦天左旋、地生物之习也。知而熟之,则不知其何以定;安而忘之,则不知其何以乐。此手足无心之习也。手击人者,动成疕痏;其人不怒手者,手无心也。醉者詈人,人多不较者,心无心也。人而为天地之所不较,鬼神之所不怒也,人亦何便于此?最便者直。直则一,一则诚。诚之至,则无心之至,谓之无心。无无所无,则又何不可有心也哉?

专门者曰:不谁何其时?不谁何其地?不谁何其语?与对者何人?吾自以无眠无听处之,澹澹于于,媒媒晦晦,若灰若蜕,瓢跃桶脱,是水泉之初动也,蛟之涌地也。专因己,依然欲牛之黄而不许其黄,欲狗之宝而不许其宝也。此亦无奈何云尔。灰飞水解,云出于岫,专而不专,得无所得,从之而已矣。

是知时悦之习,有不习之习;不厌之学,有不学之学;思无之思,有不思之思。从可以知不寤之寤,不参之参矣。"予欲无言"①,其言之震也,袭万世矣;"未之或知"②,其知之光也,浴

---

① 《论语·阳货》:"子曰:'予欲无言。'子贡曰:'子如不言,则小子何述焉?'"
② 《周易·系辞下》:"过此以往,未之或知也。"

咸池矣。不能不习,习无非空,空无非实。此一天地皆"素逝""坎窞"也①,皆交网迷离也。州里也,蛮貊也;高坚也,文礼也,皆舆衡稽立之险易场也。印去文存,且弃其印。险则能弃,空而后明,此履错出征之继习也。旛耶,风耶?卦耶,蓍耶?气耶,心耶?理耶,事耶?本寂寂也。既未相续,濡尾无首②,何往而非手之舞之足之蹈之耶?

当士曰:极其寂寂而守其寂寂,则人以无心动其心矣。自不游于天下之天下,而待天下言心者之印之,又以印动其心矣。然不信天地之印,则又以逃印动其心矣。若此以称无心者,犹之自鬼其真君而妖孽乎华萼,自垢其灵府而粪壤其礼乐者也。虽有傥然者曰"动上不动,心自本无",将持此以鸣豫③也。若

---

① 《庄子·天地》:"夫王德之人,素逝而耻通于事,立之本原而知通于神,故其德广。"素,真朴;逝,前往。素逝,抱真而行。《周易·坎》之初六爻辞:"入于坎窞。"坎窞,坑穴,比喻险境。
② 既,谓《既济》;未,谓《未济》。两卦前后相继,居六十四卦之最后。《既济》之初九爻辞有"濡其尾",上六之爻辞有"濡其首"。《未济》之卦辞和初六爻辞皆有"濡其尾",上九之爻辞有"濡其首"。
③ 《周易·豫》之上六爻辞:"鸣豫,凶。"豫,意谓和乐,但不当鸣放。王弼注:"处豫之初,而特得志于上,乐过则淫,志穷则凶,豫何可鸣?"

未能颐过其继习，孚过其继光①者，是且以心自本无之借口，陷天下之心，不见坎又为盗而离之灾乎？②

平公曰：灾知不无，知又何灾？

性命质

高悬性命者，苦不能合矣。正苦不能分也，苦于不知言即无言矣。讳言其可言，反失其当言，而鬼其不言，吒其不言之言，此尤苦也。

户之开也，必非阖也；户之阖也，必非开也。是开可罪阖，阖可罪开矣。反因推之曰：阖乃所以开，开乃所以阖也。泯之曰：是阖即开，开即阖也。通之曰：是本无开阖者也。然自有当阖当开之质，与其可阖可开之质，乃通其本无开阖之理。通之而用，则依然可者、当者之质耳。不先质言，安有至言？既知至言，但随质言，徒玄巧其词曰：是本无分，又安有合，亦何益于蛬

---

① 养，亦即《颐》。过，特指《小过》。孚，信也，亦即《中孚》。后一个"过"，特指《大过》。按《周易》之卦序，《颐》和《大过》在上经，《中孚》和《小过》在下经；《大过》之后是《坎》，然后是《离》；《小过》之后是《既济》《未济》两卦，而《既济》为下离上坎，《未济》为下坎上离；《坎》之卦辞为"习坎，有孚。维心亨。行有尚"，《离》之《大象》有"大人以继明照于四方"，故这里言"继习""续光"。

② 卦象近取诸身，坎之在人为心，而按《周易·说卦》，坎又为盗。卦象远取诸物，离为日，为火，为明，而按《周易·说卦》，离又为甲胄，为戈兵，故意味着灾祸。

蚩之氓乎!

因有天地而有物有事。因有成才，因有成名，因有成德，举而论之，所以示也。择善也，好学也，默识也，主宰也，通达也，皆此不虑之知。汁其体以为之用焉，质分之而无不合者也。谓无可名，而不当有此成名，又将以何名之？诚而无所不至，则又何故至之？极而无所不太，则又何故太之？漫山弥谷，非道奚由？荆莽参天，不开奚达？虫蚁尚自相教，况人情乎？教必正名辨物以才其天地，而不可言之道寓之矣。

但曰"不虑而知"[①]，何待教乎？禁绝其虑，虑可禁乎？普告之曰：虑即不虑，何愈于不教乎？通达之知，所以遍物者也；主宰之知，所以转物者也。此两知者，生乎默识之知。默识之知，生乎好学之知；好学之知，生乎择善之知；择善之知，生乎不虑之知。举此不虑之知，足以逼择学之归于默识。默识之入于择学，足以摄通达之归主宰。主宰之溶于通达，足以竭一切之知而容天下之不知与知者。然逼也，摄也，竭也，容也，已非不虑矣。于是不得不消之曰"虑即不虑也"，此急口言综，即略其错耳。

因知生法，因法生知。以法消法，以知消知。善会其言先，善通其言后，有不善用其言下者哉？不虑之知，至诚与妄人一而已矣。是以君子致择者、学者、默者之皆不虑之知也，非执

---

① 《孟子·尽心上》："孟子曰：'人之所不学而能者，其良能也；所不虑而知者，其良知也。'"

不虑之知而以蹉跌视主宰之知、通达之知也。惟见其合，不见其分，此征状乎刊落之候欤？尚且无合，又安有分？此征状乎蒸化之际欤？分合合分，听分皆合，此周流之诚明明诚而忘其自矣。至诚自能容妄人以化妄人，岂容人之以妄①人自容乎哉？

知三畏，而《中庸》之"三谓"乃可语矣。②畏生乎知，知成乎畏。《大学》就好恶还明止③，而以让恕为新润之大矩；《中庸》提於穆贯费隐④，而以戒惧为天渊之大独。春无理，以物之理为理，能温以发之尔。风无声，以物之声为声，知发之自，则随其发矣。隐怪不能泯之于显，故索之乎微，为其足骇而易述也。遵道不能达之乎微，故执而失⑤之乎显，此其所以半途而废也。厌是非而避赏钺，则天官旷而贼民兴矣：是太简也。两不执三不执，而影守一弥漫之於穆，则不能遂事而庶物荒矣：是暗痴也。

明于庶物，乃所以察人伦也；执其两端，乃所以用中于民也。一端之执，执之以偏过；两端之执，执之以虚中。颜子语"不惰"⑥，

---

① 妄，原本作"忘"，据文意改。
② 《论语·季氏》："君子有三畏：畏天命，畏大人，畏圣人之言。"《礼记·中庸》："天命之谓性，率性之谓道，修道之谓教。"
③ 《礼记·大学》："大学之道，在明明德，在亲民，在止于至善。"
④ 《礼记·中庸》："君子之道费而隐。"
⑤ 失，原本作"尖"，据文意改。
⑥ 《论语·子罕》："子曰：'语之而不惰者，其回也与。'"

不语亦不惰;其发也①,发其不发者也,是能竭两端者也。曾子之"唯"②,非唯一也,唯其不住于一者也,是能竭两端者也。

有天命之诚,有名言之诚,有思勉之诚,有悟入之诚,有究竟之诚,皆天命也。畏则知之矣。日升于空,照穷率土;波澄于水,鉴彻秋毫,称圣人之诚明,其似之乎?

《释论》曰:天地之道,生生而已矣。③生生者,变异之谓也。化之变而异也以顿,如鹰之为鸠,橘之为枳也。育之变而异也以渐,如卵之为雏,芽之为茎也。故育亦生也,化亦生也。此

---

① 《论语·为政》:"子曰:'吾与回言终日,不违如愚。退而省其私,亦足以发。回也,不愚。'"
② 《论语·里仁》:"子曰:'参乎!吾道一以贯之。'曾子曰:'唯。'子出,门人问曰:'何谓也?'曾子曰:'夫子之道,忠恕而已矣。'"
③ 吴应宾《古本大学释论》:"夫气生而不有,而生生者,不与生而俱死也;长而不宰,而长长者,不与长而俱消也。故夜气之所塞者,始乎吾身之天地,而终乎两间之天地也。"另,是书卷上之《养气篇》有"仁义者,生生之心也;昼夜者,生生之气也,皆所谓须臾之不可离者也",《致知论》有"性也,命也;命也,天也;天也,道也……生生者,形上之道也;所生者,形下之道,而亦形上之道也。上之与下,非二之也。下也者,语其可见而能自生者也;上也者,语其不可见而能生生者也。可见者不自生,而体生生者以生;生生者不可见,而因所生者以见"。据引,"天地之道,生生而已矣",当为方氏总括之言。方氏后文之申论,于此可见其思想之脉络。参见〔明〕吴应宾撰,张昭炜整理:《宗一圣论 古本大学释论》,复旦大学出版社,2019,第48、44、28—29页。

富有之大业,所以发挥于日新之盛德也。①

　　号物之始谓之育,可以悟其非本无而忽有矣。号物之终谓之化,可以悟其非暂有而永无矣。如是则念念始而无始之可得,念念终而无终之可得,念念变而无变之可得,念念异而无异之可得。故化可知也,敦化者不可知也;育可知也,发育者不可知也。可知者,知之以无不知,知之大者也。不可知者,知之以无知,知之亲者也。孰生万物者?天地。问所以生万物,不知也,虽天地亦不知也。

　　景有所待而然,景之所待复有所待而然。待与所待,不可致诘,故混而为一。黔首之所谓冲波息湍,蛟龙之所谓广居安宅也。此无壮丽之观,彼无濡涉之险,孰能得其所然?不得其异,则玄同矣。不得其变,则真常矣。

　　无我无彼,无合无散,无前无后,无成无亏,不可得而名,强名曰诚。有情无情莫不由焉,名之曰道。由与由者求其主而不得,名之曰天命,以名其生机之流注焉;名之曰性,以名其功能之蕴藏焉。自名适名,万之又万,而莫适为主也,一善而已矣。

　　孙吴能尽人性于兵,陶朱能尽人性于殖,杨潜能尽人性于工。何则?知之明,处之当也。吾不知于至诚之尽人性奚若。

----

① 《周易·系辞上》:"显诸仁,藏诸用,鼓万物而不与圣人同忧,盛德大业,至矣哉! 富有之谓大业,日新之谓盛德。"

王良能尽车马之性，后羿能尽弓矢之性，师旷能尽音乐之性，何者？知之明，处之当也。吾不知于至诚之尽物性奚若。有情之物得吾有分别之性，故各视其视，各听其听，各形其形，而智愚善恶常待于尽性者之教而转。待于教而转者，非绵邈之期不可以渐亲而信。无情之物得吾无分别之性，故色为吾视，声为吾听，形为吾搏，而妍媸粗粹常依于尽性者之习而转。依于习而转者，普一心之觉而可以顿无不圆。是故众人之所谓色，圣人之所谓道；众人之所谓声，圣人之所谓心；众人之所谓形，圣人之所谓神。道而色，非众目之所视也；心而声，非众耳之所听也；神而形，非众手之所搏也。至诚之所不可及者，其惟人之所不见乎？渐亲而信者，悠远而不及见也；顿无不圆者，微密而不见也。非通乎一善之洋溢因应，而不以睹闻为睹闻者，其孰能信之哉？

风雨时，年谷熟，草夭木乔，鸟兽咸若，胎不殰，卵不殈①，山不童，川不竭，而海不扬波。此共见共闻之化育也，非独见独闻之化育也。共见共闻之化育，尽性者能赞之；独见独闻之化育，尽性者能造之。能赞之也，故与共见共闻之天地参；能造之也，故为独见独闻之天地主。共见共闻之天地，一念摄入于独见独闻之天地，而赤水之珠弗为玄也；独见独闻之天地，

---

① 殈，似当为"殈"。《礼记·乐记》："胎生者不殰，而卵生者不殈。"

有时显摄于共见共闻之天地,而华胥之国弗为适也。子思恐天下之狂而不信也,聊举其一隅曰"可以赞天地之化育",曰"可以与天地参"而已矣。①

请再质析而质合之。曰:气聚则生、气散而死者,命根也;不待生而存、不随死而亡者,性体也。此性命之不可一者也。命以气言,终无气外理为气之所依;性以理言,终无理外气为理之所托。如波荡水,全水在波;如水成波,全波是水。此性命之不可二者也。

四端之心尽,乃能知性,而知性即所以知天。彼求知天于阴阳之说者,外矣。几希之心存,是为养性,而养性即所以事天。彼求事天于主宰之帝者,疏矣。知所谓性,而存心以致其养;善养其性,而尽心以成其知。事之物之,覆载皆身;依之游之,膏沐皆修,而修身即以立命。彼求立命于夭寿之数者,末矣。凡夫之所共有,圣人之所不无者,性乎?言性则期于尽,求尽其性之所欲而秉不懿矣。故言一定之命以矫之,使有制伏而不敢骋。夫是之谓以命忍性,不以性衡命。彼若有所独丰,此若有所独啬者,命乎?言命则主于安,自安于命之所限,而降不衷矣。

故言本同之性以振之,使有所鼓舞而不容罢。夫是之谓以

---

① 《礼记·中庸》:"能尽物之性,则可以赞天地之化育。可以赞天地之化育,则可以与天地参矣。"

性立命，不以命弃性。孔子之言"相近"①，以其受变于气之分数言之也。孟子之道"性善"②，以其不受变于气之本体言之也。程子之言"生之谓性"，岂告子之"生之谓性"乎？③ 告子混气于性而执其生，如谓影是月。后儒外气于性而执其理，如谓水非冰。④ 然告子之执，断不可恃，而后儒之执不嫌于晰，何也？何以缘所遗者立心之名于缘外，独不可以气所听者耸理之名于

---

① 《论语·阳货》："子曰：'性相近也，习相远也。'"
② 《孟子·滕文公上》："孟子道性善，言必称尧舜。"
③ 《河南程氏遗书》卷二上："告子云'生之谓性'则可。凡夫天地所生之物，须是谓之性。皆谓之性则可，于中却须分别牛之性、马之性。是他便只道一般，如释氏说蠢动含灵，皆有佛性，如此则不可。"在答"生之谓性"之问时，程颐有："凡言性处须看他立意如何。且如言人性善，性之本也；生之谓性，论其所禀也。孔子言性相近，若论其本，岂可言相近，只论其所禀也。告子所云固是为孟子问他，他说便不是也。"（《二程遗书》卷十八）二程对"生之谓性"之"生""性"，皆有具体论说。例如："'生之谓性'，性即气，气即性，生之谓也。人生气禀，理有善恶，然不是性中元有此两物相对而生也。"（《河南程氏遗书》卷一）"'生之谓性'，止训所禀受也。'天命之谓性'，此言性之理也。"（《河南程氏遗书》卷一）。参见〔宋〕程颢、〔宋〕程颐著，王孝鱼点校：《二程集》，中华书局，2004，第29、207、10、313页。
④ 例如朱熹即有："性者，人之所得于天之理也；生者，人之所得于天之气也。性，形而上者也；气，形而下者也。人物之生，莫不有是性，亦莫不有是气……告子不知性之为理，而以所谓气者当之。"参见〔宋〕朱熹：《四书章句集注》，中华书局，2012，第332页。

气外乎？此明于孟子之不谓，以明子思之谓也。①然不知因人以导之，徒撄人以不敢近，此胶于"不谓"之瑟而不合通"谓"之琴矣。果知无非天地万物之心，则何所非天地万物之理乎？

一而神，两而化，正谓化其一而神于两也。一必同两，无言之行生也；两乃用一，上天之载无也。弄微言而屑越大义，与扶大义而不通微言，皆不知行生之载全大全微者也。君子曰：举此无所非心、无所非理者，使人化其捍格之畦而平乎大同之天耳。

至诚体之，而用则止有当者、可者。《易》无体也，用即体矣。专尊此不可致诘，莫知所主，此吾所谓不与政事之太上皇也，况任其食色之所向乎？以性为善，探本心之所具也；以性为恶，极食色之所至也。以性为无善无恶，而曰不任食色之所向，是盗钟掩耳矣。充本心之所具，可为大人；极食色之所至，必为小人；任食色之所向，亦终为小人而已。必且曰：大人与小人何别焉？此非阻万世之为大人、纵万世之为小人乎哉？将谓达天道而先悖王法矣。昌言而立教者，当祸当世以自逞其一说乎？当听圣人之主宰而善万世乎？望梅可以止渴，汗垢可以补虚。假药之肆，未尝不可以疗疾，亦在善养之而可用，善使之

---

① 《孟子·尽心下》："孟子曰：'口之于味也，目之于色也，耳之于声也，鼻之于臭也，四肢之于安佚也，性也，有命焉，君子不谓性也。'"《礼记·中庸》："天命之谓性。"

而得当焉已矣。

夫言岂一端？亦各有所为也。不明言下之言先言后，则诚亦蠢诚耳。至诚者知大一之用二而贞一，以贯终始无终始者也。精入而神化，神化而归于不可知。不可知而与与知之凡民同知者[①]，固不可不知此覆帱耳。知不可不达，而固乃所以达之。质核既烦，故与上根推豁之；推豁已甚，故又与凡民质核之。毂主辐仆而轮见功焉，当其均用也，不知其谁主也，有主之者矣。知其主而终不能出此毂、辐、轮之均用也。专言不虑之矿，以泯其择学默成之垆，此标其本无开阖者而随开阖耳。惟风择学默成之垆，此标其可开阖、当开阖。其可开阖、当开阖者，而本无开阖者在其中矣。

通达无非主宰，而忘其通达；主宰无非通达，而忘其主宰。未知未遍，格而致之；已格已致，温而厚之。前乎知天之愤竭，则切琢也；后乎知天之学海，即饮啖也。诚反复乎本无顿渐之天。谁谓不当修藏顿于渐之教，而反执病教荡心之偏诐，以灰冷奉教遵王之寱寐哉？

无教以深于治，则治所不及察者，民之力能为则为之矣；

---

① 与知之凡民，即《礼记·大学》中的"夫妇之愚，可以与知焉"。与，参预。君子之道广大而精微，即使是普通男女，也可以践行君子之道。参见〔汉〕郑玄注，〔唐〕孔颖达疏，龚抗云整理：《礼记正义》，北京大学出版社，2000，第1669页。

无化以深于教，则教而不及条者，民之貌苟免则免已矣。故知公者，化之本也；几者，化之端也；反者，教之势也；激者，反之权也；信者，公之深几也；疑者，信之反激也；容者，教化之天也；生者，教化之地也；集者，教化之地其天也；因者，教化之天其地也；畏者，教化之门，而人其天地之路也。善知善学，敢不畏乎？卜筑之前有溪，溪三十年东，三十年西，然溪之所以为溪，何变乎？溪之清可瀹莩，不能冷饮，则以火燂之；深以没人，不能学汙，则以筏渡之，亦溪之所以教人也。

大常

何谓常变大常？

曰：黄帝曰："帝无常处也。有处者乃无处也。"① 霜雪而芜落矣，长嬴而荟蔚矣。常乎？变乎？今年之芜落荟蔚，即明年之芜落荟蔚乎？常乎？变乎？阴肃肃而出乎天，阳赫赫而出乎地。地常阴乎？天常阳乎？其肃肃赫赫于芜落荟蔚中者，常乎？变乎？解之曰：言无常者，破人之常执；言常者，破人之断执。执之者，常乎变乎；破之者，常乎变乎。曾知俱变俱常之浑仑宗，即日用无始之弥纶准乎？凡言《易》无体者，言以用为体

---

① 《吕氏春秋·圜道》："黄帝曰：'帝无常处也。有处者乃无处也。'"高诱注："有处，有为也。有为则不能化，乃无处为也。"参见许维遹撰，梁运华整理：《吕氏春秋集释》，中华书局，2017，第79—80页。

也。体常而用变乎？用常而体变乎？两摄交冥者,常乎？变乎？五而行之，五而脏之，五而伦之，五而常之，著察与不著察者，常乎？变乎？天生民而天因民，民之所常，圣人因而常之；民之所变，圣人因而变之。俱变俱常，圣人藏之。俱变俱常之中，确然有常主宰者，圣人理而表之。

质论之中，皆通论也。毁质誉通者，巧耳。通一质也，究归乎通用其质而已矣。久米盐矣，斯米盐之；久金玉矣，斯金玉之。不必以无所不金玉、无所不米盐之说，乱金玉米盐之常质也。无所非亲，则无所非当养矣，此所以夺晨昏之膳以饭乞也。无所非配，则无所不可偶矣，将鹿聚鸽交[1]以渔色乎？

严君平曰："热而投水，寒而投火，所苦虽除，其身必死。胸中有瘕不可凿，喉中有疾不可剥。"[2]偶然变语，不可为常，尤不可以无常无变之翾忽致常变之不分，而使民无所措其手足也。常为其所当为，而为即无为之统常变在其中矣；定其所可定，而不定者置之而自定矣。故定常变之正曰：有常即有变。

---

[1] 鹿聚，犹群居。《子华子·孔子赠》卷上："太古之时，澹泊恬愉，鹿聚而麕居。"参见〔晋〕程本：《子华子》，中华书局，1985，第5页。《物理小识·鸟兽类上》卷十："鸽交，独雌乘雄。"

[2] 严遵，字君平，西汉蜀郡人。《老子指归·治大国》："庄子曰：夫饥而倍食，渴而大饮，热而投水，寒而入火，所苦虽除，其身必死。胸中有瘕不可凿，喉中有疾不可剥也。"参见〔汉〕严遵著，樊波成校笺：《老子指归校笺》，上海古籍出版社，2013，第132页。

有交夺之常变，有统用之常变。以常统变，以变知常。变亦是常，本无常变。至人常其变而变其常，其流止好屈其常以伸其变；圣人道其常以御其变，即是统常变之大常。

尝试论之，沂言①无始为常，则以日用为变；相习日用为常，则视无始为变。不知以贯无始日用者为常，则离无始于日用；舍日用言无始者，皆不知贞一之正常变也。《易》故藏其显而显其藏，藏圆著于方卦，藏无方无圆于规矩。虽有常变，而何常何变？常贞一而已矣。

征变者曰：人知饭可食，不知鬼可食，雷可食；人知粟可种，不知鳖可种，羊亦可种。明常者曰：食鬼食雷不敌食饭，则饭之常，明矣；种鳖种羊不敌种粟，则粟之常，明矣。况专欲人食鬼食雷而禁人食饭乎？专欲人种鳖种羊而禁人种粟乎？通常变者曰：不可以鹰鸠雀蛤责鸡鹜②，以苇蛮稻蟹责兰茝，又何妨以蛰龙屈蠖知退藏之几乎？不必以蛤蜊之像废宗庙之牺牲，而图鹦鹉之舍利，又何妨以公牛黄母、五酉六道明犲狼野干之识变，而受用大禹之龙负乎？圣人以有知无，即无有无。远近俯仰，大小短长，反复得之，常变犹是也。肢骸其天地，经络其阴阳，

---

① 沂，原本作"沂"，当改。沂言，即溯言，与下文之"相习"成对文。
② 鹰，原本作"雍"，当改。《物理小识·鸟兽类下》卷十一："百合、蚯蚓、树叶化蝶。五倍蛄蛳，种饭为蜩，岂特鹰、鸠、雀、蛤、蛇、雉、蛴、蝉、蜣丸、蠋祝乎？"

呼吸其世纪，虚空之中皆可指屈而毛数也。变皆常矣，岂必八其手足，眉下于目，乃足骇人而齐常变哉？

老子谓孔子曰："草食之兽，不疾易薮；水生之虫，不疾易水。行小变而不失其大常也。"①以阅众甫，是谓袭常。②圣人以千生之非常，不出此生之常；以代续之无常，益知尽于本生之常。以孝继心，通于神明。造端而立君师，参两之任常一。合万古之欢心以天其伦，即可造万古之人心以孝其天。知生，即知死，即无生死；尽常，即尽变，即贯常变，宁在废人而鬼之乎？逼人敢于叛圣而独尊，又不如鬼之矣。此盖偶见大一端而执之也。引琅琊宇文之事而概欲挟其君，高诉所谓"学三年而名其母"③矣。

圣人尽常变大常之大变，而时其大常，故于细常变无不宜也，无不察也，无不师也，无不用也。以是宜民，令民自宜。

---

① 《庄子·田子方》："老聃曰：'夫得是至美至乐也。得至美而游乎至乐，谓之至人。'孔子曰：'愿闻其方。'曰：'草食之兽，不疾易薮；水生之虫，不疾易水，行小变而不失其大常也，喜怒哀乐不入于胸次。夫天下也者，万物之所一也。'"

② 《老子·第二十一章》："自古及今，其名不去，以阅众甫。"《老子·第五十二章》："用其光，复归其明，无遗身殃，是为袭常。"

③ 《战国策·魏三》："宋人有学者，三年反而名其母。其母曰：'子学三年，反而名我者，何也？'其子曰：'吾所贤者，无过尧、舜尧、舜名；吾所大者，无大天地，天地名。今母贤不过尧、舜，母大不过天地，是以名母也。'"

志气塞乎两间，则穷达犹寒燠也；神明周乎万类，则制度犹风露也。

沅南之农闻燉煌之流庸者曰："吾乡雀麦足以膳而不忧旱，又坐获而不劳。"农者心艳其便而嚃之，稀似之不芸而谷芜矣。农之子见富邻之子酣适放言："天地自能供我，我何独劳？"田父既不以勤劝其家，空豪瓯臾之祝。其子又食富邻之言而咽之，而田竟荒矣。天时、地利、人事之细常变，若是其茧茧也。欲以一浑仑常变便之乎？不便甚矣。人无不厌常而骇变，又畏变而昵常。既惰其常安之职业，而忽以不劳之高论，执以为常，是无常也。加之以俱变俱常、无常无变之说，骄其鄙薄服勤之心乎？是荒常也。

非喻可喻

问：喻道者，何喻最乎？

曰：此非喻可喻也，而不得不喻。或曰如，或曰象，或曰寓，此言即无言之第一非喻喻矣。以可名之道为道者，非道也；专以不可名之道为道者，非道也；深之以非可名、非不可名之道为道者，亦非道也。

自空虚而物之，自空虚而用之，自空虚而容之，谓将有三乎？无三乎？三空虚乎？三不空虚乎？道自祖祢而云孙、礽孙生而同时者也[1]。一时同生，而又不硋有循节缘生、展转相生者也。自分其无有而有，家家无不有门、堂、室，室中堂中几、案、榻、鬻无不具焉。真无有之所以为空虚、非空虚者，贯乎门堂之内外，并贯乎几、案、榻、鬻之内外。此所以为空虚、非空虚者，咫尺之间，四海之远，无异也。千古之上，千古之下，无异也，道也。家家之门、堂、室，亦道也；几、案、榻、鬻之具，亦道也。岂若将作监之造器，器为一，造器之器为一，匠又为一乎？

世之言道者，或以法目道，或以德目道，故称大道者曰天。圣人体道尊德以立法，用心明善以统天，穷理尽性以至于命，岂得已而为此三拾级九翔武之学问哉？道之于德也，有似乎世之于君，然非世之于君所可比也。道若主其德，德又主其道，而道实与德同体者也。尊理驭气者，即弥纶理气者也。或耸绝待为盏顶，以消对治；或综对治为纲目，以藏绝待，一也。道之于法也，有似乎君之于相，然非君之于相所可比也。道若臣其法，法又宰其道，而道实与法同处者也。坐而论道，则惠畴逊品即精一也。亮工申明职掌之分，岂有分乎？昭明时雍其天下而已矣。精义历事者，即义事俱绝者也，无精粗，无劳逸，

---

[1] 祖祢，先祖和先父；礽孙，从己身算起的第八代孙；云孙，礽孙之子，即从己身算起的第九代孙。自祖祢而云孙，谓年头长久，强调历时性。道之生，贯穿始终，表共时性。与下文表达空间性的家之门、堂、室以及几、案、榻、鬻等成对文之势。

无内外，一也。

《鹖冠》曰："安危，势也；存亡，理也。何可责于天道？鬼神何与？一者，德之贤也；圣者，贤之爱也；道者，圣之所吏，至之所得也。""故圣，道也；道，非圣也。道者，通物者也；圣者，序物者也。故有先王之道，而无道之先王。"[①]愚曰：晋唐来之托言者，窥大一之平等为道矣，似[②]知各各不相知之为道矣。然胶此独尊而误人者不少，以未全彻也。未全彻乎道之为祖祢，为云仍，非父生子、子生孙之谓也。同时生之，而分体同之者也。本合而分，可以分，可以合，可以分合相错综，可以分其分而合其合。无廉陛而廉陛，无轮序而轮序。以无家之道治其道，自不为家所累，而又岂以无家增累乎？由吾门，何苦逾墙壁；入吾室，不必瞵安奥；开吾堂，不必绝亲友。列者几案，坐者榻，烹者鬶，何所不事事而有何事哉？无一法可当情者，迫人之骑危耳。圣人理太极之家，惟立仁与义以为家督，而仆妾秩秩，子孙绳绳，祖祢安安矣。岂故焚其家具而逐合门以草窃乎？

---

① 《鹖冠子·能天》："彼安危，势也；存亡，理也，何可责于天道，鬼神奚与？一者，德之贤也。圣者，贤之爱也。道者，圣之所吏也，至之所得也。""故圣，道也；道非圣也。道者，通物者也，圣者，序物者也。是以有先王之道，而无道之先王。"按：这里的"吏"字，疑当作"使"字，有任、用之义。参见黄怀信：《鹖冠子校注》，中华书局，2014，第360—362页。

② 似，疑当为"以"字。

录至此,平公歌于阁上曰:春兰兮秋鞠,常无绝兮终古。①
何生牖下周荣曰②:如乎?象乎?寓乎?非喻非非喻矣。
当士正坐中堂曰:礼魂乎③?终古乎?不言而喻。

易余卷之下终

---

① 《楚辞·九歌·礼魂》:"春兰兮秋菊,长无绝兮终古。"菊,一作"鞠"。春之兰,秋之菊,皆为一时之秀。参见〔宋〕洪兴祖撰,黄灵庚点校:《楚辞补注》,上海古籍出版社,2015,第126—127页。
② 周荣,有周身荣养、气脉通畅之意,又为足太阴脾经的一个穴位,刺灸艾灸的功效为宣肺平喘和理气化痰。这里当用作动词,与下一句的"正坐"相对,大意为俯仰或伸展,以引气调息。参见郭长青等主编:《针灸穴位图解》第2版,人民卫生出版社,2013,第104—105页。
③ 礼魂,即以礼善终,与"终古"成对文。参见〔宋〕洪兴祖撰,黄灵庚点校:《楚辞补注》,上海古籍出版社,2015,第127页。

附　录

浴日蒸天，可不家食，何妨呼醒梦蝴蝶。瞥见鱼知跃、鸢能飞，尽覆载幽明外，九万游息，时时是怒化之鹍鹏。

烹雪炮漆，以供鼎薪，偏教医活死麒麟。却问龙无首、狐濡尾，在元会呼吸中，三五错综，点点皆触几之龟马。

易余

瞳肉眼而开醯眼，又瞳醯眼而还双眼者，许读此书。

跋　语

　　到外地求学，在他乡安家，"老家"不免经常挂在嘴边，介绍给异乡人听，强调着说给自己的孩子听——担心他缺了少了这矜贵的定位系统。老家在西界沟，祖母大人的娘家则是东界沟，离得不算远。从这村的东头到那村的西头，约摸有二三里地。儿时随口即可说出四方的村落："东界沟，西界沟；南水屯，北水屯……"顺口溜用老家话说起来别有风味，像煮熟煮透的玉米粥，想起来肠肚都受活好多。这不经意的方位认知，后来竟成了走南闯北辨识空间位置的参考系。即便在梦中，亦时常调用，解码还原，用来对付陌生的新世界。学生时代逛书店，当看到庞朴先生的《东西均注释》时，单是书名就让我迫不及待购置下来，欣欣然赶回宿舍说给室友听。显然，此"东西"非彼"东西"，但确实是认识方以智的起点。接下来的一段时间内，知道他是大思想家，了不得的学问家，志节气度感天动地。此书常在案头，扉页还留有签名笔迹，时为 2002 年冬。

二十年后，因彼时刚完成《周易》的注评初稿，正有揣摩象数玩味义理的心境。当责编黄瑞丽女士拟出版方以智的《易余》简体横排本邀约校读整理时，即不揣固陋欣然领命。最初商定只是校读一过，不曾想到要出注说明的地方有这么多，字数不断增加，战线越拉越长。若没有责编这两三年的坚守和督励，这项工作肯定无法交差。在此特向黄女士致以敬意和谢意。

方以智的书，其实并不都那么难读。与之同时代的人读《通雅》——因它解决了不少古今聚讼的学术问题，且直接明了，竟可读出一番快意；读《周易时论》——因推衍论述的象数精深微妙，时常能打动人；读《鼎薪》——此书已佚，大约同样以易理会通庄子哲学，且好作禅语，这让人半解半不解；而读以庄子为孔子托孤、兼儒释道三教并禅门五家而大加炮制的《药地炮庄》，则让人不可解。那么，《易余》呢？我想，应该和《鼎薪》差不多，大半不可解，小半略可解。

《易余》的撰者似不愿意让人轻易读懂，他本人也很知道我们的窘态：摸不着头脑盯着一个个的字气都喘不上来。有时不禁想问：您不是要开导世人、垂训后生嘛，为何要如此这般？方以智在《随寓说》一文中对时人——应该也是对我们——说道："正子之药也！"对呀，不可解处正在认知边界之外，正该下力气攻坚克难，施拳脚降魔解毒！

方以智出世托孤，故自称药地。《易余》一书的思想旨趣和文字表达，既为试金石，又是训练场。想来是自己心慧空空，学识无备，思想家含辞运意又万端变化，文情难鉴，瞻之在前忽焉在后，常不知何处着手怎样下嘴。还好有文学院同仁的指教，尹小林老师在电子文献、莫伯峰老师在古文字学、姚苏杰老师在儒家典籍等领域施以援手；为一字一词一句，向室友学君兄多次请益，又反复辩难；为找寻文献向武汉大学历史系的申雨康博士求教求助；安徽大学方以智研究中心的汪冬贺博士审读导言初稿，提出专业权威的修改意见；吾弟刘锟以法官断案的手眼论文寻古，疑义相与析……诸位师友排纷解难，帮着诊脉开方，否则一定是君问工期未有期，远谈不上知撰者的音，解文本的味。

读古书，终要正人开眼，找到方向感。这里对文本的校理只是开始，至于弄清方以智在书中说了些什么，《易余》到底是一本怎样的书，尚须全面深入的细读和阐释。虽云道阻且长，惟愿风期不远。